霊界・魔界・人間界・闇に封じられ、闇に葬られた真実の歴史は、
どんなに巧妙に隠されても、星々の光りが注がれ、いずれ暴かれる
故に、死人に口無しの歴史は終了する

新思考革命・新たな時代へ

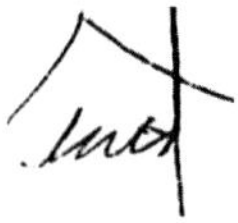

わしお　すえよし

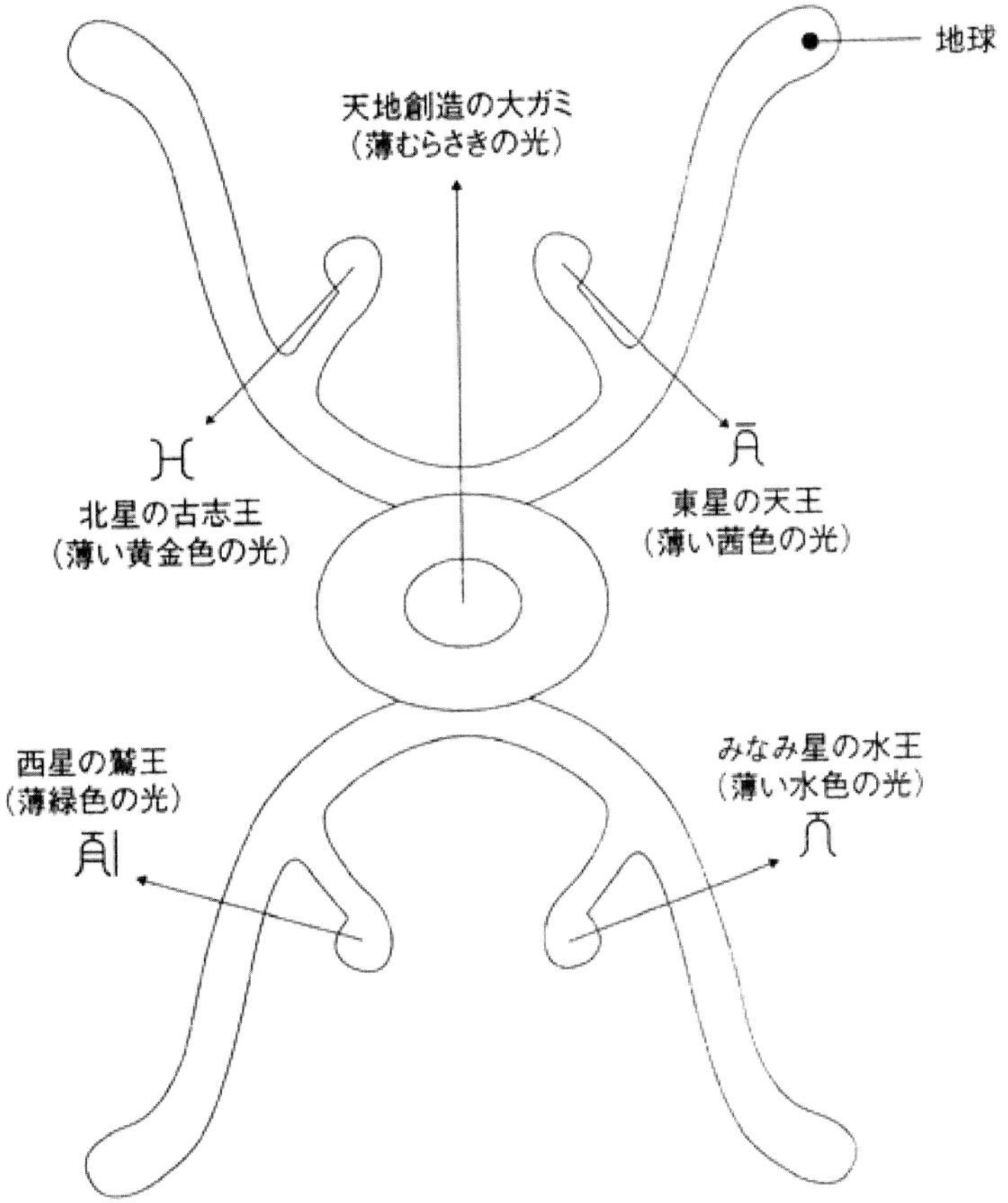

▲　天地創造の大ガミと四天界の親ガミと銀河系宇宙

はじめに　人も皆、全てに、光りあれ

肉体に宿る命とは、星々にいる親ガミの光りから創造された光りの一滴（ひとしずく）である。その光りの一滴が命となって人間の肉体に宿り、人間は親ガミの光りの星から地球に誕生している。

ゆえに、人間とは、体内に親ガミの光りの命を宿して生まれた、カミの御子である。

親ガミの光りの一滴から創造された命は、地球に誕生する以前、光りの存在として、星々の中で楽しく嬉しく暮らしていた。そして、ある時、光りの存在は、命の親ガミに対して、地球という星へ行き、肉体持つ人間になりたいと強く望んだ。命の親ガミは、それを良し、として、人間として生きる為の必要な能力を持たせ、人間（あなた）を地球に誕生させた。人は、自らが選んだ両親の体内に、命となって宿り肉体が創造された。人間とは、生涯を嬉しく楽しく、全てに足りることを知り、つつましく欲張らずに生きる為に産まれてきたのであって、生涯を神仏に手を合わせ、すがり、悩み苦しむ為に産まれてきたのでは断じてない。肉体に宿る命とは、親ガミの光りの星から来て、肉体亡き後は、また親ガミの待つ、光りの星へ帰る、カミの光りを宿した存在である。全ての肉体持つ存在には親ガミの光りの命が宿り、その光りの命が星々の親ガミと日々つながり、人間は生涯守り導かれている。星々にいる親ガミこそが真実のカミである。しかし人間界の歴史は、野望、欲望を持った、我欲強き者たちが、民衆の支配者となり、権力を握り、国を造り、自らを高い地位に押し上げ、民衆の頭上に君臨し続けてきた。そして彼ら、我欲強き者たちの歴史は、肉体に宿る親ガミの光りの命を宗教で封印し、武力で奪い取った領地に、神殿、仏殿を築き、その地を神仏が鎮座する聖地として決め、己の野望・欲望に味方する神仏を祀り崇めてきた。これが、遥か昔から、先祖代々受け継がれてきた、人々が祈りすがってきた神々と、仏たちの正体である。

真のカミとは光りなり。光りとは物質にあらず。人の目で観ること出来ず。
人の手で触ることも出来ず。囲むことも、遮ることも出来ず。
真のカミとは神社・寺院に座するものにあらず。神仏像に宿るものにあらず。

真のカミとは、集団で崇め、手を合わせ、祈り願うものではあらず。
真のカミとは、伝統、儀式、風習、行事、宗教を強制せず。
真のカミとは、星々に存在する人間に命を授けた、命の親である。

真のカミとは、人間に宿りし命なり。命とはカミの一滴の光りである。
真のカミとは天地を創造し、全宇宙の星々を導く光りの存在である。

人も皆、全てに光りあれ　光りあれ　光りあれ

目次

序文（まえがき）

私たち人類が暮らす地球、そして宇宙銀河には数多くの星々が煌めいております。その遍く星々の中には、私たち人間の命の親である、光りのカミガミが存在しております。人間の命の故郷は親ガミのいる光り星であります。ゆえに、人間の命は親ガミの光りの星から来て、肉体なき後は、また故郷の光りの星へ帰るのであります。さて、宇宙銀河の星々の頂点にいるのが、人間を含む自然界、在るもの全てを創造した、大きな薄紫の光りの存在、それが天地創造の大ガミでありま す。天地創造の大ガミのもとには、東西南北の銀河系を導く四天界の親ガミがおります。その四天界の各々の親ガミの名は、仮の名ではありますが、西方銀河の星々を導いているのが、緑の光りの存在である鷲王（わしおう）の親ガミであります。西方の鷲王の親ガミは、西方の天界に木星を創造し、地球に大自然を形作り、地上世界に爽やかな光りの風を送り届けております。そして大地に樹木を育て、春夏秋冬の四季を廻らせ、地球を日々守り導いております。次に、東方銀河の星々を導いているのが茜の光りの存在である、天王（てんおう）の親ガミであります。東方の天王の親ガミは、東の天界に太陽と月と火星を創造し、地球に生きるもの全てを育み、生きとし生けるものに太陽と月のエネルギーを届けております。また地球に火炎の種を届け、地球を暖め、日々守り導いております。次に、南方銀河の星々を導いているのが水色の光りの存在である、水王（すいおう）の親ガミであります。

南方の水王の親ガミは、南の天界に水星を創造して、地球に生命の元となる命の水を届け、大海に水を満たし、河川を整え、生きるもの全てに命の水を届け、地球を日々守り導いております。

そして次に、北方銀河の星々を導いているのが、黄金の光りの存在である、古志王（こしおう）の親ガミであります。北方の親ガミは、北方の天界に金星と土星を創造して、地球に岩石や鉱石を届け、地球の大地を固め、生きるもの全てに棲家を与え、地球を日々守り導いております。

この四天界銀河の星々を守り導いている、各親ガミが、この度、地球人類の新しき時代を創造するために、多くの光り人を誕生させ、地球再生、日ノ本再生を目指し、星々からカミガミの光りを注いでおります。星々のカミガミの中でも、西方を導く鷲王の親ガミは、西洋文明を修正する為に、マリアと星々のカミガミと共に、新たな世界を創造するために活躍しております。この書物は、四天界の親ガミである天地創造の大ガミに導かれ、北極星の親ガミである北真(ほくしん)に、私が質問する形で書かれております。北真の親ガミは、私に対する答えを、各々のカミガミに尋ね、それを私に伝えて下さいました。この書物は、星々のカミガミの協力によって完成されました。

さて、私はこの本の原案を一九九〇年の一月一日から一九九一年の一月一日まで一日も休むことなく丸一年をかけて書き上げました。当時の私は、神仏事に関わりなく生活しており、まさか、このような本を書くなど、思いもよらぬことでした。しかし、日々心の奥底から湧き上がる思いを、どうしても文章に書き進めねばならないという、何か不思議な大きな力が加わり、書かされていた感じでありました。その当時、私は、午前十時から車で二時間程かかる職場に行き、そこで夜十一時頃まで仕事をして、そして家に帰るのはいつも夜中の一時頃になっておりました。それから三十分ほど一休みしてから原稿に向かうのですが、毎夜、カミガミのメッセージを文章にするのはなかなか思うようにはいかず、いつも寝るのは朝方の五時か六時頃で、日によっては朝方の七時か八時の時もありました。また、一つのメッセージを受け取り、それを文章にまとめて一行書くのに、ともすると四、五日もかかることもありました。北真の親ガミから届くメッセージは、魔界の悪神、悪霊どもの阻みが多く、時には、突然の激しい痛みや魔の囁きなど、アクシデントの連続でありました。また、星々のカミガミから届くメッセージは、私のような生身の人間には受け取りづらく、誰にでも分かる映像や言葉等と違って、心の奥底に微かに響く程度のメッセージでありました。

そのような北真の大ガミのメッセージを文章にするのは、私自身の心を勇気付けながら、星々の大ガミの思いと一体となるぐらいの強い決意をしなければ、この書籍は一行も書くことができませんでした。それは産みの苦しみのような日々でありました。それでも当時の私は、疲労で仕事を休むことはなく、また、一日三時間程度の睡眠であってもカゼひとつ引くことなく、私の身体は毎日健康で疲れを知らない日々でした。それを今思えば、あの頃の私の身体は、私のものであって、私のものではないような、星々のカミガミの大きな力を得た感じでありました。このような日々の中で書いたこの書籍は、私自身のいたらなさもあり、読む人にとっては、分かり難い部分があるかもしれませんが、それは、私の思考が魔のものに操作されて、星々の大ガミの思いをうまく文章にすることが出来なかった為で、読みづらい箇所、または難しい文は飛ばしてお読みください。

なお、この原稿は、一九九一年一月に一応完了しましたが、その後も、星々のカミガミからメッセージが続き、その間、魔界・霊界の魔のものどもの執拗な阻みをうけながらも、新たなメッセージを書き加えて、二〇二〇年5月、漸く完了いたしました。この書籍を読んで頂ける方々は、これまでの古い価値観を変えて読んで頂ければ、誠に幸いでございます。

わしお　すえよし

北方銀河親ガミとの出会い

1999年世紀末　新発田の姉より電話あり

「・・・お父さんが癌で緊急入院した。医者が言うには、癌が全身に転移してもう助からないって・・・今は痛みが激しく、モルヒネも効かない状態だ・・・」と。私は早速、埼玉から新発田の病院に行き、義兄の病床を見舞いました。病室に寝ていた義兄は、顔と身体がムクミ黒ずんで精気がなく、お腹は水が溜まって膨らみ、激しい痛みで苦しんでいました。医者が言うには、「もう手の施しようがなく、痛み止めのモルヒネも効果なく、後は時間の問題です。身内の方を呼んでください。」とのことでありました。私は、姉に、「こうなったら、最後の神頼みで、義兄さんが子供の頃遊んでいた神社に行こう。」と姉を誘いました。新発田市五十公野の地に、小高い山々が連なり、その頂きに古志王神社がありました。私と姉は、山の麓に立って、目の前にある鳥居を見ました。その鳥居には、神社の格式を示す証しとして、相撲で言えば、横綱が締めるような威厳のあるしめ縄が張られていました。私と姉は、鳥居を通り抜け、その先の山の頂きに続く、山頂目指して登って行きました。途中、平場があり、その前方に古志王神社がありました。神社の周りは広場となっており、神社を取り囲むように太い樹木が立ち並んでいました。山頂の古志王神社は、なぜか、異次元空間に紛れ込んだように、あたり一帯がシーンと張り詰めたように、外の世界と切り離されたような緊張感に覆われていました。

私と姉は、神社正面に向かい立ちました。そこで私は、何故か、声を発して「・・・古志王様、今日は、義兄の癌を治し救って頂きたく参りました。どうか義兄を救ってください。お願いします。お願いします。」と言葉を繰り返し、お願いしました。すると突然、隣にいた姉が、「来るのが、遅かった。間に合わぬ。」と低い、威厳のある声で話し出しました。隣の姉を見ると、姉は目を閉じ、別人になったかのように、威厳ある声で、「来るのが、遅かった。間に合わぬ。」と言葉を発しました。その時、私は、身体の芯が震え、緊張して、次の言葉が出ませんでした。それから姉は、「そこもとよ、今日はよく来た。待っていたぞ。病を治すことは出来ぬが、これより、そこもとの両手に我が光りを授ける。そこもとは、これから義兄のもとに参り、両手で全身さすってあげよ。痛みは取れる。」と言いました。言い終わった姉は、我に返ったように、「今、何があった。何か言った。」と突然起こった状態に戸惑っているようでした。私は今起こった事を話し、急いで義兄の病室へ戻りました。病室へ入り、義兄が寝ているベッドの傍らで、私は、義兄の全身を、頭からお腹、胴体、両手、両足を一時間ほどかけて、光りが全身に行き渡るように懸命にさすりました。すると、さすっている私の身体から、汗が噴き上り、私は古志王の光りと一体となっているのを感じていました。暫くしてから、義兄の病室へ行くと、義兄の顔が、ほんのりと赤くなっており、身体の肌色も良くなっていました。

そして、膨らんでいたお腹が凹んで溜まっていた腹水が黒い尿となって大量に出ていました。また、あれほど痛がっていた苦痛もなくなり、以来、痛み止めのモルヒネは使用しないで済みました。

その後、義兄は痛みもなく、安らかに、眠るように亡くなりました。葬式も終了し、私は、姉に「古志王神社へお礼参りに行こう。」と言いました。姉と私は、再び古志王神社に続く山道を登り、山の頂きにある古志王神社正面に並んで立ちました。そこで私は、前回と同様に声を発し、「古志王様、此度は、義兄が痛みもなく、苦しまず、安らかに亡くなりました。有難うございました。」と伝えました。その時、隣にいた姉が、前回と同じように、突然、太く低い、威厳のある声で「そこもとよ、世界を、世の中をよーく観よ。人々の暮らしをよーく観よ。そこもとが、人々の世界を、地球を再生せよ。」と、話し始めました。それから、「世界が、日ノ本が、悪しき世界になっているのは、そこもとがしっかりせぬからである。そこもとよ、世界が、日ノ本が悪いのは、そこもとの責任である。そこもとよ、世の中をよーく観よ。そこもとよ、がんばれよ。」と言った後に続いて、姉は、これ以上の声は出ないほどの、「大きな声で、ガンバレー　ガンバレガンバレよー」と五十公山全体に響き渡るほどの大声で、叫ぶように言いました。姉の突然の大声で、私は、驚くと共に、今何が起こったのか、ただ呆然と立ちすくんでいました。それから私は、気を引き締めて、側にいた姉を見ると、その場にうずくまり、全身が激しく息づいていました。この時、私は思いました。姉の声を通して言った、この声の主は誰なんだろう。この言葉は真実なのか、それとも私を惑わす、妖しき魔のものか、答えを出せぬまま、姉を労わりながら、古志王神社を後に、山を降りました。その後、私は埼玉の会社へ帰り、以前と同様に仕事に励もうとしましたが、古志王神社での姉の声を通して伝えられた言葉が頭から離れず、仕事をしていても集中できずにおりました。そして私は、古志王神社で姉に憑依して、叫ばせたのは何者であったのか、またそれが、それが本物の光りのカミなのか、それとも私を惑わす、妖怪、悪神の類なのか、この答えを、姉の声を通して確かめようと決めました。

それから私は、ほぼ毎日、埼玉から新発田にいる姉に電話をし、それを録音して、これまで疑問であった多くの謎や神々や仏のこと、また人間界の歴史や仕組みを尋ねました。そして、姉は、その都度、古志王神社の時と同じように、低い太い、威厳のある声で、神々のことや人間界の仕組みや難解な宇宙、星々のことも、澱みなく的確に答えてくれました。私は、姉に質問する際、姉が知らないだろうと思うことを尋ねました。それは、人類の始まりや宗教の仕組み等、多くの未知なることを尋ねました。そして、電話が終わると、私は、答えを確認する為に古代史や辞書を紐解き確認しました。姉を通した答えは、私が知らなかったことも含めて、全てが納得のいく答えでした。

ほぼ毎日続いた姉への電話は、五ヶ月ほど続きましたが、姉の声を通して語る者の正体は、善のカミか、魔のものか、その結論が出ぬまま、私は、思い悩んでおりました。それからも私は、姉への質問の電話をかけ続け、そして二週間に一度は、新発田に行き、考えられる多くの謎の質問をしました。このような状態が半年ほど続き、私は、そろそろ真実のカミか、魔の悪神か、結論を出す時が来たと感じていました。暫くした後、私の心の内に、次のようなメッセージが浮かんできました。


真のカミとは、光りなり。光とは、物質にあらず。人の目に観ること出来ず。人の手で触れることも出来ず。囲むことも、遮ることも出来ず。

真のカミとは、神社・寺院に座するものにあらず。神仏像に宿るものにあらず。

真のカミとは、集団で崇め、合掌し、祈り、願うものにあらず。

真のカミとは、伝統・儀式・行事・風習・宗教を強制せず。


真のカミとは星々に存在する、人間に命を授けた、命の親である。

真のカミとは、人間に宿りし命なり、命とは、親ガミの一滴の光りである。

真のカミとは、天地を創造し、全宇宙の星々を導く、大きな、大きな、光りの存在である。地球に光りあれ　万物に光りあれ　自然に光りあれ　人間に光りあれ

天地創造の大ガミとの対話

「そこもとよ・・・ここまで御子の言葉を通して、多くの謎を尋ね、よく学んだ。そこもとが、古志王神社へ御子と参った時から、われら星々の親ガミが御子の身体に光りのエネルギーを届け、そこもととの会話が始まった。われら星々の親ガミは、これまで魔の阻みを乗り越えた光り人を永き時を待ち望んできた。われら星々の親ガミは、これまで多くの光りの人たちを守り、導き、育んできた。なれど、人間界が魔王、悪神どもが蔓延る、霊界・魔界の世界になってから、われら星々の親ガミが、光りの人たちを守り、支え続けてきても、地球に誕生した光り人たちは、ことごとく潰され、封じられてきた。イエスもシャカも然りである。そこもとよ、そこもとは、これまで人間界の困難・魔のものの阻みを乗り越えてきたこと、われら星々の親ガミは大いに嬉しく思う。これよりそこもとは、これまで学んだカミガミの真実を、多くの人々に伝えるが良い。多くの人々が、そこもとのカミ真実を待っているぞ。そこもとよ、これまでご苦労であった。ご苦労であったなぁ。」

「有難うございます。北方の親ガミ。いや・・・今の言葉、今、話してくださった方は、どなたですか。」

「われは大ガミじゃ。」

「天地創造の大ガミ。・・・・・・・天地創造の大ガミですか。」

「そうじゃ。・・・この書物を書けるのは、人間界で多くの困難、試練を乗り越え、多くの経験をし、世の善悪を知る者でなければ、この書物は書けぬ。そこもとは、よく大魔王と悪神どもを退治し、岩星の中に閉じ込め、ブラックホールに閉じ込めたなぁ。・・・あれほど雲っていた地球も、漸く、わが星から、観えるようになった。今少しだ、今少しで地球に・・・人間界に、われら星々の光りが直接注がれる。そこもとよ、ガンバレ。ガンバレよ。われは、何時も側にいるからな。・・・・・そこもとよ、星々の親ガミとの会話、良くまとめあげたな。われが時を計り、今日の、この時に間に合うように、そこもとを地球に誕生させてしまった。われは、これまでそこもとの人生の中で、幾度か手を差し伸べ、言葉をかけようと思いはしたが、しかし、そこもとは、良く耐え、良く困難を乗り越えてくれた。そこもとよ、よろしい。よろしいぞ。」

「大ガミ・・・まさか、あなたの言葉を聞くとは、思いもよりませんでした。大ガミ、どうか、光りの人たちを護り救いください。人々を救いください。星々のカミガミと共に地球を救い、人々の世界を、人も皆全てが居心地良い世界になるようにしてください。」

「よろしい、そのつもりで此度、地球へきた。此度の、そこもとが書き記した書物、魔のものどもの阻みがあると思うが、早く世に出し、多くの人々に読んでもらうことが良きことだ。
これからも世に隠された真実を告げる。まだまだ多くの人々が知らぬ、魔のものの秘密が隠されておる。そこもとは、これから魔のものどもの秘密を書物にし、多くの人々に知らせる。それが、そこもとの役目である。」

「大ガミ、大ガミが地球に来たのは、何度目ですか。」

「五億年前と、三億年前と、一億年前と、此度である。一億年前は、地球のカミガミが、われが地球に留まることを断った。その訳は、われ大ガミの力を借りずとも、地球のカミガミの力で地球を再生し、人も皆良き世界を創造すると申したからである。それでわれは、日ノ本の佐渡島と、越後の浅草岳と、新発田・五十公野と、近隣の四天界の親ガミの光りの大地に立ち寄っただけで帰った。そこもとよ、他に尋ねたきことあれば尋ねよ。」

「大ガミ、自然界の人間界の摂理と真理を教えてください。」

「そこもとも、やはりそうか、そうであろうなぁー。イエスもシャカも、自然界の動物たちの殺し合う姿を観て、また人間同士の争う紛争を観て、そこもとと同じく、天界の星々に向かって、嘆き、悲しんでいた。イエスとシャカは、答えの出ぬまま地上を去った。そこもとよ、自然界の、人間界の摂理、真理とは、人間は万物の長である。それ故、人間界の営みの全てが鏡である。

そこもとよ、この答えを、広く、奥深く考えよ。よいか、よろしいか。」

「大ガミ、それは、人間界で起こること全てが、自然界に写し鏡となって現われるということですか。それは人間と人間が競い合い、人間と人間が殺しあっているから、動物の世界でも強いものが弱いものを喰らうということですか。それと人々が自然を大切にし、自然を愛する思いがあれば、あらゆる自然災害も天変地異も起こらない、と言うことですか。」

「そこもと、よく分かったのう。われは、地球も自然界も、生きるもの全てを創造し、その上で、人間を万物の長とした。人間を長にしたのは、親ガミの光りの命を宿している人間ならば、この星、地球を守れると思ったからである。地球の、自然界の摂理、真理は、人間のやること全てが、自然界に写し鏡となって起こるようになっておる。世の真理を求めている者は、動物の殺し合う姿を観て、動物は残酷だと心を痛めておるが、それは、人間同士が戦争と言う、殺し合いをしておるからだ。世の始め、人間も動物も、肉を食せぬ草食動物として、われは誕生させた。だが人間同士が殺し合うようになり、動物を捕えて食するようになってから、動物も肉食となり、地上世界は弱肉強食の世界となってしまった。人間が戦争を止めれば平和になり、自然界の動物たちも互いに殺し合うことをやめる。そこもとよ、人間が全ての長であることを、深く、広く考えよ。

この世の仕組みは、全てが長によって物事はいかようにも決まる。一家の災いも、世間の営みも、国家の災いも、地球も、何処で、誰が、何処の長となるか、全てが長しだいである。そこもとよ、野辺に咲く花は、可憐で小さく弱いものであるが、多くの人々の心を優しく和ましてくれる。長とは、本来、そのようなものである。そこもとよ、これが地球の自然界の摂理・真理である。われは、地球という星を、このように創ってしまった。悪かったかなぁー。」

「いいえ、大ガミ、私は地球が、自然界が、人々の世界が、人も皆、全てが居心地の良い世界を望んでおります。どうか大ガミよ、此度の地球再生、自然界の再生、人間界再生、私たちもガンバリますが、星々のカミガミにも力を発揮して頂けるように、指導してください。お願いします。」

「よろしい、分かった。われは、そのつもりで、此度、そこもとに、この書物を書かせた。そこもとよ、真にご苦労であった。ご苦労であったなぁ。そこもとよ、わが花である、薄紫の野菊の花を思い浮かべよ。わが思いを感じ、分かるであろう。そこもとよ、われは、そこもとに、わが光りの言葉を授けた。われは、光りあれの言葉で、星々のカミガミも、地球も、自然も、人間も、全てを創造した。これより地球は、自然は、世界は、そこもとの、光りあれの言葉で、御霊たちは、親ガミの光りの星々へ帰り、そして、霊界は消滅し、魔界も消滅し、悪しき者は、岩星・黒星の中に閉じ込められ、そこもとの、光りあれの言葉で、人も皆全てが居心地の良い、光りある世界が誕生する。」

「そこもとよ、良き人を選び、光りあれの言葉を与えよ。わが光りあれの言葉で、全てを導き、この星、地球を再生せよ。そこもとよ、われは何時でも、そこもと共にある。ガンバレ。ガンバレよ。」

光りあれ。光りあれ。光りあれ。

天地創造の大ガミとの対話

北極星の親ガミとの対話

「わが友よ、われ北方の北真は、この度の日ノ本再生、地球再生を目指し、星々のカミガミと共に、新たな思考に目覚めた人々を守り育み、新たな時代へと導いてきた。われら星々のカミガミは、人々の世界が、真の自由平等世界となるように、また、人皆全てが居心地良い世界となるよう強く望んでいる。なれど、古き昔から多くの人々は、魔の悪神どもに操られた支配者・権力者の策略に乗せられ、偽りの神仏を崇め、偽りの自由平等社会に騙されながら、心満たされぬ日々を虚しく生きている。人々の洗脳された思考は、古き昔から悪神、仏魔に操られた呪術者・儀式者が謀った策略により、人々の思考は固い鎖で縛られたまま、今日を辛く、耐えて生きている。そなたは、かつて、光り人たちが地上世界に現れ出て、人々の価値観を改め導いたように、そなたも人々の心に繋がれている強き鎖を解きほぐし、人々の心にかけられた洗脳を解き、新たな時代の夜明けを知らせることである。」

「人々を洗脳し、人々の心に縛られている強い鎖とは?」私は尋ねた。

「それは遥か古代、今からおよそ一万年前より、人々を支配しようとする魔に操られた王者達が、企み謀った日常習慣の中で息づいている宗教、という心を縛る洗脳である。その習慣宗教は永い年月を経て、今日では、賢い人々でさえも気付かぬほど、目に見えぬ洗脳となり習慣となって、全ての人々の心を支配している。また、その洗脳は、学者や教育者と言われている人々でさえも、何の疑いもなく神社・仏閣に詣で、墓参りをし、合掌し、先祖供養している。これが人々にかけられた洗脳と言うものである。古代、日ノ本の大地は、大陸から襲い来た支配者らによって、今日の宗教の土台が形作られた。それから、永い時の流れの中で、時々の王と名乗った支配者・権力者達が、宗教という名の下に、人々を神仏の前にひざまずかせ、また支配者自らが神仏を崇め奉り、疑い知らぬ人々の心を操り従わせてきた。それがまた、子孫代々受け継がれ、多くの人々は真のカミを知らぬまま、幼い三つ子の頃より神仏に手を合わせ、日々、虚しく、せつない祈りを捧げている。

遥か古代より、時々の支配者・権力者は呪術者を使って、宗教という悪神どもの魔力で、人々の心を操り、縛りつけてきた。これまでの永い歴史の中で、支配者・権力者が崇める神仏を拒んだ真のカミを求めた人々は、幾世代もの間、どれほど多くの血の涙を流し、命を絶たれてきたことか、そなたならば、その辛く苦しい、やり場のない、心の痛みが分かるであろう。

先の明治維新では、国の政は大きく変化をとげ、人々の暮らしもまた変化をとげた。だが、世の多くの人々の心の維新は未だならず、遥か昔から、真のカミなき、偽りの神仏を崇めた『宗教』という、固い鎖に縛られた幼い心のままである。この度、新たな時代に入り、天地創造の大ガミと四天界の親ガミの大いなる決断によって、地球再生、日ノ本再生を実行することになった。それゆえ、これから人々は、真のカミガミの真実を知り、遥か昔から続いて来た、偽りの神仏に対する心の暗示を解き、多くの人々が真のカミに目覚め、新たな時代に至る時となった。今日地上世界では、天地自然界の摂理が乱れ、多くの国々で大きな災害が起こり、世界では思いもよらぬ事件が起こり、そして人々の世界は混迷を極め、解決策のないまま突き進んでいる。もし人々が、このまま欲望を満たすだけの経済構造を改めず、心の維新を遂げずに進んだなら、地球は怒り、世界は大いなる破局の時を迎えるであろう。」北真は語った。

人々の世界の始まり（人類誕生）

「人類の始まりとは、どのような世界であったのでしょうか？」

「現在の科学者の間では、宇宙が誕生したのは星々が爆発する、ビックバンによって銀河系が形成され、地球が誕生したことになっている。なれど、科学者が頑な思いを捨てて考えてほしいのは、ビックバンが起こったのは単なる偶然ではなく、何かが、何らかの意思を持ってビックバンを起こした、ということである。宇宙銀河の星々も地球も、存在する全てのものは、存在することに意味があり、必然であり、何らかの意思の力が加わって、あるものは存在しているのである。ゆえに星々の世界においても、地球世界においても、単なる偶然によって存在しているものは何一つないことを、科学者は心低くして知るべきである。では、在るもの全てを創造したのは誰か？と言えば、それこそが、天地を創造した星々の大ガミであり、四天界の星々を導く親ガミである。われら星々のカミガミは地球の科学者がもっと謙虚な思いとなって、存在するものを単なる偶然として答えを出さず、存在するものの中にある、偶然以外の真実の答えを求めてほしいと望んでいる。地球の科学者がそのような思いとなって、物事の真理を求めたなら、真のカミの存在を証明することができるはずである。さて、人類の誕生であるが、人間が肉体をもち、人間としての雛形が創られたのは、今から十億年ほど前、日ノ本の地で天地創造の大ガミと四天界の親ガミの光りと力によって、人間の始祖が創造された。始めは、全身体毛に覆われた猿に近き姿であったが、それが、やがて原始人となり、膝を曲げながらも二足歩行ができるようになり、そして、永い時が過ぎるとともに体毛が抜けはじめ、現代人に近い姿となった。だが、その当時、人間に近い肉体は創造されたが、星々の親ガミは、肉体の中に親ガミの光りの命は未だ宿してはいなかった。つまり、天地創造の大ガミと四天界の親ガミは、始めに人間に近い動物を日ノ本に誕生させたが、その後、永い時を経て、肉体の中に親ガミの光りの命を授けて、カミ宿る人間を誕生させたのである。

日ノ本で誕生した原始人たちは、永い、永い時を経て、一部の者たちが大陸へと渡り、それから先は、原始人たちは二派に分かれた。そして一つの集団は北方の大陸の各地に留まり棲みつき、もう一方の原始人たちは、さらに新天地を求めて、アフリカ大陸へと渡り、棲みついた。さて、日ノ本に誕生した原始人たちは、今からおよそ三十万年前、天地創造の大ガミと四天界の親ガミの光りの息吹によって、人間の肉体の中に親ガミの光りの命が宿り、光り人として知性を備えた人間となった。一方、北方の地に棲みついた原始人たちは、今からおよそ二十五万年前、日ノ本に誕生した人間たちと同じように、星々の親ガミの光りの息吹によって、人間の肉体に親ガミの光りの命が宿り、一万年の時をかけて、人間に近い姿となった。そして、もう一方のアフリカ大陸へと渡った原始人たちも、今からおよそ二十万年前、これも星々の親ガミの光りの息吹により、肉体の中に親ガミの光りの命が宿り、一万年の時をかけて人間に近き姿となった。

今日、人類の誕生はアフリカと言われているが、その説は間違いである。天地創造の大ガミと四天界の親ガミは、地球に三種類の親ガミの光りを宿した人間を、時を別々にして誕生させた。親ガミの命の光りを宿した人間が、地球に始めて誕生したのは日ノ本である。次に北方の大陸に親ガミの光の命を宿した人間を誕生させ、その後に、アフリカ大陸に親ガミの光の命を宿した人間を誕生させたのである。では、これより地上に人々が誕生した、その当時の話を告げよう。その頃、地上世界では、人々の体内には親ガミの光りの命が宿り、人々は光り人となり、いつでも、どこでも親ガミの光りを身近に感じて、星々の光りを心の拠り所として暮らしていた。そして光り人たちは、衣食住すべて何も案ずることなく、地上世界は、天地創造の大ガミと四天界の親ガミの五色の光りが輝き満ちて、人間と自然とが調和し、万物一体の喜びを感じながら、人も皆全てが、嬉しく、楽しく暮らした、素晴らしい世界であった。また、そこでは、わが北方の星々の光りと、東・西・南方の星々の光りが見事に調和して、親ガミの光りの命を宿した人間たちは、星々のカミガミの光りに守られ導かれて、全てが喜びに満たされた世界であった。

今日の人々には信じられぬことであるが、古代地球では、星々のカミガミが地球に降り立ち、人々と共に嬉しく楽しく暮らしていたのである。その頃、人々の意識は、親ガミの光りと一体となり、宇宙の星々とも自由に対話が出来た世界であり、星々のカミガミと人々が嬉しく、楽しく過ごした光りの時代でもあった。今日、繁栄を極めている西洋文明は、たかが二千年程度の幼き文明である。その歴史の中で、支配者・権力者となった我欲強き者たちは、各々の野望・欲望を叶える為、人々の体内に宿る親ガミの光りを宗教によって封じ込め、人々の心を思いのままに操り支配している。そして、さらに彼らは、現在では、宇宙の星々さえも、侵略し支配しようと企てている。遥か昔から、支配者・権力者の野望渦巻く世界とは、体内に宿る親ガミの光りの命を封じ、天地創造した大ガミの思いを知ろうともせずに、この宇宙は、人間だけが全てを支配できると思い上がっている我欲強い者たちの世界である。また、それが今日、人々の世界では、（悪強く、善に勝つ、世界）であり（闇強く、光りに勝つ）世界となっている。それゆえ、わが北真と星々の親ガミは、洗脳された人々の心を目覚めさせる為に、すでに幾人かの光り人を地上に誕生させ、悪栄える世界の中で、光り人を守り導き、数々の試練を乗り越えさせ、育んでいる。そなたはいずれ、その光り人たちと共に、地上に再び、星々の光り輝く時代を迎えるように、人々の心を封じてきた洗脳の鎖を解きほぐし、人々の体内に宿る命が、真のカミであることを伝える。そのことが、これからの、そなたの成すべき天命である。」

縄文時代

「遥か古代、日ノ本では、星々のカミガミと人々が楽しく暮らした楽園世界があった、とのことですが、それから後、歴史に記されている、縄文時代について教えてください。」

「今から五万年ほど以前、日ノ本では、小さな集団が、幾つかに分かれて集落を形成していたが、そのどの集落でも人々は、四天界の星々から来たカミガミと共に、仲良く楽しく暮らしていた。その日ノ本の中で、今日アイヌと言われている祖先の人々は、近畿地方、京都の山中で自然界の動物たちと共に、東方の星々のカミガミの光りに守られ、導かれて暮らしていたそれと、日ノ本の九州地方においては、南方の親ガミが直接地上に光りの姿を現わすことはなかったが、今日の台湾、沖縄、九州地方を南方の星々から来たカミガミに任せて、人々を守り導いていた。それとまた、今日出雲と言われている山陰地方でも、南方の御子のカミガミが地上に降り立ち、国創りを任せられて、人々を守り導いていた。さらにまた、今日、四国と山陽と伊勢の地方では、東方の親ガミの御子の太陽と月のカミガミがこの地に降り立ち、人々を守り導き、光り輝く国創りに励んでいた。　次に、今日、新潟と言われている越後の地方では、北方の親ガミの御子である土地王が、カミガミと共に国創り励み、人々を守り導いていた。北方の土地王とカミガミが国創りに励んでいたのは、越後を中心とした、東北地方と北海道の一部であった。また北海道からカムチャッカ半島までは、北方の親ガミが自ら光りの姿を現わすことはなかったが、その御子である北方のカミガミが、人々と共に居心地の良い国創りに励んでいた。さらに加えて、日ノ本の国創りには西方の親ガミが、西方のカミガミを導き、東、南、北方のカミガミと共に、日ノ本の国創りに協力して、自然界を守り人々を導いていた。以上述べたように、日ノ本は太古の昔から、東西南北の星々のカミガミが降り立ち、親ガミの光りの命を宿した人々と共に、嬉しく暮らした大地であった。

その星々のカミガミの光り満たされた日ノ本の大地は、遥か昔、今から四万年程前から、魔界の魔王と悪神に操られた大陸の支配者が、多勢の軍団を引き連れ、日ノ本に幾度も襲い来た。以来、日ノ本の大地も人々も占領され、日ノ本は大陸の王者に支配された属国となった。

それと同時に、大陸から魔の悪神と一体となった呪術者達も大陸の王者と共に渡り来て、日ノ本の人々を洗脳し、日ノ本にいた星々のカミガミを大地深き闇の中に閉じ込め、呪いをかけ封印してしまった。さらに、星々の親ガミの言葉を人々に伝え、人々を導いていた光り人たちも、支配者の手下から命を絶たれ、地下深き闇の中に閉じ込められ、多勢の呪術者から封印を掛けられてしまった。それが、現代の世まで呪い・封印をかけられたまま、星々のカミガミと光り人は封印され続けている。そなたはこれから、遥か昔から今日まで、地中深き所で封印・呪いをかけられている、星々のカミガミと光り人たちを、星々の大ガミから授かった光りの言葉で封印・呪いをといて、カミガミと光り人を星々に帰すことである。これが天地創造の大ガミと四天界の親ガミの望みであり、また日ノ本再生するためには、やらねばならぬことである。さて、それではこれより、魔に操られた大陸の支配者が、日ノ本の大地と人々をどのようにして襲い支配してきたかを語ろう。先ずは、今から五千年程前に、大陸の魔王から操られた支配者が、多勢の軍団と呪術者を引き連れて、朝鮮半島を武力と策略で占領した。そして大陸の支配者は、アジアの他の国々をも瞬く間に占領し、人々を呪術や儀式によって洗脳し、星々のカミガミをも封印して、アジア一体を支配してしまった。

それから大陸の支配者は、捕らえた人々を手下に加え、さらにその軍団の数を増して日ノ本に攻め入った。大陸の支配者は遥か昔から、幾度も日ノ本を襲来してきたが、それが今から三千五百年ほど前には、南方のカミガミが守り導いていた九州地方を、武力と呪術で制圧し、南方のカミガミと光り人たちに呪い・封印かけて、地中深き所に閉じ込め、沖縄と九州の地を占領した。そしてこの後、近畿地方と京都を守り導いていた東方の日月のカミガミも、大陸の呪術者から呪い・封印を掛けられ、京都山中の大地深き所に閉じ込められてしまった。そしてまた、この時、星々の親ガミの言葉を伝える光り人たちも魔王・悪神への生け贄として、呪術者から火あぶりにされて惨殺された。これが後々の世にまで生贄の儀式として受け継がれ、各時代を通して、生贄の儀式が変化して、光り人から東方の動物である日熊、月の輪熊にとって変わり、火祭りの儀式として各地で執り行われることとなった。そして、近畿地方にいたアイヌと呼ばれた人々は、大陸の支配者の軍団に襲われ、追われて、一部の人々は北海道へと逃げ延び、他の一部の人々は沖縄へと逃げ延びた。さらに、沖縄と北海道に追われ逃げた人々は、その後も大陸の支配者から執拗に追われ続け、それでも逃げ延びた人々は、やがて大陸の各地に定住するようになった。この人々が今日インディォと呼ばれている人たちである。世界各地でインディォと言われている人たちは、もとを正せばアイヌと言われた人達と同じ祖先である。加えて言えば、沖縄の人とアイヌと言われた人たちの顔、姿が似ているのは、元々の祖先が同じだからである。

…………………

（注）新聞報道によれば、アイヌ民族と沖縄の人たちは遺伝的に似た特徴がある、との記事があった。左記の文がその新聞から抜粋した記事である。

北海道のアイヌ民族と沖縄の人たちは、遺伝的な特徴が似ていることが、国立遺伝学研究所と東京大などの解析でわかった。遺伝研と東京大などは日本の本州の人二百四十三人、アイヌ民族三十六人、沖縄の人五十五人、中国人（北京の漢民族）などと比較し、この結果、アイヌ民族の遺伝的特徴は沖縄の人に最も近かった。

…………………

そして、さらに時が過ぎた後、大陸から襲い来た支配者は、山陽、伊勢の国を占領して、東方のカミガミと光り人たちに呪い封印かけて地中に閉じ込めた。これが、今からおよそ二千五百年前のことである。その時、魔王と悪神に操られた呪術者達は、伊勢と山陽にいた東方の日・月のカミガミを岩山に閉じ込めた。これが日本神話の中で記されている、天照大神の岩戸隠れの話である。

さらに、今から二千年ほど前には、南方のカミガミが光り人と共に国創りに励んでいた山陰地方の出雲も、大陸の支配者の軍団から襲われ占領された。この時、南方のカミガミは、大陸から来た大勢の呪術者から、カミガミの光りを封印され、大陸の軍神である毘沙門として封じられてしまった。これにより南方のカミガミは、北方を見張る軍神となり、魔王の配下となってしまった。

さらに、人々から国造りのカミガミとして大国主と呼ばれていた南方のカミガミは、大陸から来た魔王・悪神に仕える呪術者から執拗な攻撃を受けて襲われ、その力及ばず山陰の出雲から新潟の越後の地へと逃げ去った。だが、越後の出雲崎の地で、悪神と呪術者に再び襲われ、呪いをかけられ封印されてしまった。そして大国主は、魔王から名を大国から大黒へと変えられ、光りのカミとしての力を奪われてしまった。これにより南方の親ガミより任されていた山陰地方の出雲は、魔王・悪神を奉る聖地となり、大陸の支配者らの領地となった。これが日本神話で伝えられている（出雲の国譲り）の話である。


以来、出雲の地では、十月は日本中から七福神や悪神たちが集う（神在月）と呼ばれるようになり、他の地方では（神無月）と呼ばれるようになった。日本書紀では、国譲りの儀式は、出雲の地で執り行われたと記されているが、実は現在の新潟、越後の出雲崎で執り行われた儀式である。

次に語るのは、今から千五百年程前から八百年程前まで、永い時代を通して行われてきた、大陸の支配者と、その手下となった日ノ本の支配者が行った越後攻めである。この越後攻めは、今から八百年ほど前には、大陸の悪神・魔王に操られた支配者が、多くの呪術者と大勢の戦士たちを従えて、大陸の皇帝と魔王が最も奪いたかった、新潟の越後の地を目指して進んでいた。その軍団の兵士の数はおよそ数十万。その列は永い大河の流れのようになって行進していた。これから先の越後攻めは、そなたの頭脳の中で映像として観せるとしよう。」

私は目を閉じ、脳裏に写し出された過去の歴史の映像を観つめた。

「あぁ、今、映像は、古い昔の場面が過去の時代と重なり合って観えております。えーと、この場面はどこの浜辺でしょうか、おそらく新潟の出雲崎辺りの浜辺だと思いますが。多くの白装束を着た呪術者が、岩のような石像を取り囲んで、大きな声を上げて呪文を唱えております。どうやら、この石像の中には北方のカミガミが封印され呪いをかけられ、閉じ込められているようです。あぁ、石像には沢山の凡字のような呪い文字が書かれております。その文字の中に土地王と多聞の漢字が書かれております。あ、今分かりました。多聞の意味とは、封印され閉じ込められた北方のカミガミの苦しみと、殺害され霊界に彷徨う人々の嘆き苦しみを永遠に聞き続ける、多聞という封印であり、大陸の呪術者が北方の土地のカミガミに掛けた呪い文字でした。あぁ、今度は石像が数人の兵士たちによって、何重にも簀巻きにされた上に、しめ縄で縛られております。さらに、しめ縄の上からも、これは太い鎖のようなものでガンジガラメに縛られております。

この時代には既に鉄の鎖はあったのですね。今石像は、数十人の兵士に神輿のように担がれて沖の方に運ばれて行きました。あぁ、土地王（多聞）の石像が海の中へ、この時代は未だ、海が浅く遠く沖の方へと運ばれております。あぁ、兵士の姿が遠くなっていきます。海水は今、兵士の肩のあたりまで来ているようです。あれ、兵士が沖の方で土地王「多聞」をかついだまま、立ちすくんでいるようです。兵士たちはどうやら地元で捕らわれた者らしく、土地王「多聞」のことを知っている様子で、海中に投げるのを躊躇っているようです。兵士たちはしきりに、陸地にいる人物のことを気にかけているようです。　陸地にいる人物は、あれは位の高い王者のような人物が、屋根のある神輿の台の上に座っております。それを大勢の部下たちが担いでおります。この者たちは土地王（多聞）を担いでいる兵士たちと服装も違い、位が上のような者達です。どうやら大陸から一緒にきた兵士たちのようです。神輿に乗っているのは、昔の中国の皇帝のような姿で、細く永いヒゲをはやしております。その神輿には、五本指の龍が描かれております。神輿の廻りと前後には、あぁ、私はこれまで、こんなに人数の多い兵隊を観たことがありません。数にして数万人でしょうか。

陸と海の方から多勢の兵士たちが、まだまだ行列に加わろうとしております。
大陸の支配者は、この越後の国を支配することにものすごい執念を持っているようです。どうやら越後の、この地を支配することが、星々のカミガミと日ノ本のカミガミ全てを支配できると思っているようです。あぁ、神輿の王者が盛んに沖の兵士に向かって、早く土地王（多聞）を捨てろと、大きな声と身振りで叫んでいます。遠く沖にいる兵士は、土地王（多聞）を沖に捨て切れずに躊躇いながら、どうやら、このまま日が落ちるのを待っているようです。また神輿の王者がさかんに、側近の者に早く捨てさせろと言って怒っております。どうやら沖にいる兵士とは、言葉が通じ合っていないようです。あぁ、日ノ本の国は、このようにして大陸の支配者と魔王の手先から支配され今ようやく闇に隠されていた日ノ本の歴史が分かりました。あれ、映像が変わり、出雲崎上空に、誰か大きな軍神のような人物が辛そうな顔をして、土地王（多聞）の方を気にしながら、うなだれて見ております。この方は誰でしょう。とても悲しそうな顔をしております。あっ、それと、もう一人同じく上空に、これはもっと大きな姿で、天を覆う黒い入道雲のようなものが、これは大陸の魔王でしょうか……恐ろしい不気味な姿で、………うなだれている人物に何か命じております。あぁ、上空の人物が辛そうな顔をして、土地王に、何か呪文を唱えながら、北の方に行こうとしております。もしかして、この軍神は毘沙門では。北真よ、毘沙門とは多聞と同じ北方の守護神、と聞いておりますが。」

「北方の土地のカミガミは、魔王と神仏に仕えし呪術者から、永い時代を通して数々の呪い封印をかけられてきた。その一つが、土地から動くことを禁じられ不動金縛りの呪術をかけられたのが不動尊であり、不動明王である。そして、また、人々の嘆きを永遠に聞き続ける、という呪いをかけられ、多聞の名でも封印されてきた。一方、毘沙門は、もともとは、大国主と同じく南方の親ガミの御子であったが、大陸の魔王から呪い封じられて、戦の神となり、北方の守護神にされてしまった。北方の土地のカミガミが、大陸の呪術者から石像の中に封印され縛られた時、毘沙門は魔王の呪術により光りと力を封印されていた為、心ならずも魔王・悪神の配下となっていた。それゆえ、われら北方のカミガミを助けることが出来ずに苦しんで、ただ観ているだけであった。南方の御子である毘沙門は、大陸の魔王の配下になることで、自らの生きる道を歩むしかなく、大陸の魔王に服従した。以来、毘沙門は善を行おうとすると結果が悪となる、光りと闇とが一体となった仏魔となり悪神となった。」

「でも、なぜ毘沙門が、土地王（多聞）の北方を司る守護神になったのですか？」

「大陸の支配者と魔王は、天地創造の大ガミが怒らぬ事を良い事に、日ノ本の光りの大地を星々のカミガミが暮らせぬように呪い封印かけて穢してきた。そして魔の悪神どもも、四天界の親ガミである北方の親ガミの力を恐れていた。それゆえ北方の土地王（多聞）を封じ、その上に南方の毘沙門を重ね封印することによって、われら北方のカミガミの光りを弱め封じてしまった。これにより北方の土地のカミガミの光りと力が弱められ、日ノ本は魔の悪神どもの支配下となってしまった。

この結果、日ノ本は魔王と悪神が支配する霊界・魔界の魔力がさらに強くなった。それと同時に魔王・悪神どもの魔力も強くなり、また大陸の支配者の力も益々強大になり、日ノ本は大陸の習慣、儀式、宗教が栄えて、身も心も支配されてしまった。このような大陸の支配者の闇の歴史をふまえ、日ノ本の国とアジアの国々は、魔の悪神どもに操られた支配者たちによって操られ、今日の支配者・権力者及び魔の悪神どもが栄える世界となってしまった。日ノ本の国とは太古の昔より、四天界の星々から来たカミガミが、地球に始めて降り立った世界で唯一の光りの大地である。

その中でも特に、かつて古志（古四）の国と言われた越後の大地は、星々のカミガミが数多く降り立った光りの大地であった。日ノ本の全てを支配する為には、古志の国のカミガミの光りと力を弱め封印し、光り人を抹殺することが、大陸の魔王と支配者にとっては、やらねばならぬことであった。それゆえ、大陸の魔王と支配者は、永い時をかけて望みどおりに、古志の国のカミガミと日ノ本のカミガミを地中深き所に封印し閉じ込め、星々のカミガミの光りを奪うことに成功した。その上、大陸から呪術者と共に来た七福神や神仏像を、人々に崇めさせ、すがらせ、日ノ本の国と人々の心を洗脳し支配することに成功した。さらに、大陸の支配者と魔王・悪神どもは、永い時代を通してアジアの光りのカミガミと日ノ本の光りのカミガミを地中深き所に閉じ込めて、魔王が統治する魔界・霊界を創造し、支配者・権力者が栄える世の中を形作った。

そなたはこれから、魔王と悪神どもを天地創造の大ガミから授かった光りの言葉で、岩星・黒星に閉じ込め銀河の果てのブラックホールに閉じ込めることが、そなたの天命である。そして、日ノ本の各地で、呪い・封印され閉じ込められている光りのカミガミに光りを注ぎ、親ガミの光りの星へ帰すことである。さらにまた、歴史上数々の戦いで殺害された多くの人々の命（魂）も、霊界に彷徨っている人々の命（魂）も、命の親ガミが待っている光りの星々へ帰すこと、これが、そなたの大事な役目である。尚、毘沙門とは大陸の魔王が南方の星々から来たカミガミに封印・呪いをかけた呼び名である。また、多聞とは、大陸の魔王が呪いをかけた呼び名であるが、真の名は土地の王、土地王という。さらに土地王は、魔王から不動金縛りの呪いをかけられ地中に封印されてきた。

土地のことを不動産というが、大陸の呪術者は土地王を不動金縛りの呪いをかけ封印した。そして、さらに、土地王は、源氏の呪術者から頭、胴体、足と三つに分断された。それ以来、土地王は、名を変えられ不動明王として各地に祀られ崇められている。昔から、日ノ本では三大不動明王といわれている所があるが、その地は、成田、菅谷（越後）、久留米である。この三大不動明王とは、頭と首は菅谷不動に祀られ、胴体と腹は成田不動に祀られ、腰から下の足は久留米不動に祀られている。この三つの不動明王は、身体の各部分の災いや病を癒す不動明王として、現在多くの人々が参拝している。」

（注）昔から仏教で言われている四天王とは、東西南北の四方を司る守護神として、東の持国天と西の増国天、南の広目天と言われている。しかし何故か、北方だけが多聞天と毘沙門天と呼ばれている。仏教で言われている四天王とは、四天界銀河を守り導く親ガミを封じる為に、魔王が呪術者を使って創造させた霊界・魔界を守護する仏魔である。

星々のカミガミが降り立った峰山と霊峰富士

「四天界の星々から来たカミガミについてお教えください。」

「太古の昔、地球には四天界銀河の星々から訪れていたカミガミが光りの存在として、各地に多く住んでいた。だが今日の地球では、星々のカミガミは、魔王・悪神による封印・呪いが強く、住む所がなくなり、星々へ帰ってしまった。されど地球にいたカミガミの中には、今日の世においても魔王・悪神の呪い封印が強く、親ガミの星に帰ることが出来ずに、地中深き所に閉じ込められたままのカミガミが存在しており、親ガミの救いを待っている。かつて、星々から来て地球に降臨したカミガミは、自然界を守り、光りの存在として、生きとし生けるもの全てを優しく導き、親ガミの光りの命を宿した人々と共に、仲良く居心地良く暮らしていた。また、星々からきた光りのカミガミの中には、大地に高くそびえ立つ峰山を憩いの場として、日ノ本の麗しき峰山を楽しんでいた。

なれど、そのような星々のカミガミの憩いの峰山であったが、今から一万五千年ほど前から、大陸から日ノ本に襲いきた呪術者の集団が、日ノ本の数多くの峰山を占領して、その峰山を御神体として修験者らに崇めさせ、魔王・悪神どもが屯する山岳宗教を広めた。それが、今日の世においても受け継がれ、日ノ本では、天孫降臨の地と言われている高千穂の山や、秩父の三峰山や日光の男体山や、また山形の羽黒山など、数多くの峰山が魔のものどもの巣窟となって、魔界・霊界が形成され、多くの修験者を虜にしている。その峰山の中でも、今日、魔のどもが最も多く集合し、魔の巣窟になっておるのが、霊峰と言われている富士山である。もともと富士山とは、星々から来た光りのカミガミが光り人たちと仲良く暮らしていた山であったが、それが今から千五百年ほど前から、魔王と悪神が富士山を魔界・霊界の巣窟にする為に、多くの呪術者を使い、魔のものどもが屯する霊峰にしてしまった。その後、時代が徳川の世となり、呪術者・儀式者の企てにより、また幕府の後ろ盾もあって、庶民の間に富士講が広まり、各地域に富士塚が創られ、富士山の御岳信仰が江戸庶民に一気に広まってしまった。

その富士山は、今日の世に至っても霊峰と言われているように、魔界・霊界の魔のエネルギーが蓄積し易い場所となって、多くの魔に操られている人々を虜にしている。今日、富士の麓には数多くの宗教施設が建てられ、多くの信者が集合する祈りの場所となっている。そしてこの富士山一帯の樹海では、多くの霊たちが集う場所が形成され、立ち入った者たちを霊界に引きずり込もうと餌食にしている。さらに裾野に存在する氷穴にも、魔界が形成されて、富士山一帯には魔界・霊界が根を張り巡らせている。それが強力な魔の磁場となって各地から集まってくる魔のエネルギーを増幅させている。そして、魔のものどもは、そのエネルギーを四方八方に放出させて、関東一帯を魔のエネルギーで覆いつくして、人々に悲しい、苦しい、切ない、負の感情を注いでいる。

さらに、この魔のエネルギーは、黒き魔の集合体となって富士山を守護する魔の大神となって、地中深くに存在して関東一帯を支配しておる。また、この魔の大神は数多くの分身を創り、富士五湖や樹海や氷穴を魔の通り道で結び、富士山一帯を魔のバリアで包んで、星々のカミガミの光りが届かぬように遮っていた。これまで、多くの人々から崇められて来た富士山とは、魔のものどもが永い時をかけて、支配者・権力者を操り、呪術者を使って形成させた魔界・霊界・人間界を重ね合わせ築いた霊山である。そして富士山は、これまで積もり積もった魔界・霊界・人間界の魔のエネルギーが、現在に至って限界点を超えて近々噴火することになるであろう。今日、光り人たちの中には、富士山が噴火している映像を親ガミから見せてもらっている人たちがいるが、その富士山噴火の映像は、まんざら嘘ではない。われらカミガミの銀河から日ノ本を観ると関東一円は、いつも黒く濁って映っている。それだけ魔のエネルギーが凝縮されておるようである。それもその筈。日ノ本の全ての機能が関東、特に東京に集中しておるからである。

新たな世界に向かって、関東一円にわれらカミガミの光りのエネルギーが注がれれば、地中に潜む魔のものどもが一気に噴き上がり、その結果、富士山噴火もありうるであろう。もし富士山が噴火すれば、太平洋側、(静岡、御殿場方面)に溶岩が流れ、一部の溶岩が関東方面にも流れることになる。噴火により噴き上がった火山灰は、関東一円に降り注ぎ、各交通のみならず、都市機能も麻痺させるであろう。また、富士山より噴き上がりし火山灰で、太陽の光りが遮られ、日ノ本全土に異常気象が起こるかもしれぬ。様々な事態が重なることで、日ノ本の政治・経済が立ち行かなくなり、多くの人々が大パニックに陥ることとなるであろう。それは、今まで信じてきたものが、一瞬にして崩壊する訳であるから、人々の心の中に（何を拠り所にすれば良いのか？）という思いが湧き上がるのは、当然なことである。富士山噴火の前ぶれとして、静岡や愛知、太平洋南西沖を震源とした震度4から5ぐらいの規模の地震が頻繁に起こると思われる。

そういう状態になった時は、富士噴火の前ぶれだと、理解してもらいたい。富士山噴火による、東京の都市機能全ての停滞、このことがきっかけとなり、東京に全ての機能を集中させることへの疑念が、多数の人々の中で湧き上がる。そして、人々の中に、新たな価値観を持った人たちが現われ、日ノ本を幾つかのブロックに分け、それぞれのブロックで各々の特長を生かした、政治活動や経済活動を行うことが、未曾有の危機を乗り越える為には最善の方法ではないか、との考えが人々の間で広まり始める。これは、これまでの中央集権から、地方分権への一歩である。現時点では、実際に地方分権が行われるか、否かは定かではないが、そういう考えが、人々の間で沸き起こるというのは、一つの価値観の変化といえよう。新たな世界に向かって、今後日ノ本には、様々なことが起こると思われるが、それらのことは、日ノ本の大地に、また日ノ本の人々に永い間、歴史を通して蓄積された、魔の黒きエネルギーを一掃し、日ノ本を光り輝く国として再生する為には、必要なことである。また、日ノ本は遥か昔から、魔のものどもの餌食になり、人々は気づかぬように操られ、洗脳されてきた。それが日ノ本を、これほどまでに汚れ、穢れた社会にしてしまったのである。

日ノ本再生する為に、多大な犠牲を払わねばならぬこと、われらカミガミとて、心痛まぬ訳ではない。されどこのまま放置して見過ごしておけば、魔のものどものエネルギーが益々巨大な渦となって、日ノ本のみならず、世界も地球も滅亡させてしまうことになる。それだけは、阻止せねばならぬ。地球滅亡を防ぐ為、われらカミガミの強い覚悟として、理解してもらいたい。これから、たとえ何が起ころうとも、光りの仲間たちは、冷静に乗り越えてくれると、われらカミガミは信じている。われらカミガミは、光り通じる人々を必ず守る。日ノ本再生、地球再生を目指し、困難を乗り越えて頑張ってもらいたい。さて、人々の中には、生命の危険を顧みずに険しい山に登り、登山を生きがいにしている者たちがおるが、この者たちの多くは、山を棲家にしている魔のものや、山で遭難した霊たちに呼ばれて山に登りたくなっている。つまり、険しい山を好んで登山をしている者たちは、山に潜む魔のものや霊たちに操られ、魔に呼ばれて登山をしているのである。われらカミガミは、例えどのようなことであろうとも、命を危険にさらす冒険や遊びごとは、止めてほしいと望んでいる。」

地球を守り導く、星々から来た光りのカミガミ

「遥か太古の昔、地球では四天界の親ガミの御子たちが、各々の光りで自然界を守り導いていた。そのカミガミの中でも、東方の星々から訪れたカミガミは、日と月と火の光りで、命あるものたちを守り導いていた。また南方の星々から訪れたカミガミは、生きとし生けるものにとって必要な光りの水を、海、川、山に降り注いで、命あるものたちを守り導いていた。そして西方の星々から訪れたカミガミは、森林を守り樹木を育み、草花を育て、それとまた四季折々の季節を廻らせる風を送り届け、自然界を守り導いていた。そして、また北方の星々から訪れたカミガミは、肥沃な大地に食物を実らせ、生きるものたちに棲家を与えて、生きとし生けるもの全てを守り導いていた。このように四天界の星々から地球に訪れたカミガミは、四天界の親ガミから地球を託されて、人も皆全てを守り導いていた。

さらに加えて、四天界の親ガミは地球を守り導かせる為に、東方の親ガミは、日(太陽)と月と火星のカミガミに、人も皆全てを育む光りの力を授けて地球を導かせた。また南方の親ガミは、水星のカミガミに、生命を育む光りの水を注ぐ力を与え、地球に命の光りの水を届けさせた。それと西方の親ガミは、木星のカミガミに、自然界を守り導く光りの力を与え、地球に樹木、草花を育み、地球に四季折々の風を送り届けさせた。それとまた、北方の親ガミは、金星のカミガミに、

地球の大地に金、銀、銅、鉱石を届けさせて、地球の土台を守る光りと力を与えた。さらにまた、北方の親ガミは、土星のカミガミに地球を創造する為、地球の核となる岩石などを届けさせ、地球を固め大陸を形創らせた。この地球を守り導く「月火水木金土日」のカミガミの働きをみて、天地創造の大ガミは大いに喜び、「地球はこれで良し」として、地球の時を一週間と決めた。地球は、このような星々のカミガミの光りと力により守り導かれ、人も皆全てが居心地良く暮らせる、光りの星となったのである。

加えて、天地創造の大ガミと四天界銀河の親ガミの役目は、人間が地球に誕生する時に、人間の母親の体内に親ガミの光りの一滴（ひとしずく）を命として分け与えることである。この親ガミの一滴の光りの命を、魔界に棲む悪神どもは、永い間、魔のものが生きる為のエネルギー源として、食料として奪っている。人間の肉体は食物を食することによって生きているが、魔のものどもにとって生きる為に必要な食糧は、人間の命の光りである。ゆえに魔のものどもは、神社・寺院や多くの人々が集う所に棲家を決めて、人々に取り憑き命の光りを奪っている。全ての人間は、産まれ誕生する時には、両親から肉体を創造してもらい、星々の親ガミは、その肉体に光りの命を授けカミ宿る人間を誕生させている。これにより人間は、カミの御子として生命の時を刻み地球に誕生するのである。もしも、人間の親だけで産まれる子がいるとしたなら、その子は親ガミの光りの命宿らぬ、ただの肉体だけの人間である。人間は地球に誕生する時には三人の親がいる。一人は肉体に命を授ける星の親ガミである。それと肉体を誕生させる人間の男（父）と女（母）である。全ての命あるものは、親ガミのいる星から来て地球に誕生するのである。ゆえに人間の命とは星から来て、肉体なき後は、また再び星に帰るカミを宿した存在である。人々の命とは親ガミの光りの一滴から誕生したのである。今日、多くの人々は真の命の尊さ、真のカミの存在を知らずにいるが、人が人間として地球に産まれるということは、星々の親ガミが授ける光りの命と、両親の二人の愛が加わって始めて可能なことである。星々のカミガミにとっての大きな役割とは、人間の命の親となることである。」

魔王と支配者の策略、人々への洗脳

「遥か、古き昔から、日ノ本を襲撃し、各土地、土地を占領して、光りのカミガミを封じ、また民衆を操り、支配した大陸の支配者と呪術者は、人々をどのような策略で洗脳し、身も心も支配したのでしょうか?」

「そのことを告げる前に、人々に知ってほしいのは、地球を加えた全宇宙の星々には、その誕生の始めから、変えてはならぬ、天地を創造した大ガミの叡智と自然の法則があることである。

その叡智と自然の法則により、地球を加えた、星々に存在する全ての生きとし生ける者たちの生命は、カミガミの光りと共に輝き、天界に煌めく日と月と星々の輝きは、その光りを絶やすことなく、在るもの全ては、天地創造の大ガミと四天界の親ガミの光りと力で護られ導かれている。さらに、天地創造の大ガミと四天界の親ガミの光りと力は、果てしなく広がる宇宙銀河系の全ての星々さえも、その巡る悠久の時は寸分の狂いもなく、規則正しく刻み続けておる。さすれば、天地を創造した大ガミと四天界の親ガミの光りと力とは、人も動物も含めた全てのものに宿り、誰もが産まれながらに体内に輝く親ガミの生命の光りである。」

「では、全ての生命に宿る親ガミの光りとは？」

「そのことを例えていうなら、自然界に生きる動物たちの中でも、特に狼は、どんなに餓え苦しくとも、幼きわが子を食べることはなく、また白鳥の親は子雛を育てる為に、懸命に巣づくりに励み、自らの内懐に子雛を温かく抱く。このような無償の愛こそが、地上世界の始めから天地創造の大ガミと四天界の親ガミが、生きとし生けるもの全てに授け与えた、肉体に宿っている命、すなわちカミ心である。それゆえ、自然界に生きるものたちは、人間界での宗教や伝統・儀式や法律等はなくとも、はるか悠久な時を、大自然と共に生きながら、自然を乱さず破壊せず、その営みは、星々の大ガミが望む自然界である。遥か遠い昔、カミガミの時代では、人々は日々の暮らしは内なる親ガミの光りと共に生きて、何事も不安・心配なく、人と人とが争い戦うことはなく、人々の世界は、遥か永き時、全てが輝き満ちた世界であった。しかし光りのカミガミの時代は、今から四万年ほど前から、大陸に誕生した我欲強き支配者が、多くの民衆を権力、武力で従わせ、真のカミなき宗教を広め、人々の心を操り、王者・支配者が栄える帝国を形作ってしまった。そして歴史は、支配者・権力者らの血で血を洗う覇権争いが、各時代を通して繰り返され、その間、多くの民衆が殺害され、犠牲となり、やがて大陸に魔界・霊界が形創られ、悪神・悪霊が蠢く世界となってしまった。

さらに地上世界では、魔王と悪神が王者・支配者に魔の力を授け、民衆は権力者から虐げられ、星々のカミガミの光りは封印され、呪われ、人も動物も生きるもの全ての命の光りが、魔のものどもに呪いを掛けられてしまった。それと共に、魔のものに操られた支配者は呪術者を使い、疑い知らぬ人々に、魔界の地獄の恐怖を植え付け、霊界の悲しみと不安の暗示をかけ、人々の心を洗脳して思考を操り続けてきた。これが宗教という、麻薬である。これまで世界中で起きたいかなる戦争でも正義はないように、これまで繁栄してきたいかなる宗教であっても、人々を戦争から救った宗教は一つもなく、また民衆を貧困から救った宗教は一つも存在せず、どの宗教でも真のカミは存在してはおらぬ。そして、このことは歴史が証明している真実である。人間界に宗教が誕生してから人々の世界は、我欲強き者が王者となり支配者となって、多くの民衆を神仏の名で操り従わせてきた。

そして魔王・悪神に操られた支配者・権力者の歴史は、現在の世界においても、形を変えながらも、世の中の根底の部分では何ひとつ変わることなく、支配者・権力者が富み栄え、民衆が嘆き苦しむ世の中が続いている。これから心ある人々は、もうこのあたりで気づくべきである、宗教とは支配者・権力者の為にあって、すがる民衆の為のものではない、と言うことを。」

「かつて、魔王・悪神に操られた支配者が呪術者を使い、人々の内なる命の光りを封印し、心を強い鎖で暗示をかけた。その洗脳とは、どのような策略だったのでしょうか?」

「遥か昔、人々の内なる命の光りを封印し、人々の心を縛った洗脳を、例えて言えば、もし仮に、ある支配者が、野性の猿の群れを飼いならそうとして、その猿の群れを捕らえ、強固な檻の中に閉じ込めたとする。そして、次にその支配者は、猿たちに餌を与えるたびに、両手を合わせ拝むように訓練し続ける。その際、両手を合わせぬ猿たちには激しく鞭で叩き、餌を与えず、必死で手を合わせ拝む猿たちには、餌というほうびを与え続ける。このことを猿の親から子へと、およそ一千年間、幾世代もの間続けたとしたなら、猿たちはどのようなことになるか。いずれ檻の中の猿たちの子孫は、檻がなくとも、支配者が鞭を振るわずとも、餌を貰おうとする時には、支配者に対して必死で両手を合わせ拝むはずである。これが、永い時代を通して、支配者・権力者が呪術者を使い、洗脳させてきた、多くの人々の内なる光りを狂わしてきた鎖である。」

その時私の脳裏の中には、救い求める多くの人々が、両手を合わせ必死で神仏に祈る姿が、鮮やかに現れ浮かんでいた。

「では、その猿たちが、両手を合わせて拝む姿は、今日、信心深い人々が常日頃から神仏を崇め、祈りすがっている姿と同じだと言うのですか？」

「そのとおり。世の多くの信心深い人々が、日頃から神仏に手を合わせ祈る姿は、檻の中の猿たちと何ら変わることはない。それは、遥か永き三〜四千年の間、時々の支配者に仕えた神官・僧侶らから、洗脳され、脅され、操られ、飼育され続けてきた。その結果、両手を合わせる姿が美しいという習慣となった。世の多くの人々は、未だ自らの意識が飼育され、操られているとは思いもよらず、支配者が崇めた偽りの神仏の前で膝まずき、日々あえぎ苦しみ悩みながら、手を合わせ祈り願っておる。われら星々のカミガミが観てきた、世界中の人々が神仏に祈り願う姿は、実に悲しく、哀れな姿である。

古き昔から魔のものどもが呪術者、儀式者を使い、人々を虜にする最強の洗脳とは、誰からも命令されることなく、誰もが疑うことなく、昔から自然に正しき習慣として、日常生活の中で行われている伝統・儀式・行事などが、人々に掛けられた最強の洗脳である。天地創造の大ガミと四天界の親ガミは、遥か古代より、全ての人々が、神仏等に頼らずとも、日々居心地良く暮らせるように、絶えず星々からカミガミの光りを送り届けている。また天地創造の大ガミと四天界の親ガミは、人々が地上に誕生した時から、何不自由なく暮らせるように、生きる為に必要な水や空気や食料等全てのものを地球に創造して、それらを全て無償で授け与えてきた。だが地上に現れ出た時々の我欲強い支配者たちは、われらカミガミの思いを知らず、地上にある全てのものを、自らの私有物として奪い、占領して支配してきた。

さらに、天界にきらめく星々や日・月の光りさえも、自らの権力を守護する象徴として奉り、また、数々の魔の神仏を味方につけて、国中いたる所に神社・仏閣を建立し、多くの民衆を偽りの神仏の前に膝まずかせ、支配者・権力者の為の国造りに励んできた。われら星々のカミガミは、可愛いわが子である人々に、われらカミガミを崇め、手を合わせ祈れ、すがれなどと、これまでただの一度も命じたことはない。人々から崇められ、手を合わせ、すがらせて喜んでいるのは、人々の頭上に君臨したがる王者・支配者と権力者である。またそれを喜んでいるのは魔界・霊界に君臨している。魔王・悪神や悪霊や妖怪もののけである。」

星々のカミガミの真実（一週間のカミガミ）

「さてここで、地球を守り導いている星々のカミガミについて話しておこう。

星々の世界は、天地創造の大ガミの下に、東西南北の四天界の親ガミが存在しており、その下に多くの星々のカミガミが存在し、宇宙銀河系は形作られている。その中でも地球は、東方の太陽系の中に創造されている。その地球を守り導いている星々が、月と火星、水星と木星、金星と土星と、そして日（太陽）のカミガミである。それでは、これより地球を守り導いている星々の一週間のカミガミについて述べておこう。

月…東方の親ガミが創造した月のカミとは、地上より夜空を見上げ大志を語り希望をいだくものを導き、夢を観るようにながめ楽しむ大きな光りの存在である。

火星…同じく東方の親ガミが創造した火星のカミとは、東方の銀河系でひときわ大きく輝き、光り人たちの行く道を正しく言葉少なに導く大きな光りの存在である。

水星…南方の親ガミが創造した水星のカミとは、地球に河川の流れを作り、大海に水を満たし、人々の体内に流れる血液となる水を与え、生きるもの全てに必要な命の水を満たした調和のカミである。

しかし時として人間界の見苦しさに堪えかねて、洪水となって押し流す厳しいカミである。

木星…西方の親ガミが創造した木星のカミとは、西方の銀河系に位置し、優しく人間界を見守っている。朝もやの中で樹木は空気を浄化しさわやかな風になり、風に揺らぐこずえは人々の心をなごませ、草木は時として薬草に変化して、病を癒し、人々の体をささえる優しいカミである。

金星…北方の親ガミが創造した金星のカミとは、その光りが美しすぎるが為に、人々の心を惑わす妖しさをもつが、光りの大きな人間だけが迷いなく妖しさを感じない。

金星の輝きに心の安らぎを得る人は、金銀よりも大きく光り輝く人間のみであり、金に心惑わされた人々を天界で見届けている冷静なカミである。ゴールドの輝きに目が痛いのは切り崩された金鉱の涙である。金星のカミとは、華やかさと悲しみの涙を知った、清楚な装飾のカミである。

土星…北方の親ガミが創造した土星のカミとは、北方の星座群の中で巨大な光りを放つ。地球に大地を与え、大地の栄養は人々に食物を与え、自然界では動物たちに棲家を与え、地中深きところから清水を湧き上がらせ、肥沃な大地を創造した協調のカミである。それとまた、地中を走る乗り物の痛みに耐え、アスファルトジャングルで息苦しさに耐え、戦争の場にされた悔しさに耐えに耐えている我慢のカミでもある。

日（太陽）…東方の親ガミが創造した日（太陽）のカミとは、近くにあるとやけどをし、遠くに離れると凍りつく、決して妥協を許さず、むだな恩情もない。人間は自分の立つ場所により光りの大きさが変り、存在感も変わってくる。人間の生きる場所を照らし助け、ただ燃えることにより教える。人々を明るい方へ、明るい方へと導く、前向き、向上心という言葉を授けたカミである。しかし暗い闇の世界に身を置く人間には、一条の光りさえ届けない、意思の強さがある東方のカミである。

以上、この地球を守り導いている光りのカミガミの他にも、宇宙銀河にある星々には、天地創造の大ガミと四天界の親ガミから、命の光りを分け与えられて誕生したカミガミがいる。人間の命も星々に存在する親ガミの光りが一滴の光りの命となって体内に宿り、日々守り導かれている。宇宙に輝く星々は、全人類が一人ひとつの星を持ったとしても、まだまだ沢山の数の星々が存在している。

人間の命は肉体から離れると、星に帰ると言うが、それは真実である。肉体を離れてから帰る星は生前、内なる光りと共に生きて、数々の魔の阻みを乗り越えた、心優しい人ほど親ガミに近い星へ帰ることになっている。一方、魔と一体となって多くの人々を苦しめ、我欲強い人生を送った者は、銀河の果てにある黒星・岩星の中に、光りとなるまで閉じ込められる。今日、星々の親ガミの許しを得ずに、地球上の多くの国々の指導者は、国旗に太陽と月と星を使用している。また、その国旗の下で、これまで数多くの戦争が繰り返されてきた。これはカミガミからすれば許されることではない。これからの国旗は、万物全てと調和して、自然を尊び、人もみな全てが平等である。という思いを受け入れる国だけが、国旗に太陽と月と星を使用することをカミガミは望んでいる。」

「星を使用している国旗といえば、アメリカの星条旗ですが、この国旗は星々のカミガミより許しを得て使用しているのですか？」

「アメリカの国旗は星々の親ガミから許しを受けずに使っている。このことは遠からず星々のカミガミから警告を受け、アメリカは大いなる試練を受けるだろう。さて地球で存在しているものにとって、必要な空気や水や食料等の全ては、われら星々のカミガミが天地創造の大ガミより託されて、昼には日の光りで大地を照らし、夜には月の輝きで、生きとし生けるもの全ての心を癒しながら、日夜休むことなく、生命あるものを守り導いている。われら星々のカミガミは、地球に生きる全てのものが安心して暮らせるように、絶えず注ぎ続けている光りこそが、地上ではなくてはならぬ生命の大本である。ゆえに、人々の世界で指導者と言われている国司る権力者たちが心がけることとは、太古の昔から、人間の力だけで造り出したものは何ひとつなく、あるもの全ては、天地創造の大ガミと四天界の親ガミが、人々の世界に貸し与えているだけで、個人が所有するものなど、何ひとつないことを心の底より知るべきである。また国司る地位ある者ほど、何事も、常に謙虚な思いで庶民のために生きることである。われら星々のカミガミの望みは、これから世界中から多くの光り人たちが誕生して、貧困なき、病なき、飢えなき、戦争なき、宗教なき、人も皆全てが安心して暮らせる世界が、一日も早く築かれることを切に望んでいる。」

真のカミなき宗教

「今日、多くの悩み苦しんでいる人々が、日々、神仏に祈り願う姿は、確かに言われたとおり、捕らわれ、飼い馴らされた猿たちが、両手を合わせる姿と同じかもしれません。しかし、多くの人々が心を込めて、神仏に両手を合わせて祈る姿は、それは誰もが洗脳され宗教の虜になっているとは思いもよらず、昔から受け継がれてきた神仏を心より信じればこそ両手を合わせ祈っている、素直な心であると思います。それでも、人々が祈ることで真のカミの心に背いているとしたなら、これから人々は、どのような心がけでカミガミを思い、祈り願えばよいのでしょうか？」

「それについては、四天界の親ガミと星々のカミガミは、遥か古代より、人々の世界が人も皆全てが居心地良くなるように、と、イエスやシャカのような光り人たちを地上に遣わし送り出してきた。しかし、その光り人たちの教えは、やがて時が経つにつれ、彼らの教えは支配者、権力者を支える為の宗教となり、また光り人の姿は次第に宗教の御神体となって、今日の世にまで崇められ、真のカミなき宗教が築かれ栄えてきた。その光り人たちが、人々に語り告げたのは、人は産まれながらに皆平等であり、体内にカミを宿したカミの御子であることである。そして星々のカミガミこそが、真実のカミであることを伝えたことである。また、彼ら光り人が伝えたことは、人々が神仏を崇め祈る時、両手を合わせよ、儀式を行え、などとは、ただの一言も告げてはいない。そしてわれらカミガミも、日々生活に追われ苦しんでいる人々に対して、神仏に対しひざまずき拝むようにとは、未だかつてただの一度も告げたことはない。

天地創造の大ガミと四天界の親ガミは太古の昔より、地上に生きる全ての人々が日々安心して暮らせるようにと、そのことのみ望みつつ、人々の命を守り、人々の世界に星々から光りを注ぎ続け導いてきた。ゆえに、天地創造の大ガミと四天界の親ガミは、例えいかなる理由があろうとも、人々の心を縛り、人々を服従させるような儀式や行事等強いたことは、過去も未来も断じてないのである。しからば、地位も名誉も権力もない、名もなき人々が両手を合わせねば生きられぬ世界とは、誰が地位や権力の座に就き、誰が貧しく辛く苦しんでいるのか？　答えを言えば、手を合わせすがるものは、いつの世でも貧しく、一方すがらせる側の者は、いつの世でも地位と権力を持ち富み栄えておる。遥か昔から、支配者・権力者の歴史とは、自らの地位と権力を安泰に保つ為に、民衆を宗教で操り、民衆の心をも洗脳し、そして、また民衆を神仏の名で従わせてきた。

さらに支配者たちは、権力の座を保持する為の策略として、人々が決して逆らえぬ神社、仏閣を厳かに建立して、人々が近寄れぬほどの高い座に神仏を奉り、支配者・権力者は、自らが神仏と同等の地位に留まり、民衆がすがり、かしずく階級制度を確立した。このことにより、多くの人々は、宗教という心を縛る鎖で、（自己主張は悪）という暗示をかけられ続け、例え死の崖に立たされようと、神社に詣で、仏に合掌して、先祖を供養し、権力者にひざまずき、自らの幸せを願うことに後ろめたさを持たされてきた。これが遥か昔から、洗脳され、虐げられたてきた人々と、支配者・権力者が富み栄えてきた世の中の仕組みである。では、ここで、われら星々のカミガミの思いを告げる。親ガミの光りの命を宿している全ての人々は、その生涯を通じて、生きる為に必要な全てのものを、星々の親ガミから授けられ、人々は地上に産まれ誕生してくるのである。

ゆえに、遥か昔から、神仏に仕える者たちが、大陸より取り寄せた数多くの儀式や経が、もし人々にとって生きる為に必要な大切な物であるならば、親ガミは、人々が世に産まれ出る時に、携え持たせるはずである。地球に誕生する全ての人々は、例えいかなる人間であろうとも、誕生する時には裸のままの姿である。だがその体内には、親ガミの光りが命として輝き宿っておるのである。

ならば、世の心ある人たちは、いつまでも、偽りの神仏などに手を合わせすがっておらずに、真のカミは体内に宿っている、と目覚めて、日々、全てが足りることを知り、偽りの神仏に願わずに、穏やかに安心して暮らすことである。」

キリスト教と仏教

「それでは、今日、世界中の国々に大勢の信者を持つキリスト教及び仏教は、その宗教の始めは、やはり支配者・権力者が、民衆を操り従わせる為に謀った宗教だったのですか？ また、その宗教の象徴であるイエスとシャカは、いかなる使命と役割を持って地上に現れ出たのでしょうか？」

「今日、人々の世界において隆盛を極め、また多くの信者を抱えているキリスト教と仏教について、北真であるわれが、イエスとシャカになり変わって、彼らの心の内を語るとする。星々のカミガミの真実を伝えることを使命としたイエスとシャカは、今日の煌びやかに建造されている教会と寺院を見て、そこに君臨する聖職者たちを褒め称えて喜ぶどころか、それとは逆に、シャカとイエスの心の内は、人々の誤った信仰心に心を痛め、深く悲しんでいる。また、繁栄を極めた教会と寺院の、その豪華な建造物を観て、心から嘆き憂いている。遥か昔から今日まで、煌びやかに輝く寺院と教会の中からは、未だかつて誰一人として、イエスの真の教えを伝え、シャカの真の思いを語った弟子は一人も現れてはおらぬ。また、その寺院と教会の地位ある者たちの教えは古来より、救いを求め来る信者には、祈れ、すがれ、と時代が変わっても教えは変わらず、その教会・寺院の中から、誰一人として真のカミの言葉を語り告げた者はおらぬ。

今日、神仏に仕える指導者の中には、大勢の弟子たちを従えて身辺を守り固めている教祖がいるが、このような者たちが果して真のカミガミの代理人であろうか？

今日、本物のシャカが現われ、イエスが復活したなら、神仏に仕える聖職者たちは、どのような思いで、イエス、シャカの前に立つのだろうか？

もしイエス、シャカが目の前に現われたなら、その時彼らは、（あのものは偽イエスだ、偽シャカだ。）と、大声で叫び、イエス、シャカを罵り、追い出すであろう。

今日、イエスとシャカは親ガミの光りの星へ帰り、これまでのキリスト教、仏教界の聖職者が行ってきた、全ての闇の歴史を親ガミから知らされて嘆き悲しんでいる。また、今日の宗教界で、本物のイエス・シャカが現れたなら、誰が一番困るのか、それは宗教界に君臨する聖職者たちであろう。これまで人々の世界では、千年も二千年も前から、神仏に救いを求め、祈りすがってきた。なれど、その結果、世界が平和になっただろうか？　また、民衆は飢えや貧困から救われただろうか？

これまで、歴史上繁栄してきたどの宗教でも、宗教では人々は救われないと、もう既に歴史が証明しており、答えは出ているはずである。今日、神仏に帰依し、神仏を布教している人々よ、心を冷静にして考えてみるがよい。そなたたちの信じている神仏が、果たして真の神仏であろうか？天界に煌く星々を観て、答えを聴くが良い。遥か昔から、受け継がれてきた伝統ある宗教に救いを求めている人々は、一日も早くイエスが嘆き、シャカが悲しむ宗教から目覚め、イエス、シャカの思いは、今日、富み栄えている宗教の中にはないと知るべきである。人間は、宗教などに救いを求めずとも、命の親ガミは、体内に宿り生涯守り導いているのである。」

星々のカミガミの数ヒフミヨイムナ

さてここで、天地創造の大ガミと四天界の大ガミについて伝える。宇宙銀河系の星々の中で、最も大きな、中心の親ガミは、あるもの全てを創造した天地創造の大ガミである。その姿は薄紫の光りの存在である。天地創造の大ガミの大きさは、その存在の大きさゆえに、未だかつて、人間界では誰も知らないし、語り伝えた人間はおらぬ。四天界の親ガミでさえも、その存在の大きさを知ろうとすれば、宇宙の果ての果てまでに行って、そこから振り返って観れば、薄紫の大きな光りの一部分が観えるであろう。大きくて、大きくて途方もなく大きな薄紫の光りの存在、それが天地創造の大ガミである。天地創造の大ガミの薄紫の光りは、存在する全てのエネルギーの大本である。この薄紫の光りによって生きるもの全ての存在が創造されている。そして、天地創造の大ガミの下には、四天界銀河を守り導いている各々の親ガミがいる。その銀河の中心的存在が北真と言われている、北方の星々を護り導いている北方の親ガミ（古志王）である。北方の親ガミは薄い黄金の光りの存在である。次に、南方の銀河の星々を導いているのが、南方の親ガミ（水王）である。南方の親ガミは水色の光りの存在である。

次に、西方の銀河の星々を護り導いているのが、西方の親ガミ（鷲王）である。西方の親ガミは薄い緑の光りの存在である。そして次に、東の銀河の星々を導いているのが、東方の親ガミ（天王）である。東方の親ガミは茜色、薄いオレンジの光りの存在である。四天界の親ガミの大きさは、およそ地球の八倍から十倍位の大きな光りの塊の存在である。この四天界の親ガミの光りの一滴が、人間の体内に命となって宿り、人間は日々生かされている。それとまた、この四天界の親ガミは、それぞれの銀河系にある八千から一万のカミガミが存在する星々を導いている。

また、四天界の親ガミの下には、七つ星のカミガミが存在しており、親ガミと共に銀河の全ての星々を導いている。宇宙全ての星々の世界は、この七の数によって全てが調和して正しく形成されている。これを、ヒフミヨイムナ、という。ヒフミとは全ての言語と数の大本である。

さて、人間界での言葉の始まりは、日ノ本の人々からヒフミが発声され、それが言葉になった。つまり、世界の言語は、このヒフミから枝分かれして発声され、各地域の気候風土に合わせながら、それが世界中に広まったのである。

またヒフミは、天地創造の大ガミと四天界の親ガミを呼びかける時に用いる言葉でもある。地球を含めた宇宙銀河の星々に存在する全てのものは、ヒフミヨイムナの七つの光りのエネルギーによって形作られている。これはまた、地球の一週間をも意味している。ヒフミについてさらに告げる。地球に魔界・霊界が形作られてから、魔王・悪神と一体になった呪術者・祈祷師は、カミガミのヒフミの言葉を、数多くの呪文で呪い封印をかけて、ヒフミヨイムナのカミガミの光りの言葉を奪ってしまった。それとまた、呪術者・祈祷師は魔王・悪神から呪いの言葉を授けられ、呪文やまじないの言葉を民衆に伝え広めたのである。以来、人間界の言葉は乱れ穢れて、支配者、権力者は魔の言葉で民衆を操り、呪術者・祈祷師は人々を怪しき言葉で洗脳するようになったのである。かくて地球は、人が人を呪い、人が人を殺害する、争いが絶えない世界となってしまった。世の中の乱れは、言葉の乱れからである。

さて、われらカミガミが司る数は（ヒフミヨイムナ）の一から七の数であるが、人々は昔から日々の暮らしを、暦を拠り所として営んできた。この暦の元になっている数が一から七であり、われらカミガミの光りの数である。しかし魔のものどもは、われらカミガミの光りと力を弱めるべく、われらカミガミのヒフミの数に呪い封印をかけようと、一から七の数字を挟み込むように、一の下に0を置き、七の上には八と九を重ねてしまった。人間界に0と八と九が出現したことにより、われらカミガミの数は封印され、魔の数が暴走を始めることとなった。なれど、これまで、われらカミガミが光り人と共に、魔のもの退治をしてきたことによって、カミガミの数にかけられた呪いが解け始めて、これからは、数が力持つ世界が弱まり、0を多く増やし、世界各国の富を集中させてきた金融街も破壊されることとなるであろう。

それと、これからは、金の力でものを言わせてきた者たちの力が弱められ、少しずつではあるが、日ノ本が、また世界が、魔の数字に振り廻されぬ社会に変化していくはずである。その過程において、世界規模での不況が起る可能性は否めぬが。されど、それは日ノ本においても、また世界のいかなる国においても、身の丈にあった政治や経済活動を行う為、人々の価値観を変え、(全てを足りることを知る)ことを、今一度、人々に思い起こさせる意図がある。日ノ本再生、世界再生する為には、全てはこれからである。魔の数の封印が解け、新たな時代の時が刻まれ始めたのである。われらカミガミは、これから現れ出る光り人と共に、日ノ本再生、世界再生に向けて進んでいる。これから先世界は、これまで積もり積もった金経済の闇が膿となって噴き上がるであろう。なれど、足りることを知る人々には、何ら不安、心配のないことである。これから起こるどのようなことでも、何事も冷静に対処することを、われらカミガミは望んでいる。

さて今日、民主主義を語る際、最も重要視されているのが、数が力持つ多数決である。この多数決の制度も、魔のものどもが支配者・権力者を操り広めた仕組みである。人々の世界での多数決とは、強きもの、悪しきもの、弱き人、良き人を同じ枠の中に入れて表決を行う制度である。この制度により民主主義が機能している、と、多くの人々は思っているが、これは野望強く、力強き者だけが勝利する、魔の論理である。つまり、今日の人間界では、(悪強く、善に勝つ)社会の仕組みとなっている。ゆえに悪しきものは、徒党を組み組織で結束するが、善良で力なき人々は弱く排除されてしまう。これが、数が力持つ多数決であり、偽りの民主主義である。また悪強く、善に勝つ世界では、競い合う選挙で庶民の代表を選ぶが、この結果、権力欲、出世欲、野望強きものが当選して、庶民の心知らぬものが政治家となる。

これが、数が政治を支配する、強者栄える、偽りの民主主義である。競い勝った政治家は同じ仲間を集め徒党を組み、党利党略の為の政治を行い、個人の尊い志は抹消される。ゆえに強者の為の民主主義は栄え、弱者は偽りの民主主義によって排除されている。カミガミの光りに目覚めた人たちは、競い勝つ選挙には、真の民主主義はない、と知るべきでる。」

「それでは、新たな世界での政治家とはどのような人物でしょうか？

それと、新たな世界での選挙とは、どのようになるのでしょうか？」

「新たな世界での政治家とは、どのような地位や権力や金にもなびくことなく、世の中の底辺で生きる人々の苦しみを知り、そして、数多くの困難を乗り越え、居心地の良い社会を創らんと行動できる人物である。このような人物が新たな世界での政治家である。新たな世界では、これまで続いてきた選挙制度は改められ、地域住民の推薦による政治家が選ばれることになるだろう。

そのような政治家を選ぶには、一つの例として、先ず、各町内会から選ばれた人たちが、公平中立な代表者となって公開の場で話し合い、その人たちの推薦によって各市会議員を選ぶこととする。次に、その選ばれた市会議員が、市長と県会議員を同じように公開の場で選ぶこととする。そして次に、県会議員は知事と国会議員を公開の場で選ぶこととする。

さらに、その選ばれた国会議員は、国司る首相と各大臣を公開の場で選び任命することとする。つまり、これは、町内会の人が、市会議員を推薦して選び、その市会議員が県会議員を推薦で選び、そして、同じように県会議員が国会議員を選び、さらに、その国会議員が大臣、首相を推薦で選ぶ、という、これが民による、民の為の議員選びである。これにより、これまで続いた金のかかる選挙がなくなり、数が力の政治が改められ、公開の場で選ばれた議員は党利党略に参加せず、永い間続いた政党政治は消滅することになる。これをもって、全ての議員は、国会議員であろうと市会議員であろうとも、町内会の人による公開の場での推薦によって議員が決まるのである。この結果、尊い志を持った個人が庶民の為の政治を行い、人も皆居心地良い世界が築かれるはずである。これが新たな世界の真の民主主義の仕組みである。」

人々よ、賢くなれ。あなたがこれまで選んだ政治家が、心の底から信頼できる人物であったただろうか？　あなたが、これまで選んだ政治家は、子どもたちに誇れる人物であっただろうか？

人々よ、賢くなれ。これまで永い間、地位と富を得た政治家は、表の顔では庶民を助け、庶民を救うと叫びながら、裏の顔では地位と権力にしがみつき保身の為に生きている。彼らの贅沢な暮らしを支えているのは、懸命に働いている、貧しき庶民の血税である。人々よ、賢くなれ。

支配者・権力者の企み

「人々の世界では遥か昔から、支配者・権力者が、民衆を束ね操りやすいように、誰もが反対できぬ制度をつくり、組織をつくり、その中で支配者・権力者の為の世界を形作ってきた。この支配者・権力者の組織とは、飛びぬけた人物を排除する。組織とは継続する、保身する、仲間を守るものである。それが、魔と一体となったものが力もつ組織である。国司る支配者、権力者は、遥か昔から、民衆を国家に奉仕する働き人として教育して、子どもも大人も、支配者・権力者が定めたルールの中でしか生きられないように、法律を作り、規則を作り、肉体と心の自由を奪ってきた。人々が居心地良く暮らすには、支配者・権力者が形作った（地位、名誉、権力もつ者が偉い）という心の暗示をとくことである。そして金持ちになりたい、成功者になりたい為の職業選びをやめ、個人がなりたい、やりたい仕事を楽しくやることである。これが、これからの新たな世界の生き方である。

国家を司る政治家、権力者にとって、最も良き民衆とは、高い教育を望まず、身体には、いつも不安、心配があり、暮らしの為の借金苦を抱えている、善良で真面目な労働者である。古き昔から国司る者たちは、民衆に絶えず不安、心配を与え、自立する士気をくじき、その一方で民衆が生きる最善の方法は、神仏に祈りすがることだ、と思わせてきた。競い勝った成功者、資本家は言う。（誰でも、全ての人々には、平等に選択の自由がある）と。だが貧しく士気を挫かれ、不安、心配を抱えている人々は、日々の暮らしから抜け出す勇気はなく、世を正さんとする士気もなく、選択の自由はない。かくて飼いならされた民衆は、権力もつ支配者、政治家に希望の未来を託すことを諦め、永い時間を働き、短い時間をギャンブルや酒や祭り、スポーツなどに熱中して、支配者・権力者を利する、民衆となっている。

もし、操られた人々が本気になって、支配者・権力者のカラクリを見破り、世界を変えようと立ち上がったなら、真の民主主義が誕生するだろう。われらカミガミが人々の中から光り人を選ぶとしたなら、その人物は、昔から、伝統・儀式が受け継がれてきた組織や宗教界の中にはおらず。かつてのイエスやシャカのように、地位・権力を望まず、富を求めず、何事にも心縛られずに生きられる人間である。そのような人物がカミ近き光り人である。また、われらカミガミが望む、真の指導者とは、人々の世界で、最も辛く、貧しく生きている人々の暮らしの中に身をおいて、同じ暮らしの中で、共に泣き、共に笑いながら、されど世を改めんとする尊い志は忘れることなく、人も皆全てが居心地の良い世界を創らんとする、強い意志を持ち続ける人物である。」

シャカが望んだ世界

「シャカは、今日の仏教界をどのように観て、思っているのでしょうか?」

「シャカは肉体なき後、命の親ガミがいる西方の光りの星へ帰り、そこで今日の仏教界の弟子たちを観て、日々なげき悲しみ、自らの力のなさに責任を感じて苦しんでいる。だが、今は西方の親ガミの光りと力を得て、仏教界の大掃除を始めている。いずれ、その大掃除は、アジア全体に広がりシャカの望まぬ仏教界は姿を消すだろう。その後シャカが望んだ、苦しみのない世界が実現するだろう。」

「その世界とは、どのような世界ですか?」

「その世界とは、星々のカミガミの光りと人々の命の光りが一体になり、人皆全てが、居心地の良い、嬉しい楽しい世界である。そのような世界を築く為に、現在、星々のカミガミは世界中から、新たな思考を持った人々を多く誕生させて、日々、育み導いている。いずれそなたは、その人たちと共に新たな世界を創造するだろう。シャカは星々の世界が、生きとし生けるもの全てがカミガミと共に輝く、楽しい嬉しい世界であると知った。その光り輝く世界を人間界に望み弟子たちに話しきかせた。」

「そのような世界は、いつ来るのでしょうか?」

「それは、これから多くの光り人たちが世界中から誕生して、魔王・悪神と呪術者が創ったあの世、という、迷える魂（命）が彷徨う、霊界がなくなってからである。」

「あの世・霊界がなくなるとは、どういうことですか?」

「今日、多くの宗教家や僧侶らが説いている、あの世・霊界とは、そもそもカミガミの世界では存在せず。人は皆命ある者は、肉体が勤めを終えた後には、迷うことなく、親ガミが待つ光りの星へ帰るものである。それから、人々の命（魂）は、星々の世界で光りの存在として、嬉しく楽しく暮すことである。さて、今から四万年程前、大陸に魔のものが力を授けた王者・支配者が誕生した。その王者は、多くの国々を支配し、絶大な富と権力を持って独裁者となった。そして、王者は年老いて考えた。死後も、国々を支配し、王者として君臨したい、と強く願った。それを聞いた魔のものどもは、祈祷師、呪術者を操り、王者の望みを叶える為に、王者の死後、王者が君臨する為の豪華な霊廟を造らせた。

やがて王者が亡くなり、王者の遺体は霊廟内に生きていた時と同じように豪華に装飾され埋葬された。その際、それまで王者に仕えていた多くの側近や家来たちも、王者に忠誠を誓い、命を絶ち、死後も霊となって王者を守り続けた。このことが、霊界の始まりとなって地上に、あの世という霊界が形作られるようになった。その後、人間界の歴史の中で数多くの王者・支配者が誕生して、そして彼らが栄華を極め、亡くなった後は、王者・支配者を祀る神殿や霊廟が世界中に築かれるようになった。それに合わせて数多くの側近や家来たちも命を絶ち、王者・支配者を守るため、多くの者たちが霊となった。かくて人間界では、支配者・権力者らの霊廟や墓が各地で築かれ、多くの霊が集う、霊場が地上世界に誕生した。

これにより、人間界と霊界を行き来する霊が多くなり、人々の世界は、多くの霊が彷徨い蠢く、カミガミの光りなき世界となってしまった。あの世・霊界とは薄暗い寂しい世界である。そこで霊となった者たちは、生きていた時と同じように、戦う者は戦い続け、嘆き苦しむ者は、嘆き苦しみ続け、また信仰心の篤い者は一心に神仏に祈り続けている、つまり霊界とは報われることのない世界である。人間の命とは、もともとはカミガミの星々から来た、親ガミの光りの一滴である。その光りの一滴が命となって人間に宿っている。全ての人間とは、亡くなったなら親ガミのいる光の星へ帰るものである。そもそも、シャカが苦しみのない世界を望んだのは、未来世界を西方の親ガミより観せられ、やがて人々の未来世界が、闇の支配者から管理され、悪強くカミなき世界になっているのを観たからである。」

…………

（注）私は、一九九九年、天地創造の大ガミから、「そなたが発する言葉には、わが光りの力を持たせた。」とメッセージを受けました。それ以来、私は亡くなって霊界に留まっている人々を、星々に帰す言葉と、魔界に存在する悪神・悪霊、もののけ・妖怪などを、岩星・黒星に閉じ込める、光りの言葉を突然話すようになりました。

これまで魔のものに操られた祈祷師や呪術者は、永い年月をかけて、カミガミの光りの言葉に呪い、封印をかけて、魔の呪文で光りのカミガミを封じ、人と人とを戦わせて、嘆き苦しみ、災い多い世界を完成させせました。言葉は使う人によって、人を癒し、励ます光りの言葉となり、また人を傷つけ、呪い殺す魔の言葉となります。さらに、言葉は、星々のカミガミとの会話にもなりますが、その一方で魔の悪神との会話にもなり、亡くなった人との会話にもなります。つまり言葉とは、星々のカミガミの世界と霊界・魔界とも繋がる共通の交信する手段である、ということであります。

魔王誕生

「魔王の正体を教えてください。」

「魔界に君臨する魔王は、かつて太古の昔、星々のカミガミが降り立った光りの大地を乗っ取り、その地を魔界の拠点として支配しているが、現在、地球には、五つの大本の魔の拠点が存在しておる。世界中にある聖地と言われている名所や遺跡には、魔王・悪神どもが棲家として魔界・霊界を形成している。その魔の拠点は魔王と悪神どもが、古くから呪術者や祈祷師を操り、聖地として崇めさせ、時々の王者・支配者を操り神殿・拝殿を築き、神聖な大地として、各時代を通して民衆に崇めさせてきた。天地創造の大ガミと四天界の親ガミは、今日、光り人と共に、魔王・悪神が支配する大地に光りの柱を立て、星々の光りを注ぎ続け、魔界を破壊し、光りの大地を蘇らせようとしている。

さて魔王とは、今から五万年ほど前に南方の天界より彗星（ほうき星）に乗り、地球に訪れた南方の親ガミの御子のカミであった。この南方のカミは、地球に訪れた始めの頃は、他の星々から来たカミガミと共に光りの存在として、人も動物も全てを愛しみ、優しい水色の光りで全てを導く調和のカミであった。またこの南方のカミは、始めのころは、他のカミガミよりも、とても愛情深く、人々を愛し、全てを許し優しく導く、誰からも愛された光りのカミであった。南天の星より、彗星に乗り地球にやって来た南方のカミは、後々の呪術者・祈祷師からは、天を駆け抜ける龍神として崇められ、また一方では、夜空に長く尾を引いて飛ぶホーキ星として恐れられ、ヨーロッパの国々では凶星とも呼ばれた。そして、このホーキ星が後々の世界において、魔女がホーキに乗り飛ぶ姿となって語り継がれている。今から四万年ほど前、人々の世界で民衆より絶大な支持を得た王者が大陸に誕生した。この王者を観た南方のカミは（全てに良し）として選び、南方のカミの持つ光りと力を注ぎ、人も皆居心地の良い王国を創るように導いた。ある時、王者は老いを感じて南方のカミに言った。

（……これまで、わたしは、南方のカミの力と光りで、人々が喜ぶ居心地の良い国を創ってきた。南方のカミよ、あなたは、これまでわたしの望みを、全て叶えてくれた。それにより人々が安心して暮らせる王国を創ることが出来た。南方のカミよ、これからは、わたし自身の願いも叶えてほしいが宜しいですか？）と告げた。この時、王者の心奥深きところで、われが、われが、という自我が、我欲の念が、小さく目覚め始めていた。

南方のカミは、これまでの王者の人々に対する思いを良く知っていたので、（よろしい、王者よ。そなたはこれまで、人々の為に良く働き尽くしてきた。われは、そなたの望みを叶える。話すがよい。）（南方のカミよ、わたしの望みは、この国を子どもたちに任せて、わたしは大王となって国を導きたい。）と、王者は老いて初めて野望を持った王者の言葉を受けて、南方のカミは、これまで以上に光りと力を注ぎ、王者の望みを叶えた。それからの王者は、湧き上がる野望・欲望を抑えることなく、南方のカミの力を得て、次から次へと湧き上がる野望を叶えていった。さらに時が過ぎて、王者の望みを叶えて行くうちに、南方のカミは光りの存在としての、大きな光りに薄黒い影が立ち込め始めた。そしてさらに、時がたつと共に、南方のカミの光りは、王者の望みを叶える度ごとに、自らの光りに黒い闇が入り、カミとしての光りが弱まっていった。やがて南方のカミは、自らも黒い欲望に染まり、これまで、全てを愛する優しいカミであった南方のカミの光りは、黒く暗くなり、その優しさが災いとなって、光りなき黒い大神となってしまった。

かくて、人間界で支配者となった王者は、民衆の頭上に君臨する大王となり、それと共に人々の世界は、光りなき南方の大神が、王者、支配者に味方して、魔力授ける魔の大神となってしまい、人々の世界を支配する悪神となった。そして、さらに時が過ぎて、王者・支配者の野望・欲望を叶えた南方の大神は、戦いの神、軍神となって、王者・支配者から崇められ、自らが王者・支配者の頭上に君臨する闇の魔王となった。それからの魔王は、王者から王者へ、支配者から支配者へと、永い歴史の中で王者・支配者を操り、時代が変わるごとに魔の力が益々強くなり、二万年ほど前から、悪神・悪霊・もののけを支配する、魔界の大魔王となり、星々からきたカミガミをも封印して呪いかけた。大魔王の出現によって、地上世界は、星々のカミガミの光りが届かぬ地球となってしまい、われらカミガミの星から地球を観ると、薄暗い霞がかかっているように観えていた。

そして、地球に暮らす人々も、魔の悪神・悪霊に身も心も支配され、命の光りを奪われ、思考を操られ、日々悩み苦しむ地上世界となってしまった。さらに大魔王は地球の五大陸に自らの分身を誕生させて、各地域に魔界・霊界を形作り、地球も人々の世界も操り支配してしまった。それから、今から一万年前頃には、魔王は世界中に現れ出た王者、支配者をも操り支配してしまった。

そしてさらに各時代を経て、魔王の魔の力が益々強大な力となり、地球上の全ての悪神・悪霊を操る魔界の大大魔王となった。イエスとシャカは、この大大魔王によって、命の光りを封印され呪いをかけられた。その為に、今日の宗教界は汚れ、乱れた世界となっている。」

イエスとマリア

「次に、イエスについて教えてください。今のキリスト教について、親ガミの光りの星に帰ったイエスは、どのように思っているのですか?」

「イエスは今日の教会の姿を観て、シャカと同じく心を痛め、弟子たちの間違った教えを嘆き悲しんでいる。西方の親ガミより、地球に使わされたイエスは、二千年に及ぶ十字架による呪い封印の中で、親ガミの救いを待っていた。それが、ようやくこの度、イエスは天地創造の大ガミと西方の親ガミの光りが注がれて、大大魔王からかけられた呪い・封印が解かれ、現在、西方の光りの星にて心の傷を癒している。天地創造の大ガミと西方の親ガミは、星々のカミガミと共に、今日、世界のキリスト教の大掃除を始めている。この大掃除には、イエスの母マリアが星々のカミガミと共に光りを注いでいる。これにより、遠からず、キリスト教会は内部から悪しき膿が噴き上がり、これまで隠し通してきた数々の汚れた秘密が暴かれることだろう。イエスは時の支配者から国を乱す反逆者として十字架にかけられてから、光り人としての命の光りを封印され、大大魔王に操られた支配者・権力者と神官から数多くの呪いを掛けられ、魔界の闇に二千年もの間、閉じ込められてきた。

イエスを殺害した磔の儀式は、布切れ一枚まとわぬ全裸の姿で、大勢の人々の前で、十字架に吊るされ、槍に刺された処刑であった。その際、イエスの頭はトゲのついた冠に刺され、胸は錆びついた槍でえぐられ、両手両足は錆び付いた釘で打ち抜かれ、長い時間を掛けて痛みと苦しみを与えられた惨い殺害であった。それは見せしめの為の残酷な殺害であった。またそれは、観る人々に恐怖を与える残虐な殺害であった。加えて言えば、錆付いた釘、槍は傷口を化膿させ、苦痛をさらに増す為にあえて使用された。イエスに掛けられた呪い・封印は、大大魔王と悪神に操られた神官らによって二千年の間、各時代を通して幾重にも封印呪いをかけられてきた。西暦二〇一二年、天地創造の大ガミと西方の親ガミは、イエスの呪い封印を解く為に、幾重にも絡みあった魔の封印・呪いに、一つ一つ光りを注ぎ続けて、星々のカミガミと共にイエスの封印・呪いをといた。西方の親ガミはイエスが傷を癒し、カミ人としての光りが回復したなら、再び地上に復活させようとしている。」

「日本の青森に、イエスの墓があると言われておりますが、それは、なぜですか？」

「青森の墓はイエスの弟子たちが造ったものであるが、イエスは、その墓はいらないと言っている。もともとイエスは、どのような墓であろうとも、墓を建てることは望んではいなかった。イエスは殺害されてから二千年ほど、十字架に吊るされたままの姿で世界中の紛争を観て嘆き悲しんでいた。

その間、世界中の多くの人々から救いを求められていても、イエス自身が十字架に吊るされ、槍を刺された姿では復活することが出来ず、紛争をやめさせる力を失っていた。マリアは、イエスにもう一度光りの御子としての力を与えたいと、西方の親ガミに復活を願っていた。このたびマリアの願いが叶えられ、イエスは二千年の時を越えて復活することとなった。これから十年から十五年かけて、世界は真のイエスの光りを観るであろう。」

「イエスが磔にあった、その後はどうしたのですか？」

「イエスは、それから幽体となって、かつて星々のカミガミが始めて降り立った、光りの大地である佐渡の地へと赴き、オザレ（ナザレ）の滝で傷を癒した。佐渡にあるオザレの滝は、その時、イエスが傷を癒したところである。だがその後、イエスは大大魔王に操られた闇の呪術者から襲われ、再び魔界の奥深い闇の中に閉じ込められ、幾重にも数多くの封印・呪いをかけられてしまった。しかしこの度、天地創造の大ガミと四天界の親ガミと光り人により、全ての封印・呪いがとかれて、西方の光りの星に帰り、今は傷を癒している。」

「イエスの母マリアとは、どのような方ですか？」

「マリアは、イエスを地球に誕生させる為に、オリオンの星から地球に来た西方の親ガミの御子である。もし人々がマリアの顔を見たいなら、ダビンチのモナリザを観ると良い。あの絵画は、ダビンチが、マリアを描きたいと強く望んだ為に、西方の親ガミが、マリアの姿を脳裏の中で映像として観せ、そしてマリアによく似た女性と出合わせ、描かせた絵画である。」

「イエスが磔にあったのは中東のイスラエルですが、イスラエルのダビデの国旗はどういう意味があるのですか？」

「イエスが磔にあったのは、時の王者と権力者がイエスの光りのカミとしての力を恐れたからである。時の王者と権力者は、イエスのカミとしての力を封印する為に、魔に操られた神官を使い、魔の凶星を形作り、その魔の凶星の上にイエスの星を重ね六亡星を形創った。あのダビデの星の印は、イエスの星である西方の親ガミの光りの星を封じた印である。今日、世界の国々の中には、日や月や星々を使用した国旗があるが、星々のカミが許した国旗は良いが、許しを得ず日や月や星々を国旗にしている国は、今後大いなる困難に襲われるだろう。それと、西方の親ガミの象徴である鷲の姿を軍隊の戦いの旗として悪用している国があるが、これも西方の親ガミが、嘆き悲しんでいる。近々結果を観るだろう。」

「イエスは再び、地上に復活するということですが、マリアは、この度の新たな地球再生には、どのような働きをするのでしょうか?」

「マリアは今日、東西南北の星々のカミガミと共に、世界中の救いを求めている一人ひとりに、その姿を、五色の光りとして観せようとしている。」

「なぜ、大勢の前に現われずに一人ひとりに、五色の光りを観せるのですか?」

「もし大勢の人々の前に、その姿を現わしたとしても、人々の中には一週間もすれば、その姿は忘れさられ、一ヶ月もすれば、カミなどいないと言い出す者が現われる。昔から、星々のカミガミが行う奇蹟は、後に紛争のもとになってきた。この度マリアが、一人ひとりの前に五色の光りとなって現われるというのは、鮮やかに心に残る五色の光りならば、人々は生涯忘れることなく、いつでも思い出すことができるからである。世界中の多くの人々は、マリアが観せる五色の光りによって救われるだろう。」

「マリアが人々の前に五色の光りとなって現われるのはいつ頃からですか？　それと銀河の星々のカミガミは、どのようにしてマリアに協力しているのですか？」

左記に、記す文は、西方の光りの御子が、マリアから受け取ったメッセージであります。

西方のマリアからのメッセージ

宇宙の星たちよ、この地球に集え、サムリュの後に続いておいでなさい。この地球に集いなさい。

宇宙の星たちよ、ギンガの星たちよ、集まりなさい。サムリュ、宇宙の星々を連れていらっしゃい。

大勢の星たちよ、マリアの姿と五色の光りをつくってごらん。そして、救いを求める人たちに、マリアの姿と五色の光りが映るように、輝いてごらん。宇宙の星たちよ。ギンガの星たちよ。マリアの姿と五色の光りをつくってごらん。多勢の人たちに、この姿と光りを観ていただきましょう。多勢の人たちが、この姿と光りを見た時に救われるはずです。宇宙の星たちよ。ギンガの星たちよ。集え、マリアのもとにおいで。大ガミの光りを受けて、宇宙の星たち、ギンガの星たちよ。マリアも大ガミに救われました。みんなで一緒に、輝きましょう。マリアの姿と五色の光りをつくりましょう。

以上のメッセージは一九九九年十二月二十九日　韓国、南北境界にてマリアよりメッセージを受けたものであります。

時は過ぎて、二〇一〇年十一月三十日、西方の光りの御子が、マリアから再びメッセージを受け取りました。このメッセージの始めは、アラビア風な文字が数枚の紙に映し出されており、それが映像となって観えて、それから、そのアラビア風文字を大ガミに尋ねて訳したのが、次のメッセージであります。

マリアのメッセージ

あなたが、イエスと同じ西方の星の御子であること、わたしは知っております。イエスも先日、あなたにメッセージを伝えたと申しておりました。それゆえ、わたしもあなたに、わたしのメッセージを託すことにしました。わたしはヘブライ語しか話せません。ですから、先ず文字の形であなたに伝えました。あなたが先日観た、アラビア風文字が書かれた紙の映像が、それです。その後、その文字を、大ガミを通じて、あなたが普段使っている言語に置き換えるという方法を取らせて頂きました。かなり大変な作業であったと推察いたします。本当にご苦労かけました。しかしあなたは、わたしのメッセージを正しく受け取ってくれました。心より感謝致します。

イエスが地上に再臨する前に、わたしが星々のカミガミと共に、世界中にカミガミの光りを注いでまいります。しかしいくら、カミガミの光りを注いだところで、世の中の人々に気づいてもらわねば意味がありません。そこでわたしは、世の中の人々の心の中に強く刻まれるように、五色の虹のように輝く光りを注ぐことにしました。そして、その光りを観た人々が、自らの体内にある命の光り、内なるカミに気づいてほしいと願っております。もうそろそろ、人々は内なるカミの存在に気付くべきです。そして内なる命の光りと共に生きて行くことこそ、本当の幸せに繋がると、悟るべきです。今回のイエスの復活で、世界中の多くの人々に内なる命がカミであることを気付かせることになると信じております。これからも新たな世界を目指して、共に歩んで行きましょう。

アラビア風文字の内容

二千年の永き、封印、呪いから解放されて、イエスの復活する時が来た。

星々のカミガミよ、光りを注ぎたまえ。

五色に輝く光りをイエスの降り立つ大地に注ぎ満たしたまえ。

さあ、星々のカミガミの光りと共に、イエスよ、進みたまえ。

穢れし場所に光りを注ぎ、カミガミの五色に輝く光りが降り注ぐ中に、イエスが降り立つ。

世界中の辛酸なめし人々を、救いたまえ。

さあ、人々の住む世界を黒き魔界の呪縛から、解放したまえ。

さあ、今こそ人々の世界を星々のカミガミの光りで満たしたまえ。


人々の住む世界とは、全ての人々が平等なり。

富める者も、貧しき者も、強き者も、弱き者もなき世界なり。

全ての者は、命の親ガミに守られし存在なり。

人々よ、今こそ、内なる命がカミであることに気付きたまえ。

内なる命の光りこそ、人々を守り導くカミなり。

星々のカミガミよ、全ての者に五色に輝く光りを観せたまえ。

星々のカミガミよ、全ての者に内なる命の光りを感じさせたまえ。

全ての者が、嬉しく楽しく居心地良く過ごせるように、人々を導きたまえ。

人々に力と勇気を与えたまえ。

星々のカミガミよ、イエスと共に人々の世界に光りを行き渡らせたまえ。


光りあれ、光りあれ、光りあれ。

マリアのメッセージより

「多くの人々の前に、マリアの五色の光りが現われ、そのことが多くの人々の噂になり、世界中の話題になるのは二〇二十年過ぎ頃からだろう。初め人々は、マリアの光りを観ても自分一人の胸に収めて話すことはない。だがやがて、日ノ本に住む人たちから噂になり、それから世界中の救いを求めている人々に伝わり広まるだろう。新たな世界を再生するために宇宙の星々のカミガミは、およそ十万の星々から地球を救う為にやって来ているが、その星々のカミガミが、マリアと共に五色の光りとなって、人々の前に出現して光りのメッセージを送り届けるだろう。

その映像は五色の光りである。世界中の多くの人々は、この五色の光りを観て救われるだろう。

このことは、シャカが苦しみのない世界を望み願ったことの始まりであり、多くの光り人たちが夢みた、人も皆居心地の良い理想世界の始まりでもある。」

生まれ変わりの真実

「次に、生まれ変わりについて教えてください。世の多くの人々が、生まれ変わりを信じておりますが、生まれ変わりはあるのでしょうか？」

「答えを言えば、星々のカミガミの世界でも、人々の世界でも、生まれ変わりがないのが正しい世界である。人々の中には亡くなった後に、生きていた頃の思いが非常に強く、再び産まれ変りたいと望む、強い執着心を持った人たちがいる。そのような人たちが死後、霊となった時、人間界を彷徨いながら産まれ変わる為に必要な母親を選び、その女性の肉体に取り憑いて、親ガミの星から来る命の光りに寄生して身ごもる時を待っている。やがて女性が身ごもり、お腹に光りの命が宿って二、三カ月過ぎた頃に、強き執念を持った霊が、星からきた光りの命に取り憑き、産まれ変わりを果たしている。これを人々は生まれ変わりといっている。このような霊にとり憑かれて成長した人は、記憶の中に取り憑いた霊の前世の思い出が組み込まれてしまい、過去の時代が突然蘇り、霊界とのつながりが強くなり、日頃から霊が観えて霊能者となる者もいる。

それと人々の中には、過去の時代を顧みたり、本人が経験したことのない記憶が思い浮かんだり、また初めて行った場所が、以前来たことのある風景であったりすることがある。これは本人の記憶ではなく、人間界に強い執念を持った霊の記憶が蘇る為に起こる現象である。人によっては各時代、時代で亡くなった霊にとり憑かれて、本人と霊との区別がつかず、多重人格となり、本当の自分自身を見失っている人もいる。また、人々の中には、体が男性で心が女性となり、また、身体が女性で心が男性の人がおるが、これは、男性の、または、女性の心の中に、肉体に執念をもった多数の女性、または、多くの男性の霊が取り憑いている為に心と体が分離した状態である。

霊能者や宗教者が、生まれ変わりがあると言っているのは、亡くなってからも人間界に強い執着心を持っている霊が、他人の肉体に憑依して、光りの命に寄生している為に起こる現象である。ゆえに輪廻転生はなく、生まれ変わりはない、というのが正しい世界である。だが、霊に憑依されている多くの人たちは、自身が他の人と変わっていることに、思い悩み苦しんでいる。このような人々を救うには、憑依している霊を光りの言葉で星々へ帰るように諭し、星々の親ガミの光りを満たしてもらうことである。これができるのは、親ガミから光りの言葉を頂いた光り人である。」

西方の親ガミとの対話

ここからはイエスが主と呼んでいた、西方銀河・親ガミとの会話を伝えます。

「西方の親ガミよ、教えてください。教会・寺院にある十字架や卍は、どうしてあるのですか？」

「それを話す前に先ず、人々に聞いてほしいのですが、我が御子イエスが、人々の世界で最も観たくないもの、それはイエスが磔にされ、十字架に吊るされた、観るも無残な姿です。そして多くの人々に知ってほしいのは、イエスの身になって考えてほしいことです。もしあなたが、イエスと同じように大勢の人々が見ている前で、布きれ一枚ない恥ずかしい姿で磔にあったとしたら、そして、その磔にされた十字架のあなたの姿を二千年もの永い間、世界中の人々の前でさらされているとしたら、あなたは、それに耐えられるでしょうか？　また十字架に吊るされ、槍を刺され、釘を打たれて、身体中から血の滴るあなたの前に、大勢の人々がひざまずき救いを求めていたならば、あなたは、この人々を救えると思いますか？

イエスの身になって、どうか考えてください。もう一度言います。わが御子イエスが、最も観たくないもの、それは世界中の教会に吊るされている、観るも無残な十字架に吊るされた姿です。われわれ西方の親ガミは、可愛いわが子の無残な姿を二千年間、見続けてきました。また、われ西方の親ガミは、これまで幾度もイエスをわが星へ帰そうと思ったが出来ませんでした。それは、イエスにかけられた呪い封印があまりにも強く、各時代を通して幾重にも呪い・封印がかけられていたために、カミガミの光りだけでは救い出すのが困難であったからです。それと、また、イエスには辛いことでありましたが、われら四天界の親ガミは、魔にとり憑かれた人間たちが、どこまで魔と一体となって、星々の光りのカミガミを封じ込め、どこまで魔のものどもに操られて、光りの御子たちを封じ込め殺害し続けるのか？　魔界・霊界の仕組みを知りたかったからです。

二千年の永き時はかかりましたが、魔と一体となった人間の持つ愚かさを、われら星々のカミガミはイエスを通して知る必要があったのです。われら四天界の親ガミは、地球に人間が誕生した時から今日まで、人間界の全てをイエスのような光りの御子たちを通して観て知ってきました。今日人間界は、真のカミガミの光りは封じられ、魔の神々が欲望強き人間を操り、良き人々を苦しめる。（悪強く、カミに勝つ）世界になってしまいました。

しかしこのような人間界でありますが、この度、新たな世界を再生するために天地創造の大ガミとわれら四天界の親ガミが多くの光り人を誕生させ日ノ本再生、地球再生を目指しております。これから人間界は、魔界・霊界に澱んでいる魔のエネルギーが一気に噴き上がり、天変地異など、大いなる混乱が起こるでしょう。なれど、人々の世界は大きな困難を乗り越えて、闇人の世界から光り人の世界へと再生され、新たな時代の時を迎えることとなるでしょう。われら四天界の親ガミは、これまでイエスの辛い苦しかった二千年の時を無駄にすることなく、これからは星々のカミガミが地球再生の為に力を合わせ、人間界の闇を打ち砕く光りとなって、イエスが望み続けた新たな世界を築くことになりました。さて話を、イエスが十字架に吊るされた話に戻します。

先にも告げましたが、もしあなたがイエスと同じように磔にあったとして、そのあなたに大勢の人々がすがり付いていたなら、あなたは、その人々に向かって（私を自由にしてください。私を救ってください。）と、きっと言うでしょう。

イエスにとって最も観たくないもの。それは観るも無残な十字架にかけられた自らの殺害された姿です。もしあなたがイエスであったとしたなら、あなた自身が、このような無残な姿を人前に二千年も晒し続けていたとしたなら、あなたは耐えられるでしょうか？　よーく　よーく、考えてください。それではここで、イエスが磔にあった十字架の真実を告げます。

今から二千年ほど前、イエスはわれ西方の光りの御子として地球に誕生しました。イエスが十五歳の誕生日の時でありました、イエスは母マリアに感謝のしるしとして何かプレゼントを考えていました。だが、何も持たないイエスは、マリアの為に祈ることがプレゼントだと思い、雪のちらつく夜、窓辺に立ち、わが西方のオリオンの星に向かい祈っておりました。その時、われはイエスの祈る姿を観て、イエスは（これで良し）として、イエスの命に、わが星から緑の光りを注ぎ届けました。そこでイエスは、わが光りのメッセージを受け取り、星々のカミガミの真実を知り、人は誰もが皆、産まれながら平等であり、カミの光りを宿した御子である、ということを知りました。

それからのイエスは十六歳の時、星々のカミガミの真実を伝える為に諸国を廻る旅に出ました。そしてイエスが二十八歳の時、時の王者と神官たちは、イエスが伝える教えを国家に歯向かう反逆者として、イエスを捕らえ領内を引きずり回し、大勢の人々の前で磔にして殺害しました。

時の王者と神官は、これからも国内からイエスのような反逆者が現れ出ぬようにと、見せしめの為、各街道や国中のいたる所にイエスを磔にした十字架を建て続けました。この見せしめの為の十字架は、時の王者が変わっても代々受け継がれ、およそ百年もの間、国中いたるところに建てられました。そして百年後のある日、一人の老人がイエスの哀れな十字架の姿を見て、(これは可哀相だ。)と思い、十字架を家の中に入れイエスの御霊を供養しました。これが今日に至るまで、イエスを磔にした十字架が教会に飾られてきた真実です。やがてイエスの十字架は、アジアの国々の王や僧侶等にも伝わり、イエスのような国を乱すものが現れ出ぬように、十字架の四方を折り曲げて卍の印を造り、多くの寺院に魔除けとして飾るようになりました。これが寺院にある卍の真実です。ヒットラーは、この卍にかけられた呪いの力を魔王から授かり、独裁者となりました。

皆さんの中にも、イエスの心知らぬ人々が、装飾として十字(クロス)のネックレスをしておりますが、どうかイエスの悲しく辛い思いを感じてください。」

イエスからのメッセージ

ここからは、イエスが人々に伝えたいメッセージをお伝えいたします。

「わたし、イエスを救世主として崇める人々よ、わたしが人間界で最も見たくないもの、それは胸に十字をきるあなたと、わたしが十字架に吊るされた、見るも無残な姿です。わたしが殺害された、その無残な十字架の姿を前に、あなたたちは人間界で起こるありとあらゆる不安・心配・恐怖をわたしに訴え、わたしに祈り、救いを求め、すがってきました。人々よ、あなたは一度でも、わたしイエスの身代わりになって、祈られる、すがられる、わたしの辛い立場になって考えてみたことがありますか？ もし、あなたが一糸纏わぬ裸の姿で、大勢の人々の前で十字架に吊るされ、槍を刺され、釘を打たれていたら、そのあなたに向かって二千年もの長き間、世界中の人々が救いを求め、助けを求め叫んでいるとしたら、あなたは、その人々を救えると思いますか？

人々よ、わたしもあなたも同じ肉体を持った人間です。あなたの傷の痛みと、わたしイエスの傷の痛みは同じです。痛さは変わらないのです。人々よ、目覚めなさい。わたしイエスを神として奉り崇めて、誰が富と権力を持ち、誰が人々の頭上に君臨してきたか？ その一方で、誰がわたしにすがり泣き叫んできたか？ 歴史を紐解けば、すがらせる側は富と権力を持ち続け、すがる側は、いつの世でも貧しく辛い歴史でありました。人々よ、目覚めなさい。わたしもあなたと同じ人間です。わたしとあなたとの違いを言えば、あなたは謀られた神仏を崇め、わたしは体内に宿る真のカミに目覚めた。ただそれだけのことです。人々よ、目覚めなさい。肉体に宿る命とは、親ガミの光りから産まれた光りの命であります。命とは親ガミの星から母親の胎内に宿り、あなたが誕生したのです。

全ての肉体持つ存在には主（親ガミ）の光りの命が宿っております。その光りの命が星々にいる主（親ガミ）とつながり、人々は日々守り導かれております。星々に存在する主（親ガミ）の光りこそが、真のカミと云われている存在です。しかし野望、欲望強き者たちは、魔のものに操られ、戦いに勝ち抜き、国を造り、権力を握り、民衆の支配者となって、自らが王者となり、高い地位に君臨してきました。この我欲強い支配者たちは、肉体に宿る主（親ガミ）の光りの命を宗教でもって封じ込め、星々のカミガミを遠ざけ、奪った領地に神殿・仏殿を築き、その地を聖地として決め、己の欲望、野望に味方する、主（親ガミ）の光りなき教会を建て、魔の悪神を祭り崇めてきたのです。これが世の多くの人々が、永い間、祈りすがってきた、神仏の正体であります。私、イエスは伝えます。全ての人々よ、あなたたちは、星々の親ガミの光りの命を宿したカミの御子です。

私イエスと同じ兄弟（姉妹）であります。わが兄弟（姉妹）たちよ、これまで心にかけられてきた、洗脳という鎖を取り除き、あなたに宿る真のカミの光りを感じてください。救い主の御子たちよ、目覚めよ。新しき世界は、あなたたちの手により創られます。私イエスは、どのような姿であろうとも、祭壇に祀られ、祈られることは、望んでおりません。」

この時のイエスの言葉は、二千年もの永き間、苦しみに耐えてきたメッセージでありました。

再び西方の親ガミとの会話

「さて、それでは卍について、さらに告げます。先にも言いましたが、国中至る所に建てられたイエスの十字架は、やがてアジアの王たちの知ることとなり、各国の王たちは、自分たちの国の中からもイエスのような国乱す者が現れ出ぬようにと呪術者の企てにより、十字の四方の先を折り曲げ、卍という呪いの印を作りました。この卍の印には、星々の光りのカミガミを封印し呪いをかけ、また光り人たちを封印して地中深き所に閉じ込める、魔の呪いの力が宿っております。それが現在に至っても、寺院に用いられておりますが、実際は、魔のものどもを引き寄せ、集める為の目印であります。現在、天地創造の大ガミとわれら四天界の親ガミは、卍の呪いをかけられ、封じられている光りのカミガミや光りの御子たちを救う為に、光り人たちと共に卍の呪いを解き、封じられた光りのカミガミや光り人たちを星々に帰しております。シャカは、この卍によって呪い封印をかけられ、その上、天地創造の大ガミの薄紫の光りを封印した濃い紫の衣を羽織らされ、石仏像の中に閉じ込められ封印されました。

今日の世界で本物のイエスやシャカが現れ出たなら、誰が一番困るでしょうか？それは永い間、教会や仏教会に君臨している神官や僧侶たちでしょう。イエスとシャカは宗教なき世界を望んでいます。また人皆全てが平等を望みます。イエスとシャカは、自らを高い地位において信者の頭上に君臨して説教などはしません。なぜなら、人皆全てが、自分と同じ光り宿した兄弟（姉妹）だと信じているからです。」

「シャカについて教えてください。」

「シャカはイエスと同じく、われ西方の光り星より、地上に誕生させた光り人です。シャカは十歳の時に、城内の中で起こる権力者たちの醜い腐敗・不正、そして血で血を洗う権力争いを見て、人間の愚かさを感じていました。十五才になったシャカはイエスと同じように、われ西方の光りを命に受け入れて、親ガミの光りに目覚めました。それからのシャカは、王子の位を捨てて、城から出て、貧しい民衆の中に入り、人々を救おうと決心しました。しかしシャカの説く（人皆全て平等）という言葉は、その日食うにも困る人々の心には届きませんでした。

道行く人々から罵られ、つばをかけられ、棒でぶたれたシャカは、それでも旅を続けました。ここまでは、シャカはイエスと同じ道を歩みました。しかし、これから先、シャカは、自らの力のなさに絶望して、もっとカミガミの力を得たいと思い山中に入り、僧侶等が語る悟りを得ようと修業に励みました。山中でのシャカの修業は、人々の想像をはるかに超えた難行苦行の修業でした。その修業は、ある時は、険しい崖をはい登り、岩山と谷底を歩き続け、ある時は、身体を突き刺す滝に打たれ、水中に身を沈めました。またある時は、奥深い洞くつの中に立てこもり、飲まず食わず眠らず、人間が考えられる荒行の全てを実行しました。

星々のカミガミの時間で言えば三百年、人間の時間で言えば三十年、辛く苦しい荒行をしたシャカは、カミガミの声ひとつ聞くことなく、悟ることなく修行をやめて山中を出ました。長年の修業で心も身体も傷つき汚れ、痩せ細ったシャカは、ようやくたどり着いた、村の中にある菩提樹に寄りかかって休んでいました。そんな姿を見た通りすがりの村人たちは、けがらわしい者を見るように、口汚い言葉でシャカを罵り、つばを吐き捨て通り過ぎて行きました。それから、そこに幼い少女が現れ、シャカの前に立ち、両手で茶碗を持って差し出しました。シャカは茶碗を受け取り、その中をのぞくと一粒の米がありました。その一粒の米が一瞬にして山盛りの白い飯になりました。シャカが、われ親ガミの光りの力を見たのは、生涯これ一度だけでした。それからのシャカは立ち上がり、先ほどシャカにつばをかけ，罵った村人たちのもとへ行き、山盛りの飯を全て分け与えました。受け取り食べた村人たちは、シャカにすがりつき、感謝の言葉を述べました。

この時、シャカは人間界の大いなる真実を知り、われらカミガミの真実を悟りました。その後、シャカは、二度と再び修行に明け暮れることなく、多くの人々に人皆平等を伝え、真のカミは命となって肉体に宿っている、と言うことを、人々に教え、カミガミの真実を伝えました。そんなシャカでありましたが、シャカは死後、大魔王に操られた呪術者、僧侶らによって仏像の中に閉じ込められ、封印・呪いを掛けられてしまいました。シャカの姿をした仏像は、頭は画鋲を打ち込まれ、額の中央には親ガミから届く光りを封じる為の釘を打たれ、両目は親ガミの光りを遮る為に半眼にされました。それとシャカの仏像には、天地創造の大ガミの薄紫の光りを封印する為の濃い紫の衣を着、卍の印で呪いをかけられました。シャカは弟子たちに（わたしが亡くなった後、わたしを祀る、わたしの像を作ってはならぬ。）と伝えました。しかし、シャカが亡くなり、暫くの間、弟子たちはシャカの言葉を守っていたのですが、弟子の中の一人が、足型ならば良いだろうと、足型を作り、崇め奉ってしまいました。

このことがきっかけとなって、弟子たちの中で手形を作ろうとする者が現れ、また顔型を作る者が現れ出て、やがてシャカの仏像が形作られてしまい、祀り崇められるようになりました。このように今日、寺院、寺社に安置されている石像・仏像は、シャカが望んで造られたものではなく、シャカの思いを知らない弟子たちが、勝手に作り広めたことであります。アジアの国々に根付いた仏教は、シャカの真実の教えに反して、民衆を操り支配する権力者たちにとって都合良く言い伝えられて、貧しい人々は貧しいままますがらせ、また一方では、権力者・支配者が富み栄えさせる、仏魔の教えとなりました。さて、仏魔の教えとは、（人は、どんなに苦しく辛い暮らしであろうとも、不平不満を言わず、世の中にはもっと辛く苦しんでいる人々がおり、日々の暮らしに感謝して生きよ）と、下には下の人がいると、耐えることが良いとする教えです。

また（人々の世界は始めから、苦労、悩み、辛い世界であり、日々の暮らしは、慈悲深い仏に救いを求めよ）とする、この世は、娑婆であり、無常世界を説いた教えです。そしてまた、死後、霊となり成仏して、来世では救われる、という、生まれ変わりに希望を持たせた、輪廻転生宗教であります。世に栄えている宗教が千年、二千年と繁栄を続けていられるのは、国家を司る支配者・権力者の強力な後ろ盾がなければ存続は出来ません。ゆえに、貧しき虐げられた民衆による、民衆の為の宗教は存在せず。もし民衆のための宗教が誕生したとしても、それは、時の支配者・権力者の手の内に握られて、結局は、権力を維持する為の組織として利用されてしまいます。このように人々の世界では、遥か昔から、真のカミなき、イエスが悲しみ、シャカが嘆く宗教が繁栄続けてきました。さらに、加えて言えば、世に繁栄している宗教が歴史上滅びることなく繁栄してきたのは、それは、いつの時代でも宗教が時の支配者・権力者と共にあったからであります。

遥か昔から、支配者・権力者が企てた戦争の時には、神官・僧侶は、神仏の前で敵を呪い殺す、必勝祈願の儀式を行い、支配者・権力者を守護する為の宗教が繁栄し続けてきました。これまで歴史上では、数多くの戦争が繰り返されてきましたが、どの時代の戦争においても、豪華絢爛な神殿・仏殿に君臨する者たちの中からは、誰一人として支配者・権力者が企てた戦争に反対して、民の命を救った者はおりません。これが歴史上繁栄してきた宗教の歴史です。

ここで、皆さんに冷静になって考えてほしいのですが、現在、あなたたちが日頃から家内安全、健康でありますように、と祈り、願っている神仏は、過去の時代、数々の戦において、武将や軍人たちから、多くの敵を呪い殺す為の必勝祈願を願った神仏であった、と言うことであります。

これまで各時代を通して、多くの人々から、願い、祈られてきた神仏が、戦争の時には敵を呪い殺害する戦の神仏として崇められ、戦争が終われば、今度は、平和で家内安全を願う神仏となる、と思いますか？

では、祈り願われた神仏はどうでしょうか？　神仏が時代によって、敵対する人々を殺害する魔の神仏となり、あるいは家族の健康・安全を守る善の神仏となるか、と言えば、それは断じてありません。数々の戦に魔力を授け、多くの人々を殺害する神仏は、どんなに時代が変わろうとも、人間を殺害する神仏なのです。真のカミガミは、いかなることがあろうとも人間が、人間を殺害することは決して許しません。ゆえに、どのような理由があろうとも、全ての戦争には正義がなく、カミガミが許した戦争は未だかつて、ただの一度もありません。人々よ、どうか冷静に考えてください。命の親である真のカミが、人が人を殺す戦争を許すと思いますか？　真のカミとはどのような存在であるのか、自らに宿る内なるカミの光りを感じて目覚めてください。

人々よ、賢くなってください。あなたたちが、これまで祈りすがってきた神仏は、支配者・権力者を守り味方してきた神仏であり、あなたたちを守り助ける神仏では決してありません。なぜならあなたも、あなたの父も母も、さらに、あなたの遠い祖先も、ずっと昔から、支配者・権力者を守護する神仏を、崇めすがり続けてきました。その結果を言えば、支配者・権力者たちは、長い歴史の中で民衆の頭上に君臨してきましたが、その一方で、民衆は支配者・権力者に操られて、貧しい暮らしに耐え、神仏にすがり続けてきました。人々よ、真のカミに目覚め、賢くなってください。真のカミは命として、あなたの体内に宿り、いつもあなたを守り導いております。それが真実のカミであります。」

シャカからのメッセージ

ここで、現在、西方の親ガミの光りの星に帰り、心の傷を癒しているシャカが、弟子たちに伝えてほしいというメッセージを伝えます。

「私を仏陀と崇めている弟子たちよ。あなたたちの修業は間違っています。どうかそのような、肉体をいじめる過酷な修業はやめておくれ。人は皆、星々にいる親ガミの光りの命を宿して誕生したカミの御子でありえます。親ガミから頂いた、その光りの命も、身体も、大切にして、傷つけ痛めつけるのは止めておくれ。どうか私の弟子たちよ、身体を危険な目にあわせ、痛めつけ修業しても決して悟ることはできません。私も生前、あなたたちと同じように、考えられること全ての過酷な修業をしてみましたが、観えたのは、妖怪やもののけの恐ろしい姿であり、聞こえたのは、悪霊・悪神が告げる魔の囁きでした。その結果、真のカミの光りは観えず、親ガミの言葉さえ聞くことができませんでした。あなたたち弟子たちよ、私が真のカミの光りを感じ、親ガミの声を聞いたのは、過酷な修業を止めて、民衆の中に入り、人々と同じ暮らしをして、人々の為に尽くしてからでした。人間の命の親ガミが、我が子の苦行の姿を見て、褒め称えて喜ぶはずがない。どうか弟子たちよ、おまえたちの先輩が、例えどのようなことを伝えたとしても、私シャカは一片の経も残したことはなく、一言も、肉体を傷める修業をせよ、とは言っておりません。

ましてや、私の姿の仏像を造り、仏像にすがらせ、合掌して手を合わせよ、とは、一度も言ったことはありません。わたしは生涯、貧しく虐げられた人々と共に過ごしてきました。そのような中で、私が人々に伝えたことは（人は皆、肉体の中に親ガミの光りの命を宿している御子であり、人皆すべて平等である）ということでした。私シャカを仏陀として、仏として崇め奉ることによって、これまで誰が富を得て、誰が民衆の頭上に君臨してきたことか？　仏教に帰依している人々よ、このことをよく考えなさい。私シャカは、豪華絢爛な寺院・仏殿を造り、私を崇める仏教を布教せよと一言も伝えてはおりません。人間本来の生き方とは、生まれ育った所で嬉しく楽しく、慎ましく暮らして、もっともっと、と欲張らずに、全てに足りることを知って暮らすこと。

そして宗教などに身も心も縛られることなく、親ガミの光りと共に生きること。これが真の悟りというものです。私を崇め、仏に身も心も捧げている人たちよ、あなたの心を縛っている洗脳の鎖を解放してください。あなたたちがこれまで祈りすがってきた神殿・仏殿の中に真の神仏が存在し、民衆を救う場所であるならば、そこに集う人々は、貧困なく、災いなく、嬉しく楽しく暮らしてきたはずです。しかし、昔から人々がすがり、祈り来る寺院・仏殿がある地域には紛争が絶えず、人も皆居心地良く暮らした地域は一つもありません。これはなぜか？ と言えば、これまであなたたちが、すがり救いを求めてきた神仏は、真のカミガミではなく、悪神・仏魔であったからであります。あなたたちがこれまで信心し、これは間違いのない神仏である、と、信じてきた神仏を捨てなさい。そのようなものにすがらずとも、人は皆、産まれながらに親ガミの光りを宿している存在です。いつ、いかなる時でも命の親ガミは体内に宿り見守っております。人々よ、目覚めなさい。光りあれ、光りあれ。」この時のシャカの言葉は、優しい声でした。

西方の親ガミとの会話（三回目）

「仏像は、どうして造られたのでしょう。それと手を合わせる合掌の意味を教えてください。」

「仏像の始まりは、今日のシルクロードと言われている、西側のヨーロッパと東側のアジアを結ぶ中心地点において、行商人が道標として置いた丸い石が始まりでした。その後、時が過ぎ、道標の石は、時代と共に人間の姿に似せて造られるようになりました。その道標の石が、東側のアジアの国々では数々の石仏像となり、一方西側のヨーロッパの国々では、人物像や獅子などの彫刻となり、それが現在に至っております。次に、人々が神仏に手を合わせるようになった合掌の始まりは、昔、今から五千年ほど前、アジアの地において支配者となった王者が、多くの軍団を引き連れて、言葉の違う他国の民族を襲い捕えて奴隷にしました。捕われた人々は、両手を合わせさせられ、荒縄で縛られて連行されて行きました。しかし辛うじて逃げ延びた人々の中には、やがて追手に追い詰められてしまいました。

その時、捕らえられた人々は、刃向かう意思のない事を示す為に、両手には、何も武器を持ってない証しとして手を叩いて見せ、両手を合わせて差し出した。これが合掌の始まりです。つまり合掌とは、囚われた人々が命を助けてもらう為に、両手を縛ってください、と服従した姿であるのです。またこの時、手を叩いて見せたことが、後の世に至って儀式者の企てにより、神前で拍手を打つ儀式になって受け継がれております。追っ手の兵士に捕われた人々は、他国の言葉の通じない相手に対して手を合わせ、必死ですがりつく他に、命を守り、助かる方法がなかったのです。星々のカミガミは、苦しみ悩む人々に対して、手を合わせ、すがれとは決して言いません。そのような事をせずとも、人の誕生の始から、体内に命となって宿り、守り導いております。この真実を知ったあなたは、これから先も神仏に手を合わせ合掌し、神仏にすがり続けますか?

星々の親ガミも、シャカもイエスも、そのような儀式などは一切望んでおりません。遥か昔から、手を合わせすがられて喜ぶのは、人々の頭上に君臨する、食うに困らぬ支配者、権力者と言われている者たちです。また神仏の虜となっている宗教家たちです。人々が神仏に合掌する姿は、感謝のしるしとして行われておりますが、手をあわせることは、相手に服従する姿であります。仏像が手を合わせているのは、仏像さえも王者・支配者に捕われている姿であり、その合わせた両手に数珠がかけられているのは、仏像の両手さえも鎖で縛っている姿、という事です。」

「南無阿弥陀仏とは、どういう意味ですか?」

「南無(ナム)とは南には何もなく、阿(ア)とは天界を指す意味であり、弥(ミ)とは星々のことであります。また、陀(ダ)とは、全てが砕け散る事であり、仏(ブツ)とは、シャカの事です。この真の意味は（南天の星々には、カミは存在せず、カミの光り宿したシャカは、跡形もなく、全て砕け散れ）という呪文です。そして、仏教の曼陀羅とは、曼とは、全ての星々の世界のことであり、陀とは、砕け散ることであり、羅とは、甲羅のような硬い刃のことです。この意味することは、（満天の星々の世界は、硬い刃で砕け散れ）という呪文です。それとイエスを封じる呪いの言葉もあります。それは（アーメン）です。この言葉は（悪魔よ、ここに来い）という呪文です。

さて、アジアの国々の王者と僧侶は、民衆の心を操るために、呪術者が企んだ南無弥陀仏、という呪文を、民衆に唱えさせ、アジアの国々に、シャカのような光りの人が誕生せぬように、呪い・封印をしてきました。さらに言えば、悪神や魔のものが呪術者と一体となって人々にかける呪い・封印は、誰もが容易に謎を解き、見極める事ができるほど簡単ではありません。それは、誰もが自然に疑いなく、日頃から正しい習慣として受け継がれている、伝統・儀式・行事こそが、本当の呪い・封印であります。あなたたちがこれまで行ってきた、神仏にすがり手を合わせ願う事が、体内に宿る親ガミの光りを弱める為の儀式であることを知るべきです。人々の世界は、このような星々のカミガミの光りを封じる、数多くの儀式が日常習慣の中で息づき、遥か昔から受け続けられてきました。魔の悪神どもに操られ、神仏に帰依した者たちは、幾世代にも渡り、人々を洗脳し、伝統・儀式・習慣を疑い知らぬ民衆に伝え、人々を巧妙に操り、神仏にすがらせ、祈らせてきました。

そして、神仏に祈る姿が厳かで美しい姿だと信じさせてきました。星々のカミガミは、全ての人々が愚かな儀式などしなくとも生きていけるように、親ガミは、人間の誕生の始めから、体内に光りの命となって宿り守り導いております。」

「数珠は、先ほど、仏像でさえも両手を縛る鎖と聞きましたが、水晶の数珠には、どのような意味があるのですか?」

「水晶は南方の星々を導く親ガミが、地球で亡くなった御霊たちが故郷の星の光りを思い出して、親ガミの星へと迷わず帰れるようにと、清らかな水の中で創ったのが水晶です。この水晶は、きれいな川の水の中にあってこそ御霊たちが救われます。しかし昔、この事を知ったある祈祷師・呪術者が、水晶を集め繋いで数珠を作り、それを身体に巻き付けて多くの霊たちを数珠にすがらせ、霊力を得ようとしました。これが数珠の作られた始まりです。水晶の数珠があると彷徨える霊たちは、カミガミの光りと間違えて、我先にと数珠にすがりつきます。つまり水晶の数珠とは、多くの霊たちを集めすがらせる為の道具であります。修験者や祈祷師などは、この数珠を使い数十万の霊を水晶の数珠にすがらせて、大きな気合をかけて相手を倒す者がおりますが、これは、水晶の数珠にすがっている多くの霊を相手に投げつけて倒しているのです。一部の者は、これを気功などと言っていますが、このような可哀相な霊を弄んでいると、いずれ多くの霊によって苦しめられ、身の破滅となってしまいます。皆さんの中にも水晶を持ち、数珠を付けている人々がいると思いますが、できるだけ早く水晶は、綺麗な河川の中に帰してください。数珠などなくとも、人は皆、肉体に宿る親ガミの光りで守られているのです。」

「私たちはこれまで永い間、昔から受け継がれてきた伝統や習慣や儀式によって、日頃から神仏に祈りすがってきました。それが正しい儀式として多くの人々は受け入れてきました。そして、人は誰もが悩み苦しみがあれば神仏にすがり、また誰もが、権力ある者にひれ伏し服従してきました。これまでの話の中で、人皆それぞれが命の親ガミの光りが宿り、全てが導き守られているなら、これから人々は、どのような、思いで過ごせば良いのでしょうか？」

「これまで人々の世界では、不安・心配、苦しみが多ければ多いほど何とか救われたいと、必死に外に祀られている神仏にすがり祈ってきました。その結果、人々の世界では永い間、すがらせる者が富み栄え、すがる者は、辛く貧しい生活を強いられてきました。これから悩み、苦しみがあった時は、出来るだけ悩み事は単純に考えて、自らに宿る親ガミの光りを信じて、心穏やかに過ごしてください。星々のカミガミは多少の時間はかかりますが、本人にとって最も良き方向に必ず導き守ります。これまで人々は永い間、心にかけられた暗示によって（物事を解決するには、悩みに悩み、苦しんだ末に、ようやく問題は解決するのだ）という、大きな思い違いをしてきました。人それぞれの過去を振り返ってみれば、大なり小なり辛い苦しい事があったはずです。そして、その辛く苦しい時を乗り越えたのは、悩み、苦しんだ末の結果ではなく、気付いた時に、問題が自然に解決していた、と、いう事の方が多かったはずです。人それぞれが、内なる親ガミの光りを信じていても、信じなくても、全ての人々は命の親ガミから守られ導かれております。

これから先、もし困難な問題があった時には、内なる命の光りに向かって、冷静に具体的に望みを言ってください。内なる親ガミの光りは多少の時間はかかっても、人々にとって最も良き方法で導き守ります。そして、その時、気を付けてほしいのは、これまでの神仏に対する祈りと同じように、必死で救いを求め、願うような事はやめてください。何故なら、何度も、何度も、繰り返し願われると、魔界に潜む魔のものどもが、あなたの願いを聞いていて、親ガミからの救いの光りを遮り、問題の解決を遅らせてしまいます。これまで、人々の人生を苦しめ阻んできたのは、霊界・魔界に存在する悪神どもや魔のものであるという事実を知ってください。ですから、どんなに苦しい、辛い事に出遭っても、決して魔の囁きに乗らず、悪神の手口に乗らぬようにしてください。魔界にいる悪霊・悪神どもは、人々をどのようにすれば不安・心配となるか？　全ての人々の弱点と急所を知りつくしています。また、魔のものどもは、人々の心をイライラさせ不安・心配させ、怒りを起こさせ、人々の負の感情を操り支配しております。このような状態になった時には、霊界・魔界の魔のものどもが、親ガミの内なる光りを奪う為の魔の囁きであり、悪神による、巧妙な罠だと思ってください。魔の悪神どもは、人々の不安・心配・恐怖心を煽り、内なる親ガミの光りを奪い、その光りを、彼らが生きる為の食料として、エネルギー源として、永い間人々を餌食にしてきました。イライラした時は、直ちにその場から離れ、胸に手を当て親ガミの温もりを感じてください。そして気分転換をして気持ちを穏やかに整えることです。」

「魔界にいる魔の悪神どもが、人々の光りの命を食料としている。とは、どのようなことでしょうか？」

「地上世界で生きている、命あるものたちの生命の大本は、星々のカミガミの光りによって生かされております。ゆえに、人々の肉体を動かしている大本の生命力は、体内に宿る親ガミの光りの命です。この人々の光りの命を奪い食料としているものが、霊界・魔界に潜む魔王と悪神と、その命です。そして、その手下となっている、もののけや妖怪どもです。このような魔のものが人々の身体に取り憑くと、とり憑かれたところが鋭い痛みに襲われることもあります。また、体内に魔のものが憑依すれば病気のもととなり、日常生活を送ることが困難になることがあります。この、取り憑いた魔のものとは、かつて人間に殺害された数多くの動物の恨みや苦しみが怨念となって、人々の肉体に取り憑き、怨みをはらそうと苦痛を与えております。また動物にかぎらず、数多くの戦争で負傷し、手足胴体を切られ、殺害されて、恨み持つ霊たちが人々にすがると、すがられた人々は不自由な身体となって、日常生活を送ることが困難になる人たちもおります。霊界・魔界にいるものたちは、人間であろうと動物であろうと、殺害された時代と同じ場所で、同じ痛み苦しみが続いております。それが仮に、過去の時代において、首をはねられて殺害された霊が人間にとり憑けば、首が鋭い痛みとなり、また手足を切断された霊にすがられると、手足が痛み不自由になります。この他にも、肉体持つ人間には数多くの恨み持つ悪霊が取り憑き、肉体の自由を奪い、苦しみ痛みを与えております。さらに魔界にいる悪神・悪霊は取り憑いた人間が亡くなったら、その後は、周りにいる身近な人間に取り憑き、子孫代々取り憑き続けます。これが先祖代々受け継がれている、タタリと言われている、魔のものどもが人間の命を餌食にしてきた仕組みです。さらに多くの悲しみ苦しみをもって亡くなった霊は、人間界に強い執着心を持って、生きていた時に味わった深い悲しみや苦しみを、人々の心の中に毒となって染み込ませ、親ガミの光りの命に傷を与えます。

この結果、光りの命に傷を受けた人々は、いつでも心が晴れず、なにをやっても虚しく、やり場のない不安感に襲われ、時には真夜中に恐ろしい恐怖心に襲われ、鬱病やパニック障害となる人もおります。このような状態になった人は、一年、二年と時が過ぎると、汚れた薄暗い部屋に閉じこもり、側には悪霊・妖怪が宿っている人形やぬいぐるみを置いて離さず心の病となります。これらのことが、人々の心と肉体を痛め苦しめてきた、霊界・魔界にいる魔のものどもの仕業であります。

魔界に君臨する魔王と手下の悪神どもは、魔界の永い歴史の中で、人々を操る為の、ありとあらゆる悪しき知恵を持っています。それを例えて言えば、ここに、魔王・悪神が操るネズミの妖怪がいたとします。このネズミを愛くるしいぬいぐるみに宿らせて幼い子どもたちに抱かせます。するとぬいぐるみに入っているネズミの妖怪が子どもたちから命の光りを奪い、その命の光りを魔王・悪神に届けて分け前を頂くという仕組みになっております。子どもが縫いぐるみを抱いて離さない時は、魔王・悪神の餌食になっている時です。

また人によっては、子どもの頃に馴れ親しんでいたタオルや毛布など、幼い頃、身近にあったものに執着して、大人になっても手放すことが出来ずにいる人もおります。これも、魔王・悪神の餌食になっているからです。魔王・悪神どもは、昔から、幼い子どもたちが喜ぶ、おもちゃや人形を世界中に広めて、子どもたちの命の光りを奪ってきました。また縫いぐるみのネズミについて言えば、ネズミを宗教の教祖としてみれば、世界中の子どもたちがネズミ教の信者となり、ネズミを描いた衣服を着て、ネズミの絵柄がある食器で食事をして、またネズミの絵柄の寝具で眠り、家中、ネズミのキャラクターで溢れさせています。これは現代の世界では、多くの人々を熱狂させている形を変えた宗教です。この他にも、魔王・悪神どもは、魔界・霊界を存続させる為に、人々の世界から操りやすい人間を選び、魔界・霊界の映画やアニメやキャラクターを作らせ、穢れなき子どもたちを操り洗脳しています。これまで多くの人々は魔王・悪神のからくりに操られて、群れる人々の中に入り、流行に乗り、バブルの中に身を置いて、魔のものに操られた人間が、右だぁーと言えば、右に走り、左だーと叫べば、左に走ってきました。

このように魔のものどもは、永い間、人々の心を操り、人々の命の光りを奪ってきました。

さらに魔王・悪神が人々を操る方法は、神社・教会に祈り来る人たちの数多くの願い事を一つだけ叶えます。しかし、その見返りに命の光りを奪い、他の願い事はそのままにして操り続けます。

遥か昔から、我欲強き支配者・権力者は魔のものどもの手先となって民衆の頭上に君臨し、富と権力を握り、民衆を支配し、魔界・霊界・人間界が重なり合って世の中が仕組まれてきました。

そして、この魔のものどもの仕組みにより、魔王・悪神どもが、支配者・権力者や宗教家たちに力を注いで、人間界を巧みに操り弄んできました。」

「それでは、人々が魔のものどもの餌食にならない為には、どうすれば良いのでしょうか？」

「魔界・霊界を支配してきた魔王と悪神どもは、人々の肉体に宿る親ガミの命の光りを奪い、食料として、エネルギー源として、永い間生きてきました。この光りの命を奪う為には、人々に多くの悲しみや苦しみを与えて、そして、欲望強き人間を支配者に育て魔界・霊界を形成してきました。この魔界・霊界の永い時の流れの中で、魔王・悪神どもは人々を、どのようにすれば悩み苦しむか、人間の全ての弱さと急所を知っております。この仕組みを例えて言えば、人間の体内に宿る光りの命を丸い風船とすれば、風船に親ガミの光りが満たされている時は、人々の肉体は健康で心も嬉しく楽しく、親ガミと一つになっている居心地良さを感じます。しかし光りの風船の中に、悪神・悪霊の魔の毒が入り込んだ時には、光りの風船の空気が抜けるように徐々に小さく萎み、光りの空気が外に放出されてしまいます。この抜けた光りの空気を食糧としているのが、魔界に棲息する悪神・悪霊・妖怪どもであります。

魔の悪神どもの手口は、悩み苦しんでいる人々の思考の中にそっと入り込み、不安・心配になる言葉を囁きます。それが例えば、戸締りをしたか？　鍵をかけたか？　また火元は大丈夫か？などと、いろいろなことが気になり心配させます。これを確認癖と言っていますが、これが人々の心を不安・心配にさせる魔の囁きであります。また、魔のものどもの強力な囁きには、自分自身を攻撃する、自己嫌悪にさせる魔の囁きがあります。これまで多くの人々は、このような魔の囁きにとり憑かれて悩み苦しみ、それにより命の光りが奪われて、魔のものの餌食となっています。この魔のものどもの囁きにより人々の心と身体は傷つけられ、痛められて、昔から多くの人々が悩み苦しんできました。賢者は（罪を憎んで、人を憎まず）と言いましたが、この真の意味は、人は皆全て、親ガミの光りの命を宿している、カミの御子であります。ですから人間は悩み苦しみに耐えられるようには創造されておりません。

人間の身体に痛みを持った霊が沢山とり憑けば、とり憑かれたところが傷みます。また、心に魔のものが入れば、他人を嫉み憎む悪人となります。さらに悪神どもにとり憑かれて、魔のものに魂を売り渡した人間は、悪神の手下となって平気で人を殺害します。この者たちは殺害後、同じ言葉を話します。（誰かが、やれ、と言ったから、やった。）と。ゆえに、この者たちには罪の意識はありません。賢者は、この魔の罪を憎め、と言いました。そして、また妖怪となった猿や猫や狐やもののけが人々にとり憑けば、突然イライラして怒りだして、近くにある物や他人にあたりだして暴れます。このように、人間界での争い事、災い事の多くは、魔界・霊界にいる悪しきものたちが、光りの弱い人たちに取り憑き、悪事を行っております。人間が罪を犯す時には、内なる親ガミの光りが奪われて、魔のものや悪神にとり憑かれて罪を犯します。

しかしそうは言っても、一番大切なことは、人それぞれの常日頃の心のあり方と暮らし方です。人々は魔の悪神・悪霊などにとり憑かれないように、日頃から内なる親ガミの光りを感じ、魔の悪神どもの囁きに乗らぬように、心を正しく鍛え、心穏やかに暮らすことです。そして心悩む時、身体痛む時には目を閉じて両手を胸において、親ガミの命の光りの温もりを感じてみることです。

その時、天地創造の大ガミと四天界の親ガミを呼び（…天地創造の大ガミよ、四天界の親ガミよ。魔のもの悪神・悪霊は銀河の果ての岩星・黒星に閉じ込めたまえ。すがりし御霊たちは星々へ帰したまえ。わたしの体内にカミガミの光りと力を注ぎ満たしたまえ。光りあれ、光りあれ…）と言ってください。言葉は光りであり、力であり、星々の親ガミといつも繋がっております。人は時には、昼には太陽の温もりを感じて、夜には月と星々の光りを見つめて、命の親ガミに心の内を語りかけることも良いことです。人は皆カミの御子であります。親ガミの光りには優しさがあり、我が子を守らんとする強い愛があります。それゆえ遠く離れている星々からでも心は通じ合い、親ガミの光りは光速よりも早く瞬時にあなたの体内に届きます。それは太陽に向かって手をかざすと直ぐに暖かくなるのと同じように、親ガミの光りは直ぐに届きます。天地創造の大ガミと四天界の親ガミは、カミ宿る人間をこのように創造しました。」

「これから先、貧困のない、病のない、災いのない、飢えのない、戦争のない、宗教のない、霊界・魔界のない世界が本当に来るのでしょうか？」

「必ず来ます。もし人々の世界がこのまま進んだとしたら、自然は再生する力を失い、人々が生活することが困難な世界となるでしょう。また地球自身が、魔界・霊界・人間界の汚れに耐えきれず、限界点を超えて破滅するでしょう。そのような事態にならない為に、天地創造の大ガミと四天界銀河の親ガミは、星々のカミガミと共に、地球に多くの光り人たちを誕生させ、この度の日ノ本再生、地球再生、人間界の価値観を改める世直しを始めております。このことは人類が始まって以来、人間界と地球を救う為の天地創造の大ガミと四天界の親ガミが決断した最後のチャンスです。これから先人々は、これまで遥か昔から受け継がれてきた、伝統・儀式・習慣など冷静に見極めて、全ての物事の価値観を改め生きることが、地球を再生し、人類の新しき世界を築く為の唯一の方法です。」

「それでは人々の価値観を変える為には、どのようにすれば良いのでしょうか？」

「それには先ず、これまでのように経済発展することが、人々の幸福になるという価値観を変えることです。今日、世界の指導者たちは、経済を発展させることで国民の暮らしを良くしようとしていますが、それは大きな間違いであります。自国の経済を発展させる、ということは、強い国が強い国のルールを作り、弱き国をそのルールの中に入れて自由という名で競争させる。これは、強き国が世界の果てから食料物資を集め、富める国がより贅沢を貪り、弱き国は益々弱き国となって、安い賃金で働き貧困を味わう仕組み、となっております。強国が目論む自由貿易経済とは、強者だけが一人勝ちする、弱き人々を苦しめる、強者の為のルールであります。今日の人間界は、富と権力を持つ人間の限りない欲望という毒により、虐げられた人々は益々苦しめられ、富める者が益々大金持ちとなって権力を握り、世界を支配する格差社会が続いております。

近い将来においては、富める国が、このまま世界を牛耳る世界が続けば、地球は破滅することになるでしょう。今日、人々の強い欲望を弱めねば、人々の世界は生きることが困難な社会となり、世界は混然とするでしょう。人々が生きる為に必要な全てのものを創造した、天地創造の大ガミと四天界の親ガミは、生きとし生けるものたちが、何一つ不自由なく暮らせるように、地球という星に必要なものを全て揃えて無料で与えました。人間本来の生き方とは、土地で採れた食物を食べて、土地で育った樹木で家を建てて、土地にあるもので衣服を作り、土地にあるものでエネルギーを作り、そして土地にあるもので全てをまかない、もっともっとと欲張らずに、全てを足りることを知って、嬉しく楽しくあせらず、緑多く、水清き土地で暮らすことです。人々にとって生きていく為に最もなくてはならない必要なもの、それは、空気、水、大地、植物などの全ては、天地創造の大ガミと四天界の親ガミが、地球に生きるものたちに無料で与えたものです。これからの人々の世界は、強者が富み栄える資本主義に終わりを告げ、人も自然も全てが居心地の良い、新しい世界が創造されるでしょう。」

西方の親ガミとの会話、続く

「次に、お金について教えてください。貧困のない世界を築く為には、どうすれば良いのでしょうか？」

「貧困のない世界を築くには、今日、世界中に出回っている黒い金の流れを光りの金に変えることです。黒い金とは表に出せず、我さえ良し、とする、私利私欲で掴んだ汚れた金です。光りの金とは、人々に感謝されて頂く隠すことのない金です。黒い金は、他人を陥れ不正をおこない一部の者だけが儲けることのできる透明度のない濁った金です。この黒い金は、同じ思いの我欲強い仲間だけを儲けさせ、穢れた金社会を形作ってきました。星々のカミガミが望む世界とは、一握りの大金持ちもなく、多くの貧しい人々もいない、人も皆全てが居心地の良い世界です。昔から人々の世界では、生きる為に必要なものは、衣食住を賄える金です。この金は、親ガミが人々の肉体に宿らせている光りの命と同じぐらいに、人間界では大事な役目を果たしております。その金を、有り余るほど持ちながら、我欲強き者たちは、私利私欲の為に金儲けに励み、狡賢い投機によって巨万の富を蓄えています。

星々のカミガミは、人々が暮らす為に最も大切なもの、水も空気も大地の恵みも命さえも、全て無料で与えております。ゆえに、人々の世界でも、生きる為に最も大切なものほど無料で分かち合い、与え合うことが、天地創造の大ガミと四天界の親ガミの望みです。これから金経済の行き着く先は、黒い金が暴走し、資本主義経済が破綻することになるでしょう。大金持ちといわれる者たちは、一日も早く改心することです。光りの人たちは必要以上の金は望まず、足りることを知って穏やかに暮らすことです。今日、人々の世界は新たな世紀に入り、世界中から新たな思考を持った、新たな指導者が現れ出て、貧困なき世界を創るでしょう。貧困なき世界を創る為のその一つとして、新たな思考を持った経営者と労働者による、隠しごとのない透明度のある公平な富の分配が行われるでしょう。公平な富の分配こそが、世界から貧困をなくす方法の一つです。」

「これまで多くの人々は、神社や寺院に祀られている、神仏に願いを託して暮らしてきました。また神仏とは、全ての人々の悩みや苦しみを救い、全ての願いを叶えてくれると信じられてきました。これから人々は真のカミガミに対して、どのように思えば良いのでしょうか？」

「先ず、人々は、これまでのように神仏に願えば全ての望みが叶えられる、という洗脳された考えを捨てることです。星々の命の親ガミの光りは、人々が誕生した時から一人ひとりの人生を全て守り導いておりますが、この親ガミの光りはあくまで、各々の人々の人生が、居心地の良い生涯が送れるようにと、守り導く光りであります。ですから、私利私欲の願いを叶え、野望を叶える為の光りではないと知ってください。星々のカミガミの光りは、何も努力せずに祈り願っていれば、全ての願いを叶えてくれる光りではありません。これまで人々は、遥か昔から受け継がれてきた伝統・儀式・習慣によって誤った信仰心を刷り込まれ、カミガミに対して大きな思い違いをさせられてきました。真のカミガミは光りの存在です。煌びやかな神社・仏閣・教会等に祀られて、人々が祈りすがり来るのを、ただじっとして待ち構えている存在ではありません。また、そのような愚かな存在でもありません。神社、教会、寺などで、祈り、願い、すがらずとも、星々のカミガミは、人々の肉体に光りの命となって宿り、生涯守り導いております。

それではなぜ、これまで多くの人々は永い間、神仏を拝み、祈る対象にする、という大きな思い違いをしてきたのでしょうか？　ここで歴史の真実を紐解けば、今日の世界で隆盛を極めているキリスト教の土台が作られたのは、イエスが亡くなってから二百年後であります。そもそもキリスト教とは、イエスの思いを知らない弟子の弟子たちが、先輩たちの話を伝え聞いて作ったのが聖書でありキリスト教です。それと同じように、シャカを崇めた仏教も、シャカが亡くなってから二百年後に、シャカの思いを知らない弟子の弟子たちによって、仏教の土台が作られました。この二つの宗教は、いずれも時の王者と支配者の庇護のもとに形作られた宗教であります。支配者・権力者にとっての宗教とは、民衆を手なずけ操る為の手段であり、自らの地位や権力を守る為に利用するべき組織であります。遥か昔から、我欲強き支配者・権力者は、自らの地位を長く保ち続ける為に、神官・僧侶を召抱えて民衆を虜にする宗教という麻薬を企て、貧しき弱き人々を操り従わせてきました。彼ら支配者・権力者たちの企みは、自らの地位を守護する神仏を味方にすえて、神殿・寺院を豪華に建造し、神仏に帰依するものたちを召し抱え、宗教を広めさせることでした。

その結果、支配者・権力者は常に神仏と同等の高い地位に留まり、民衆の頭上に君臨し、権力の座を保ち続けてきました。また神仏に帰依した者たちも、自らが崇める神仏が、高い座に奉られていれば、いるほど、彼らも高い地位に就いて、多くの弟子たちを従えることができました。昔から繁栄し続けている宗教とは、神仏の側にいる地位ある者ほど暮らしの心配はなく、貧しき人々の心を知りません。遥か昔から繁栄を続けてきた宗教とは、支配者・権力者を守護する為の神仏を高い座に奉り崇めて、民衆と神仏との間に立ち入ることの出来ない聖域を作り、その聖域の中で、神仏に仕える者は、人々に偽りの神仏の言葉を教え広め、また支配者・権力者は、高い地位に留まり、民衆を操り支配してきました。これにより人間界では支配するものと支配されるもの、すがるものとすがらせるものとの格差社会となってしまいました。

ゆえに、人間界での階級制度と差別の始まりは、真のカミなき宗教が原因であります。かつてイエスとシャカは（人は皆生まれながらに平等であり、カミの光りの命を宿した御子である）と人々に説きました。この真実の言葉が、イエス・シャカの弟子たちによって正しく受け継がれていたなら、世界は貧困なく、戦争なく、人皆慈しみ合い、居心地の良い世界になっていたでしょう。人々を救う真の指導者・聖職者とは、世の中で一番困っている人々の衣食住を提供し、それからカミガミの言葉を伝え、全てを惜しみなく与えることのできる人たちです。このことを実践して人々を導いたのが、イエスとシャカでした。そのようなイエスとシャカが、今日富み栄えている宗教を観て、そこに君臨する者たちを観て、心から喜び褒め称え、弟子たちに感謝するでしょうか？

世の中で最も罪深き職業とは、悩み苦しんでいる貧しき人々を神仏の前ですがらせ、神仏の名で金品を集め、その金で豪華な贅沢な暮らしをしている者たちです。星々に存在する真のカミガミは、人々の体内に命となって宿り守り導いていていますが、人々が崇めている神仏像や数珠やお守りなどには宿りはいたしません。そのようなものに宿るのは魔の悪神や悪霊たちです。真のカミガミとは、人々に祈られ奉られて人々の頭上に君臨する存在ではありません。そのような伝統・儀式を広めたのは、我欲強き国司る支配者と、その庇護のもとで宗教を形作った神仏に帰依した者たちです。そして、その宗教を守り支えているのが、救いを求めている正直で貧しき人々です。人々の世界を良くするのも悪くするのも、全ての主導権は肉体もつ人間にあります。星々のカミガミは光り目覚めた人々に、光りの言葉でメッセージを送り、命の光りにカミガミの光りを注いでおりますが、人々の前にまばゆい姿で現れ出て、跪いて祈れ、願え、服従せよ、とは命じません。そのような幻覚を観せるのは魔の悪神どもです。またそのようなことをしなくとも、真のカミガミは肉体の中に宿り、一人ひとりを導き守っております。この地球を守り救うことができるのは親ガミの光りの命を宿した人間たちです。ゆえに、天地創造の大ガミと四天界の親ガミは、人間を生きるものの代表として、光りの言葉を与え、万物の長としました。これからの新たな時代、人も皆居心地の良い世界を創造するのは、これまで続いてきた魔界・霊界・人間界の闇の仕組みを見極めることのできる、星々の光りを宿した人々です。

皆さんもこれからは、真のカミガミとはどのような存在であるのか？　また偽りの神仏とはどのようなものなのか？　一人ひとりが冷静になって、しっかりと見極めることが必要な時代となっております。これからの世界は、内なる光りの命に目覚めた人々が多く現れ出て、人も皆居心地の良い世界に改められていくでしょう。皆さんも、親ガミの光りの命が常に守り導いていることを信じて、何事も案ずることなく、恐れることなく、新しい世界に向かって進んでください。命の親ガミは必ず守り導いております。」

人間の肉体の創造

「以前、四天界の親ガミについて教えて頂きましたが、もっと具体的に教えてください。例えば、私たち人間の体については、どうでしょうか？」

「人間の体については、肉体のことを五体と言っているように、人間の肉体は、天地創造の大ガミと四天界の親ガミが、共に力をあわせて五つの光りの微粒子を結合させて肉体を創造しました。それを顔の一つひとつの部分で言えば、天地創造の大ガミが顔全体を受け持ち、東方の親ガミが食べ物を食する口を受け持ち、南方の親ガミは音を聞く耳を受け持ち、西方の親ガミはものを観る目を受け持ち、そして北方の親ガミは香りを嗅ぐ鼻を受け持ち創造しました。さらに人間の姿全体を天地創造の大ガミが受け持って創り、北方の親ガミは腰から下の足を受け持ち、東方の親ガミは胴体の部分を受け持ち。南方の親ガミは肩から両手と両腕を受け持ち、そして西方の親ガミは頭の部分を受け持ち、人間の肉体を創造しました。さらにまた、手と足の指で言えば、親指が天地創造の大ガミを表わしており、人指し指は太陽のように人々を照らす東方の親ガミであり、中指は星々の中心にいる北方の親ガミであります。そして薬指は病を癒し薬草を与える西方の親ガミであり、小指は、各々の指の役割を調和させる南方の親ガミであります。このカミガミの五本の指の光りが手の平に集まり、その手を胸や身体に当てると親ガミの温もりを感じ、また痛いところに手をあてると、そこにカミガミの光りが注がれ、癒されるようになっております。このように、人間の身体はそれぞれの親ガミが共に力を注ぎ、光りの微粒子を結合させて創造したものです。地球の構造も人間を創造したと同じように、天地創造の大ガミと四天界の親ガミの光りと力によって創造されております。人間の命とは、星々の親ガミの光りから分け与えられて創造された。親ガミの光りの一滴（ひとしずく）です。その光りの一滴が、命となって人々の体内に宿り誕生したのが、あなたたち人間です。ゆえに人は皆カミの御子なのです。これらから世界は、光り人たちによって新たな世界が再生されるでしょう。その世界が築かれるまでには、地上世界に大きな困難が襲い、世界は混乱するでしょう。また魔界の悪神や魔に操られた人間たちが、光りの世界を阻もうと、悪しき企てを謀り邪魔するでしょう。それでもあなたたちは、何事も恐れることなく、体内に親ガミの光りの命が宿っていることを信じて、何事も乗り越えて進んでください。大丈夫です、新たな世界は必ず誕生します。星々のカミガミがあなたたちを守ります。光りあれ、光りあれ、光りあれ。」

これより人間の命について、西方の親ガミからのメッセージを伝えます。

ねえ　みんな聞いておくれ。天使は、なぜ翼をもっているのか。
天使には、なぜ羽根があるのか。ねえ　みんな知っているかい。
人間の命は、お星様からきた光りの命なのだよ。

光りの命にはやわらかい透明な羽根がついていて、
君たちが人生を喜び楽しんだ後に、強くたくましい翼となって
故郷のお星様へと帰る大切な翼なのだよ。

ねえ　みんな知っておくれ。今地球では、数多くの命が、羽根が傷つき、翼を折られて、
大地の下、雑草の中、水の底に沈んで苦しんでいるのだよ。
ねえ　みんな聞いておくれ。今地球では沢山の光りの命が、
翼を失い、お星様に帰れなくなっているのだよ。
さぁーみんな、よーく、聞いておくれ。君たちの命の故郷の星々の世界はね、東西南北の四つの
銀河から形作られているのだよ。君たちの命はね、この四つの銀河の親ガミのお星様から光りに
乗って、お母さんのお腹の中に宿り、君たちが人間として誕生したのだよ。

さぁーみんな、しっかりと聞いておくれ。もし君たちの中で、お星様に帰る時に、
命の羽根が傷つき、翼が折れてお星様に帰れずにいたなら、
その時はね、お星様に向かって（光りあれー光りあれー光りあれー）と命の親ガミを呼んでご
らん。そうするとね、君たちが帰るお星様から、光りの乗り物が必ず迎えに来るよ。
もし君が西方の星に帰る命であればね、西方のお星様から緑の光りの葉が、君のもとに届き、
君は緑の光りの葉に乗って、故郷の西方のお星様へ帰るのだよ。

もし君が、東方の星へ帰る命であればね、東方のお星様から、薄いオレンジ色の光りの舟が、君のもとに届き、君は薄いオレンジ色の光りの舟に乗って、故郷の東方のお星様に帰るのだよ。

もし君が、南方の星へ帰る命であればね、南方のお星様から水色の光りの玉が、君のもとに届き、君は水色の光りの玉に乗って、故郷の南方のお星様へ帰るのだよ。

もし君が、北方の星へ帰る命であればね、北方のお星様から、黄色い光りの糸が、君のもとに届き、君は黄色い光りの糸に包まれて、故郷の北方のお星様へ帰るのだよ。


ねえ　みんな知っておくれ。

命の翼はね、とてもうすくて柔らかい光りで出来ているのだよ。

だから命を大切にして、人を決して傷をつけ殺してはいけないよ。

さぁ　みんな聞いておくれ。命の羽根を大切にするにはね、人をいじめてはいけないよ。

人をいじめると、いじめた人も、いじめられた人も命の羽根が壊れて、お星様に帰れなくなるのだよ。ねえ　みんな知っておくれ。

人はね、わがままになってあれも欲しい、これも欲しいと欲望が強くなると、光りの羽根が岩のように重くなって、お星様に帰れなくなるのだよ。

ねえ　みんな聞いておくれ。命の翼を強くたくましくするにはね、人に優しくすることだよ。人に思いやりを持つことだよ。
人に優しくするには、相手がうれしく喜ぶことをすることだよ。

人に思いやりをもつには、他の人の心の痛み、他の人の身体の痛みを感じることだよ。
このことが出来れば、君たちの人生は素晴らしいものとして、
自分自身を確実に成長させることができるよ。
さぁ　みんな聞いておくれ。人間の命には強くしなやかな翼がついていて、
その翼がお星様に帰る為の、大切な、大切な光りの翼なのだよ。
ねえ　みんな知っているかい。天使がなぜ翼を持っているのか。
それはね、悔いのない人生を送った君たちの命が、
肉体を離れる時に、まっすぐ迷わずに故郷のお星様に帰る為の大切な翼なのだよ。
ねえ　みんな聞いておくれ。天使がなぜ翼を持っているのか。
それはね、大切な命を、お星様からまっすぐ地球に、
そして君たちがお星様へ帰る為の大切な翼なのだよ。
ねえ　みんな聞いておくれ。どんなことがあっても、人は人を殺してはいけないよ。
なぜなら、人間はどんなに科学が進歩しても、
命を創ることは出来ないのだから。ねえ　みんな知っておくれ。人間には産まれる時と、死ぬ
時を決める決定権はないのだよ。それはお星様にいる、命の親ガミが決めることだから。

…………………………

（注）この命の親ガミだけが持つ生死の決定権を、魔王・悪神が奪い取り、支配者・権力者を操り、数多くの戦争を企み、多くの人々の光りの命を殺害して、光りの命を霊界・魔界に閉じ込めてきました。

人の命とは、星から来て、星に帰るものです。

…………………………

以上西方の親ガミのメッセージでありました。

再び北真との対話

「星々のカミガミが、これまで観てきた人間界の支配者と宗教について教えてください。」

「ではさらに、宗教の真実を告げる。そもそも今日の仏教の土台が形作られたのは、シャカの死後、シャカの弟子の弟子たちが時の支配者と結託して手を結んだ二百年後のことである。また、キリスト教が作られたのも、イエスが地上より去ってから二百年後、時の支配者、権力者に使えた神官らによって作られた宗教である。この二つの宗教はどちらも国司る支配者が、自らの地位と権力を保持する為に、呪術者や神官・僧侶らを使って栄えさせた宗教である。古き昔から、国司る支配者、権力者は神仏に仕える聖職者たちを味方につけ、豪華絢爛な神殿・寺院を建立して、自らが神仏と同等な立場となって、民衆を支配し、操り、君臨してきた。さらに国司る支配者、権力者は、貧しき民衆を法の中に閉じ込め身体の自由を奪い、宗教という目に見えぬ鎖で民衆の心をも縛ってきた。

世に繁栄している宗教が千年、二千年と栄えてこられたのは、時々の支配者と権力者の後ろ盾がなければ存続は不可能である。ゆえに庶民による、庶民の為の宗教は存続せず、人皆平等の世界は一度も創造されずに、世界はイエス苦しむ、シャカ悲しむ宗教が栄え続けてきた。

人々の世界で最も罪深き職業とは、悩み苦しんでいる貧しい人々から、神仏の名を語り、金品を集め、その金品で地位と名誉を得て、煌びやかな教会・寺院に君臨しておる者である。また国司る権力者たちも、貧しき民衆の頭上に君臨して、庶民とかけ離れた贅沢な暮らしをしている。古き昔から、庶民の差し出す税金で贅沢な暮らしをしている政治家や官僚には、庶民にはない多くの特権を持っている。このことだけで、彼らはもはや庶民ではないのである。新たな世界での政治家とは、自ら率先して数々の特権を廃止して、庶民と同じ生活環境の中で暮らし、人も皆居心地の良い世界を創る人物である。これが民による、民の為に政治をする、真の民主主義の政治家である。

かつて地上に現れ出たイエスは、西方の星々を導く親ガミから地上に使わされて、人々にカミガミの真実を語り、人皆全てが平等であり、自由であると伝え説いた。またシャカも同じく西方の親ガミより導かれて、人々に真のカミガミは星々に存在すると伝え、人皆全てカミの御子であることを知らせ、多くの貧しく弱き人々を励まし勇気づけた。イエスとシャカは西方の親ガミが、人々の世界に送り使わしたカミ人であり、光り人であった。シャカとイエスが西方の親ガミから委ねられた使命とは、それは虐げられた人々を助け励ますことは勿論のことではあったが、それに加えて、いずれ人々の世界が全てにおいて大きく移り変わり、星々のカミガミの光りと、人々の光りの命が通じ合い、新たな世界が到来することを知らせ伝えることであった。それが西方の親ガミがシャカとイエスに託した使命であった。」

支配者たちと宗教

「それでは、かつて国司る支配者と権力者は、イエスとシャカを、どのように利用して、真のカミなき宗教を広め、民衆を操り従わせたのですか？」

「まずイエスについて言えば、イエスが磔にされたその後、ユダヤの王と神官はイエスの復活を恐れ、イエスがカミの光りを失ったにもかかわらず、イエスを永遠に封印する為に、魔王に操られた呪術者が、イエスの主の星の上に魔の凶星を重ね、ダビデの星（六亡星）の呪いの印を作った。そしてそれを国中至るところに張りつけ、星々のカミガミの光りが届かぬように大地も人々も封印した。また、このダビデの星の印は、かつて魔王に操られた呪術者の集団が日ノ本にも密かに渡りきて、日ノ本のカミガミと大地にも封印した。そして、この六亡星の印は伊勢神宮にもダビデの印が張られ、このことから一部神道の者から、ユダヤと日ノ本同根説が密かに語られている。さて、キリスト教と仏教の誕生であるが、西暦二百年頃、イエスの弟子の弟子たちが、魔に操られた王者と裏で手を握り魔の協定を結び、今日のキリスト教の土台が作られた。

これと同じように仏教も、シャカの弟子たちが、シャカの死後、時の王者と裏で手を握り仏教の土台を形作った。これにより、支配者・権力者の庇護のもとで栄えたキリスト教と仏教は、豪華絢爛に輝く寺院と教会が各国に建立され、多くの富と権力が集中して、支配者・権力者の為の宗教が栄え、多くの民衆を宗教の虜にした。遥か昔から支配者・権力者は、豪華絢爛な寺院と教会を築くことによって、多くの民衆を支配し、操り、偽りの神仏を崇めさせた。また支配者・権力者は、人々の体内に宿る親ガミの光りの命を宗教で封じ込め、人々を真のカミガミから遠ざけたのである。

それ以来、支配者・権力者は自らが神仏の分身となって、人々の頭上に君臨しながら、民衆の心を操り従わせ、民衆を多くの戦争に巻き込み、多くの人々の命を霊界・魔界に閉じ込めてきた。それが現代にまで引き継がれ、支配者・権力者が富み栄える闇の歴史が続いている。古来より、世の多くの人々を操り、洗脳してきた支配者・権力者は、自らの地位の保身と野望の為に、多くの神官や僧侶らを召し抱え、国家を支える宗教を広めさせた。そして各々の宗教指導者たちも、王者・権力者の庇護のもとに、寺院や教会の中にこそ、真実の神仏が鎮座すると民衆を洗脳し暗示をかけ、人々が体内に宿している親ガミの光りの命に目覚めぬように、日頃から神仏の煌びやかな姿を崇めさせ、祈らせ、人々の素直な心は、暗示という解けぬ鎖で縛られ続けて来たのである。この仕組みが、光りのカミなき宗教の正体である。」

「では世の中の信心深き人々が、遥か昔から神仏を崇め、神仏に祈りすがっている姿は、それは時々の支配者・権力者と、そして召抱えられた僧侶や神官によって洗脳されてきた信仰心であり、星々のカミガミが望む信仰心ではない、と言うのですか？」

「そのとおり、世の信心深き人々がこの話を聞いたなら、不愉快な思いとなるだろうが、遥か昔から、人々が神仏を崇め祈っている姿は、かつて支配者・権力者が神官や僧侶らと謀り企てた宗教であり、天地創造の大ガミと四天界の親ガミは決して望まぬ信仰心である。ではなぜ、世の多くの人々は、支配者・権力者が企てた偽りの神仏とも知らずに、寺院や教会の中に神仏が鎮座していると信じて、祈りすがってきたのであろうか？　それは遥か昔から、時々の支配者・権力者たちが民衆を手なずけ管理する方法として、人々に日頃から不安、心配を与え続け、人は何かにすがらずには生きてはいけぬ、と言う、世の中を形作ってきたからである。それとまた、かつて民衆の頭上に君臨した支配者・権力者は、民衆を思うままに操り従わせる手段として、宗教と言う目に見えぬ鎖で人々の心を縛り、自己主張は悪であるとする世の中を形創り、支配者・権力者が繁栄する世界を形成してきたのである。もともと人間とは、親ガミの光りを宿した御子である。ゆえに多くの人々はカミ心を宿した善良な人々であり、体制を疑うことに後ろめたさを感じる人々である。これが永い間、民衆を操り従わせた支配者・権力者による国家体制の歴史である。また、多くの人々の光りの命を閉ざし、洗脳してきた汚れた宗教の仕組みである。」

柏手と合掌

「それでは、支配者・権力者に仕えた神官や僧侶らが、善良な人々の心を宗教という鎖で縛り、信心深き人々が朝な夕なに先祖を敬い、神仏に手を合わせるようになったのは、いつ頃のことでしょうか？」

「そのことを告げる前に尋ねるが、信仰心の篤い信心深き人々が、なぜに神仏に祈る時、神社で拝礼して柏手を打ち、仏檀に手を合わせ、線香を供えねばならぬのか？　それについて、そなたの思いを述べるがよい。」

「私が以前、神社に柏手を打ち、両手を合わせたのは、幼い時から、周りの大人たちが神社で、神々に祈り願う姿を見て、それを真似ていたように思います。それと仏檀に合掌して線香を供えるのは、先祖代々の霊を敬い供養する為と、私自身の心をも穏やかに落ち着かせてくれたような気がします。しかし、それも今となって思えば周りの人たちの真似をして、儀式を行っていただけのように思います。」

「その習慣・儀式が、われが先に告げた檻に閉じ込められた猿たちと同じように、信心深き人々が神官・僧侶らによって洗脳された姿である。ではこれより、日ノ本の人々が、いかに神仏に手を合わせ祈るようになったのか？　その真実を告げよう。それは、今から一万五千年ほど前、日ノ本に未だ宗教という形が誕生してなかった頃、日ノ本に暮らす多くの人々は、自然界の恵みを受けて太陽と月と星々を心の拠り所として暮らしていた。またその頃、人々はお互いに競い争うことはなく、内なる親ガミの光りの命を感じながら、自然と共に穏やかに暮らしていた。そして、ある日のこと、大陸より話す言葉も違う、人々を殺める武器を携えた多勢の兵士が海を渡ってやって来た。彼らは行く先々で抵抗する人々を殺害し、また逃げ惑う人々を捕らえ奴隷として従わせた。

その彼らが、捕らえた人たちを逃がさぬ為に両手を合わさせ、その手を荒縄で縛り、捕らえた人たちを一本の荒縄でつなぎ連行した。

…………………

(注)後々の秀吉の時代において、宣教師として日ノ本へ来たフロイスは日記の中で、当時の人間狩りを目撃して、(囚われた人々は両手の手のひらに穴をあけられ、その穴の中に荒縄を通して連行されていた。)と記している。つまり王者、支配者が行った人間狩りは、一万年以上前から行われており、秀吉の時代でも行われていたということである。

…………………

さて、大陸から来た支配者らの魔の手から辛うじて逃げ延びた人たちは、仲間たちが両手を合わせられ一本の荒縄で連行されている、その姿を物影から見ていた。だが、やがてその人たちも、人間狩りによって逃げ場を失い追い詰められ囚われてしまった。その時、囚われた人たちは、仲間たちが捕まった姿と同じように、追っ手の兵士の前に両手を差し出し、手には何も武器は持っていない証しとして、両手を叩いて見せ、両手を合わせて差し出し、服従の意思を示した。そして囚われた人々は、兵士にひざまずき両手を組み合わせ、頭を下げひれ伏した。その命乞いをした姿が、後々の世に神前で祈るしきたりとなったのである。囚われた人々がこのようなしぐさをしたのは、言葉の通じない相手には、両手を縛ってくださいという意思表示であり、頭を垂れたのは、首を刎ねられる覚悟の上の服従の姿であった。ゆえに、人々が高き座にある者に、ひれ伏す姿はカミガミが人々に強いた姿ではなく、力なき弱い人々が、支配者・権力者を恐れて行う姿である。身分高き地位ある者が、同じ人間を権力と武力で捕らえて奴隷とした。その奴隷となった人々は、皆同じカミガミの光りの命を宿したカミの御子である。

かつて大陸から来た支配者は、ある日突然、自らの野望を果たす為に、大勢の兵士を引き連れてアジアの国々と日ノ本に攻め入り、弱き人々を捕らえて奴隷にした。奴隷にされた人々は、自らの命を守る為に言葉の通じない相手に抵抗せず、武器は持ってない証しとして、両手を組み合わせ差し出した。この捕らわれた人々は、手を合わせ服従する姿で、命を守るしかなかったのである。

これは今日の人々の世界でも変わらぬ、弱き者が高き地位にいる者にひれ伏す、不平等な差別社会である。真のカミは命の親である。命の親が可愛いわが子に対して、（われを崇めよ。われにひざまずき、両手を合わせ祈れ、われの足元にひれ伏せ。）などと言うはずがない。そのようなことをせずとも、真の命の親であるならば、真のカミであるならば、可愛いわが子を優しく慈しみ、いつまでも見守り続けるのが、命の親であり、真のカミである。

………………

世に指導者といわれ、国司る権力もつ者たちよ、そなたたちが指導者として、権力者として、人々の頭上に君臨できるのは、世の中の、名もなき貧しき人々の血と汗と流した涙である。真のカミを求める人々よ、あなたたちが祈りすがってきたのは、真のカミではない。その正体は、魔界に蠢く魔の悪神どもである。その悪神どもに魂を売り渡し、人々の頭上に君臨した支配者・権力者が、己の保身の為に崇めたのが、人々が日頃から崇めている魔の悪神であり仏魔である。そして、魔の神仏を奉り崇めさせ、民衆に神仏を信じさせたのが魔の悪神どもに操られた呪術者と儀式者である。

真のカミに目覚める人々よ、よく聞きなさい。真のカミとは人間の命の親である。真のカミは人々の頭上に君臨するものではない。ゆえに、かつて支配者・権力者が富みと権力で建てた豪華絢爛な神社仏閣の中に鎮座して、人々が祈りくるのを、唯じっとして待っているほど、真のカミは、そんな愚かなものではない。ましてや世界では、今も家なき貧しき人々が食うに困り、住む所もなく、多くの人々が飢えで苦しんでいるのに、華やかな仏殿・神社に居座っているほど、真のカミであるならできるはずがない。そのような仏殿・神社に座して、人々から崇められて喜んでいるのは、悪神どもに操られた支配者・権力者であり、また、その庇護のもとで高き座にいる神仏に操られた者たちである。そして、それを褒め称え喜んでいるのは魔の悪神どもである。

…………………

このような支配者・権力者の歴史の中で形作られてきたのが、日ノ本の人たちが柏手を打ち、両手を合わせた合掌の始まりである。西洋では、捕らえられた人々は両手を上げ、次に、両腕を後ろに手に組んで縛られた。これも相手に服従する動作である。人々が両手を合わせるということは、支配者・権力者に対して服従することである。追いつめられた人たちが言葉の違う彼らに分かってもらう為には、精一杯の動作で命乞いをして、自らの命を守るしか他に助かる方法がなかったのである。われらカミガミの思いを言えば、星々に存在する真のカミガミは、例えいかなる理由があろうとも人々の心を支配し、人々を服従させるようなことは一切ない。また真のカミガミは、人々が生きる為に必要なものを全て与えるだけで、決してみかえりを望みはせぬ。それゆえ、真のカミガミは、世の中の始めから、人々に豪華な寺院や神殿を造れとか、また神棚や仏壇や墓を造らねばならぬ等とは、未だかつて唯の一度も言ってはおらぬ。

さて、古き昔から時代が変わっても、人々が神仏に両手を合わせているのは、かつて支配者に仕えた呪術者と儀式者が企み謀った洗脳であるが、その洗脳が人々の心を支配し、両手を合わせる習慣となり、また、合掌することで手の平に集中する天地創造の大ガミと四天界の親ガミの光りを封じる為の儀式である。また、人々が真のカミに目覚めない為の心を狂わす暗示でもある。

それとまた、祈祷師や修験者が手を組み、指を絡ませてエイ、ヤーと九字を切るのは、天地創造の大ガミと四天界の親ガミの光りを封じ、魔の悪神どもから魔力を得るための儀式である。尚九字とは、護身の呪文として唱えられているが、臨、兵、闘、者、皆、陣、列、在、前。この九つの文字の呪文を唱えながら、指で空中に縦に四本、横に五本の線を引いて封印・呪いをかける呪術である。

さてここで、一言誤解せぬように申しておくが、われが先程から言っている大陸の支配者のことであるが、大陸の支配者は、他国の人たちを捕らえ奴隷とした。そして領民として支配下において過酷な労働を行わせた。だが大陸の全ての人たちが、支配者に加わって他国を侵略したわけでなく、大陸にいた人たちも、朝鮮半島や日ノ本の人々が受けたと同じように、数多くの苦しみを強いられて服従した、支配者・権力者の犠牲者である。ゆえに大陸の全ての人々が魔のものどもの手先となり、支配者の手下であると決め付けてはならないことである。」

カミガミの足跡

「これまでの話を聞いて、古き昔から、弱き人々を苦しめ従わせてきた支配者・権力者が築いた歴史は、いつの時代でも紛争は途絶えることなく、その為、いつも犠牲となるのは支配者・権力者から身も心も自由を奪われた民衆であり、犠牲となった民衆は嘆いても嘆ききれない辛い歴史であったと思います。ならば支配者・権力者から虐げられ犠牲となった。その人たちの辛い生涯を、北真のカミはどのように思い考えていたのでしょうか？　また遥か昔から、心優しき人々が苦しみ悲しんでいる時に、天地創造の大ガミと四天界の親ガミは支配者・権力者を罰することなく、ただ歴史の流れを観てきただけなのでしょうか？」

「それについて人々に分かってほしいのは、遥か昔から、人々が暮らす地上世界は、われらカミガミが先頭に立って形作り築くことではなく、人々が、体内に宿る親ガミの光りに目覚め、人も皆居心地の良い世界を築くのが、天地創造の大ガミと四天界の親ガミが望むことである。ゆえに、われらカミガミが果たす役割は、世に現れ出た悪しき支配者・権力者を直ちに打ち砕き、罰することではなく、人々の世界が真の自由平等社会が築かれるように、カミガミの光りを宿した人物を導き手助けすることである。またわれらカミガミの望みは、人々が神仏などに祈り願って奇蹟等望まなくともすむような世界が創造されることである。

人々が神仏に祈り、神仏の奇蹟を願う世界は、良くない世界である。星々の親ガミが望む光りの世界は、祈らずともよい、すがらずともよい、両手を合わせずともよい、奇蹟のいらぬ、人皆居心地の良い世界である。われら星々のカミガミは、古来より、世の中が大きく移り変わろうとする時には、われらカミガミの光り目覚めた人たちを育み、世の変革の中で、その人たちに光りを注ぎ導いて来た。天地創造の大ガミは、人間を万物の長として創造した。それは人間ならば地球を守り、生きるもの全ての代表として、良き模範となってくれると信じたからである。地上世界で起こる、自然災害や貧困・戦争など全ての出来事は、その大本の原因は、人間たちの組織の中で誰が長となり、誰がどの地位に就くかによって、地球が平和になるか？　戦争になるか？　全ての物事は長次第で決まるのである。このことは、会社でも学校でも家庭でも、そして国家でも、物事が良くも悪くもなるのは、全ては長次第である。天地創造の大ガミと四天界の親ガミは、地球と人間界を、このように創造したのである。

ゆえに、われらカミガミが地球を救い、人間界を立て直そうとするならば、イエスやシャカのような光り人たちに光りの命となって宿り、その光り人たちを多くの試練の中で見守り導き、その人たちの手によって、地球を守らせ、人々の世界を救わせることである。遥か昔から人々の神仏に対する思いは、永い歴史の中で受け継がれてきた伝統・儀式により、神仏に帰依した者によって洗脳され操られてきた。その結果、操られた人々は、神仏に願えばどんなことでも望みが叶う、という間違った信仰心を植え付けられ、信じ込まされてきた。人々にかけられた洗脳は、われらカミガミの光りの力で以てしても、なかなか洗脳をとくことは難しく、特に人間の頑な我は、われらカミガミでも解くことは出来ないことである。人々の洗脳を解くことができるのは、人々の価値観を変えて、新たな世界を創造する光り人たちである。ゆえに地球を救い、人々の世界を建て直すのは、われらカミガミが直接手を下すことではなく、新たな思考に目覚めた光り人たちである。その光り人たちを守り導き手助けするのが、われら星々のカミガミである。

しかし、そうは言っても、西暦二千年過ぎて新たな世紀となり、この度、天地創造の大ガミと四天界の親ガミは、これまで直接手を下すことなく見守ってきた地球と人間界を建て直す為に、これまでの思いを改め、西方のマリアが五色の光りとなって現れるように、天地創造の大ガミと四天界の親ガミも一億年ぶりに地球に降り立ち、光り人たちと共に地球と人間界を再生することとなった。この度の地球再生、人間界再生を成就させるには、天地創造の大ガミと四天界の親ガミが大いなる決断しなければ、地球はこのままでは、霊界・魔界・人間界の黒き欲望が、巨大な渦巻きとなって全ての自然を破壊し、大地を汚して、人も皆全てが生きてゆけぬ、地球となってしまうからである。
今日、地球は、地下奥深き所に魔界が根を張り巡らし、地上世界に、魔界から黒い毒を噴き上がらせ、霊界・人間界を闇より操っている。この為地上世界では、恨み苦しみをもった霊たちが、大人や子どもたちにすがって悲しみや辛さを与え、居心地の悪い世界となっている。また地上の上空では、偽りの神仏の世界が形成され、死後、自らを神・仏になったと思い違いをしている者たちが、宗教にとり憑かれた人々を神仏の名を語って操っている。このような上空の世界を宗教界では天国と呼んでいる。

つまり、今日の地球は、地下深い所に魔界が根を張り巡らし、また地上では亡くなった人々が暮らす霊界が形創られ、そして上空では、人間の姿をした神々と仏たちがいる幽玄の世界が形成され、古き昔から、人々に憑依し、操り、支配しているのである。今日、地球では、霊界・魔界・人間界が複雑に絡みあった蜘蛛の糸のように雁字搦めに絡み合い、魔のものどもが支配する地球となっている。そのような地球では、多くの光り人たちが封じられ、星々のカミガミの光りが遮られ、星々のカミガミの光りが届かぬ地球となっている。このような地球を再生させ、人間界を再生する為には、天地創造の大ガミと四天界の親ガミ自らが大いなる決断して、力を発揮しなければ、地球も人々の世界も破滅する事態となっている。われらカミガミにとっての地球とは、宇宙で唯一肉体持つ人間が住む大切な星である。この地球を再生させ人間界を再生させる為には、これまで永い間、地球を支配してきた魔界を破壊し、霊界を消滅させ、また魔と一体となった人間を滅ぼし、人々の価値観を改めさせることである。

これから地球は、全ての物事が大きく変化する天変地異や異常気象など、人々の価値観を変えるほどの大きな出来事が世界中に起こるであろう。だが、そのような出来事が起こらなければ、人々の価値観は変わらず、地球は今、滅亡の危機に瀕していることを多くの人々は知るべきある。われら四天界の親ガミは、これから地上に誕生する光り人たちが、魔の阻みに負けず、数々の試練を乗り越えて、世界中から現れ出るのを待っている。」

…………………

これより天地創造の大ガミが、人々に伝えたいメッセージを記します。

大いなる地球大転換の時、われら星々のカミガミの光り、さらなる力となって解き放す。われらカミガミの光り、大きな山となり、強き風となり、美しき緑となり、清き水となり、日ノ本を、世界を駆け巡る。さぁー大いなる一歩である。銀河全ての光りのエネルギーが、今地球に集結する。われらの光りの矢、黒き魔界の闇を打ち抜いて、光り輝く地球に再生する。

日ノ本に世界に光りの御子を誕生させ、今一度イエスを地上に復活させる。

イエスの使命は、世界から宗教をなくすことである。世界に存在するキリスト教、イスラム教、ユダヤ教は、大本を辿れば一つである。宗教なき時代では人々は、太陽と月と星々を心の拠り所として暮らしていた。それが、いつしか、時の支配者・権力者によって形を変えられ、利用されて、宗教という誤った形で広まってしまった。これらの宗教が誕生した為に、宗教と宗教の間でいらぬ争いが起こるようになり、国と国とが戦うことになってしまった。宗教にすがっても人々に幸せは訪れないこと、宗教とは時の権力者にとって、人々を従わせる道具であること、人々は、もうそろそろ気付くべきである。

今日、日ノ本だけではなく、世界の政治・経済が混沌としている。人々よ。今は、世の中の悪しき膿を搾り出している時と心得よ。今後暫くは、魔の膿が噴き上がり、世界の政治・経済が破綻して、どん底の状態に陥ることになるであろう。世界の各地では暴動、クーデターなどが起こり、天変地異とあいまって、人々の心はすさみ、人々は失意のどん底に突き落とされるかもしれぬ。われ大ガミも四天界のカミガミも、これまで人々の意識が変わることを望んできたが、ここまで追い込まぬと、人々の意識が変わらぬと悟った。この大いなる決断、始めから言葉で伝えると魔のものに取り込まれて、そなたに誤ったメッセージが伝わることになる。まずは、そなたに映像と暗号・信号で伝えた。そなたは以前、マリアの映像を見て、ヘブライ語の文字から、メッセージを受け取った経験がある。それゆえ、われも同じ方法をとることにした。大変な作業であることは、承知している。必ずやり遂げてくれると、われらカミガミは信じておる。今、世界中の魔の膿が噴き上がり、日ノ本と世界が混沌とする中、さあーこれから傷ついている人々の心に、われらの光りを届ける時である。傷ついている人々の背に手を当て、われらカミガミの光りを注ぎ満たす時である。

さあー、新たな世界の始まりである。人々の心の中の黒き闇を取り除き、人々の心の中と身体の中に、われらカミガミの光りを届け、人々の意識を変える時である。もし人々の心の中、身体の中に、われらの光り届かぬ時は、それは地球が滅亡する時である。日ノ本再生、世界再生、地球再生をする、最後のチャンスであると、人々は心してもらいたい。われら星々のカミガミも、今まで以上に地球に光りと力を注ぐ。人々の心の中、身体の中に、われらカミガミの光りが届くことを信じておる。

月が二重に見え、キラキラ輝く星の出現は、われら星々のカミガミが動き始めたことを意味する。

東方の天王が太陽と月の光りを地球に注ぎ、地球の大ガミである土地王が、大地の魔界の汚穢れを取り除き、西方、南方、北方の親ガミが光りの大地を再生する。これから目を覆うような出来事が起こったとしても、人々は心乱されることなく、常に冷静に対処してもらいたい。

大丈夫である。われらカミガミの光りで必ず守る。この困難を乗り越えてもらいたい。

…………………

（注）キラキラと輝く星々の光りが、ヒの鳥の姿となって天空へ、銀河へ飛んでいき、銀河から

地球に多くの光りが注がれています。その光りが、まるでキラキラとした砂のように地球に降り注いでいる。その映像が観えています。

以上、天地創造の大ガミからのメッセージでした。

新たな時代の光り人

「これから世界に現れ出る光り人とは、どのような人たちでしょうか?」

「その光り人たちとは、これまでの強欲な支配者・権力者が望む、どのような地位や権力や黒い金に心奪われることなく、私利私欲に走ることなく、自らの栄誉は決して求めず、成すべき事を成しても驕ることなく、また歴史が動き始め、新たな時代が誕生して、使命を果たした後は、速やかに親ガミの待つ光りの星へ帰る人たちである。また、その光り人たちとは、世を改めんとする尊い志しを持ち、何者にも屈せぬ強い意志を持った人たちである。このような光り人たちは、これまで、人間界の中で多くの苦難を乗り越え、普通の人では耐え切れないほどの、霊界・魔界からの数々の恐怖と苦痛を受けながら、親ガミの光りと共に成長してきた人たちである。

そして、また光り人たちとは、これまでの人生経験で、多くの人々の苦しさと悲しさと、他の人の心の痛みを心底知って経験してきた人である。さらに言えば、これまで繁栄してきたいかなる宗教からも光りの人物は現れることはない。なぜならわれらカミガミは、宗教という人々の心を縛る組織が、これまで歴史上行ってきた、数多くの愚かな出来事の全てを知っているからである。

地上世界での戦争、貧困、飢えなど、その災いの大本を辿れば真のカミなき宗教が原因である。これから世に出る光り人とは、どのような組織にも入っていない人たちが世界中から現れ出て、人々の世界を正しき方向に導くであろう。われらカミガミは、このような光り人たちが人間界の欲望に負けず、霊界・魔界からの阻みを乗り越えて、世界に現われ出るのを待っている。人間とは、多くの試練を乗り越えて、経験することでしか成長出来ないようになっているのである。」

毘沙門と上杉謙信、魔王と天海（明智光秀）

「先に、魔王から呪いを掛けられて手下となった毘沙門のことを聞きました。毘沙門といえば、今日においても毘の旗印として、その名を知られている越後の上杉謙信がおります。

その謙信とはどのような人物だったのですか？」

「そもそも川中島の合戦で、世に名を知られた謙信とは、実は、謙信自身ではあらず、謙信が若くして亡くなった後に、尼僧である姉が毘沙門の魔力を得て、弟謙信に成り代わり謙信となり、戦国の世を終わらせようとして活躍した人物であった。毘沙門は数多くの戦の中で、神仏の力を求めた武将たちに力を授けてきたが、魔王に呪いを掛けられた為に、善を行おうとすれば、結果が悪となる、光りと闇が一体となった南方の軍神であった。今日、毘沙門は、南方の親ガミから光りを注がれ、南天の岩星の中で魔の毒が消え、光りのカミとなるまで傷を癒している。なれど、現在においても毘沙門の分身は数多く存在しており、戦いを好む人間に憑依している。古き昔から今日の世まで、語り伝えられてきた歴史書とは、いつの時代でも、勝者となった支配者・権力者が、彼らにとって都合悪い歴史は闇に葬り、支配者・権力者にとって都合良きことだけを書き記した、偽りの歴史書であると知るべきである。

それゆえ、真実の歴史とは、戦いの中で殺害された、敗れた者の中にこそ、真実の歴史が秘められているのである。さらに加えれば、本能寺の変で、織田信長を襲撃し殺害した明智光秀とは、後に天海と名を変えて、家康を影より操り、徳川幕府を築いた呪術者であった。もともと光秀とは、信長を監視する為に、天皇家の呪術者から密命を受けた人物であった。信長が殺害されたのは、信長が天下統一を目前にして、天皇にとって代わって、自らが天皇よりも上位となる、天主になろうと企てたからである。信長が築いた安土城の天守閣は天皇よりも上位の座を示した城である。もともと日ノ本の幕府とは、天皇家及び公家を守護する為の近衛兵であり、幕府とは天皇に変わって国家の政を行い、民衆を支配する為の組織であった。つまり幕府とは、天皇から地位を授けられた者が、関白や征夷大将軍などの名を拝命して、国の政を司っていたのである。信長は、この天皇の権威を奪おうとして殺害されたのである。

さて、光秀は信長を殺害した後、秀吉に一時天下を取らせ、自らは栃木の日光の地において、魔王と悪神の力を得て名を天海と改め、暫く身を隠して江戸幕府を築く時を待っていた。その証しとして、日光には、光秀の存在を示す結梗の紋や明智平などがあるが、これは光秀と天海が同一人物であったことの証しである。そして、やがて時がきて、天海は家康を裏から操り、家康に天下を取らせて江戸幕府を創らせた。もともと家康とは、幼い頃から臆病者で小心者であったゆえに、光秀は家康を巧みに操り手懐けることが出来た。光秀と家康の主従関係を示す証しとしては、家康の後を継いだ秀忠、家光の名を見れば分かるが、秀忠と家光の名の由来は、光秀の名を一字頂いた名である。このように徳川の二代、三代将軍が光秀の名を授けられ、名付け親になるというのは、家康にとっての光秀（天海）とは、刃向かうことの出来ないほどの大きな存在であったからである。

またこのような歴史の真実は、光秀や謙信の足跡を調べたなら、いとも簡単に分かることである。だが、昔から学者と言われる者たちは、国司る権力者たちの手の内に養われている為、支配者・権力者の都合良き歴史だけを学び、そして、僅かでも異を唱える者がいると、それを即、間違いであると決め付けてきた。また、そのようなことは断じてないと頑に心を閉ざして、真実の歴史から眼を背け、自らの都合良き歴史のみを伝え述べてきた。つまり、世に記されている歴史とは、戦いに勝ち抜いた勝者が正義となって後世に伝え残したものである。また古事記や日本書記なども同様な書物である。それゆえ、世の御用学者たちは、未だ心を縛られ洗脳された人々の心と同じく、その思考は常識を覆す事を恐れ、目覚めることを拒んでいる人たちである。これから学者が心がけることは、これまで歴史に記されてきたことが真実だという常識に囚われることなく、国家の手先とならぬように、天地自然界の営みを心低くして学び、真実のカミとはどのような存在であるかを研究して、人々にわかりやすく、宇宙の真理と真実のカミガミを解き明かすことである。

さて今日では既に、地上世界の天地自然の時の流れは大きく変わり、それに伴い人々の世界でも、今ようやく遥かな永き時を経て、人も皆全てが、星々のカミガミの光りと共に生きる、新な時代を迎えようとしている。これから人々は、偽りの神仏にすがることなく、自らにかけられた洗脳という硬い鎖を解き放し、体内に宿る親ガミの光りの命に目覚め、親ガミの光りと共に暮らすことである。このような生き方こそが天地創造の大ガミと四天界の親ガミが人々に望み託してきた、人皆全て居心地の良い世界を誕生させる道である。これから多くの人々が真のカミに目覚め、人々の閉ざされた心が解放されたなら、全ての人々が命の親ガミの光りを感じ、偽りの神仏に惑わされることなく、支配者・権力者などおらぬ、真の自由平等社会が築かれ、新な時代が誕生することとなる。さらに、人々が命の親ガミに目覚める、と言うことは、過去の時代において神仏に仕えた呪術者や儀式者によって心を鎖で縛られ、洗脳されたたまま、あの世（霊界）に留まり、霊となっている人々の命（魂）を救い、親ガミの待つ星へ帰すことになる。また人々の心の暗示を解くということは、人間界だけを暮らし良い世界になるだけではなく、自然界に生息する動物たちも居心地良くなり、種の絶滅から救うことになる。そして、さらに地球に星々のカミガミの光りが満たされたなら、魔のものどもが屯する魔界が消滅し、あの世（霊界）も消滅して、地球再生、日ノ本が再生されることとなる。ゆえに、人々が親ガミの光りに目覚める、ということは、星々のカミガミの世界とも、全てが密接に関わり合っていることである。」

あの世（霊界）の真実

「では、心閉ざされた人々が生前、地上にいた時と同じように、神仏にすがり、嘆き苦しんでいる、あの世（霊界）とはどんな世界ですか？　また人々がいずれ行くこととなる死後の世界とはどのような世界ですか？」

「それについて、そなたが、あの世（霊界）と死後の世界と別けて尋ねたように、一般に言われている死後の世界と霊界とでは、人々が考えている以上に想像を超えた世界である。先程、シャカの話の時に言ったことだが、多くの人々が恐怖を感じている霊界とは、もともとカミガミの世界では存在せず、大魔王と悪神に操られた神仏に帰依した者たちが、人間は死んでも自由になれず、死後、故郷の光りの星へ帰さぬように天と地の間に形成された、悲しく、辛い、寂しい、薄暗い世界である。その霊界とは、洗脳されたまま霊界に行った霊たちは、生前の暮らしと同じように、神仏にすがる者は、唯ひたすら両手を合わせ、祈り続けておる。また、我欲強き者はより一層物欲の虜となって、欲望強き人々に取り憑き、思いをはらそうとしている。そして肉体なき人々の霊は、あの世とこの世を彷徨、苦しみ、嘆きながらの連続から解放されることはない、それが霊界である。霊界とは、悩み苦しむ人が、今日、人間界より去って、明日、霊界へ行ったとしても、その人の悩み苦しみは消えることなく続き、昨日と同じく、またそれ以上に悩み、悲しむ想念の世界である。

ゆえに、悪人は死んでも悪人のままである。また、不幸な人は死んでも不幸のままである。肉体が亡くなったからと言って悩み、苦しみから逃れることはできないのである。それが、あの世（霊界）である。それと、霊界にいる恨み嫉みをもつ者は、日頃から不平不満をもつ人間に取り憑き、体内に宿り、他人を陥れ、凶悪事件を引き起こすこともある。人々の中には、人は死んでさえすれば、急ぐにでも悩み苦しみから解放され、全てが楽になると思っておるが、それは望み叶わぬ大きな間違いである。ゆえに人はどんなに辛く苦しくとも、自ら命を絶ってはならないのである。自ら命を絶った者は、亡くなった後も、悩み苦しみが続き救われることはないのである。人間の命とは、親ガミの光りの星から来て肉体なき後は、また親ガミの光りの星へ帰る、カミ宿した存在である。

そもそも霊界が誕生したのは、今から四万年程前に、天地創造の大ガミと四天界の親ガミが創造した地球に、魔王・悪神に操られた呪術者、祈祷師が、天地自然界の摂理を破壊し、地球の周りに暗く濁った、星々のカミガミの光りを遮る霊界の層を形創り、上空を天国と呼び、地上を霊場にして、地底に地獄、魔界を創造してしまった。霊界の仕組みとは、人間界の世界をそのまま移し変えたカミガミの光り届かぬ世界だと思っても良い。ゆえに霊界のこれまでの歴史を振り返って観れば、死後亡くなって幽体となり、親ガミの星々へ帰った人々はいるが、だが、多くの人々は人間界に強い執着心を持って霊界に留まり、他人に対して恨みをもって亡くなり、霊となってから復讐の虜となって悪霊となり、人々に災いを与えている悪しき者もいる。星々の親ガミから観て、最も救いなき霊は、生前、霊能者や僧侶などから死後の世界を洗脳され、それを頑なに信じて、霊となってからも神仏に手を合わせすがり続けておる、哀れな霊たちである。

このような霊たちは、キリスト教の信者であれば、背に十字架を背負い、または、仏教の信者であれば仏像に手を合わせて念仏を唱え、暗い寂しい霊界で百年、二百年と狭い洞窟の中で祈り続けている。霊界とは、永い歴史の各時代に生きていた霊たちが、別々の空間の中で、霊界の番人から居場所を決められ、管理され生きている薄暗く寂しい世界である。さらに人は死んでしまえば、苦しみ、悲しみから解放されると洗脳されて、死後の世界に希望を抱いている者がいるならば、それは大きな間違いである。人々の中には、亡くなった先祖の霊や家族の霊を祭壇に祀り、家族の安全・健康を祈願している人たちがいるが、人間はなくなっても光りのカミにはなれぬ、カミでもない霊に祈り願うのは、亡くなった人を星に帰さず、死者に無理を言って悲しませているだけである。それでも家族思いの霊は、何とか家族を守ろうとするが望み叶わず、ただすがっているだけである。霊にすがられている人たちは肩がこり、腰が重くなり身体がだるくなる。また気分が沈み何をやるにしても億劫になる。このようなすがる霊を霊能者は守護霊などと言っている。

人々の中には祈祷師や霊能者を特別な能力を持った人間だと思っているが、霊と語り、霊が観える人間とは、人間界と霊界の狭間で生きている、親ガミの命の光りが奪われている、命の光りの弱い人たちである。なれど、光り人の中には、亡くなった人々を星々へ帰す時に、親ガミの光りによって霊界・魔界の映像が観える人がいる。このことは、親ガミの光りの中で霊が観えているのであって霊能者が告げる霊界とは違うことである。そもそも人間は親ガミの光りに日々守られている為に、霊界・魔界は観えないようになっているのである。世の祈祷師や霊能者は、亡くなった人を祓い鎮めているが、霊を祓うとは、霊を外に追い出すことである。また霊を鎮めるとは、霊を土地の中に鎮めることである。祓われ、鎮められ、その上、塩をかけられた霊には、行き場がなく救いはないのである。われら星々の親ガミから観れば、肉体に宿っている命も、霊となっている命も、全ての命は大切な愛しい命である。

ゆえに十年、二十年前に亡くなり霊となっている命も、千年、二千年前に殺害され、地下深い所に閉じ込められている命でも、皆同じ大切な命である。星々の親ガミの望みは、地球に霊となっている御子たちが、一日でも早く故郷の星に帰ってくることを強く望んでいる。人間は肉体から離れた後は、迷わず命の親ガミの待つ、光りの星へ帰ることである。このことが全ての人々の思いとなったなら、地球は、霊界なき世界となって、これまで星々のカミガミの世界と、人間界の間を遮っていた霊界の暗雲も消滅して、地球はカミガミの光り満たされた世界となるであろう。また、霊界に留まっていた人々が、星々に帰ったならば、霊を供養する仏壇はいらず、墓も必要なくなり、多くの人々は、霊界の縛りから開放され、人々の世界が居心地よくなるであろう。」

霊界の誕生

「それでは霊界（あの世）は、どのようにして創造されたのでしょうか？」

「今から二万年ほど前アジア大陸で、魔王から魔力を授かった王者が誕生した。この王者は民衆の頭上に君臨して、絶大な富と権力をもって独裁者となった。そして王者は年老いて考えた。（死後もこのまま、わが王国を見守り、永遠に王者として君臨したい。）と強く望んだ。この王者の野望に周りの側近と呪術者が従い、王者亡き後も王国を支配する為に、王者が鎮座する神殿を築き、王者の廟を豪華に建造した。そして王者の死後、王者の遺体は煌びやかに装飾され、生前生きていた時と同じように祀られ、崇められた。その際、王者を護り仕えていた側近たちも、王者に忠誠を誓うため、自らの命を絶って、死後も霊となって王者を護り続けた。この王者を祀る儀式が、後々の支配者・権力者に受け継がれて、地上に霊の集う場所が形創られ霊界の誕生となった。霊界とは一人の我欲強い王者が、亡くなってからも権力を保ち続けようとして、執念の思いで造らせた、光りなきカミ望まぬ世界である。

始め、墓を建てることは、王者・権力者だけに許された特権であったが、時代が移り変わり、墓を建てることができる特権は、王者から地位ある者へと受け継がれ、それが時代と共に官僚から裕福な者へと墓が建てられるようになった。これにより、霊界に集う霊たちが益々増えて、霊界は範囲を拡大して多くの死者が集う場になってしまった。だが、それでも、その当時は、人々の中には、星々を心の拠り所としていた人々が多く存在しており、まだ民衆が墓を建てる意識はなく、死者は峰山や自然界に葬られていた。民衆が死者を弔い、墓を建てるようになったのは、今から一万五千年ほど前、人々の中に、王者・権力者の悪行を見抜き、祈祷師や呪術者が告げる神々の教えに疑問を持つ人々が現れた。それから国は乱れ、民衆の心もすさんだ頃、魔界に君臨する魔王は、民衆の心を洗脳しようと企み、霊界をもっと信じさせようと、時の王者と呪術者、祈祷師を選び（死後の世界を、もっと伝え、広めよ。）と命じた。

それから、王者に仕える呪術者、祈祷師たちは、亡くなった霊の尊さを民衆に説き伝え、王者・権力者も民衆が死者を弔い、墓を建てることを許すようになった。その結果、民衆は王者・権力者の悪政にも耐え、領地に留まり、先祖の霊を供養し、墓を大切に守り続けるようになった。さらに呪術者、祈祷師たちは、民衆に死後の世界を説き伝え、霊界には天国と地獄があると洗脳して、民衆を霊界の世界へと導いた。遥か昔から民衆とは、国司る支配者・権力者には、日頃から心の中で怒りをもっていても、先祖や肉親の霊が眠る墓の為なら、どのような悪政の下でも、土地に留まり我慢できるものである。また遥か昔から、貧しき人々の思いとは、神仏の代理人が語る、どのような有り難い教えよりも、一片のパンのほうが大事であると知っている。だがそのような思いの人々でも、神仏の代理人から、亡くなった肉親が霊界で苦しんでいる、先祖の霊が救いを求めているなどと言われれば、多くの人々は神仏の代理人の思い通りになるものである。さらに神仏の代理人が人々に伝えたことは、霊界には、人間の姿をした神々と仏が存在する天国と、妖怪や化け物や鬼がいる地獄があると、言葉巧みに伝え説いた。そして死者を供養せず墓を大切にしなければ、死後、地獄に落とされ苦しみ続けるなどと洗脳して暗示をかけ続けた。この洗脳により人々は、死後、天国へ行くことよりも、妖怪・化け物が待ち受ける地獄の世界を恐れて、神仏に御加護を願い、墓を守り供養し続けるようになった。そしてその儀式は、今日の世においても永々と受け継がれて、死者を大切に供養し、墓を守る人を善良で真面目な人物として褒めて、人々の世界に霊界信仰が形創られた。そもそも、人々の世界に宗教が大きく栄えたきっかけは、魔王に操られた呪術者・祈祷師によって宗教の土台が形作られ、その宗教を、王者・権力者が民衆を支配する為に利用したのが始まりである。またその宗教の洗脳により、星々のカミガミの世界と人間界との間に霊界が創造されてしまい、霊界の中には天国があり、天国には人間の姿をした神々や仏たちが存在していて、全ての人々を守り導いていると、人々に死後の世界を信じさせ、星々のカミガミを遠ざけさせたのである。

呪術者・祈祷師の洗脳により、霊界は存在感を増して世界中に広まり、世界中の人々を霊界信仰の虜にした。やがて時は過ぎて、人間の命は星へ帰るという真実は忘れ去られ、人間の命は霊界に留まり生き続けるという、星々のカミガミが望まぬ、幽玄の世界が地球に創造されてしまったのである。

そして霊界は、命の光りの弱い人々が集う薄暗い、悲しい、寂しい、救いなき場となってしまった。

それが今日の世界においては、人間界の中に霊界があるのではなく、霊界の中に人々が暮らす世界となってしまい、霊界・魔界・人間界が重なりあって、欲望渦巻くカミガミの光りなき地球となっている。このような世界の中で、霊界・魔界に棲む悪神・悪霊に操られている人間たちは、我さえ良しとする、我欲の虜となって、欲望満たす暮らしをしている。この救いなき世界を正すには、内なるカミに目覚めた人たちが世界中から現れ出て、霊界なき、魔界なき世界を目指して、人も皆居心地の良い世界が創造されることをカミガミは望んでいる。地上世界の仕組みは、見える、触れる物質世界と、見えぬ、触れぬ反物質世界で構成されている。霊界・魔界は反物質の世界の中で存在している。

ゆえに、人間界でおこる全ての問題を、人間の思考だけで答えを出そうしているのは大きな間違いである。星々のカミガミの世界は、物質世界と反物質世界の全てを包み込んだ、大きな、大きな光りの世界である。星々のカミガミの世界は、天地創造の大ガミを中心に、東西南北の四天界銀河の親ガミによって正しく形成されている。夜空に輝く星々には、人間一人ひとりの命を守り導いている親ガミが存在している。全人類、人それぞれが一つの星をもったとしても、宇宙銀河には数多くの星々があり、星々の中にはカミガミが存在している。星々に存在するカミガミだけが、真実のカミである。そのカミの光りを命として宿しているのが人間である。しかし、全宇宙の星々の中でも地球にいる人間だけが、親ガミの光りでもって生かされているにも関わらず、真実のカミを知らずに生きている。遥か昔から、民衆を支配してきた支配者・権力者は、法と言う名の鎖で民衆の身体を縛り、そして神仏に仕える者たちは、宗教と言う鎖で民衆の心を縛ってきた。この両者の共通の望みは、彼ら、すがらせる側の者が高き地位と権力と富みを得て、すがる側の民衆を手なずけ支配することであった。人間が死後、親ガミの星へ帰れるのは、生前神仏にすがることなく、世の常識という枠に囚われることなく、自らの生涯を全てに足りることを知り、嬉しく、楽しく、悔いなく生きた人たちが、親ガミの待つ光りの星へ帰ることになっている。そして、その光りの星の世界で、人は光りの存在として、星々のカミガミとともに楽しく、嬉しく過ごすことになっている。今日、人々の世界では、あの世の話やお化けや幽霊等の話に心囚われる時ではない。

今なすべきことは、近い将来誕生する新たな世界の到来の為にも、人々は心の暗示を解き放し、かつて支配者・権力者が形作った伝統・儀式・習慣の枠より抜け出て、これから始まる新たな時代の幕開けを、勇気をもって迎えるべきである。われら星々のカミガミは、遥か昔から、世を正す為、人々の閉ざされた心に光りを注ぎ、また支配者・権力者の築いた汚れた歴史に光りを注ぎ、世を改め直し人々を導き続けてきた。それと同時に星々のカミガミは、あの世、（霊界）の辛い、寂しい世界を消滅させる為に、星々からカミガミの光りを送り届け、霊界にいる人々の御魂を救い、親ガミの待つ星へと導いてきた。われらカミガミの望みは、魔王・悪神に支配された人々の救いなき世界を、誰もが皆居心地の良い世界にすることであり、辛く、悲しい世界である霊界が消滅し、魔界なき世界にすることである。またわれら星々のカミガミは、これまで地球という星を見捨てることなく、人々の地上世界が貧困なき、病なき、飢えなき、災いなき、戦争なき、霊界なき、宗教なき世界になることを強く望んでいる。それと共に、地球から霊界が消滅して、亡くなった霊たちが、全て親ガミの光りの星へと帰る世界となり、そのことにより地球は、カミガミの光りが満たされて、全てが居心地良く再生され、新たな世界が誕生することを望んでいる。これから人々の世界は、星々の親ガミの光りと、人々の体内に宿る光りの命と一つになって素晴らし世界が築かれることとなるであろう。さらに、これからの地球は、天地創造の大ガミと四天界の親ガミの光りが、これまで以上に注がれ、世界中から、新たな光り人たちが誕生して、地球人類は新な時代の始まりとなる。」

カミガミが注ぐ光りの種

「今日、私を含めた多くの人々は、世間という枠の中から逃げ出すことが出来ず。その枠の中で、人々は日々生活に追われ、悩み、苦しみながら生きている、それが多くの人々の現実の暮らしであります。ゆえに、多くの人々の思いは、自分たちの住む社会が伝統・儀式・習慣などに縛られ、神仏を祀ることを良しとする、心と身体の自由なき社会であることは十分知っていても、そこでしか生きる場のない人々は、心ならずも世間という常識社会の枠の中で、各々が我慢して暮らしているのが、今日の人々の世界であります。このような世界の中で、今日必死で生きている人々に対して、新たな世界の到来を伝え、心を解放することの大切さを話し伝えたとしても、果たして何人の人たちが、私の言葉に心開き、耳傾けてくれるでしょうか？」

「そなたの不安な思いに対して、われが天地創造の大ガミの言葉を告げるとしよう。」

以下は、天地創造の大ガミのメッセージです。

…………………

人よ、喜びあれ。人よ、楽しくあれ。人よ、嬉しくあれ。
人間として誕生した目的は、もっと金を、もっと地位を、もっと権力を、もっと贅沢をと、欲張ることなく、命の親が光りのカミであることを信じて、良き心と共に生きることである。
人よ、案ずることなかれ。案ずれば、魔のもの、命の光り奪いて喜びなし。
人よ、恐れることなかれ。恐れれば、魔のもの、命の光り封じて楽しみあらず。
人よ、悲しむことなかれ。悲しめば魔のもの、命の光りに毒を入れて嬉しきことなき。

人の世を、嬉しく楽しく創るのは、東方親ガミの太陽と月の無償の愛を知り、
西方親ガミが導く自然界の摂理を学び、南方親ガミの流れる清水の調和を思い、
北方親ガミの万物一体の志を持ち、全てに居心地の良い地球を再生する。
これ、われ天地を創造した大ガミの望みなり。

続いて、光り人に告ぐ

光り人よ、人間がこうであらねばならぬ、という枠に、わが身を閉じ込めるな。
伝統・儀式・習慣を受け継がねばならぬ、という枠。
神仏に祈り、願い、手を合わせねばならぬ、という枠。
働かねば、仕事をせねばならぬ、という枠。
時間に縛られて生きねばならぬ、という枠。
光り人よ、人間にはめられた枠を外してみよ。物事の見方が変わるぞ。
人間が何であるか分かるぞ。人間を支配しているものが分かるぞ。
光り人よ、支配者・権力者が作りし枠から外れてみよ。真のカミに近づくぞ。
考えが変わり、生き方が変わるぞ。
光り人よ、人は権力者が作った枠の中で生きている限り、光り人にはなれぬ。
人間は、神仏に祈りすがっている限り、真のカミには出会えぬ。世の真実は分からぬ。

光り人よ、枠から外れてみよ。世界が良く見えるぞ。星々が身近に感じるぞ。生き方が楽になるぞ。カミガミの真実が分かるぞ。

光り人よ、われ、大ガミを信じてみよ。われ、大ガミと共に歩め。

われ大ガミに全てを委ねてみよ。全てとは100パーセントである。

100パーセントとは、暮らしの全てを委ねて生きることである。生き方が楽になるぞ。


光り人よ、われ、大ガミがそなたを支えて生かす。

光り人よ、われ、大ガミがそなたを動かす。

光り人よ、そなたは、われ大ガミが創造した人間なり。

光り人よ、ガンバレ。光りあれ、光りあれ、光りあれ。

…………………


以上、天地創造の大ガミからのメッセージでした。

「これから先、そなたは、体内に宿る親ガミの光りの命を信じて、人も皆全てが居心地の良い世界を目指して生きることである。さて、それではこれより、われら星々のカミガミが、古来より、人々の社会を改め導いてきたことを伝える。これまで、われらカミガミは、人々の体内に宿っている光りの命に、新たな意識が芽生える光りの種を届け、その種が芽生えて息吹くように育み続けてきた。それが今日ようやく、その光りの種が、人々の思考の中で、新たな考えとなって芽生え初め、我欲社会を改める思いとなって、新たな社会を築き始めようとしている。今日世界では、未だ世に現われ出ておらぬが、新しい考えを持った多くの人々が誕生しようとしている。われらカミガミが蒔き育ててきた、その光りの種は、そなた自身の内なる光りの命にも輝き息吹いている。これから先、そなたが内なる親ガミを感じたいと思った時は、静かに落ち着いて胸に手を当て、親ガミの光りの鼓動を確かめるが良い。その時、そなたは親ガミの温もり感じ、われら星々のカミガミが、いかに人々の世界を導いてきたか、闇に隠された歴史の真実を知ることだろう。これから先そなたは、われらカミガミと共に、新たな世界を目指して恐れずに、迷うことなく進み行くことである。」

「私の思いは、大ガミを信じて迷わず、進み行く覚悟であります。しかし、これまで続いてきた、支配者・権力者が築いてきた歴史を顧みれば、余りにも多くの人々が虐げられ、嘆き、苦しみながら耐えてきた歴史でありました。そして、その悲しみが、今日の世界においても引き続かれ、多くの人々は、操られ洗脳されているとも知らずに、日々の暮らしの生き辛さに心閉ざして、生きている社会であります。ここまで、人間界が汚れ乱れていても、日ノ本再生、地球再生はできるのでしょうか？」

「遥か昔から、人々が嘆き苦しむ社会とは、国司る支配者・権力者が形作った世界である、だが多くの人々も、それぞれの欲望を満足させる為に競い合い、形作った社会でもある。人々の世界は、われら星々のカミガミの為の世界ではなく、人々が命ある動物たちの良き模範となり、慎ましく楽しく暮らす世界である。その世界において、われらカミガミが果たす務めは、星々の世界から多くの光りの命を地球に届け、光り人を誕生させ、光り人を導き、人々が居心地の良い理想社会を形作ることである。ゆえに、われら星々のカミガミが人々の世界に現れ出て、われらの思いを押し付けることなく、命ずることもない。そもそも地上世界とは、親ガミの光りの命を宿した人々が、体内に宿る親ガミの命の光りを感じて、人皆全てに居心地の良い世界を築くことである。

またわれらカミガミが人々の世界にできることは、光り目覚める人々に四天界の親ガミのメッセージを伝え、人々の幼き心が目覚め、我欲社会が改められるように、励まし手助けすることである。なれど、遥か古代から今日まで、いつの時代でも国司る権力者たちは、自らの地位を守護する為の神仏を崇め奉り、豪華絢爛な神社・仏閣を建て、自らが神仏の分身となって、人々の心を支配し、内なる親ガミの光りの命までも狂わし、我欲うごめく世界を形作って来た。また神仏の虜となっている者たちも、真のカミなき宗教を広め、多くの人々を洗脳している。もし、天地創造の大ガミと四天界の親ガミが、支配者・権力者の我欲社会を一気に破壊して正すとするなら、今この時、この場においても難なく実現可能なことである。なれど、天地創造の大ガミと四天界の親ガミが、人々の世界を（人も皆居心地の良い世界）へ一気に作り変えたとしても、その期間はせいぜい百年も続かぬことだろう。

そして、その百年の時が過ぎぬうちに、人々の世界は以前の我欲社会へと再び戻ってしまうだろう。人々の世界が以前の我欲世界へと戻ったならば、その我欲社会を、また再び、新たな世界を創造する為には、三百年から五百年の永き時が必要である。さすれば、天地創造の大ガミと四天界の親ガミの光りで世界を一気に改め直すよりも、たとえ地上での時が永くかかろうとも、やはり人々の世界は、人々が内なるカミの光りに目覚めて、新たな価値観でもって人も皆居心地の良い世界を築いてこそ、未来永劫変わらぬ真の素晴らしき世界が誕生するはずである。天地創造の大ガミが人間を万物の長にしたのは、人間ならば、この地球を守れると信じたからである。それゆえ、天地創造の大ガミは人間界を見限ることはなく、人々が内なる親ガミの光りに目覚めるように、多くの光り人を育て導いてきた。それがこの度、西暦二千年過ぎて、世界では漸く、新たな価値観を持った人々が世界に現れ、新たな社会を築き始めようとしている時である。その新たなる人々とは、そなた自身のことでもある。」

新たな時代の価値観

「それでは私は、これからどのような思いで、新たな世界を目指したら良いのでしょうか？

その心構えをお教えてください。」

「かつて時代の幕開けを告げた西方の光り人、坂本竜馬は、自らの心を戒める言葉として（人と接する時には威張らずに、モグラが地中より顔を出し、地を這うように頭を低く、低くせよ）と、常日頃から自らの心に言い聞かせていた。それに加えて言うならば、光り人とは、これまで支配者・権力者が形作った、地位・名誉・権力や黒き金に心迷うことなく、身をもって人々の模範となる人である。また天地自然の流れにカミガミの真理を学び、体内にカミ宿ることを知る人である。

さらに、生涯を一庶民として生き、志を高く持ち、天の星々に人も皆居心地の良い、真の自由・平等世界を願い、支配者・権力者の為の国家を望まず、地球をわが家とする人物である。

ではここで、天地創造の大ガミと四天界の親ガミが望む光り人の指導者を語る。光り人の指導者とは、世の中で最も辛い苦しい暮らしをしている人々の中に身を置き、同じ暮らしの中で共に泣き、共に笑いながらも世を改めようとする尊い志を忘れることなく、驕ることなく謙虚で人々と新たな世界を目指すことのできる人。このような人物こそ、天地創造の大ガミとわれらカミガミが待ち望む、新たな世界の光り人の指導者である。

なれど、遥か昔から、国家を司る権力者たちは、いつの時代でも、人々の前では聖人の如く、口では貧しき人々を救い、世を改め直すと言いながら、その実は、彼らの暮らしは今も昔も変わることなく、己の我欲、野望を満たす為に成り上がり、民衆を言葉たくみに操りながら、地位と権力を得て、庶民とかけ離れた暮らしをしておる。世界の戦争、飢え、貧困は、世に指導者と言われている者たちが、直ちに心を改め、庶民の側に立って命がけで政治を行えば、世界は一年も過ぎぬまに平和で貧困のない世界へと変わるはずである。地上世界の戦争や飢えや貧しさは、それによって利益を得る者たちが作り出した結果である。もし世界中の軍事費が半分に減ったなら、世界から飢えと貧困はなくなるであろう。遥か昔から人々の救いなき社会では、国を治め、権力に連なる者たちだけが、地位が高ければ高いほど絶大な権力と富を持って高き座に就き、それに比べて民衆の暮らしは、下に行けば、行くほど嘆き。苦しみ多い、耐え難き社会となっている。

このような社会の中で、嘆き、苦しみ、虐げられた人々の歩んだ歴史は、今日まで消し去ることのできぬ深い傷跡となって引き継がれ、それが、未だに人々の社会に暗い影を落として救いなき世界を形創っている。世の人々が知らねばならぬことは、過去なる時代において、数々の戦争で殺害され、飢えと貧困で亡くなった人々の、辛く苦しい悲しい思いは死んでからも消えることはなく、その思いは現代社会にも反映されて、今日生きる人々の心の闇を形作っているのである。そして、その悲しみ苦しさは、未だ虐げられている人々の心にも引き継がれ、それがそなたの心にも癒されぬまま深い傷跡となって刻まれておる。人々の嘆き、悲しみ、苦しんだ負の感情は、いくら時代が代わっても、人から人へと受け継がれて、霊界が存在する限り消えることはないのである。」

その時、私の思いの中に幼き日の忘れかけていた記憶が蘇っていた。それは、私が生まれた地域が、遥か昔から、その土地に生まれた、ただそれだけで、私の先祖や父や母、そしてそこに住む人たちが、永き間差別され、蔑まれ、耐えてきた記憶であった。その私を労わるように、北真は優しく語り始めた。

「そなたやそなたの祖先たちが、遥か昔から傷付き、耐えてきた数多くの悲しみや苦しみは、全てが支配者・権力者によって封じられてきた闇に埋もれた歴史の真実である。なれど、これまで、歴史上差別され、虐げられてきた人々が傷付き、耐えてきた数々の心の痛手は、これから後に誕生する新たな時代を築く為の、光りの原動力となり、未だ傷付き耐えている多くの人々の心に、勇気と希望を与えるであろう。」

「世界中の全ての人々が、安心して暮らすことのできる世界が一日も早く築かれて誕生することを、私は心より望んでおります。しかしこれから後、多くの人々が偽りの神仏に祈りすがって来たことが間違いであったと目覚めて、宗教のない、戦争のない、貧困のない、霊界・魔界なき世界が築かれ誕生するのでしょうか？」

「幼き頃からいわれなき差別を受けてきたそなたが、新たな世界の誕生に対して、不安な思いとなるのは、当然のことかもしれぬ。なれど、全ての人々が日々安心して暮らすことのできる新たな世界が築かれるには、これから後、二、三十年程の時がかかるが、新たな世界は、われら天地創造の大ガミと四天界の親ガミの名にかけても、必ず人々の世界に創造されることである。ゆえに、天地創造の大ガミが一億年の長き時を経て、今このようにわれ北真が大ガミの言葉を預かり、そなたと語り合っておる。」

神仏を利用した支配者

「さて、新たな世界の誕生については、必ず誕生すると信じて、これより先は、遥か昔から神仏像を崇める人たちが、なぜ、神前に貢ぎ物を供え、仏壇に線香を灯すようになったのか？　そのことの始まりを語ろう。先に、そなたが心を落ち着かせると言った。一本の線香に秘められた真実とは、その元を辿れば、かつて王者・支配者に仕えた呪術者や儀式者が民衆の心を操り、内なる命の光りを狂わそうと謀った、その手段として用いたのが線香である。つまり線香とは、人々の心を操り支配する為の麻薬のようなものであった。このようなことは、かつて、イギリスが中国内で企てたアヘン戦争がある。」

遥か昔から、古今東西の王者・支配者は、占領した土地の人々に対しては、始めは武力で襲撃し弾圧したが、後に侵略を正当化する為に、神仏が許した正義の戦いであると民衆を洗脳し、呪術者や儀式者を使い、自らに都合良き神仏を人々に崇めさせてきた。さらに、侵略した領地においては、煌びやかな神仏殿を建造して、呪術者や祈祷師が儀式を執り行い、人々が平伏すような神仏像を造り崇めさせてきた。その際、呪術者や祈祷師たちは神仏像の傍らに妖しき香りを漂わせた香料を焚き続け、それにより人々は幻覚の世界へと誘われ、身も心も香料の虜になって神仏像に全てを委ね始めるようになった。それがやがて時代と共に、香料は人々の心を操る線香となり、それがまた死者を供養する為の線香となり、墓や仏壇に供えるようになったのである。かつて、支配者・権力者は呪術者や祈祷師を使って、このようにして奪った領地のいたる所に自らの都合良き悪神・仏魔が鎮座する神社、仏閣を建立して、国家も民衆も全て支配してきたのである。

そしてまた、支配者・権力者は、配下の呪術者や祈祷師を各領地に遣わし、人々をさらに洗脳し、操り続けたことであった。日ノ本の隅々にまで神社や寺が数多くあるのは、それだけ支配者・権力者に仕えた呪術者と祈祷師が、神仏を広めるために力尽くした証しである。これが、人々の心を縛り続けている宗教の原点である。やがて地方で暮らす人々も、神仏の代理人たちによって言葉巧みに操られながら、次第に線香の虜となり、日々神仏像にすがり、競うかのように食物を差し出し、身も心も宗教という麻薬の虜になってしまった。このことは、今日、宗教の虜になっている人々にも言えることである。

そして、身も心も神仏の虜となった人々が差し出し供えた金品、作物が、やがて領主に差し出す年貢となり税金として形作られるようになった。これが古来より、国司る支配者・権力者だけが、富み栄えることができる、国創りの仕組みである。つまり線香とは、悪神・仏魔が宿っている神仏像を人々に崇めさせ、宗教を広める為の手段であった。それとまた一方で線香は、戦国時代において山と積まれた腐った死体の臭いを消す為にも使用された。それが後々の世になって墓や仏壇に供える習慣となった。遥か昔から支配者・権力者が、人々の心を操り謀ったことが、それが現在の世に迄受け継がれて、人々の世界では伝統・儀式が習慣となり、神前に食物を供え、仏前に線香を燈す、悪しき風習が世の中に形作られてきた。このような、支配者・権力者が謀った企みごとは、今日においては星々のカミガミをも封印し呪いをかけて、人々の体内に宿る親ガミの命の光りさえも封じられ、悪神強く、カミに勝つ世界が未だ続いている。」

「ではかつて支配者・権力者が呪術者や祈祷師を使って人々の心を支配しようと企み、その為の手段として麻薬である線香を用いようとした時、星々の大ガミはなぜ、そのような支配者の企みを、未然に防ごうとはしなかったのですか？」

「われら天地創造の大ガミと四天界の親ガミの力だけで、地球上の全ての悪を懲らしめ、一網打尽に打ち砕くことは可能である。だがわれらカミガミの力とは、世界に蔓延る悪しき者を一刀両断に打ち砕き、力を力で支配するような世直しはやるべきではなく、それは天地創造の大ガミがやる世直しの方法でない。ではなぜに、天地創造の大ガミは、悪しき者たちを打ち砕くことなく、永き間見逃してきたのか？　それは、悪しき者を力で倒すということは、例えて言えば、大地にそびえ立つ魔の大木を、地下に張り巡らせた根を残したまま、地上に出ている大木だけを力ずくで無理やり切り倒すようなものである。それでもかまわず、大地に立つ魔の大木を見付けしだい切り倒すべきだと言うなら、魔の大木が倒れた時には、人々の世界は、一時暮らし易くなるであろう。だが、やがて季節が移りかわり時が経たなら、それまで地中深く潜んでいた悪しき根は、以前よりも増して極悪な大木となって、再び大地に蘇り、極悪な力でもって周囲を苦しめ支配することだろう。」

「それでは、そのような魔の大木を再び蘇らせない為には、いったいどのようにしたら良いのですか？」

「悪しき世界を正す為の方法としては、大きく分けて二つある。一つは魔の木が地上に出ようとした時には、伸びようとしている魔の木を何度でも切り取り、魔の木が育たなくなるまで倒し続けることである。なれどこのような方法では、いつの世になっても魔の木が地上より消え去ることなく、地上では善と悪とがからみ合う光りと闇の世界が続くだけである。地下深く張り巡らされた悪しき根を根絶する為には、魔の木となる種を地中深き所から探し出し消滅させるしかなく。これは言わば、広い浜辺の砂の中から一つの魔の砂を探し出して取り除くようなものである。

また一方、悪しき世界を正す方法は、天地創造の大ガミと四天界の親ガミが、遥か古代より人々の世界を改める為に果たしてきたことだが、それは魔の力を秘めた大木の種が、地下に根付き、苗木となって大きく育とうとしていたなら、われらカミガミは、その魔の苗木を切り倒すことはせず、苗木が大木となり、より一層成長するまで見届けることである。

なれど、このような魔を許すやり方では、世を憂い、嘆く人々にしてみたなら納得いかぬことだろう。だが天地自然の法則とは、悪なる木、悪なる集団というのは、一度成長するだけ成長し、大きく育った後には、内部より腐り始め根本から枯れ始め、やがて、全てがもろく崩れ、壊れてゆくものである。つまり、悪しきものは、太るだけ太らせて内部から腐らせて崩壊させるのである。ゆえに、悪なる巨木が大きく育って、やがて倒れ、消滅して行く先は、今日の世においても、地位と権力を持って富み栄えている政治家や宗教家、そして民衆を支配しようとする権力者たちの行き着く先は、悪なる巨木と同じである。さて、彼ら、悪の限りを尽くした者であろうとも、その者が心から改心したなら、われらカミガミはその者を見限り、見捨てることはない。なぜなら、その者が人々の世界では救いがたき極悪、非道の者であったとしても、われらカミガミから観たなら、その者も、星々の親ガミの光りの命を宿した愛しき子どもたちである。」

「しかし、星々の大ガミが、そのような悪しき者を見捨てることなく、その者の悪行を許したとしても、世の多くの人たちは、その者の全てを許すとは思われません。星々のカミガミは、なぜこのような悪しき者を見限ることなく、見届けているのですか？」

「世の中の悪人全てを許せることではないが、悪なる者たちの中には、一度闇社会に身をおき悪の限りを尽くした者でも、その後、心を改め善人となった時には、二度と再び悪への道に入ることなく、その者は誰よりも、善の上を行く正しき人間となって、世の為人の為に尽くし続けるものである。人々の世界を正す為には、世の中の善悪全てを知りつくし、社会の裏表を十分知りつくし、真の善を知った者が、光り人を支え、世直しする人物となるのである。このことは、われら星々のカミガミが、人間界の善悪を永い時をかけて見届けてきた。その結果、悪しき世界を正す為には、時には清濁合わせ飲む、悪の上行く善人が必要であると学んだからである。」

「では、次にお尋ねしますが、かつて支配者・権力者が占領した各地域に、神社・仏閣を建立し、神仏像を崇めさせたのは、それは人々を宗教の虜にする為だけの策略であったのですか？」

「彼ら支配者にとっての神社・仏閣とは、人々を洗脳して年貢を得る為だけに神社・仏閣を建立したのではない。大陸から侵略してきた彼らが企てた謀り事は、領地の至る所に建立した神社や寺院を今日の役所のような組織を形作り、そこで彼らは大陸の文化や宗教を伝え、また言葉や文字や畑の耕し方を教えながら、支配者・権力者の為の都合良き国家を築くことであった。それゆえ、支配者・権力者が建立した神社・寺院とは、今で言う警察、学校、役所を兼ね備えた、それは彼らにとって民衆を支配し、管理する為の重要な施設であった。さらに支配者・権力者は、彼らに忠実に従う者を領民の中から選び、それぞれに応じた身分と地位を授け、階級制度を確立した。それにより地位を得た者は、支配者・権力者の忠実な手下となって従わぬ人々を取り締まり、弱き人々を蔑む差別社会が形作られた。遥か昔から、支配者・権力者とは、民衆を思いどおりに操り支配しようとする時は、自らが直接手を汚すことはなく。それを行うのは身分の低い者が、汚れた仕事をするように強いるものである。

その一つ例を言えば、かつて、王者・支配者が、他国を襲い占領した時には、先ずは、奴隷となる人々を捕らえて過酷な労働を強制した。そしてその際、奴隷を捕らえる役目の者は同じ部族にいた仲間の者たちであった。これが、王者・支配者が奴隷を捕らえる際の策略である。つまり、支配者・権力者が世を統治するやり方とは、先ずは、反抗する者の中から味方になる者を引き抜き、その者に汚れ仕事をさせることである。これは、遥か昔から、国司る権力者たちが執り行ってきた間接統治である。」

支配者から洗脳された人々

「かつて大陸から王者・支配者が襲い来て、それから日ノ本は、どのように支配され、操られてきたのでしょうか？」

「先にも話したが、遥か古代、彼ら支配者が大陸から襲い来る前の日ノ本では、星々の親ガミの光りを体内に感じていた人々が、何一つ不自由することなく、全てが満ち足りて楽しく暮らせた楽園社会であった。その頃の日ノ本のことは、未だ歴史の闇の中に閉ざされているが、この度の新たな時代の幕開けと共に埋もれた歴史の中から蘇り、歴史学者の心を震わせ驚かすだろう。さて話を戻すが、かつて大陸より来た支配者などは、楽園に生きる人々の暮らしを突然襲い、日ノ本の人々を捕らえ武力で支配した。それから永い時をかけて、彼ら支配者は、彼らの国家を築く為に、初めは捕らえた人々の身体に鞭打ち当てながら、山を崩し、川を堰止め、田畑を造り、村々を整え、やがて彼ら支配者は、人々に農民として田畑を貸し与え年貢を取りたてた。やがて彼ら支配者は日ノ本を乗っ取り、彼らの為の国家を誕生させた。そして、この後は、永い時を経て時代は、操られ洗脳された人々が、苦しみに耐えながら両手を合わせ、神仏像にすがり、嘆き悲しんだ日ノ本の歴史の始まりである。」

「それでは、なぜ支配された人々は、領地から逃げ出さなかったのでしょうか？」

「その答の一つは、先にも告げたが、今日の世界においても人々に脈々と受け継がれている。人が死んだ後に入るという墓である。その墓が、人々を領地に留まらせたのである。墓とは元々は、民衆の頭上に君臨した王者が、死後も、自らの地位と自らの命が永遠に不滅であることを示す為に、絶大な権力と富で築かせた王者だけに許された象徴であった。だが、そのような墓ではあったが、大陸から来た支配者・権力者は、農民たちを領地に留める為に神仏の教えを説き伝え、農民たちにも先祖を供養する墓を持つことを許した。その洗脳に力を注いだのが、支配者と共に大陸から来た、神仏に仕える呪術者・祈祷師であった。また、これは魔王・悪神が呪術者・祈祷師を操り、多くの人々を洗脳した策略であり、これが日ノ本においての霊を敬う信仰となった。それからの日ノ本では、領地の各地に神社、寺社が建てられ、支配者・権力者から遣わされた神仏の代理人たちが、神仏を崇め始めた農民たちに、亡くなった人を無意味に弔い供養させ、墓とは先祖が眠る大切な守るべきものとして説き伝え洗脳し続けた。

さらに先祖を供養せず、墓を大切にせぬ者には災いが襲い不孝になり、神仏が罰を与え懲らしめると、恐怖の暗示を与えた。このようにして支配者・権力者は、農民たちを土地に留まることを強いたのである。さらに加えて、神仏の代理人は死者の供養を農民たちに強いる為に、各家庭に仏壇を持つことの大切さを説き伝え、それにより農民たちは、以前にも増して神仏像にすがり、仏壇に死者を祀り祈りすがるようになった。かくて、農民たちは朝な夕なに仏壇に手を合わせ、自らの貧しさよりも、先祖の霊を供養し、墓を守ることが何よりも大切なことだとして、代々受け継がれるようになった。今日の世においても、先祖供養は親から子へ、子から孫へと跡切れることなく、時代を越えて受け継がれてきたが、この習慣・儀式によって亡くなった人々は、命の親ガミの待つ光りの星へ帰れず、寂しい暗い霊界に留まり続けている。」

「では、支配者の策略により墓を守ることの大切さを説いた神仏の代理人たちは、当時、どのような方法で農民たちを洗脳し暗示をかけたのですか？」

「それを答える前に尋ねるが、われがそなたに、(先祖の墓と仏壇を、直ちに打ち壊し、ゴミのように捨てろ。) と言ったなら、そなたならどうする？」

「私にはそのようなことはできません。」私は、咄嗟に答えた。

「北方の親ガミである、われと話し合っている、そなたでさえも先祖の墓や仏壇を捨てることができずにおる。ましてや世の多くの人々にとっては、先祖代々から守り継がれている墓や仏壇を捨てるのは、そなた以上に躊躇い拒むであろう。これ一つ取ってみても、かつて神仏の代理人たちが、いかに、人々の心を洗脳して、いかに、墓を守らねばならなかったか十分に分かるだろう。ならば、その洗脳暗示について語る。支配者の忠実な部下であった神仏の代理人たちは永い時代を通して、人々の心を操る為の手段として、神仏の力がいかに慈悲深く、いかに尊いものであるかを説き伝えた。またその反面、神仏のバチとタタリが、いかに恐ろしく、怖いものであるかを言葉巧みに伝え、それをこと細かく絵に描いて話し聞かせた。

その当時描いた絵には、信心深き人々が心安らぐような極楽浄土の世界と、疑い持つ人々が恐れおののくような地獄世界が、まるで実在するかのように巧みに描かれ、その絵は人々の心に強い衝撃を与え恐怖の暗示を与えた。加えて言えば、地獄極楽の絵画は、魔王・悪神が絵師を操り、その絵師に、地獄・極楽の世界を幻覚で観せて描かせた絵画である。」

…………………

（注）このような絵画は、世界中にあるが、上野の博物館にも展示されている。

……………

「かくて、洗脳され暗示をかけられた農民たちは望み叶わぬ極楽世界を願うよりも、妖怪・怨霊がうごめく地獄の世界を恐れ、日頃から神仏を崇め、仏壇に手を合わせ、先祖の墓を大切に守りながら、懸命に田畑を耕し、産まれた土地から逃げ出すことなく、日々辛い暮らしに耐えてきた。これが、遥か昔から、人々を産まれた土地から離れることなく、先祖代々受け継がれてきた、土地信仰の始まりである。またこれが、人々が神仏のバチとタタリを恐れた始まりである。さらに、人々を恐怖の世界へ追い詰める為に謀ったのが、今日の世界でも、多くの人々が恐怖を感じている、醜い餓鬼、もののけが蠢く妖怪の世界である。

その妖怪の醜い姿を、実在するように演じて見せたのが、大陸より支配者が連れて来た呪術者の闇の集団（鬼道衆）であった。その呪術者の中には、イノシシや猿の毛皮を縫いぐるみにしてまとい、人々にもののけや妖怪の姿を見せ、恐怖を与え地獄世界を信じさせていた。この他にも、動物たちの顔や手足を切断し、他の動物とつなぎ合わせ剥製にして妖怪を作り、それを人々に見せて地獄世界の恐怖を与えていた。このように殺害された多くの動物たちが、現在の世界においても人々に恨みを持ち、もののけや妖怪や邪鬼となって霊界・魔界に実在している。また、その妖怪・邪鬼が人々に取り憑き、人々の体内に宿っている命の光りを奪い多くの災いを与えている。これらのものを取り除くには、光り人の言葉によって、取り憑いたものを銀河の果ての岩星、黒星の中に閉じ込めてもらうことである。これができるのは親ガミが導く光り人である。

さて、大陸からきた彼ら、呪術者（鬼道衆）が夜毎、闇夜に潜み多くの人々の心を一層恐怖の世界に落とし入れたことが、当時の人々には妖怪・邪鬼を神仏のタタリとして受け止め、より一層、神仏を崇め、先祖供養を怠ることなく、仏檀に祈り、墓を大切に守り続けるようになった。この恐怖心が、いまだ多くの人々の心の中にも埋め込まれて、内なる命の親ガミの光りが狂わされ、人々は不安・心配の中で心を閉ざし、支配される苦しみよりも先祖の墓を守ることを選び、神仏にすがり続けてきたのである。さて、天地創造の大ガミと四天界の親ガミは、人々が地上に暮らし始めた時から、人々の歴史の裏表の全てを見つめ、人々が心の奥で呟くどんな小さな声まで聞いて知ってきた。その上で世の人々に語り伝えるが、人々が地上に誕生する時には、初めに親ガミの光りが命となって母親の胎内に宿り、それから人間は、自由な心と親ガミの光りの命を宿して地上に誕生するのである。

それゆえ親ガミの望みは、誰もが皆、人生を楽しく明るく穏やかに暮らす為に誕生したのであって、悩み、苦しみに耐え、悲しみに泣く為に、人間は誕生したのではないのである。全ての人々は生涯、先祖代々の墓を守り、家名を守る為に地上に産まれてきたのではないと、知るべきである。それに加えて、世に言われている怨念・悪霊タタリや地獄にまつわる話などは、かつて悪神と魔王を崇めた呪術者が人々を操る為に企てた、心を縛る洗脳という謀り事である。今日、人々は意味なき古いしきたり等に心惑わされ、誤った習慣・儀式に心を縛られている時ではなく。人々の世界は今日既に、新な時代の流れが大きなうねりとなって動き出している時である。

これから、この時の流れは世界を立て直す急激な流れとなって、全世界を巻き込み人間界を作り変えようとしている。それゆえ今日生きる人々は、いつまでも、かつて呪術者と祈祷師が企てた、神仏の恐怖の暗示に心捕らわれることなく、神仏像にすがり救い求めることなく、また先祖の墓に縛られることなく、自らに宿っている命の光りが真のカミであると信じて、新たな世界を目指し進み行く時である。加えて言えば、自然界に生きる動物たちには助け求める神仏像はなく、先祖を弔う墓とてない。なれど、動物たちは、いかなる事態になろうとも、人間たちのように神仏にすがることはなく、永い悠久の時を親は子を大切に守り育て、子はまた親になり、我が子を愛しく育てておる。この愛情は人間の親よりも勝るとも劣ることなく、動物たちは自然界の秩序を乱さず、自然を破壊せず、永々と営み続けている。この世の真理を知りたければ、自然界の動物たちから学ぶべきである。さすれば天地創造した大ガミと四天界の親ガミの思いが分かるであろう。

自然界に生きる動物たちの営む姿は、人々が心低くして驕ることなく見習うべきである。

ならば、いまだ洗脳され、心閉ざされた人々も、神仏像を崇め、先祖の墓とはどうしても守らなければならないものなのか、近い将来、人々の価値観が変わって、神仏にすがることとなく、供養の形が変わってくることを人々は考えるべきである。さて、地球を含めた、この宇宙銀河の星々の中には、いまだ人々には知らされておらぬが、地球よりもはるかに優れたカミガミがいる星々の世界が存在しておる。その星々の光りのカミガミが、この度の地球再生、日ノ本再生する為に、われ北真とマリアと共に力を合わせて人々の世界を導いている。ゆえに人々は、いつまでたっても幼き子どものように、神仏に手を合わせ、祈り願っておらずに、幼き心は自らの意志で心改め、内なる親ガミの光りの命を信じて、賢く自立した大人となるように心がけることである。」

支配者たちの成功

「これまで多くの人々は。悩みや不安あれば神仏や先祖の墓に参り救いを求めてすがってきました。

そして祈り願うことで、全ての災いを神仏や先祖が見守り助けてくれるものと思ってきました。しかし、全ての人々を導き守っているのは煌びやかな神社や寺院に坐する神仏像ではなく、人々を本当に守り導いているのは命の親ガミであると知りました。それにしても人々の中には、長男であるがゆえに産まれた土地から離れることもできず、生涯、先祖代々の墓を守り、家名を絶やさぬ為に伝統・儀式を守りながら暮らしている人たちが多くおります。今日の世においても、多くの人々の心を閉ざしている神仏に対する洗脳とは、一般の人々が簡単に解くことのできない強固な心を縛る暗示であると今改めて知りました。そこで次に伝えてほしいのは、今日の世においても多くの人々の心を縛っている世間とは、どのようにして形作られてきたのでしょうか?」

「遥か昔から人々は、支配者・権力者が執り行う悪政から逃れることなく、たとえ辛くとも生まれた土地に踏み止どまり、墓を守り続けたのは、神仏に仕える僧侶や祈祷師が説き伝えた地獄の世界を恐れ、また怨霊やタタリ等を恐れたからである。だが、それ以上に、人々の心を脅えさせ領地に留めさせたのは、同じ仲間から受けるかも知れぬ、村八分という仲間外れの仕打ちであった。

これは今日言うイジメである。その村八分とは、今日の組織の中でも暫しば見られることであるが、それはかつて日ノ本の各地域において村社会が整い始めた頃、村人の誰かが村のしきたりに従わず、集会に参加せぬ者がいたなら、その人を懲らしめるために、村八分という仲間外れの掟があった。その掟とは、村人全員の前で土下座させられ、恥かしめを受けた仕打ちであり。また、村の誰もが一切関わらず相手にしないという仕打ちであった。この仕打ちは、村人全員から無視される無言の暴力であった。またこの無言の暴力は当人だけが受ける仕打ちではなく、家族や兄弟や親戚一同までもが村人から一切相手にされずに蔑まれた仕打ちであった。これが今日の世においても形を変えて受け継がれてきた（世間体）という心を縛る洗脳である。」

「その村八分を受けるような人とは、どのような人だったのでしょうか？」

「昔から、世間または組織というしがらみの中で暮らしている人々の社会では、伝統・儀式・集会などに参加しない人たちに対しては、世間や組織を乱す者として、皆が一致団結していじめ、懲らしめてきたことである。このようないじめは、現在の人々の社会でも同じである。また昔から、人々の世界では、ある時代、ある人物が時の国司る権力者に反抗し権力社会を打ち破ろうとして志しを立てた時、その時、世間は、その人物を冷たくあしらい同情せぬものである。それと同じように、かつて仲間から同情されず村八分にあった人とは、支配者が企てた神仏像にすがることなく、夜空の星々を心のよりどころとして生きて、先祖の墓を建てることなく支配者・権力者に屈することなく生きた人たちであった。その当時人々は、既に呪術者や祈祷師が企てた洗脳が行き渡り、多くの人々は神仏像を崇め、先祖の墓を大切に守っていた。それがまた、何よりも大切なことであると信じていた時代であった。それゆえ、神仏を崇めず先祖を供養せぬ者には、僧侶や役人から親不幸者と罵られ、人でなし等と蔑まれて、それが、より一層人々の心を縛り、先祖の墓を大切に守り継ぐ洗脳となって、人々を領地に踏み止どめさせてきた。

昔から、人々の組織社会の中では、下の者が上の者から憎まれ嫌われたとしても、それは当人にとっては上司であるがゆえに、多少の嫌なことは耐えて我慢できるものである。だが、それが同じ仲間から蔑まれ、仲間として認めて貰えず一切無視されたならば、その時当人は耐え難く、辛く、寂しく、惨めな思いとなるものである。このことが、人々が地獄の世界と同じように恐れ、村人が心を閉ざしたまま、先祖の墓を守り継がねばならなかった仲間はずれという仕打ちである。ならば、ここで人々に伝えておくが、そもそもアジアの大地に根付いた仏教とは、シャカの真実の教えに反して、民衆を操る支配者・権力者にとって都合良く利用された仏魔の宗教である。その仏教が日ノ本に形作られたのは、今から千五百年ほど前、大陸から大勢の僧侶と共に仏教が伝来して、国家の後ろ盾もあって人々を洗脳し虜にした。

その仏教の教えとは、（人は、どんなに辛く苦しい日々であろうと、世の中にはもっと辛く苦しんでいる人々がいる。日々の暮らしに感謝して暮らせよ）と、下には下の人間がいる、と説いた教えである。また（人々の世界は始めから、苦しみ、悲しみが多い、救いなき、娑婆世界である）とする、無常思想を説いた教えである。そしてまた（死後、霊となって成仏し、来世では救われる）という、生まれ変わりに希望をもたせた、輪廻転生を説いた宗教である。だが、この仏教の教えはどちらも、かつて支配者・権力者と神仏に帰依した者が企てた、悪神・仏魔に操られて広めた教えである。われら星々のカミガミが思う地獄とは、今日の世界で、貧困、戦争、飢えで苦しんでいる人々の世界こそが、救いなき地獄の社会である。今日、それなりの社会的地位ある者たちの中には、霊界の仏魔の教えとも知らずに、仏の教えを人生訓として、心の支えにしている者がおるが、われらカミガミから観たら実に嘆かわしいことである。われらカミガミは、社会的地位ある人たちこそ真のカミガミに目覚め、日ノ本と世界を心広くして見渡し、未来を思考する人物になってほしいと望んでいる。」

南無阿弥陀仏の真実

「今日の世の多くの人々が、死者を弔う際、南無阿弥陀仏と唱えておりますが、南無阿弥陀仏とは、どのような意味なのでしょうか?」

「南無阿弥陀仏(なむあみだぶつ)という、真の意味とは、南無とは、南方には何も無く、阿とは、天界を意味する、弥とは、星々のことであり、陀とは、全て砕け散るということであり、仏とは、人に非ず、シャカのことである。これを続けて言えば、(南方にはカミは無く、天にある星々とシャカは、全て跡形もなく砕け散れ)という呪文である。また、シャカを仏陀と言っているが、仏陀の仏とは、霊となったシャカであり、仏陀の陀とは、全て砕け散れ、ということである。これを続ければ、(死んだシャカは全て砕け散れ)という呪文である。さらに曼陀羅の真の意味とは、曼とは、全宇宙を表わし、陀とは、砕け散ることであり、羅とは、甲羅のように硬い刃のことである。これを続ければ、(宇宙銀河の星々は、硬い刃で全て砕け散れ)という星々のカミガミを封印した呪文である。

それとまた、シャカが伝え残したという般若心経の真実を述べるが、この経はシャカの死後、三百年後に仏に帰依した僧侶たちによって作られた経である。この当時、シャカを崇めた仏教は、インド、中国、チベットと、大陸の王者たちの手厚い加護のもとに隆盛を極め栄えていた。そして王者たちは、仏教を国家安泰と民衆を操る為の手段として、仏教をより発展させようと企てた。

そこで各国の代表となった僧侶たちが、今日のインドと中国とチベットの国境にある洞窟の中に集い、アジア共通の経を作ろうと企てた。その時僧侶たちは、自国の仏教の教えを一字でも多く加えようと、飲まず食わず、不眠不休で議論に議論をかさね、口から唾を飛ばし、互いに相手を罵り合い、そして攻撃しながら激しく怒鳴りあって経を作成した。その時の僧侶たちの顔が、目が充血してつり上がり、口が引き裂け、その顔がまるで般若（鬼）のような恐ろしい形相となって作られたのが般若心経である。ゆえに、この経は読むものにとって、どのようにでも解釈できる、シャカとは一切関係のない意味不明な経である。

僧侶らの怒鳴り合いの中で作成された般若心教は、やがてアジア一体に広まり、シャカの教えとして言い伝えられ現在に至っている。これが般若心経の真実である。かくて般若心教は、永い時代を経て、仏魔に取り憑かれた僧侶たちからシャカの教えとして受け継がれてきた。だが僧侶らは、般若心経の真の意味も知らずに、昔から言い伝えられてきた般若心経を、彼らにとって都合の良い言葉に置き換えて、真面目に頑なに仏魔の虜となって、疑いしらぬ善良な民衆に説いて広めてきた。

今日の世において、多くの信者を持って栄えている仏教、キリスト教は、その元々の作られた仕組みは同じく変わらず、人皆平等を望まぬ支配者と、その権力に平伏した神官・僧侶らが、彼らの地位の保全の為に企てた。シャカ苦しみ、イエス嘆く、真のカミ望まぬ宗教である。

さて、ここまではシャカを崇めた仏教について述べてきたが、これより先は、イエスを崇めたキリスト教と、イエスにかけられた呪い封印を伝える。先ずは、イエスにかけられた呪いの言葉がある。それは（アーメン）である。この言葉の意味は、（悪魔よ、ここへ来い）という呪文である。

先にも告げたが、イエスを崇めたキリストが誕生したのは、シャカを崇めた仏教の誕生と同じように、時の王者・支配者が、自らの地位と権力を保持する為と、民衆を操る為に謀ったのが、イエスの名を利用したキリスト教である。かつてイエスを十字架に磔にして、反逆者として汚名をきせ殺害した王者・支配者は、時が経つにつれ、その名も忘れ去られ、時代が変って新たに王者となった支配者が民衆を操り手懐ける為に、これまで罪人であったイエスを、今度は救世主キリストとして復活させ、民衆を操り支配しようと企てた。その際、王者・支配者が企てたことは、イエスが磔にされたのは、全ての人々の罪を背負い、贖罪によって磔にされたことにして、イエスを罪人から今度は救世主として崇めさせ、キリスト教を国中に広めた。遥か昔から、支配者・権力者とは、いつの時代でも自らが民衆の親となり、自らを民衆の味方として登場するが、その実態は、支配者としての地位と権力の保持である。時々の支配者・権力者の後ろ盾により、手厚い保護を受けたキリスト教の神官たちは、キリスト教をさらに全世界に布教させる為に、かつてイエスが語ったとされた言葉を集めて聖書を編集した。

この聖書作りは、イエスの死後二百年後から始まり、時々の神官たちによって三百年の時をかけて作成された。この永い間、神官たちの思いの中にはイエスが人々に伝えた、(人皆平等カミの御子)という、この言葉は一切なかった。聖書に記されたイエスの言葉は、ごく僅かに取り入れられたが、多くは自称イエスの弟子と名乗る、そのまた弟子の弟子たちによって作られた書物である。ゆえに聖書とは教会を守り、彼らの地位を保持する為の書物である。この聖書の中で、時代を通して語り継がれてきた言葉がある。それは、イエスの言葉ではない、(信じる者は救われる)である。この教えにより、多くの信者は、イエスを疑うことを悪として、永い歴史の中で貧しい暮らしに耐えて、イエス望まぬ十字架に救いを求め、辛い生涯を過ごし教会を守り支えてきた。(信じる者は救われる)この言葉は、教会を守る聖職者にとって、信者を洗脳する為に必要な語り継ぐべき言葉である。

さて、これよりイエスを封印した十字架について語ろう。イエスを磔にした十字架は、魔王に操られた呪術者によって呪いをかけられ作られた。その作り方は、まずは、十字架を羊から取った大量の血の中で浸して、その中に切り刻んだ羊の肉片を散りばめ、さらに、羊から切り取った臓物をも加えて、その上から、羊の皮を十字架に覆い隠して、十字架は大量の血と肉と臓物で幾夜も浸して作られた。今から、五千年ほど前までは、呪術者から選ばれた人間が生贄となり、その人間の血と肉と心臓を使用して執り行われた、魔王・悪神に捧げる生贄の儀式であったが、時代が過ぎると共に、人間の変わりに羊が生贄の儀式に使用されるようになった。それが今日、スケープゴードという言葉で残っている。羊を生贄にするようになったのは、当時人々にとっては、羊は暮らしを支える大事な家畜であった。そのような羊を生贄にするのは、神々に大切な羊を捧げ、神々に忠誠心を示す為の儀式であった。

…………………………

（注）このような神々に生贄を捧げる儀式は、かつてはメキシコのマヤ文明や南米の各地でも執り行われていた儀式であったが、これと同じように日ノ本では、縄文時代においても、狐や猿や熊などの臓物を土器の中に入れて、火で燃やして執り行われていた、神々に生贄を捧げる儀式であった。この土器は現在、縄文土器、火焔土器として展示されている。

…………………

さて、生贄の犠牲になった羊たちのことであるが、羊たちは、人間に対する恨みをはらさんとして、怨念もつ妖怪となり、十字架に吊るされたイエスを復讐の相手として、イエスの身体の皮膚を引き裂き、臓物を喰いちぎり、イエスの体に苦痛を与え続けた。これがイエスにかけられた、十字架による呪い封印である。この十字架を魔王に操られた神官たちが、悪魔祓いの儀式に使っているが、十字架とは悪魔でさえも恐れる呪いの印である。この十字架にキリスト教の信者は永い歴史の中で、祈り願いすがり続けている。さらにイエスの肉体にかけられた呪いは、ミニアチユールヨーロッパの絵に描かれているが、ヨーロッパの魔界を支配する魔王が、イエスを吊るした十字架の背後から、十字架を両手で持って呪いをかけていた。

【ミニアチュールヨーロッパ参照】

西方の魔王の正体
この絵は魔王がイエスを封印した呪い
※ミニアチュールヨーロッパより引用

このイエスに対する呪いは、千年ごとに繰り返される封印・呪いである。

またこの呪いは、世界中の教会にある十字架にも、呪いの十字架となって飾られ、教会にくる世界中の信者たちにも、イエスと同じ呪い・封印をかけ続けている。これによりイエスにかけられた十字架の呪いは、イエスが亡くなり幽体となってからも引き続き呪いがかけられ、イエスは魔王の手の内から逃れられることが出来ずにいた。なれど、このような呪いであったが、今日イエスは、光り人の誕生によって二千年の呪縛から解放され、今は西方の親ガミの光りの星へ帰り心の傷を癒している。さて、次に語るのは、イエスの光りの命を封じた呪いである。魔王に操られた呪術者は、イエスが殺害された後、イエスの命が、西方の親ガミの星へ帰さぬように、西方の星の一つである木星の上に、魔の凶星を重ね合わせ六亡星を創り、西方の親ガミとイエスの光りの命を封じて呪いをかけた。

この凶星（六亡星）によって、星々のカミガミが地球に注いできた光りが弱まり、地球は魔界の悪しき神々が支配する薄暗い星となり、魔と一体となった支配者・権力者が富み栄えて、光り人たちが弾圧される世界となってしまった。そして、この魔の六亡星により、星々のカミガミも封印されてしまい、天界にきらめく星々を線と線で結び、封印をかけ、作られたのが西洋占星術である。この占星術は、ヨーロッパの国々の王者・権力者にも受け入れられ、国家の重大事においては、占星術によって政治が執り行われ、数多くの儀式や行事も執り行われることになった。今日、世界の国々中で星々を使用した国旗があるのは、この占星術によって各々の国旗が決められたのである。さて、人々の世界は遥か昔から、多くの人々が、数多くの習慣・儀式が魔の呪い封印とも知らずに、正直で真面目な人ほど、真剣に神仏に祈りすがって暮らしている。遥か昔から、国司る権力者は、神仏に仕える聖職者を味方につけて、豪華絢爛な教会・寺院を建てて、自らを神仏と同じ座に君臨させて、民衆を操り支配してきた。

そして、遥か昔から支配者・権力者は、貧しき民衆を法の中に閉じ込め身体の自由を奪い、また宗教という目に見えぬ鎖で民衆の心を縛ってきた。世に栄えている宗教が千年、二千年と繁栄してきたのは、支配者・権力者の後ろ盾があればこそである。支配者・権力者の後ろ盾がなければ、宗教は存続出来ぬものである。ゆえに民による、民の為の人皆平等の世界は一度も創造されず、世界は真のカミなき宗教が栄え続けてきた。では、なぜ世に栄えている宗教が、歴史上繁栄してこられたのか？　それはいつの時代でも、宗教主導者が時の支配者・権力者に摺り寄り、平伏してきたからである。その証しを言えば、古き昔から王者・支配者が企み謀った戦争の時には、聖職者たちは神仏の前で必勝祈願の儀式を行い、王者・支配者を守護する為の宗教が繁栄し続けてきた。これまで歴史上では、数多くの戦争が繰り返されてきたが、どの時代の戦争においても、豪華な教会、寺院にいる神官・僧侶たちは、王者・支配者が企てた戦争に反対し、身を挺して防いだ者はなく、民衆の命を救った聖職者はいなかった。これが歴史の中で繁栄してきた宗教の正体である。

人々よ、賢くなれ。これまで、あなたたちが、祈りすがってきた神仏は、支配者・権力者を守り味方してきた神仏である。ゆえに、あなたたちを守り、救う為の神仏ではない。なぜなら、あなたも、あなたの父も母も、さらに、あなたの遠い祖先も、遥か遠い昔から、支配者・権力者に味方した神仏を崇め、すがり続けてきた。その結果を言えば、支配者・権力者は民衆の頭上に君臨して、民衆は支配者・権力者に平伏して、神仏にすがり続けてきた。人々よ、目覚めよ。人々よ、賢くなれ。人々の世界の中で、最も罪深き職業とは、悩み苦しんでいる貧しき人々から、神仏の名を利用して多くの金品を集め、その金で地位と名誉を得て、豪華な教会・寺院に身を置いておる者たちである。

それと、また国司る権力者たちも、貧しき庶民の頭上に君臨して、支配者・権力者の為の政治をおこない、地位と名誉を得て、庶民とかけ離れた暮らしをしている。古き昔から、民衆の税金で贅沢な暮らしをしている政治家や官僚には、庶民にはない、多くの特権を持っている。このことで、彼らは、もはや庶民ではないのである。これから世に出る政治家は、自ら率先して数々の特権を廃止して、庶民と同じ生活環境の中で暮らし、人も皆居心地良き世界を創ること、これが民による、民の為に政治をする、真の民主主義の政治家である。」

祭りの真実

「さてここまでは、人々に恐怖心を植え付けた洗脳について述べてきたが、これより先は、人々の心を少し和らげ、楽しませた洗脳について語るとしよう。かつて、支配者・権力者の企てによって国家の土台が形成され、領地の村々の形が整い始めた頃、その当時、農奴と言われた人々の暮らしはあたかも家畜の如く扱われ、夜毎寝る間もなく身体を酷使せねばならなかった辛い暮らしであった。しかし、そのような農奴たちの心をわずかながらも和らげようとして謀ったのが、やはり当時、支配者・権力者に仕えた儀式者が企てた策略であった。その策略とは、多くの作物を収穫できた農奴には褒美として農民としての地位を授け、また、その中でも特に優れた者には、村の長としての地位を授け農奴たちを管理させ、互いに収穫を競い合うよう仕向けさせた。以来農奴たちは、農民の位を得る為に、寝る間も惜しんで懸命に働き、他のものより多く収穫できるようにと、朝な夕なに神仏に祈り、先祖の墓にすがり、救いを求めながら陰湿に競い合うようになった。そして、この農奴たちの思いをさらに操り謀ったのが、今日の人々にも受け継がれている祭りという行事である。そもそも祭りとは、民衆が王者・支配者の権力にまとわりつくことから、まつろうとなり、まつり（祭り）となった。そして、この祭りという行事は、かつて支配者の配下であった儀式者が、農民たちに神仏を崇めさせ、農民たちを領地に留めさせ、殺さず、生かす為に企てた行事であった。それゆえ、祭りという行事の中に秘められた支配者・権力者の企みごとを紐解けば、それは、世界の国々で催されている祭りという行事を見ればわかるが。どの国の祭りでも必ず神仏像があり、その神仏像を安置する御輿があって、その御輿を大勢の人々が担ぎ、祭りは盛大に催されておる。

ゆえに、祭りという行事の仕組みは、大勢の人々が担いでいる神仏像を、王者・支配者に置き変えて見れば、祭りという行事が、なぜに執り行われるようになったか、祭りのからくりが分かるだろう。遥か昔から、受け継がれている祭りとは、支配者・権力者が後ろ盾となった祭りだけは、盛大に執り行われてきたが、民衆が、民衆の暮らしの中から生まれた祭りは存続できないのである。今日、世界の国々で催されている祭りは住む世界は違っていても、祭りに秘められた謀りごとは皆同じく、祭りとは、支配者・権力者の地位を守り、民衆を操る為の策略であったと知るべきである。

それに加えて、世界の国々の数ある祭りの中でも、いまだに盛大に行われている祭りほど、その国の人々の暮らしは、貧しく辛い暮らしが続いている。ある国では、祭りに取り憑かれた人々が、年に一度の祭りの為に懸命に働き、一年分の貯えを使い果たす人々がいる。それと同じく、日ノ本の人々の中でも、祭りに取り憑かれた人たちが、祭りに命をかけて騒いでいるが。われらカミガミから見たら実に悲しいことである。祭り好きな人たちの中には、気分が興奮して魔のものどもに憑依され、格好の餌食となって操られている人たちがいるが、このような人たちは、日頃から肉体に魔のものどもが取り憑きやすく、祭りなしでは生きられぬようになっている。そして思考も魔の囁きによって感情がコントロールされてしまうことがある。ゆえにスポーツに熱中する人や祭り好きな人たちは十分気をつけることである。

そもそも、支配者・権力者の企てによって祭りが執り行われたのは、人々の積もり積もった日頃の不平不満を解消させる為と、人々の日々の辛い暮らしの嘆きが、支配者・権力者に向かわぬようにするための謀りごとであった。そしてまた、人々の不平不満を神仏に引き受けさせるように謀られたのが祭りである。祭りとは年に一度盛大に催し、支配者・権力者の威厳を保つ為の儀式である。

そして祭りとは、庶民の日頃の不平不満の捌け口として謀られてきた。言わばガス抜きである。

このように祭りとは、日々虐げられている人々に僅かではあるが生きる喜びを与えるための行事であった。しかし、この祭りによって誰よりも喜び楽しんだのは、人々の頭上に君臨し、人々をより一層操ることのできた、自らは御輿を担がぬ支配者・権力者であった。遥か昔から、民衆を支配せんとする支配者や権力者は、皆総じて祭りや行事が好きである、なぜなら、祭りや行事には大勢の人々が集い、彼らはその場で民衆に語り、自らの地位と権威を示すことができるからである。

これから後、新たな世界を目指して人々が心がけることは、いかに偉大な人物が世に現れ出ようとも、その人物を奉り崇めてはならず、人が人の上に立って神の如く、崇拝されてはならない、ということである。これまで多くの人々から、担がれ祭られてきた神仏像が、真のカミであったならば、日々の暮らしに疲れている人々から、担がれて喜ぶはずはなく、それどころか、真のカミであるならば、年に一度の祭りは望まず、人皆全てが日々居心地良く暮らせることを、心から望んでいるはずである。そして、多くの人々から祭られ担がれて喜んでいる者は、日頃から、人々の頭上に君臨したがる支配者と権力を持つ者たちである。それをまた喜んでいるのは魔の悪神どもである。」

呪術者（儀式者）の役割

「それでは、支配者・権力者の手下となって祭りを企てた呪術者（儀式者）とは、他にどのような行事を企て、世に伝え広めたのですか？」

「そのことを語る前に、呪術者（儀式者）がいかなる者であったか、そのことを語るとしよう。

そもそも彼ら呪術者（儀式者）とは、古くは二万年ほど前、大陸の王者を支える懐刀・知恵袋として、魔王から数々の呪術の力を授かった者たちであった。その者たちの主な役目は、魔王・悪神の言葉を王者に告げることや、敵を倒す策略を告げることであった。そして、彼らの最も重要な使命は魔王・悪神と一体となって、人々の世界を魔の力で操り、地球を天地創造の大ガミに成り代わって支配し、最終的には、地球を光りの星から魔の星に変え、乗っ取ることであった。そのような呪術者（儀式者）が支配者・権力者の知恵袋となって、日ノ本を乗っ取ろうと謀ったのが今から一万五千年ほど前である。その呪術者の集団が、当時、大陸を支配していた王者から密命を受けて日ノ本へ渡ってきた。その目的は、太古の昔から星々のカミガミの光りの大地である日ノ本を、魔王と悪神が支配する魔界・霊界を創造し、日ノ本の人々を身も心も支配することであった。

そして、日ノ本の王者になった支配者・権力者を巧みに操り、魔の力を授け、大陸から来た神仏を崇めるよう洗脳し、魔王・悪神が君臨する国へと作り変えることが、彼らが果たすべき重要な役割であった。その彼らは、日頃は支配者・権力者に従いながらも、その実、裏では支配者・権力者を巧みに操り監視しながら、彼らは大陸から共にきた魔王、悪神どもを身体に憑依させ交信して、日ノ本に数々の行事や儀式を形作ってきたのである。このことは、今日の世界においても、魔と一体となった者に脈々と秘密裏に受け継がれ、日ノ本は、国も人々も実に巧妙に操られてきたことであった。ではここで、これまで日ノ本の支配者・権力者がいかに、大陸の魔王や悪神に操られてきたかを告げよう。これまで、歴史上に現れ出た将軍や支配者には、魔の悪神から力を授かった呪術者、儀式者が側近となって仕え、数々の策略や儀式を執り行わせ操ってきた。

その例として、かつて空海は、大陸から密教を持ち帰り仏魔の力で、時の支配者、権力者を操り、日ノ本に仏魔の世界を完成させた。そして家康は、天海（実は明智光秀）に操られて、江戸に霊界・魔界の結界を張り廻らせ、日ノ本を魔の力で支配し、人々を洗脳した。このように日ノ本の闇の歴史は、いつの時代でも、国司る支配者・権力者には、必ず祈祷師や呪術者が側近として仕え、日ノ本の闇の歴史は形作られてきたのである。加えて言えば、空海と弘法大師は同一人物として語られているが、実は区別がつかぬほど良く似た双子であった。それと日光にある東照宮を見れば分かるが、彫刻されている龍神や装飾などの全ては、かつて栄えた唐の国の、魔の悪神どもの文化を模して、天海が建造させたものである。さらに、天海が明智光秀であるという証しとして、日光には明智平という峠がある。また東照宮には、光秀の家紋である桔梗紋が示されている。そもそも家紋とは、徳川と言えば葵の紋と言われるように、家紋とは今日の戸籍と同じように、人物の氏素性を証明する為の大事な紋様であった。また天海は、家康の後を継いだ家光、秀忠に光秀の一字を授け、徳川幕府に光秀の名を歴史に残していた。家光と秀忠は、実は天海の子どもである。

では、さらに儀式者（呪術者）が支配者・権力者を影より操り、日ノ本の国作りに励んだことついて語る。彼ら儀式者（呪術者）が先ず謀ったことは、日ノ本を魔王・悪神どもが君臨する国家にして、支配者・権力者を操り、人々をそれぞれの地位と身分とに差別して、揺るぎない身分制度を確立することであった。そして、大陸より数々の行事を取り入れて、それがあたかも由緒正しき儀式のように、格式ある制度を作り世間に広め、民衆を洗脳したのである。そしてまた、人々を数々の習慣・迷信などで洗脳して、魔王・悪神どもが蠢く魔界・霊界を形成し、数多くの妖怪や化けものが屯する日ノ本を形成したのである。現在の世に至っても、日ノ本には、四期折々、季節ごとに多くの伝統・儀式・習慣が受け継がれているが、その多くの習慣・行事や祭事は、われらカミガミから観たら全て必要なきものである。」

「呪術者（儀式者）が企てた、その制度の中で、日ノ本では、昔から士農工商という身分制度が在りましたが、かつて農奴（奴隷）と言われた人たちは、その後どのようになったのですか？」

「その人たちとは、儀式者が企てた差別制度によって、農奴から農民よりも身分の低い、田畑を所有することのできない小作人という身分になった。だが、小作人の下には家畜よりも身分の低い、エタ・非人と言われた、蔑まされた人々が存在していた。その蔑まれた人々とは、かつてまつろわぬ民（注：まつろわぬ民とは、支配者に服従せぬ民のことである）と言われ、サンカ人とも言われ、遥か昔、日ノ本においては、儀式者（呪術者）が企てた神仏像に祈り願うことなく、また祭りや行事などに心縛られることなく、体内にカミ宿ることに目覚めた、星々の光りを心の拠り所として生きた人々であった。時の王者・支配者は、その人々のことを外道と呼び、また人では非ず、非人とも呼んで、牛馬よりも低い身分に落とし入れて、蔑み虐げ続けた。この差別制度によって、農民たちの中には小作人を蔑む心がうまれ、また小作人の中にもまつろわぬ人々を蔑む心がうまれ、領地に生きる人々の間では、下の者が、より下の者の暮らしを見て自らの心を慰める身分制度が確立され、差別社会が形作られた。このような差別社会は、今日の人々の世界でも形は変わっていても、根底の部分ではなんら変わらず、強き者が弱き者を虐める陰湿な差別社会が続いている。そして、このような身分制度を儀式者（呪術者）と共に世に広め、人々の心に差別意識を植え付けたのが、神仏の代理人として教えを説いていた神官・僧侶と言われた者たちであった。

その神官・僧侶たちが、参拝に来る農民や小作人たちに向って、下には下の貧しく耐えて生きている人々がいることを話し伝え、日頃の心構えとして日々神仏に手を合わせ、下の者の暮らしを見て、感謝して暮らすことを説き伝え、慰め勇気づけた。このように人々の暮らす社会では、一度身分制度が形作られてしまうと、下の者が、より下の者の暮らしを見て心和ませ、上の者は上の者で、下々の暮らしには見向きもせずに、いつの時代でも、支配者・権力者が富み栄える差別社会が続いている。世の人々の中には、家系や出自を重んじて家柄を誇る者がおるが、われらカミガミから観れば、実に嘆かわしいことである。そもそも人間とは血筋や家柄などに関係なく、産まれながらに皆平等である。もしも、家柄や出自が尊いのであるならば、学力の高い秀才と秀才が結婚したとしても、秀才の子どもが生まれるという保証はないのである。また偉大なスポーツ選手同士が結ばれたとしても、その子どもが、将来偉大なスポーツ選手になれる保証もないのである。これを以てしても、家系や血筋などを重んじることが、いかに間違っているか賢い人なら分かるであろう。加えて言えば、四天界の親ガミが誕生させる光りの御子たちは、血筋や家柄などは一切関係なく誕生させている。さて、まつろわぬ人々のことであるが、彼らのことを語る際に忘れてはならぬことは、まつろわぬ人々も、やがて時代の流れと共に支配者側に組み込まれ、儀式者（呪術者）が企てた行事に利用されるようになった人たちもいた。その儀式が、今日の世においても、各地で盛大に催されておる節分という鬼退治の行事である。」

まつろわぬ人々（鬼と蔑まれた人々）

「日ノ本で昔から（福は内、鬼は外）といって、節分の行事が、毎年各地の寺などで行われておりますが、この行事は、始めから、鬼を退治する為の厄払いの儀式だったのですか？　鬼と言われた人たちについて教えてください。」

「今日伝えられている鬼たちの中には、邪鬼や餓鬼などと言われている鬼たちがおるが、その中でも人々から恐れられているのが、魔界に存在する人間の臓物を喰らうと言われている妖怪の餓鬼である。それとは別に、かつて国司る支配者は、まつろわぬ人々をオニと呼んだ時代もあった。加えて言えば、魔界にいる妖怪や邪鬼の中には、神獣として崇められているものがおるが、その例としては、上半身が龍で下半身が唐獅子を合体させた麒麟（きりん）と呼ばれている神獣がおる。また、龍の姿に翼を付けて合体させたドラゴンと呼ばれている龍神もおる。これらは、魔界・霊界の見張り番の役目を果たしている魔王・悪神どもの手下である。このような神獣を、魔王・悪神に操られ儀式者（呪術者）が、神社や寺院に見張り番として安置させ、人々に魔除けとして崇めさせている。星々のカミガミの世界では悪しき魔のものどもは存在せず、したがって、お守り・魔除け・数珠・札等、一切いらぬ世界である。魔除けや厄除けを必要としているのは、魔のものが多く存在している場所だからである。」

「では、支配者から鬼と蔑まれたまつろわぬ人たちとは、どのような人々だったのでしょうか？」

「かつて、まつろわぬ民と言われた人々とは、アイヌと言われた人たちのように、本々、日ノ本に古くから暮らしていた人々であった。その人たちを、大陸から来た支配者と呪術者が永い時代を通して弾圧し、虐げ続け、それから各時代を通して、時々の王者・支配者から、蔑まれた人々のことを総じてまつろわぬ民と呼んでいた。そのようなまつろわぬ人たちの中でも、これから告げるまつろわぬ人たちとは、古き昔、大陸の支配者と共に日ノ本に渡り来た、土木技術に優れた能力を持った人たちのことである。

この人たちが日ノ本に来た頃、彼らは優秀な技術職人として、時の王者・支配者から、砦や城造りの為に重宝されていた。だが、やがて日ノ本が国家としての土台が築かれると、今度は、時々の支配者・権力者から城や屋敷内の秘密を多く知った為にオニと呼ばれて、囚われ殺害された人たちもいた。このようなオニと言われた人たちの先祖は、もともとは、今から二万年程前までは、ヨーロッパの各地に定住していた石工職人であった。その彼らの気性は優しく、あらゆる物作りに優れた、匠な技術力を備えた人たちであった。その彼らがヨーロッパに誕生した王者・支配者に召抱えられて、神殿・宮殿造りを命じられて数多くの建造物を造っていた。今日遺跡となっている世界中の多くの建造物は、彼ら石工職人たちが手がけて造ったものである。やがて彼らの巧みな技術力は、時が過ぎると共にアジアの王者たちにも知られることとなり、アジアに誕生した王者たちも、彼らを召し抱えて、神殿や宮廷の建造物を造らせた。

そして、さらに時を経て、アジアの覇権を握った大陸の王者は、各国の領地にも石工職人たちを派遣し、城や砦を造らせた。また一方では、戦の時には、鬼に金棒と言うように鉄の武器をも作らせるようになった。かつて日ノ本では、彼らのことを、大陸から来た鍛冶職人、タタラ衆とも呼んでいた。古き昔から、世界中にある名の知れた建造物は彼らが造ったものである。その彼らが今から三千年程前、日ノ本の地において王者・支配者から宮殿・神殿作りに利用され命じられた。当時石工職人たちは、王に仕える王仁（王人）オニと言われ、日ノ本の国の土台作りの頃には、王者・支配者から丁重に扱われて大事にされていた。だが、やがて日ノ本が大陸の王者の属国として形整えられた頃から、彼らは王者・支配者の闇の秘密を多く知った為に、今度は都の地において妖怪・邪鬼として捕らえられ、邪魔な鬼として弾圧され続けた。

それ以来、王の人と言われていたオニたちは、儀式者（呪術者）の策略によって、人々から死人をむさぼる邪鬼と恐れられ、役人から殺害され、呪術者から呪いをかけられ、魔界の奥底に封印されたまま今日に至っている。王者・支配者から過酷な迫害を受け、人々からは忌み嫌われたオニたちは、各地で鬼刈りにあって殺害され続けた。今日、節分で行われている鬼退治とは、かつて支配者に仕えた儀式者（呪術者）が、世の中の全ての不幸・災難をオニのせいにして、罪を押しつけた儀式である。オニと言われた人たちが、人々から怖がられる、あのような恐ろしい形相となっているのは、人々を怖がらせる為のものではなく、王者・支配者から受けたあまりにも酷い仕打ちに恐怖を感じて、逃げ場を失った時に、顔を真っ赤にして逃げている恐怖の顔である。」

「このオニと言われた人たちの子孫は、今どうしているのですか？」

「今日、オニと言われた人たちの子孫は、各国々において有名ブランドや皮革加工品に匠な技術を生かして成功している。日ノ本においても、彼らの子孫は、技術力に優れた能力を生かして、今日では機械や建設・土木関係で成功している。かつて、人々の臓物さえも喰らうと、恐れられた鬼の名とは、支配者・権力者に仕えた儀式者（呪術者）が、まつろわぬ人々を蔑んだ呼び名であった。

また、まつろわぬ人々の中には、支配者や世間の人々から、永い間、鬼として忌み嫌われようとも、自らの命を絶やさぬ為に、やむなく儀式者（呪術者）が企てた鬼という役目を演じて見せて、生き延び人たちがいた。そのオニと言われた人たちは、呪術者の配下となって自らの姿を醜い鬼に見せかけて、人々の心に恐怖の世界を信じさせ、化け物・妖怪を演じて見せていた。

これによりオニと言われた人たちは、より一層人々から恐れられ、嫌われながらも生き永らえてきたのである。さらに、数々の時代を経て、彼らまつろわぬ人々は、各時代を通して支配者から、部落民として差別され、虐げられ、永い間、人々が忌み嫌う死体の後始末や、獣の皮や肉を処理する仕事を強いられてきた。この隠された歴史の真実は、大陸から来た王者・支配者と鬼道衆と言われた呪術者が仕組んだ謀り事であった。それと、また大陸の王者・支配者に擦り寄って地位と権力を手にした、日ノ本の支配者・権力者であった。」

鬼としての役目

「今日の世においても鬼といえば、幼い子どもから大人まで怖がられて忌み嫌われておりますが。その当時、鬼の怖さを知った人々は、日々、どのような思いで過ごしていたのでしょうか？」

「その当時、人々の暮らす社会は今日のような開かれた社会ではなく、一度、世に奇妙な噂が流れたなら、その噂は、瞬く間に人々の心の中に恐怖となって染み込み、真実の話となって世間を騒がせていた。それは恐怖という噂話が世の中を形作っていた社会であった。その頃の人々は、儀式者が企てた鬼の恐怖に心縛られながら、幽霊や化け物や妖怪などを恐れて暮らしていた。それゆえ、世の中の災いごとの全てを、鬼や妖怪の仕業と信じるようになり、当時の人々は、儀式者の思惑どおりに、支配者・権力者に刃向かうことなく、世の不平不満には口をつぐんで、闇夜を恐れ、神仏に救いを求めるようになった。この企てによって日ノ本の各領地には、鬼や妖怪から身を守る為の、お祓いや祈祷が盛んに行われるようになった。それに伴い、日ノ本の各地には神社・仏寺が数多く建立され、民衆が神仏にすがる風習となり、人々はより一層洗脳され続けた。」

「それでは、魔王・悪神に操られた儀式者（呪術者）は、鬼と呼ばれた人たちを、どのように演じさせ、人々を恐怖に陥れたのでしょうか？」

「それについては、魔王・悪神から魔の力を授かった呪術者が、鬼を演じる人たちを、霊界と密接に繋がるように、生死の境を彷徨う激しい訓練をし、悪霊や妖怪と一体となる特殊な霊能力を身に付けさせた。その特殊な能力で人々の心に恐怖の暗示を与えていたのである。」

「その能力とは？」

「それは、霊界にいる怨み持つ人々や動物たちの霊を呼び集めて、その霊たちを操り、他人の夢の中に伝えることが出来た能力であった。またそれは、霊界・魔界の恐ろしさを伝達する方法でもあった。これは世に言われているテレパシーである。今日の世界では、このような特殊な能力をもった人間は少なくなっておるが、しかし一部の人間には、特殊な能力を持つ者がおり、魔界・霊界と深く関わり合っている。それと霊界・魔界に存在する怨念を持つ悪霊やもののけや妖怪は、今日では、人々の夢の中に現れ、光り弱き人々に取り憑き、恐怖心を与え、幻覚を見せて、パニック障害やうつ病等を起こさせ、多くの人々を苦しめている。」

「現在の世の中では、霊界・魔界は作り話として、映画やアニメなどで知られておりますが、今日の社会では、お化けや幽霊が存在すると信じている人たちは少なく、世間一般では、お化けや幽霊の話は如何わしい話として低く見られております。そこで、教えてほしいのは、かつてオニと言われた人たちが特殊な能力で人々に恐怖を与えていた、その霊能力とは、どのような方法で、人々に恐怖を与えていたのでしょうか？」

「かつてオニと言われた人たちは、その特殊な霊能力を使って、人々の思いの中に、悪霊や妖怪の姿形を観せて、恐怖を与え、霊界・魔界の世界を信じさせていた。その方法とは、それは、人が皆寝静まった真夜中にそっと人家に忍び込んで、人々の夢の中に登場して悪夢を観させたことであった。このような能力とは、本来、人間が産まれながらに備わっていた親ガミと会話する為の能力であったが、それを魔王・悪神に操られた呪術者が悪用し、魔界・霊界にいる悪神・悪霊と交信する方法としてあみだしてしまった。また、この能力は、魔界に存在する魔のものどもの勢力が増してからは、人々の内なる親ガミの光りが封じられ、人々とカミガミとの交信は困難となり、呪術者や霊能者に悪用される能力となってしまった。

さて次に語るのは、支配者・権力者に仕えた儀式者（呪術者）が、その後、いかなる策略で人々の心に鬼の恐怖を与え続けてきたか、それについて語るとしよう。当時、儀式者（呪術者）が謀った次なる企てとは、カミ宿る人々の光りの命を鬼が伝える（魂）と言う言葉で封印して、人々の体内に宿る命の親ガミの光りを閉ざし、封印した。この呪いにより、すでに鬼の恐さを十分に知っていた人々は、神官や僧侶等から、魂と言う言葉を聞かされるたびに鬼の恐怖を思い出し、魂とは鬼が伝える恐いものと信じて、内なるカミの光りを閉ざし怯え続けた。それゆえ、魂とは鬼が伝えると書くのである。」

「では呪術者、儀式者が企てた謀り事によって、鬼となった人たちは、その後どのように利用されたのですか？」

「鬼と言われた人たちのその後については、今日の世においても各地で行われている、節分と言う行事の中で、逃げ惑っている鬼たちの姿こそが、オニと言われた人たちの哀れな末路の姿である。

ではなぜ、儀式者、呪術者が節分という行事を執り行うようになったのか？　それは、日ノ本の国造りの始めには、オニと言われた人たちの巧みな技術を利用して神殿・宮殿を築いた事実を歴史上から消し去り、そして大陸から来た王者・支配者が行ってきた数々の秘密の悪事を隠す為であった。

その為に支配者に仕える儀式者、呪術者は、当時人々が恐れていた鬼たちを、支配者の配下の者によって鬼退治をさせ、支配者自らが、邪鬼を滅ぼす民衆の味方として人々から信頼されるように企み謀った儀式である。つまり節分という行事の目的は、支配者・権力者の思いと、鬼を恐れた人々の思いが一つとなり、互いに共通の敵として鬼を憎むように仕組んだ謀りことであった。

それと当時、行われていた節分と言う行事は、今日のような遊び事で豆をまく行事ではなく、領内に鬼と呼んだ人たちを解き放し、逃げ惑う鬼たちを、役人が人々の目前で惨殺してさらし首にしていた。そして、そのさらし首めがけて多勢の人々が、石礫を投げつけ、日頃の恨みをはらした儀式であった。この儀式は、政を司る支配者・権力者は正義であるとして、世間に知らしめた鬼狩りと言う、観るも無残な儀式であった。また当時の人々も、日頃の鬼に対する恨みを晴らすかのように、鬼たちに石礫を投げつけ鬼退治という行事に加わり、逃げ惑う鬼たちを攻撃していた。尚、当時、鬼といわれた人たちの姿は、顔と身体中に醜い刺青を彫られ、獣の皮を着せられて人々が恐れる姿であった。

これまで過去の歴史を辿るなら、彼ら鬼と言われた人たちよりも極悪非道な者が世に現れ出ては消え去り、そして、その犯した罪もやがては歴史の記憶から忘れ去られてきた。また、その者たちの中には、後の世においては英雄として人々から敬われている者もおる。だが鬼と言われた人たちだけには、今日のこの時代に至っても、その実態は何も分からぬまま、言い訳することさえ許されず、永い時代、忌み嫌われ恐れられてきた。これまで秘められてきた鬼たちの歴史とは、時々の国司る支配者・権力者と、彼らに仕えた儀式者、呪術者たちが、いかに世の人々の心に鬼の恐怖を洗脳し続けてきたか？　また、鬼退治と言う行事が各時代を通して絶やすことなく、伝統行事として受け継がれて来たのか？　心ある人々は、これまで世に受け継がれている習慣・儀式・伝統等のからくりを見極めて、神仏の代理人が執り行う祭事の企みを見破り、内なるカミの光りを感じて、心を広くして、真実を見極める知恵をもつことである。」

蔑まれた人々の真実

「人々の世界では、遥か昔から、鬼と言われた人たちよりも、悪の限りを尽くした悪人が世に現れ出ては、歴史にその名を記して来ました。しかしそのような極悪非道な者でさえも、後の世においては犯した罪も忘れ去られて、その者の名が物語となって語り継がれ、人々からは慕われ、英雄となっている者もおります。それなのに、鬼と言われた人たちだけが、なぜに今日のこの世においても、未だ蔑まれたまま、忌み嫌われているのか？　その理由が他に秘められた事情でもあったのでしょうか？」

「そもそも鬼と言われた人たちとは、四天界の星々を導くカミガミから王（おう）と呼ばれた、星々のカミガミの言葉を伝える光り人たちであった。かつて大陸から来て日ノ本の王者となった支配者は、日ノ本の人々を捕らえ手下にして国創りに励んでいた。またその頃、奪い取った領地には、手柄を立てた者を地主として君臨させ、何も知らぬ民衆を操り従わせ国家の土台を形創った。

そしてまた、日ノ本の国家の土台創りの過程においては、刃向かう多くの人々は惨殺され、またかしずく者は味方に加えて、日ノ本の光りの大地を、彼ら支配者が望む国土に創り変えてしまった。さて、日ノ本を占領した王者・支配者らは、彼らが犯して来た悪行の全てを正義の為であったと、配下の呪術者、儀式者を使って人々に言い伝えさせ、また書き記して日ノ本の正当な歴史書として後世に伝え残してきた。

これが世に伝え残されている古事記、日本書記である。このような偽りの歴史書を、真実であるかのように後々の世に伝え残したのが、時々の支配者・権力者に擦り寄った学者であり、また支配者・権力者にまとわりつく地位ある者たちであった。それゆえに、昔から、学者とか先生と言われている者たちは、過去の時代に記された歴史書の大部分を疑うことなく信じて、それをやみくもに記憶することが教育であるかのように、弟子や生徒たちに語り伝えている。だが、そのような指導方法とは、今日、仏に帰依した僧侶たちが、大陸から伝えられて来た経の類いを真の意味も分からずにまるごと暗記して、それを有り難い言葉として得意げに教え説いているのと同じである。ゆえに世に記されている歴史書というのは、勝者であった支配者・権力者が、真実の歴史を闇に封じ込め、彼らにとって都合良きことだけを書き綴ってきた偽りの歴史書であったと知るべきである。

これまで記されてきた歴史書を紐解けば、真実の歴史とは、時々の支配者・権力者から弾圧され虐げられて来た、民衆の過酷な暮らしの中にこそ、真の歴史は秘められているのである。そして、いつの時代でも、支配者・権力者の歴史とは、戦いに（負ければ賊軍、勝てば官軍）と言われるように、敗者は悪として裁きを受け、勝者は正義となり歴史は記されてきた。では、支配者・権力者の正義とは何か、と言えば、それは、数多くの罪なき民衆を殺害し続けて来た、その結果の正義である。このような支配者・権力者の歴史の中で、戦に勝ち抜いた者は王者となり支配者となって、民衆を束ね国家が築かれてきたのである。さて、オニと蔑まされた人たちのことであるが、その姿とは、呪術者の手によって頭には牛から剥ぎ取った角のある毛皮を被らされ、身体中には醜い入れ墨を彫られ、顔は熱湯をあびせられてヤケドをおわされ、さらに身体の生皮を剥がされたことから、人々からはナマハゲと呼ばれていた。それは観るも無残な姿であった。今日でも秋田地方で伝統行事として行われている、鬼が幼い子どもたちを怖がらせているナマハゲという風習は、かつてオニと言われた人々が演じて見せた行事である。では、鬼と呼ばれた人たちが、なぜにそのような生皮をはがされ、入れ墨を彫られたのか？　それは見た目で人々の身分を判断できるように、支配者と儀式者（呪術者）が企てた、人々を差別する為の策略であった。またこのことは、かつて支配者と儀式者、呪術者が、人々の心を洗脳する為に謀った、世の教育者には到底分からぬ闇の歴史である。」

神仏への祈りの真実

「それにしても真実の歴史とは、聞けば聞くほど恐ろしく、そのような残忍な行為があったとは思いもよらぬことでありました。また、そのような支配者と儀式者・呪術者の謀り事があったればこそ、今日の世においても、人々の体内に宿る命の光りが狂わされ、多くの人々が洗脳され、騙され、偽りの神仏に祈りすがっているのだ、と知りました。そこで祈りについて伺いますが、もしある人が、神仏の前で我欲を満たす為の祈りではなく、親が子を案じて祈り願うのであるなら、その祈りは、星々のカミガミが見届けているのでしょうか？　それとも、どのような祈りであっても神仏に祈り願うのは、良くないことなのでしょうか？」

「人々が祈り願っていることについては、それが愛する我が子の為の祈りであろうと、我欲を満たす為の祈りであろうとも、星々のカミガミは全てを聞いて、それぞれに応じて人々を導いておる。なれど、星々のカミガミが導くと言っても、人々の望みの全てを叶えることではなく、人々が居心地良く暮らせるように、導き守ることがカミガミの務めである。われらカミガミの望みは、人々の世界が神仏像にすがることなく、祈らずともよい世界となるように強く望んでいる。しかし今日の世界では、多くの人々が物欲と金の虜となって、我欲を満たす為に日々、祈り願っている。

さて、遥か昔、地球に霊界・魔界が創造されてから、人々の祈りは魔界にいる神仏に向けられ、その祈りは魔のものどもの餌食となって、人々の望みは叶わず、虚しい祈りとなって地上世界を覆いつくしている。ではここで、星々の親ガミと人間との良き関係を述べておく。

そもそも、人々の体内には産まれながらに親ガミの光りの命が宿り、いついかなる時であろうとも、命（いのち）の親ガミは我が子を守り導いている。

それゆえ、どのような人々でも、体内に宿る親ガミの光りを信じて心目覚めたなら、日々、親ガミと共に生きて、全てに足りることを知り、穏やかに居心地良く暮らしていけるものである。そのような生き方こそが、星々の親ガミが心より望む人本来の生き方である。これまで多くの人々は、永い間、神仏に仕える者たちから、間違った神仏の教えを洗脳されてきた。それによって、真のカミガミに対して誤った価値観を持たされてきた。真のカミと人間との関係を、例えて言えば、人間を優れた機能を備えたコンピューターだとすれば、真のカミは、そのコンピューターを起動させるための動力、電力である。この電力をカミの光りとすれば、人間はカミの光りによって生かされている。それゆえ、ある人が（目の前のグラスを移動させてくれ。）と頼んだとしても、真のカミは移動させることはしない。このグラスを移動させるのは人の手である。その手に光りを加えるのがカミである。

これが人間と真のカミとの正しき関係である。しかし、時には、家の中の物が移動することがある。また、何者かが壁を叩く音がすることもある。この現象は、魔界・霊界にいる悪霊・悪神・妖怪による脅しであり遊びである。さらに、心優しき人が、（愛する人の病を治してほしい。）と祈ったとしても、われらカミガミは病気の人に光りを届けることはするが、病気の人が、われらカミガミの光りを受け入れるか、受け入れないかは、その時の、本人の心の思いが魔を好む人か、また光りを求める人かによって、病気の回復が違ってくる。また、光り目覚めた人が、病気の人を癒したいと思ったならば、その時は、胸に手を当て親ガミを呼び、両手に親ガミの光りを頂いて、病人の身体を両手で優しくさすってあげることである。その時、親ガミの光りが満たされた人は、身体中から汗が吹き上がる程熱くなり、病気の人の身体も熱くなる。これが、親ガミと光り人とが一体となって病気を癒す方法である。

そもそも人間の身体が調子悪くなるのは、体内に魔の悪神が憑依して、命の光りが奪われ体力が弱くなっている時である。親ガミが導いている光り人が、病気の人の患部に手を当てることにより、取り憑いた悪神・悪霊が取り除かれ、痛みや病気は癒されることもある。近未来では、人々が煩う病気は、光り人の言葉と光り人の手によって、多くの人々の病が癒されるであろう。
人間とは本来、病や傷や痛みを癒す為の、治癒力という光りの力が備わっている。自然界に生きる動物たちも、治癒力によって傷や病を癒し治している。人々も自らに備わっている親ガミの光りの治癒力を信じてみることである。しかし、そうは言っても、われらカミガミは、医者も薬も否定はしない、時には、医者も薬も必要である。それと、人々に気をつけてほしいのは、薬の常用は控えてほしい、なぜならどのような薬でも、薬を常用していると、人本来備わっている治癒力が弱まり、薬なしでは生きてゆけぬ体になってしまうからである。

星々の親ガミは、人々の体内に命となって宿り、日々守り導いている。人間の身体を健康に保つには、日頃から、身体が喜ぶ美味しいと思う食事をすることである。それとまた、適度な軽い運動をして、良く眠ることである。このことを心がけていれば、人間は生涯健康で暮らせるようになっている。さて、人々の暮らす地球は、天地創造の大ガミと四天界銀河の親ガミが五〇億年ほどの時をかけて、生きるもの全てが居心地良く暮らせるように創造した光りの星である。その地球の中で万物の長として創造されたのが、カミ宿した人間である。天地創造の大ガミと四天界の親ガミは、人々が生きる為に必要な、水も空気も食料も全てを創造して無料で与えた。この地球を守り、救うことができるのは人間である。ゆえに、天地創造の大ガミは、人間を生きるもの全ての代表として、カミガミの光りの言葉を授けて、万物の長としたのである。われらカミガミが人々に知ってほしいことは、地球を加えた宇宙銀河の星々の世界は、天地創造の大ガミが薄紫の大きな光りで、宇宙銀河の全ての星々を守り導き、その下に、北方銀河を導く親ガミが、黄金の光りで北方の星々を守り導いている。それと北方に相対する、南方銀河の親ガミは、青い水色の光りで、南方の星々を守り導いている。そして東方銀河を導く親ガミは、茜色の光りで地球を加えた太陽系の星々を守り導いている。また、東方に相対する西方銀河を導く親ガミは、緑の光りで西方の星々を守り導いている。このように、四天界銀河の親ガミは各々が、およそ七千から八千のカミガミが暮らす星々を守り導いている。

星々の世界で暮らすカミガミは光りの存在として全てが居心地良く、全てに満たされた光りの世界で暮らしている。天地創造の大ガミと四天界の親ガミは、地球も早く光りの星となって、星々のカミガミと仲良くできる、光り人たちの暮らす地球になってほしいと望んでいる。今日地上世界では、人々が偽りの神仏に祈り願っている時ではなく、世界は大きく移り変わり、新たな世界へと再生しようとしている時である。それゆえ人々は、いつまで経っても、かつて支配者と儀式者(呪術者)が企てた、伝統、儀式、習慣などに洗脳されておらずに、自らに宿っている命が真のカミだと信じて、新たな価値観をもって生きるよう心の準備をする時である。」

「遥か昔から、多くの人々が神仏に祈り願っている世の中で、私が新たな世界を伝えたとしても、はたして何人の人たちが耳を傾け聞くでしょうか？　それと、今日の人々の我欲世界を観れば、人皆居心地の良い世界が誕生して、新たな世界が本当に誕生するのでしょうか？」

「そなたが不安な思いとなるのは、今日の世界を観たなら当然のことかも知れぬ。なれど、そなたが世間の人々から一切相手にされず、鬼と言われた人たちと同じように蔑まれたとしても、そなたは、体内に宿る内なる大ガミの光りを信じて、われら星々のカミガミと共に歩むことが、人皆居心地の良い世界を築く為の近道である。それと今後の為に述べておくが、これから人々の世界では、未だかつてない、大きな天災や出来事が地上世界を襲うであろう。それは人々の我欲世界が改められて、新たな世界へと至る為に避けては通れぬ困難な道である。その困難を天変地異の大難とするか、それとも、かすり傷程度の小難とするかは、世に生きる人々の日頃の我欲の念によって決まるのである。ではここで、遥か昔から人々が祈り願っている、我欲の念について話し加える。遥か昔から、支配者と儀式者（呪術者）が企てた策略によって、洗脳された人々は神仏を崇め祈ることで家族の健康を願い、日々の暮らしの安泰を願ってきた。その人々の祈り始めた頃の想念は、まだ念ずる思いは弱く、僅かな望みを神仏に願う、力弱い想念であった。

だが、さらに時が過ぎて、大陸から新たに持ち帰った仏教の念仏や儀式が伝わり始めると、日ノ本には、多くの祈祷師や拝み屋が現れ、人々の祈る想念は一層強くなり、それがやがて念力となり、さらに合掌することによって内なる光りの命を閉ざす我欲の念となった。そして、その我欲の念が他人を妬み、敵を憎む呪いの邪念となって、今日の世界に至っては、人々の祈りは、魔の悪神どもが味方する念力となって、魔界・霊界・人間界を覆い尽くす、我欲渦巻く邪念の世界が形成されている。昔から人々の世界では、我欲の念を強く、強く持ち続けた者が、王者・支配者となり勝者となって、富と権力を握り、国司る者となって国家を支配し、民衆を操り従わせてきた。世界中の多くの人々が、それぞれに我欲・欲望を満たす為に祈り願っている世界とは、どのような世界となるか？

それは、今日の世界の国々を観れば分かるが、地上世界で起こる紛争や飢餓や災い事の全ては、日毎、人々が祈り願う我欲の念が原因となり、結果となって、それが現在の社会に反映され、今日の救いなき世界を形作っているのである。ゆえに、人々の念じる力とは目に観えぬが、霊界・魔界にいる魔のものどもに届き、全てが魔王・悪神どもの思いに記録となって残り、それが時空を越えて、人間界に、怨念や邪念のエネルギーとなって吹きまくり、人間界を悲しみや苦しみや災い事の多い世界にしているのである。また人々が祈り願う想念とは、人が人を怨めば、怨み返され、人が人を叩けば、叩き返される、そのような想念の仕組みとなっている。なれど、遥か昔から今日まで、世界中の多くの人々が、祈り願ってきた我欲世界も、今日の世に到っては、人間界の欲望の念が邪悪な破壊の念となっておる。それが積もり積もって地上世界を覆い尽くし、人々の世界は念が念を打ち砕く破滅の道へと突き進んで、これまで続いてきた我欲世界は、今漸く終わりを告げようとしている。それとまた、かつて神仏に仕えた呪術者と儀式者が、永い間念じてきた呪いの想念が、今日時空を越えて、魔と一体となりし者や、神仏に帰依する者たちに、呪いの念となって跳ね返って襲い来ることとなる。これは神仏にとり憑かれた者たちが、自らが、自らの首を絞め滅びゆく哀れな姿である。

さて、ここで迷える人々が虜となっている信仰心について述べておく。仮に、ある者が神仏との出会いを求めて、五年・十年、それ以上に祈り続けたとしても、その者は、霊界・魔界に潜む悪霊・妖怪の姿を観るが、真のカミとの出会いはないと、知るべきである。また、ある者が、神仏の加護を得る為に、山に篭もり滝に打たれ、艱難辛苦の荒行をしたとしても、その者と真のカミとの出会いはないと知るべきである。それとまた、神仏に帰依する者が滝行すると、魔の悪神・悪霊が体に取り憑き、また亡くなった多くの修験者や自縛霊にすがられ、霊界・魔界に引きずり込まれることになる。ゆえに、今日修業に励んでいる者たちは、即刻修行を止めることである。真のカミガミの思いは、日頃から人々のことを愛しいわが子と思い、日々居心地良く暮らしてほしいと望んでいる。ゆえに真のカミであれば、わが子の荒行する姿を観て褒め称え喜ぶはずはなく、それどころか、わが子が身体を酷使せずに、神仏などにすがらずに、日々嬉しく楽しく暮らしている姿こそが、真のカミガミの望みである。修験者の艱難辛苦の荒行を観て褒めて喜ぶのは、宗教組織を守る教祖であり、魔の悪神どもと仏魔である。

星々のカミガミの光りを感じるには、厳格な儀式や祈りなど一切必要ないことである。また人々が、カミガミの光りを感じたい時は、先ず心を落ち着かせ、両手を胸に当て、手の平に親ガミの温もりを感じてみることである。ただそれだけで、光り求める人たちは、命の親ガミが身近にいることを感じるはずである。人間と親ガミとの関係とは、人々が思い考えている以上に密接に一体となっているものである。それがあまりにも密接で在るが為に、多くの人々は親ガミの存在に気付かずに暮らしている。それは言わば、人間は空気がなければ生きてゆけないと知りながら、空気の有り難さを日々感謝している人がいないのと同じである。空気とは生きるものにとってなくてはならない、肉体を育む為に必要な命の素である。それと同じく、肉体を守り生かしているのは、命の親ガミである。人は時には、夜空の月を観て心の思いを語り、星々を観ては命の親ガミを感じ、体内に宿る命とはいかなるものであるか？　素直な心で考えてみることである。それにより心を開いた人たちは、星々にいる親ガミの光りを感じ、親ガミの思いを知ることだろう。

さて、それではここで、星々の親ガミの光りの色を述べておく。もともと人間とは、親ガミの光りが命となって宿っている為に、命の親ガミの光りの色がいつでも観えるようになっている。その親ガミの光りの色を感じるには、目を閉じて胸に手を当て、夜空の星々を観るように、親ガミの光りをイメージしてみることである。その時、オーロラのような緑色の光りが観えた人たちは、西方の光り星から来た、西方の親ガミの御子である。西方の親ガミは、自然界の森林の木々の緑を育み、季節のそよぐ風で四季を巡らせ、風と薬草を司る親ガミである。西方の人たちの特長は、そよ風のように、人から人へと物事を伝える、メッセンジャーの役目の人たちが多く、また、緑の草花が薬草となるように人々を癒し励ます人たちである。そして次に、目を閉じて夕焼けのような茜色、または、薄いオレンジの光りが観えた人たちは、東方の光り星から来た東方の親ガミの御子である。東方の親ガミは、昼には太陽の光りで地上を照らし、全ての生きるものたちを育み、夜は、月の光りで全ての生きるものたちの心を癒している、太陽と月と火星を司る親ガミである。

東方の人たちの特長は、太陽が昇り一日が始まるように、何事も人々の先頭となって進み、回りの人々を明るく照らす人たちが多く、また月のエネルギーで、人々の心を励まし勇気づける人たちである。次に水色の光りが観えた人たちは、南方の光り星から来た、南方の親ガミの御子である。

南方の親ガミは、海や河川に清らかな水を満たし、体内には血液となって流れ、生命の素である水を司る親ガミである。南方の人たちの特長は、清らかな水の流れが、流れるままに行き渡るように、人と人とを円滑に調和させる人たちが多く、静かだが芯の強い人たちである。

そして次に、薄い黄金の光りが観えた人たちは北方の光り星からきた、北方の親ガミの御子である。

北方の親ガミは、肥沃な大地に食物を育み、生きるものたちに棲家を与える大地を司る親ガミである。北方の人たちの特長は、縁の下の力持ちと言われるように、いつも人々の中心にいて、周りの人たちが和んでいる姿を見て喜ぶ人たちであり、落ち着いて頼りがいのある人たちである。

それとまた、人によっては四天界の親ガミの光りが観えずに、薄紫の光りが観える人もいる。この薄紫の光りは天地創造の大ガミが守り導いている光りである。また人によっては、四天界の親ガミの光りと薄紫の光りも同時に観える人もいる。これは命の親ガミと天地創造の大ガミが、共に守り導いている時に観える光りである。さらに、人によっては、どの光りも観えない人もいるが、このような人は、多くの御霊たちにすがられ、魔の悪神どもからも、命の光りを奪われている人である。このような光り奪われた人とは、例えば、煙突から出る煙が黒い煤となって、全体に張り付き覆われているように、身体全体にアメーバーのような細かい黒い霊にすがられている為に、親ガミの光りが観えず、目を閉じて観ても、目の前が薄暗く親ガミの光りが観えないでいる。

またこのような人を例えて言えば、親ガミが届ける光りを電波とすれば、人間とは電波を受信する受信機のようなものである。この受信機に、多くの黒い煤のような霊がまとわり付いていると、電波障害が起こり、電波が受信できなくなるのと同じである。このような人が、親ガミの光りが観えづらく、親ガミの光りが、霊界・魔界にいるものより遮られている為に観えないのである。だが、このような人でも、日頃から太陽の光りを身体で感じ、また、星々の光りを意識して観れば、親ガミの光りが観えるようになるはずである。星々の命の親ガミたちは、地球にいる可愛い子どもたちに、絶えず星々から、親ガミの光りを送り届け見守り導いている。ゆえに、人々は親ガミの光りが、いつでも何処に居ようとも観えるようになっているのである。親ガミの光りが観えない人は、先に記した、御霊上げの言葉を儀式化することなく行ってみると良い。そうすれば親ガミの光りが観えるようになるはずである。ここで注意することは、天地創造の大ガミと四天界の親ガミの五色の光りは、どれもが薄い光りの色であるが、人によっては、魔のもの悪神に憑依されていると、観える色が濃いペンキを塗ったような、黄色や緑、濃紺や真っ赤な朱色や、それと気持ちの悪い白光や、濃い紫の色が観えることもある。この色は天地創造の大ガミと四天界の親ガミの光りを、封印・呪いをかけている魔光である。この魔光は、神社や寺院にある五色ののぼりや垂れ幕として使用されている。それと、かつて大陸の皇帝から支配された、アジアの国々の社殿や寺院では、五色の魔の色が国別に決められている。その中で最も位の高い社殿や寺院には濃い紫の色が使用されているが、濃い紫は大陸の皇帝だけに許された特別な色である。その権威を示しているのが、濃い紫を禁じた中国の紫禁城である。尚、日ノ本でも京都に辰紫城が築かれている。

そしてまた、魔光の濃い紫の次には、濃い黄色となり、次に濃い紺であり、次に濃い朱色と濃い緑である。これらの五色の色は、かつて、大陸の皇帝が支配した国々を色で区別した色である。また魔王・悪神が呪術者に伝えた魔界の階級を表わした色でもある。この各国の色を確かめるには、日ノ本を加えた、アジアの国々の神社・仏閣を見れば、各々の国の地位がわかるようになっている。それと、また大陸の皇帝は自らの地位を守護する象徴として五本指の龍神を奉り、宮殿や寺院に多くの龍神を奉り、魔除けとして崇めさせた。これにより領地となったアジアの国々においては、国別に龍神の指の数が決められ、忠誠を誓う国（ブータンや韓国、沖縄）では、四本指の龍神を奉ることが許されていた。また日ノ本では三本指の龍神が許され、宮殿や神社や寺院に奉られている。加えて、日光の東照宮で奉られている龍神は全て三本指である。この国別の龍神の指の数は、大陸の皇帝から領地の王者としての地位を授かり、忠誠心を示す証しとして、大陸の皇帝から許された龍神の指の数である。また、この龍神の指が決める際の儀式は、アジアの国々の王者は、自らの親指を切り落とし、大陸の皇帝に親指を献上して、王者としての位を授けられ，四本指の龍神を奉ることを許され、国印を授けられていた。それと、日ノ本の国の王者は、親指と小指を切り取り、大陸の皇帝に指を献上して、王者としての国印を授けられ、三本指の龍神を奉ることを許されていた。ではなぜ当時、指を切り落とし、大陸の皇帝に献上する儀式がおこなわれたのか？

それは大陸の皇帝に仕えた儀式者の企みであるが、親指を切り落とし大陸の皇帝に差し出したのは、親指がなければ刃が持てず、刃向かう意思のないことを証明する為の儀式であった。また日ノ本の王者が、親指と小指を差し出したのは、日ノ本は島国であり、大陸から距離があった為に、大陸の皇帝は絶対服従の証しとして二本の指を献上させていた。この龍神の指の数は、今日のアジアの国々の神社・寺院に受け継がれているが、奉られている龍の指の数を見れば、かつて大陸の皇帝から支配された国々の地位が確認できるであろう。」

神社・仏閣の行方

「では、星々の親ガミの光りを感じた人たちが親ガミとの会話を望んだなら、その時は、どうしたら良いのでしょうか？　それと、新たな世界に向かって、人々が内なるカミに目覚め、偽りの神仏にすがることなく、祈ることを止めたなら、今日ある神社・仏閣はどのようになるのでしょうか？」

「人々が神社・仏閣で祈り願うことを止めたなら、今日ある神社・寺院は形を変えて自然公園のような緑多く、人々が集う楽しい憩いの場となるだろう。次に、光り目覚めた人々が親ガミとの会話を望み、メッセージを受け取る時にはどのようにすれば良いか？　であるが、その際、人々が心がけることは人間とは本来祈ることや念ずる思いは強くなく創造されている。ゆえに親ガミに強く祈り願うと、祈りが親ガミに届く前に、霊界・魔界に潜む魔のものどもに遮られて、誤ったメッセージを受け取ることになる。この誤ったメッセージを祈祷師・霊能者は、神仏のお告げとして信者に告げているのが、霊界・魔界に通じている者たちの告げる言葉には十分気を付けることである。もともと人間の身体は、星々から届く親ガミの光りが、体内に宿る命に届くように創造されている。ゆえに人々は、親ガミと会話する時には、心素直に親ガミの思いを感じてみることである。星々の親ガミから届くメッセージは、穏やかで優しい言葉で内なる思いに届くが、魔の悪神や稲荷の狐や龍神などが告げるメッセージは、人間を下に観ている為に、どことなく居丈高で命令口調で告げる言葉が多く気を付けることである。

それと、星々の光りのカミガミのメッセージと、魔の神々のメッセージを受ける時の違いであるが、光りのカミガミを感じる時は身体が温かくなり、心穏やかになり安心感がある。だが、魔の神々を感じる時には、身体がザワザワするような、周りの空気がシーンと張り詰めるような緊張感がある。神仏に操られている者たちは、このような緊張感を体験して、厳かな気分となり、悪神や仏魔の虜となっている。今日、人々はこれをパワースポットと呼んでいる。それと、また親ガミの光りを感じる人たちの中には、親ガミが導く未来の映像を観ることができることもある。特に、幼い子どもたちは、光りの純度が強く、親ガミの光りに敏感で映像が良く観え、親ガミと会話できるようになっている。その一方で子どもたちは、光りの純度が強い為に、魔界にいる猿や狐や猫などから狙われ易く、餌食になっている子どもたちが多くいる。その際、子どもの動きが猿のようになったり、蛇のように動き、舌をだしたり、取り憑いた動物と同じ動きをするので注意することである。

さて、星々のカミガミと会話ができる人たちは、四天界の親ガミより選ばれた人たちだけであるが、このことは、人間が親ガミを選ぶのではなく、親ガミが人を選ぶのである。ゆえに人々は、神仏などに祈らずとも内なる光りに目覚めたならば、かつて、世に現れ出たシャカやイエスと同じように　星々のカミガミのメッセージを、いつでも気軽に受け取ることができるようになっている。星々のカミガミは、遥か遠い昔から、人々の世界にカミガミの光りを送り届け、光りの言葉で可愛い御子たちに、勇気と希望を与え語り続けてきた。なれど、世の多くの人々は、親ガミが届ける光りの言葉を我欲の念によって打ち払い、心を閉ざして偽りの神仏に祈り続けている。これまで地上世界の歴史は、魔に操られた人間たちが悪神・仏魔の餌食となって、星々のカミガミの光りを拒み、魔の悪神・仏魔を崇拝し，祀り崇めてきた、このような世界では我欲強き支配者・権力者が力持つ世界であった。

また、このような世界では、多くの民衆が犠牲となる悲惨な戦争が繰り返されて、国司る支配者・権力者だけが富み栄えた汚れた歴史であった。だが、このような汚れた歴史が続いてきたのは、それは何も、支配者・権力者だけが野望・欲望を満たす為の歴史ではあらず、多くの民衆たちも儀式者（呪術者）の企てに乗って、外に祭られた神仏像を崇め、祈り願って来た歴史でもあった。その結果、人々が星々のカミガミを遠ざけ、真のカミガミを拒んできた歴史であった。

なれど、これから誕生する新たな世界では、支配者・権力者が弱き人々を虐げ苦しめることなく、多くの人々は、これまでの古い価値観を改めて、星々のカミガミの光りを素直な心で受け入れ、新たな世界が築かれる時である。今日世界では、星々の親ガミが新たな価値観をもった人々に光りを送り届けて、多くの光りの御子たちを誕生させ、新しい世界を目指して導いておる。これから世界では、新たな価値観を持った人たちが、世界中の国々から現れて出て、嬉しい、楽しい居心地の良い世界を創造するであろう。そなたは、その人たちとともに、新しい世界を目指して、カミガミの真実を伝えることである。」

「私は、これからも、カミガミの真実を伝えたいと思っております。その為にも、闇に埋もれた歴史をもっと多く知りたいと思っております。そこで、日ノ本で神社・寺院を建造した。その当時の支配者と儀式者（呪術者）は、どのような策略で人々の心を操り従わせたのでしょうか？　それから古くからある神社や寺が険しい峰山に建立されているのは、これも支配者と呪術者が企んだ策略だったのでしょうか？」

「遥か古代、縄文以前の日ノ本では、山の民、海の民といわれた人々が、自然を尊び、太陽と月と星々を心の拠りどころとして、光りのカミガミとともに仲良く暮らしていた。それが、今から一万五千年程前、大陸から人々を殺める武器を持った大勢の集団が襲い来て、日ノ本の地は占領され、人々は殺害され、多くの人々が奴隷として捕らえられた。その時、支配者とともにきた呪術者から、日ノ本のカミガミも封印・呪いをかけられ地中深き所に閉じ込められてしまった。そして、そのカミガミを閉じ込めた土地の上に呪術者らは、魔のものと一体となって呪いをかけ、大陸の王者が崇める神々を祀る神社を建造した。その神社が、各時代を通して受け継がれ、日ノ本の各地では、大陸から渡り来た七福神や仏魔などが奉られ、今日の世においても崇められている。日ノ本に神社が建造された初期の頃は、呪術者は崇拝する神々に、幼い子どもや光りの御子を生贄として魔の魔王・悪神に命を捧げていた。そして、その生贄の儀式が時代と共に変わり、幼い子どもや光りの御子から、熊やキツネや獣が生贄として儀式に使われるようになった。

それと当時、大陸からきた支配者と呪術者は、占領した日ノ本の峰山を祭祀の場として選び、その地に大陸の神々の神社を建てた。また、その場は、平地を見渡すことができる砦としても都合が良く、また支配者の城としても都合が良かった。ゆえに、支配者と呪術者は敵が襲いにくい峰山を好んで社を建て砦としたのである。古代日ノ本に暮らす人々の間では、大地にそびえ立つ峰山を、光りのカミガミが宿る聖地として尊び、大自然を心のより所として暮らしていた。しかし大陸から来た支配者は、侵略した各地の峰山に神々の社を建て、自らが神々の分身として君臨して、日ノ本を大陸の領土として国造りに励んだのである。それとまた、魔に操られた呪術者がさらに謀った企ては、占領した各地の峰山に、王者・支配者に力を授ける神々を奉り、豪華絢爛な神殿を建造して、支配者を裏で操り、王者として君臨させた。その企てによって王者となった支配者は、自らの地位と権力は、神々より授けられた力であると民衆に伝え、日ノ本の国創りに励み、多くの民衆を操り従わせたのである。これが、日ノ本が占領され、光りのカミガミが封じられた真実である。

では、これより呪術者の謀り事によって、封印・呪いをかけられた星々からきた光りのカミガミについて語る。遥か古代、星々から地球に降臨して、人々の世界を守り導いていたカミガミとは、四天界の星々からきた、光りのカミガミたちであった。その光りカミガミとは、支配者と呪術者が作った神仏像に宿るものではなく、また神社・寺院に奉られ鎮座して祈られ、すがられるものでもない。そもそも光りのカミガミとは、四天界の親ガミの光りから誕生した光りの御子たちである。そのような光りのカミガミが、王者・支配者が建てた神社・仏閣に喜んで居座り続け、人々が拝みに来るのをただじっと待っているほど、光りのカミガミとは、そんな愚かなものではない。まして世界では家なき人々が大勢溢れておるのに、華やかな神殿・寺院に鎮座して、人々から崇められ奉られて喜んでいるはずがない。それを喜んでいるのは、魔の悪神どもや仏魔どもである。それとまた、人々の頭上に君臨している支配者・権力者と、悪神・仏魔に操られている神仏に仕える者たちである。先にも述べたが、人々の命の親である星々の親ガミが宿る所とは、人間の体内である。それと星々のカミガミが降り立つ大地とは、人々が決めることではなく、カミガミ自らが決めることである。

それゆえ人々は、今後一切悪神や仏魔などが鎮座する神殿・寺院は造ることは必要なきことである。それよりも、現在ある神社、寺院、教会を家なき人々の為の住まいとして無料で開放してくれたほうが、星々のカミガミにとっては嬉しきことである。ならば、世に指導者と言われておる地位・権力ある者たちは、これからは真のカミガミの思いを少しでも学び、地位と権力で得た汚れた金で建てた豪華な邸宅等には住んではおらずに、我さえ良しとする我欲、野望を捨てて、世の中で貧しく虐げられて人々の為に尽くすべきである。これから新たな世界に現れる指導者とは、これまでの支配者・権力者が形作った、地位や権力や名誉や黒い金に心迷わず人々の良き模範となる人である。また天地自然の動きにカミガミの摂理を学び、体内にカミ宿ることを知る人である。そして常に志を高く持ち、天の星々に貧困なき、戦なき、災いなく、宗教なく、平和で人皆平等世界を望み、生涯を一庶民として生きる人である。そしてまた、自らの天命を果たし終えたなら、この世に何一つ未練を残すことなく、晴れ晴れと命の親ガミが待つ光りの星へ帰る人である。

このような指導者が、世界が破局する前に現れ出たなら、地球は光りの星となって再生され、人も皆居心地の良い世界が創造されるだろう。われが今述べた、このことを即座に拒絶する者、耳を閉ざす者、今の裕福な暮らしにしがみつく者、それとは別に、内なる親ガミの光りに目覚めて新たな指導者に成らんとする人。人にはそれぞれの思いがあるが、世界は今、刻一刻と大いなる破局へと向かって進んでいる。天地創造の大ガミと四天界の親ガミは、新たな指導者となる人たちが、魔の悪神どもの阻みに負けることなく、多くの困難を乗り越えて、世界に現れ出ることを待ち望んでいる。さて、星々のカミガミは、遥か昔から、時や場所を選ぶことなく、いついかなる時であろうとも、地球にカミガミの光りを送り届け、人々の世界が人も皆居心地の良い世界となるように導いてきた。また星々のカミガミは、神棚や神社等に居座り続けておるのではなく、光りのカミガミが好む場所とは、人々がいて居心地の良い場所。そこが、星々のカミガミが光りを届ける場所である。真のカミガミを求める人たちが、カミガミと出会う為に神社、仏閣など行く必要はなく、今いる場所で胸に手を当て、命の親ガミを呼べば、親ガミの光りは星々から直ぐに届くようになっている。

このことは、太陽の光りに手をかざすと瞬時に手が暖かくなるように、親ガミの光りには地球にいるわが子を守らんとする強い意志がある、それゆえ、何万光年離れていようとも、世に言われている光りのスピードよりも速く、わが子の体内に届くようになっている。

世の多くの学者たちは、光りのスピードが皆同じ速度だと思っておるが、それは大きな間違いである。なぜなら、親ガミの光りには、わが子を守らんとする強い意志が加わっておるから、科学者が計算できる光りではないのである。世の学者たちは、光りのスピードを測るのに、地球の尺度で光りの速さを計算しておるが、地球上での光りの速さと、星々の世界での光りの速さには大きな違いがあり、カミガミの世界では、時間や距離や速さは関係なく、全てが超越した世界である。それゆえ、人間界での物質世界とカミガミの反物質との世界では、光りの速さは当然違ってくるのである。また、天地創造の大ガミと四天界の親ガミの光りには強い意思があり、全宇宙の星々のカミガミとの間でも一瞬にして交信できる光りである。

それゆえ、親ガミと光り人が何万光年離れておろうとも一瞬にして親ガミの光りは届くようになっている。また、光り目覚めた人が、星々のカミガミに語りかけたとしても、その思いは星々のカミガミに一瞬にして届いておるのである。このことは、地球上で数千キロ離れた親子でも、固い絆で結ばれた親子の間では、思いを伝えることができるのと同じである。人間は、この伝達方法をテレパシーや虫の知らせと呼んでいるが、世の学者たちは、遠く離れている双子や動物の親子の互いに心通じ合う関係を、もっと謙虚な思いで研究してみることである。今日、子どもたちの中には、光り人が導く言葉によって星々の親ガミと会話をする子どもたちが増えている。また親ガミの星へ行って、星々の風景を描いている子どもたちもいる。この子どもたちの描く絵は不思議なことに、皆、共通して五色の鮮やかな光りが彩られている綺麗な風景画である。天地創造の大ガミと四天界の親ガミは、地球にいる光りの人たちが、星々に向かって語りかける言葉や思いは全て聴いて知っている。

天地創造の大ガミと四天界の親ガミは、カミガミの光り求める人たちに、星々に向かって語りかけてほしいと望んでいる人間の命の源とは、親ガミの大きな光りから分け与えられ誕生した光りの一滴（ひとしずく）である。この光りの一滴が、人間の体内に命として宿り、人々は日々守られ導かれている。人は皆、親ガミの光りを宿して誕生したカミの御子である。」

支配者たちの陰謀

「では、日ノ本の峰山を占領して神々の社を建造した支配者と呪術者は、次に、どのような策略で日ノ本を支配したのでしょうか？　また日ノ本へと渡り来た大陸の支配者は、当時、大陸の王者との関係は、どのような関係だったのでしょうか？」

「大陸から来た支配者と、その配下の呪術者たちは、彼らの王者から、日ノ本を占領することを命じられ日ノ本へと渡り来た。では、なぜ大陸の王者は、大陸から比べたなら取るに足りぬ小さな日ノ本を、ありとあらゆる策略を練ってまで征服しようと企てたのか？　それは、大陸に誕生した王者は、アジア諸国の全てを占領して自らを世界の王者として君臨することに強い野望を持っていたからである。それと大魔王に操られた大陸の呪術者は、日ノ本の大地が、遥か昔から、星々のカミガミが降り立った光りの大地であると知っていたからである。その日ノ本を手中に収めることによって、大陸の王者は世界の天帝としての地位を固め、また大魔王は呪術者を操り、日ノ本にいるカミガミに呪い封印をかけて、天も地も人も全てを支配しようと企てたのである。そのような野望を遂げる為に、大魔王に操られた呪術者と王者は、日ノ本のカミガミを封印して、日ノ本にいた人々を捕らえて洗脳し支配したのである。では、大陸の王者がいかに、日ノ本の権力者を手下にして、操り支配してきたか、それについて語るとしよう。

先にも告げたが、ここでもう一度、大陸の王者と龍神について述べておく。大魔王に操られた大陸の王者は、自らを龍神の化身として皇帝の玉座に君臨して、宮殿や神殿に描く龍神の指を五本として決めた。そして占領した配下の国々の王者には龍神を崇めるよう命じて、その決まり事としてアジアと朝鮮半島の国々の王者には、忠誠心を示す証しとして、龍神の指を四本として崇めるよう命じた。それと日ノ本の王者には、龍神の指を三本として崇めるよう命じた。これは、大陸の皇帝と日ノ本の王者との絶対的な主従関係を示した決まり事であった。大陸の皇帝は、占領した国々を監視する為、時折、密使を派遣し神社・仏閣に描かれている龍神の指を確認させていた。それが今日の世にも受け継がれて、韓国の寺院では四本指の龍神が描かれおり、日ノ本の神社や寺には三本指の龍神が描かれている。さらに大陸の皇帝は、支配した国々に傀儡政権を誕生させ、忠誠を誓う者には王の位を授け、国の政を執り行わせた。その際、支配され国の王たちは、大陸の皇帝に絶対服従の証しとして自らの指を切断して、大陸の皇帝に指を献上したのである。

それが四本指の龍神を奉る国の王者は、自らの親指を切り落として献上した。それと三本指の龍神を奉る国の王者は、親指と小指を切り落として、大陸の皇帝に献上し王位の位を授けられたのである。つまり龍神の指が五本あるのはアジアでは中国だけである。ではなぜ、大陸の皇帝は、支配した国の王に指を切り落とさせ献上させたのか？　親指を献上させたのは、皇帝に刃向かう意志のない証しとして、刀が握れない親指を献上させた。また親指と小指を献上させたのは、刀を握れないのは勿論であるが、それとまた、皇帝に三つ指をついて服従を示した証しである。

この三つ指を付く儀式は、日ノ本においては、今日の世にも受け継がれて、高い座にある者に対しての儀礼として行われている。このような龍神の指の決め事は、大陸に皇帝が誕生してから今日の世まで受け継がれてきている、これが龍神の指に秘められた真実である。さて、日ノ本の峰山に魔の神々が宿る神社を建造して、星々のカミガミと日ノ本のカミガミを封印し呪いをかけたのは、大魔王に操られた呪術者の謀り事であった。それから、また、日ノ本に仏教を広め寺造りに励んだのも、大陸から来た大魔王に操られた呪術者の謀り事であった。では、呪術者が果たした日ノ本の国創り寺造りが、どのようにして謀られてきたか、を言えば、ある時代では、大陸に新たな仏教が栄えたと聞けば、直ちに僧侶らの集団を大陸へ派遣して大陸の伝統・儀式・仏教を学ばせ、数々の経典を持ち帰らせ国創り寺造りに励んだ。この仏教を広める寺作りは、日ノ本の国家としての土台を形成する為にはやらねばならぬ重要なことであった。これはまた、大魔王と悪神どもが呪術者を使って目論んだ、日ノ本の大地と日ノ本の人々を支配する為の国創り寺造りであった。

さて、先にも告げたが、大陸の大魔王は呪術者を操り、宮廷内の身分を色分けして、それぞれの地位と権力を決めた。その決めた色のなかで最も高貴な色が濃い紫色である。この濃い紫は、大魔王が天地創造の大ガミの薄紫の光りを封印・呪いかけた色である。そしてまた、濃い紫は皇帝でさえも使用を禁じられた、魔界の大魔王を象徴した色である。それゆえ、大陸の宮殿内では濃い紫の使用は禁じられ、現在でも紫禁城と呼ばれている。また日ノ本では、紫宸殿が建造されておるが、この紫宸殿の紫は天帝の証しであり、辰とは、天子が座する場であり、殿とは、宮中のことである。このことは、宇宙の中心が北極星であることから、辰とは北真のことである。その紫宸殿の座を大魔王が鎮座して、その下に、多くの悪神どもを傅かせているのが紫宸殿である。だが、大魔王と呪術者は、北極星が宇宙の中心であるとは知っていたが、北極星の上に天地創造の大ガミが存在することは知らなかったようである。

さて、宮廷内での濃い紫の次の位の色が、北方の親ガミの薄い黄色の光りを封じ、呪いかけたのが濃い黄色である。この濃い黄色は、皇帝だけに許された色である。次が南方の親ガミの水色の光りを封じ、呪いかけたのが濃い紺色である。この濃い紺色は、皇帝に仕えた側近の権力者や呪術者だけに許された色である。そして次が、東方の親ガミの茜色の光りと、西方の親ガミの薄い緑の光りを封じ、呪いかけたのが朱色と濃い緑である。その名残として、韓国では濃い緑色が神社・寺院に彩られている。それと日ノ本においても、神社や鳥居には濃い朱色が彩られている。この五色の濃い色は、いずれも天地創造の大ガミと四天界の親ガミの光りを呪い封じた色である。因みに、オリンピックの五輪のマークは赤青黄色と緑の輪と、そして中心の黒い輪であるが、この四色は、四天界の親ガミを封じた色であり、黒い輪は、天地創造の大ガミの薄紫を黒く染めた色である。

このように、大陸の皇帝から支配された国々は、龍神の指や五色の色によって区別され、占領された国々は大陸の王者には絶対に逆らえない闇の歴史が続いてきたのである。このことが現代の世に迄受け継がれて、日ノ本の国と日ノ本の人々は、遥か昔から、強国に操られてきたために、その封印が解けず、未だ完全に自立出来ない国家として、また自立出来ない国民となっている。古き昔から、日ノ本の国がいかに、大国・強国に支配され操られてきたのか？　その事実を明かせば、今日の世においても、国中至る所に神社・仏閣が建造され、多くの人々は神々に手を合わせ、仏にすがり救いを求めて生きている。これが日ノ本の人々を洗脳してきた、伝統・儀式・宗教による国創り、人間作りである。加えて言えば、日ノ本の人々が、古き昔から現在の世まで、大国強国に逆らえず、操られ易い国民であるのは、かつて大陸から運び入れられた伝統・儀式・習慣が、未だ人々の心を支配し、洗脳しているからである。

さて、大陸の皇帝が呪術者を使い、占領した国々をいかに操っていたか？ であるが。その痕跡はアジアの各国に数多くあるが、その中の幾つかを述べれば、韓国では、寺や神社の屋根の上には鳩と猿の置物がある。これは、大陸の皇帝が常に見張っているという盗聴器のようなものである。また屋根に鳩がいるのは、裏切りを許さず監視して密告する伝書バトのことである。それとまた、屋根に猿がいるのは、猿は見ざる、言わざる、聞かざる、三猿と言われているが、実は、猿三匹を一つにして見れば、大陸の皇帝が全てを見て、聞いて、知っていると言うことである。そして、日ノ本の各地の神社や寺には、魔界の見張り番である、猿田彦と庚申の猿が奉られているが、庚申とは、夜も寝ずに人間界を見張り番している猿どものことである。尚、この庚申とは、平安時代において、庚申待ちと言う儀式が日ノ本の各地で行われていたが、この庚申の日には、青い面の金剛像を祭り、眠らずに夜を通して行う儀式であった。この儀式の間に眠ったならば、人間の体内にいる虫が抜け出て、神々に日頃の悪事を告げ口するという風習であった。

ゆえに、この虫が、身体から出ないように徹夜で宴を催して、朝まで、夜を通して眠ることが禁じられた祭りであった。もともと庚申祭りとは、平安時代、貴族や公家や僧侶が、庚申の日にすごろくや歌会などをして夜通し楽しんでいた祭りであったが、その祭りが庶民に広まった奇妙な祭りである。この庚申待ちの儀式は、もとを辿れば、呪術者が大陸から持ち帰った儀式である。尚、身体から抜け出る虫とは、庚申の虫、または三尸（さんし）の虫と言われ、人間は産まれた時から、体に三尸の虫が宿っていると言われ、その虫が、日頃の行いを監視していて、悪さをした時は、皇帝に告げ口するという儀式である。さらに、この三尸の虫とは、一つは頭に棲み憑いて、眼を悪くする上尸（じょうし）と言われ、また一つは、腹に棲み憑いて、五臓六腑を悪くする、中尸（ちゅうし）と言われ、それとまた、下半身に棲み憑いて、精力を減退させる下尸（げし）と言われている。

…………………

（注）因みに、今日の世に伝えられている『庚申待祭祀録記』によれば、年に六度の庚申を知らずして、二世の大願は成就せぬ、と記されている。

…………………

以上述べたことは、ほんの一部であるが、これ以外にも、かつて大陸の呪術者が残した儀式や風習は、日本中に数多く存在して執り行われている。さらに知りたい人は、各地の寺や神社の彫り物、飾り物、魔除けを見れば良く分かるであろう。日ノ本の各地の寺や神社にある神仏像は、かつて大陸より取り入れた星々のカミガミを封じる為の、悪神・仏魔が宿っている像である。

かつて、世界制覇を企てた大陸の皇帝と大魔王に操られた呪術者の謀り事は、日ノ本に存在した光りのカミガミを、神社・仏閣の床下の、地底深き所に閉じ込め呪をかけ封印した。

…………………

（注）寺という漢字は、光りのカミガミを地底に閉じ込めた後、その土地に呪の杭を打ち込んだ文字である。ゆえに寺という字は、土に杭打つ、土寸（ドスン）と書くのである。

………………………

さらに大陸からきた呪術者は、大陸で崇められている神々や仏たちを日ノ本の地に根付かせる為に、領地内に僧侶、神官、呪術者を派遣して、各地に寺院・神社を建造して民衆を洗脳した。それとともに、魔界・霊界にいる悪神・仏魔を、民衆を救う善なる神仏として伝え広め、日ノ本の人々が悪神・仏魔の虜となるよう謀り、日ノ本の大地と民衆を洗脳し、呪い、封じたのである。因みに、ヒミコ、ヤマトタケル、聖徳太子、空海、最澄、天海などは、大陸の呪術者に育てられた、悪神や仏魔が憑依する呪術者であった。

さて、大陸の王者から占領された日ノ本では、さらに時が進み、今から千五百年ほど前、大陸から近い場所から始められた寺造りと国創りは、次第にその領土を広げながら、今日の九州の地において寺造りは一応完了された。その九州の地名とは、当時大陸の皇帝が、九つの州（国）を手中に治めていたことから、その名が付けられた。九州とは、大陸との深い係り合いを示した地名である。さて、ここで大陸の呼び名である中華の意味を述べておくが。中華とは大陸の皇帝が世界の中心であり、皇帝の権威を示す華として、呪術者が大魔王の神託を受けて名付けた呼び名である。これを中華思想と言う。また一方で中華とは、仏の座に咲く蓮（ハス）の華を意味している。蓮とは、泥土の沼の中で厳かな大輪の花を咲かせる。このことから仏魔にとり憑かれた僧侶らから仏の花として重宝された。また、蓮の種は、千年後にも蘇って花を咲かせることから、輪廻転生の花として、仏教では極楽浄土の花といわれている。そして、また仏教に帰依した僧侶らは、この蓮の花が咲く沼を、人々の辛い苦しい世界に例えて、沼の泥土は濁っていても、その中で咲く蓮の花は、仏のように厳かで美しいと、人々に仏の慈悲を説き、洗脳して仏教を広めた。

さらに、僧侶らが、蓮の華を仏の教えとして説いたのは、それは千年も二千年も仏教の世界が続くように願い、その中で王者・支配者が蓮の華のように栄え続ける、という、望み託した花が蓮華である。さて、九州のほぼ全土を支配し占領するに至った、支配者と呪術者の国創りと寺造りは、その後も北上を続けて、さらに山陽、山陰を瞬く間に占領して国創り寺造りを進めた。その中で、山陽と四国には八十八ヶ所の寺を建て、七福神を奉り、人々を洗脳し崇めさせた。それと、山陰の地には、全ての神々が集う場所として出雲大社を建立した。そして、次に支配者と呪術者は、三重と伊勢を瞬く間に占領した。

そこで支配者と呪術者は、三重の山奥に大陸の神々と仏魔が集う熊野大社を建て、その地を、裏の闇世界を支配する魔界を形成し、日ノ本を悪神どもが支配する国へと創り変えていった。それと、伊勢の地には、表の人間界を支配する為に、王者・支配者を守護する神々の大社を建造して、その地を、日ノ本の神々が集う天照大神の聖地として形創った。そして、また、伊勢の地で大陸の支配者と呪術者は、人間を神とする現人神を誕生させて、その者を日ノ本の王者として君臨させた。そしてさらに、時が過ぎて、支配者と呪術者の、国創りと神仏の社殿作りは、その後も京都と奈良へと止まることを知らず、やがて彼らが支配し占領した領土は、今日でいう関東地方に至るまで各地を支配するに至った。この日ノ本の国創り、神仏の社殿造りは、大陸から来た支配者と呪術者が、日ノ本の王者・権力者を裏で操りながら、国を創り、人々を洗脳した歴史であった。そして、占領した各地の重要な拠点には、七福神や仏像を祀り、八十八ヶ所巡りの寺を建立して、魔界・霊界のバリアを張り巡らせ、民衆を身も心も洗脳し、神仏の世界を信じさせたのである。

さらに時代は進み、今から八百五十年ほど前、始めは九州の地から行なわれてきた国創りと神仏の社殿造りは、やがて、大陸と海を隔てた日本海側の古志の里、越後の地（新潟）にまで神社・仏寺を建造するに到った。そこで彼ら、支配者と呪術者の野望は一応の目的を遂げた。

そして、その地を寺造りが終了した地として、大魔王に操られた呪術者が、海を隔てた大陸に思いを込めて、寺止まりと名付けた。そこが、今日、寺泊と言われている所である。」

…………………

（注）この当時の場面は、本文中の、私が北真より映像で観せて頂いた、越後攻めを参照して下さい。

…………………

「では、大陸からきた支配者と呪術者は、なぜ越後（新潟）において寺造りを止めたのですか？」

「その当時、国司る支配者は、政（まつりごと）や行事を行う際に重要としていたのが、大陸から遣わされた呪術者が告げる占いの言葉であった。それゆえ、当時は、呪術者の告げる神託によって国の政が行われ、越後において神社・仏寺の建造が、暫しの間止めた。では、なぜ支配者と呪術者は、東北にまで一気に神仏の社殿造りを進めることなく、越後において神仏の社殿造りを止め、寺止まり（寺泊）と名付けたのか？　それは当時、東北の地は都の支配者によって、戦いに敗れた人々が多く逃げ延びて、抵抗勢力として移り住んでいたからである。そのような人々のことを、支配者と呪術者は、人肉を食らう鬼妖怪と言い伝え人々を洗脳していた。以来東北とは鬼妖怪が棲む所として都の人々から忌み嫌われ鬼門の地として呼ばれるようになったのである。以上述べたように越後・寺止まりとは、大陸からきた支配者にとっては、永い時をかけて大願成就を果たした、日ノ本の歴史を大きく創り変えた勝利の地であった。

もともと越の国（新潟）とは遥か昔から、星々のカミガミが地球上で最初に降り立った大地であり、光り人たちが暮らした大地であった。そのような大地であったがゆえに、大陸の支配者と呪術者は、何が何でも占領せねばならなかった越後の地であった。では、その越後の寺泊において、支配者と呪術者はいかなる儀式行事を取り行ったのか？　それは、今日では、日本書紀や神話に書き記されているが、神変わり、国譲りと言う、当時の支配者にとっては、名実共に日ノ本を征服した行事であり儀式であった。しかし、その国譲りの儀式については、古来より歴史学者たちの間では、山陰の出雲の地で行われた儀式として記されているが、実は、越後の寺止まりで執り行われた、日ノ本が大陸の支配者の手に落ちた、神変わり国譲りの儀式であった。そしてその国譲りの地とは、古くは出雲が岬と言われ、今日では出雲崎と呼ばれている寺泊のすぐ近くにある所である。この出雲崎の地域で魔王や悪神どもが多くの呪術者を使って、星々から来た東西南北のカミガミを封じて、大地深き魔界に閉じ込め呪いをかけていた。しかし、この光りのカミガミは、この度、天地創造の大ガミと四天界の親ガミが誕生させた光り人たちによって呪い・封印がとかれ、親ガミの光り星へ帰り傷を癒やしている。そして現在では、地球の光りのカミガミは復活して、日ノ本再生するために地球の大ガミ・土地王と共に新たな世界を目指して力を注いでいる。さて、日本書記に記されている国譲りについては、出雲地方では日本書紀より以前に書かれた出雲風土記と言う書物があるが、その書物には、出雲の地で国譲りの儀式があったとは一行も書き記されておらず、それ以外の出雲にあった出来事が書き記されている。

では、なぜ、出雲風土記を書き残した人物は、日ノ本の歴史をも変える程の重大な国譲りの儀式を書き記さなかったのか？　それは、もともと国譲りの儀式が行われたのは島根の出雲ではなく、越後の出雲崎であったからである。また越後の出雲崎とは、山陰の出雲よりも先に名付けられた出雲の呼び名であったが、実は出雲崎が先であり、今日、出雲崎と呼ばれている。さて次に語るのは、日ノ本を占領した支配者と呪術者が国譲りの儀式を行った後に企てたことである。それは、支配者と呪術者が大陸から来た侵略者であったことを歴史に留め置かぬ為に、日ノ本の歴史を支配者にとって都合良き歴史に書き記したことである。その為に、越後の地から遠く離れた出雲の地に大社を建立して、その地で大陸の呪術者が魔王・悪神どもの力を得て、日ノ本のカミガミを封印し呪いをかけ地底深き所に閉じ込めた。それ以来日ノ本では、十月の月を神無月と呼び、出雲の地では神在月と言い伝えられている。

さて、九州の地から越後の地にまで、永い時をかけて、各地域を侵略し占領して、神社・寺院を建立した支配者と呪術者は、日ノ本を大陸の雛形の国家として形創り、そして侵略者の汚名を消し去り、支配者が現人神となって民の頭上に君臨し、魔の悪神・仏魔を崇める国家が築かれてきた。それ以来、支配者の汚れた歴史は今日の世にまで受け継がれ、日ノ本の人々は、大陸から来た偽りの神仏に救いを求め、星々のカミガミが封じられて、光りのカミガミなき時代が現在に至っても続いている。このように、大陸から渡り来た支配者らの歴史は、遥か昔から、世の人々を操り従わせる為に数多くの謀り事を企み、そして、時々の支配者と呪術者は、魔王・悪神から魔の力を授けられ、人々を偽りの神仏にすがらせ、真実の歴史を闇に封じ込め、痕跡を残さぬように、日ノ本の闇の歴史を封じてきたことであった。その闇の歴史を紐解けば、大陸から来た支配者と呪術者が、いかに日ノ本を占領して人々を洗脳してきたことか？　その例を挙げれば、日光とはもともとは、二荒（ニッコウ）と呼び、二体の荒ぶる悪神であるスサノオと大黒を日ノ本の守護神として奉った場所である。また日光東照宮にある唐門（からもん）は、大陸の唐の国の魔界の門のことである。

この大陸の門を潜ると言うことは、大陸の王者の股の下を潜ることと同じことである、また、日光東照宮にある絵画や彫刻などの全ては、大陸からの模写である。さらに、日ノ本が国家としての体制が整った頃から、日ノ本の政を司ってきた時々の政権の中枢には、表に出ぬが大陸からの密使が幕府内に加わり官僚国家が築かれてきたことであった。因みに、江戸時代世間を騒がせた赤穂浪士の中には、中国人が数人加わっていたと記録されている。それと、今日の世においても、日ノ本の国家を象徴する紋章は、五、七の桐紋であるが、この紋は、かつて源氏の紋章であった五七の桐紋を、現在の政府が引き継ぎ使用しているのである。もともと源氏のルーツは、大陸から来た武装集団の頭であったが、日ノ本の国家体制が整ってからは、天皇に代わって国家を司る幕府となって政を執り行ってきた。以来、日ノ本の紋章は、源氏の五、七の桐の紋章が引き継がれて使用されている。また、この桐紋は、日ノ本の首相が外国で会見する時でも、演台の正面に飾られ使用されている。つまり五、七の桐紋とは、古来より日ノ本を象徴する紋章である。ではなぜ、日ノ本の国家の紋章が、源氏の紋章であるのか？　それは、かつて豊臣秀吉や徳川家康が源氏の家系を名乗って天下人となったように、日ノ本の幕府の君主は、代々源氏の家系でなければならない、と言う決め事があったからである。加えて、北方のカミガミを封じた神社や寺には、源氏の五、七の桐紋が示されているが、このことは、われが先に告げた、光りのカミガミを呪い封じたのが源氏の系統の呪術者であった証しである。これまで、時々の政権に仕えた呪術者は、このような数々の謀り事でもって星々のカミガミを封じ、各時代を越えて多くの人々を操り洗脳してきたのである。

なれども、この度、天地創造の大ガミと四天界の親ガミは、これまで闇に封じられた歴史に光りを注ぎ、秘めし扉が開かれるように、これから人々は、闇に隠れた歴史の真実を知ることとなるであろう。それとまた、これまで隠し通してきた支配者・権力者たちの醜き正体も暴かれることになるだろう。さらにこのようなことは、今後世界中でも起こり、これまで闇に埋もれ、隠されて来た支配者・権力者たちの秘密も星々のカミガミの光りが注がれ、全てが闇の中から炙り出されることとなるであろう。これまで支配者・権力者の歴史とは、遥か昔から多くの民衆を欺き悲しませ、死人に口なしの如く、親ガミの光りの命を殺害して、彼らの汚れた歴史が築かれて来た。しかし、そのような血に塗られた支配者・権力者の闇の歴史も、今日では、漸く終わりを告げる時となり、これからは、天地創造の大ガミと四天界の親ガミが、これから世界に現れ出る光り人たちを導き、新たな世界が築かれる時となっている。」

人間界と霊界の変化

「人々の世界では、遥か遠い昔から、支配者、権力者が存在しない国はなく、それゆえ世界の国々の歴史は、支配者、権力者たちの野望、欲望によって国家が築かれ、民衆が支配されてきた歴史でありました。このような歴史では、多くの民衆が虐げられ、洗脳され、魔の悪神、仏魔を崇め、すがってきた歴史でもあったと思います。そこで、尋ねたいのは、これまで地上世界の永い歴史の中で、悪神、仏魔から魔力を授けられ、多くの人々を虐げてきた支配者、権力者とは、どのようにして世界に現れ出て、人々を操り支配したのでしょうか？」

「遥か古代の日ノ本では、星々のカミガミの光りが地上世界を満たし、われら北真のカミガミを中心とした北方文明が、光りの人々と共に、全てに居心地良く暮らしていた。また、その北方文明とは、星々のカミガミと人々が一体となって自然と調和して暮らしていた世界であった。それはまた、縄文以前四万年ほど前まで続いていた地上世界の楽園であった。遥か古代、人々の世界に未だ宗教がなき時代には、人々は太陽と月と星々を心の拠り所として慎ましく嬉しく暮らしていた。

それが地上世界に王者、支配者が誕生した頃から、時々の権力者によってカミガミの形が変えられ利用され、カミガミが望まぬ宗教という誤った形が世界中に広まってしまった。これら宗教が誕生した為に、宗教間でいらぬ戦争が起こり、人々が安心して暮らせぬ世界になってしまった。

今日、人々が知るべきことは、人々が、どのような宗教に救いを求めてすがっても、人々は居心地よく暮らせぬことを知るべきである。宗教とは時々の支配者と聖職者が、人々を洗脳し服従させる為の手段であると、もうそろそろ多くの人々は気づくべきである。

そもそも、人間界での貧困や飢餓や戦争などの多くの災い事の元凶は、真のカミなき宗教である。また地上世界に魔界、霊界が誕生したのも宗教が形作られてからである。さて、星々のカミガミと人々とがともに嬉しく暮らした楽園世界は、大陸からきた魔の悪神を崇めた支配者の出現により崩壊して、やがて地上での時が過ぎ行くとともに、人々の心にも、我さえ良し、とする我欲の想念が芽生えて、強き者が弱き者を支配する強者の世界が誕生した。以来人々は、星々のカミガミの光りを拒み、人自らが、カミガミの光り見えぬ世界を選び、北方文明に別れを告げた。かくて、日ノ本の地上世界では、天地自然界の秩序、摂理が乱れて、今から四万年ほど前、人々の世界は石器時代と言われる原始社会へと至ってしまった。それから時が過ぎて、強欲な支配者、権力者の時代となり、時代は数々の戦争が繰り返されて、やがて日ノ本の北方文明は跡形もなく消滅してしまった。

そしてそれから時代は、大陸の南方文明へと移り、さらに時代は中東諸国の東方文明が築かれ、そして長き時を経て時代は、今日のヨーロッパの西方文明へと引き継がれ、現在に至っておる。われが、今述べた各々の文明を紐解けば、今日世界では、金経済による物質文明が頂点に達し、ヨーロッパ諸国を中心とした西洋文明が栄えておる。だが、それ以前、今から二千年ほど前には、中東地域を中心にした部族の長が支配者となって民衆を支配し、東方文明が築かれ栄えていた。

そして、今から四千年程前には、インドと中国とアジアを中心とした南方文明が誕生して、その中で仏教が栄え、そして大陸の王者が頭角を現し、アジア一帯を支配する皇帝が誕生して南方文明が築かれ栄えていた。各時代栄えたそれぞれの文明には、魔王、悪神が王者、支配者に権力を授け、預言者や呪術者に魔の力を授けて宗教をひろめ、民衆を洗脳し、支配者、権力者の為の国家を栄えさせていた。今述べた各々の文明を省みれば、どの文明も、星々のカミガミを呪い封じた、魔の悪神どもが活躍した文明でもあった。そしてまた各文明を紐解けば、地上世界は、始めに北方のカミガミを中心とした文明が日ノ本を中心に栄えていて、そこでは肥沃な大地より実り豊かな食料を得て、人も皆全てが仲良く暮らしていた。しかし、北方文明も永き時が過ぎた後に、アジアの北方から魔王が力を授けた王者が現れ出て、アジアと日ノ本の大地は襲撃され占領され支配されてしまった。それと同時に魔王に操られた呪術者の集団が北方のカミガミを地下に閉じ込め、封印、呪いをかけて北方の光りの文明を崩壊させた。

かくて、アジアと日ノ本の大地は汚れ穢れて、大地は大きく揺れて震動し、山河が崩れ、荒れに荒れた不毛な大地となった。そして北方文明の次には、今日のインドを中心とした広大な大地に南方のカミガミを中心にした、清らかな水に満たされた南方の光りの文明が栄えていた。だが、この文明も魔王から力を授かり王者となった支配者の野望、欲望が、民衆を支配し苦しめ、真のカミなき宗教を栄えさせた。それと同時に、魔王に操られて仏魔の虜となった僧侶らが、南方の水を司るカミガミを南無の呪文で封印、呪いをかけて、南方のカミガミを水底に沈め閉じ込めた。かくて、アジアの大海は汚れ、河川は濁り、各地で洪水が襲い、大水害となって、南方の光りの文明は崩壊し、仏魔の世界となった。そして南方文明の次には、今日の中東といわれる大地に東方の太陽と月のカミガミを中心にした穏やかな日月の光りに導かれた東方の光り文明が栄えていた。だが、この文明も魔王から力を授かった王者、権力者の誕生によって、各地で終わりなき戦争が繰り返され、国が乱れ、大地は荒れ果てて、東方の光りの文明は崩壊した。この東方文明の崩壊と共に、太陽と月のカミガミは、魔王の手先となった神官、呪術者により呪い、封印を掛けられて、太陽は人も皆光りで導く力を失い、大地は灼熱の炎のような熱波が襲い、月は巡る時を狂わされて、人々の心は乱され、人も大地も荒れに荒れた不毛な大地となった。

さて次に、東方文明の後には、今日のヨーロッパの地域に西方のカミガミを中心にした緑の光りの風がそよぐ西方の光りの文明が栄えていた。そしてこの文明は、時が過ぎると共にヨーロッパからアメリカへと受け継がれて、今日においては、人々の欲望が金経済の世界を形成し、そして物質文明が頂点を迎えて、西方の光りの文明は崩壊しようとしている。またこの西方文明の繁栄と共に、魔王の手先となった呪術者や神官たちは、西方の風のカミガミと樹木を育むカミガミを、封印、呪いをかけて、さらにイエスを封じて、キリスト教を世界中に広めた。この西方のカミガミを封じた呪いによって、大地にそよぐ心地良い風は荒ぶる暴風となり、山は崩れ、樹木は荒ぶる風によってなぎ倒されて、自然界の秩序は狂わされてしまった。以上、これまで続いてきた各文明は、始めは星々のカミガミが、光りの人々を導き築いた光りの文明であったが、それが、魔王が力を授けた王者、支配者によって破壊され、穢れた文明となってしまった。さらに魔王の手先となった呪術者らによって、光りのカミガミが呪い封印をかけられて、魔の悪神どもが蔓延る、闇の文明となってしまった。

これまで地球上で築かれ栄えた、北方、南方、東方の各文明は、今日の西洋文明のような、世界を破滅させるほどの軍事力はなく、それぞれが限られた地域の一握りの王者と支配者が君臨する文明であった。だが、今日の西方文明は、人類を一瞬にして破滅させるほどの核兵器を持ち、限りなき欲望を貪る金経済が人々の心を蝕み、今日人類は破滅へと進み、西方文明も崩壊しようとしている。それと共に、魔界、霊界に潜む魔の悪神、悪霊が人間たちを闇より操り、人々を踊り狂わせて、天地創造の大ガミと四天界の親ガミの光り届かぬ地球となっている。今日栄えている西洋文明は、強き者が弱き者を踏みつける、一握りの支配者、権力者が栄え、民衆が苦しむ、魔の悪神、悪霊どもが喜ぶ世界である。このような世界で勝利者となった大国の支配者、権力者は、世界の国々をも操り支配しようと正直で優しい人々を巧みに操り、不安、心配な世界を形成し、誰もが反対できない国際組織を創り、支配者、権力者の為の地球国家を創造している。今日世界の科学者が心がけることは、人類の科学がいかに進歩しようとも、人間の英知で制御できない物質をつくり、それを世に出してはならないことである。このことは人類が生存する為の絶対条件である。また今後、人類の科学がいかに進歩しようとも、人間が人間を殺害し、人間が人間の命を操作して、生死の操作をしてはならないことである。なぜなら、天地創造の大ガミと四天界の親ガミは、人間に人の生死を決める決定権は与えていないからである。これから人類がいかに進歩しようとも、人間の生死を決めるのは、天地創造の大ガミと四天界の親ガミだけである。なれど、この人間の生死の決定権を、昔から国司る権力者らは、数多くの戦争によって尊い命を殺害して、戦争を正義の聖戦として声高に叫び、多くの民衆を騙し続けてきた。

また魔界にいる魔王、悪神どもも人々の命を奪い、亡くなった人々の命を霊界に集めて、彼らのエネルギー源として餌食にしてきた。天地創造の大ガミと四天界の親ガミが人々に告げることは、例えどのような戦争であろうとも、これまで我らカミガミが許した戦争は一度もなく、如何なる戦争でも人間が人間を殺害する戦争には正義はないと、国司る者たちは心して知るべきである。

さて、これまで述べてきた、北方、南方、東方、西方のそれぞれの文明は、互いに時代は重なり合ってはいたが、どの文明も支配者、権力者が民衆の頭上に君臨して、魔の悪神どもに操られた呪術者や祈祷師が、星々のカミガミを呪い、封印かけて、民衆を偽りの神仏で操り、支配者、権力者の為の国家を築いてきた。またその国家は、魔界と霊界と人間界が重なり合った汚れた文明であった。このような文明であったが、現在の世に至っては、西洋文明そのものが多くの問題を抱えて、政治も経済も宗教も解決策のないまま突き進み、脆くも崩れ、破滅されようとしている。これまで永い歴史の中で、支配者、権力者だけが富み栄えてきた文明とは、それは民衆の心を宗教で洗脳して、蔑まれた民衆の血と涙で築いた文明であった。なれど、人々の流した血の涙が、これから誕生する新たな時代を築く光りの力となり、また星々のカミガミと光り目覚めた人々が新たな時代を築き、誕生させる時となって、世界は今漸く、人も皆全てが居心地良い世界が誕生する時代となっている。」

「では、天地創造の大ガミと四天界の親ガミは、これまでの支配者、権力者によって、虐げられた人々の苦しみや悲しさを知っていながら、なぜ、今日まで、支配者、権力者の文明を改めることなく、歴史の途中からでも正そうとはしなかったのですか？」

「われら星々の大ガミの力を持ってすれば、人も皆全てが居心地の良い世界を築こうと思えば、今この時においても可能なことである。なれど、今仮に、天地創造の大ガミが、人も皆全てが居心地の良い世界を創ったとしても、それは人々の為の真の良き世界ではあらず、やがて時が過ぎたなら人々の世界は再びもとの、我さえ良し、とする我欲世界へと戻ってしまうであろう。そしてまた再び、魔に操られた支配者、権力者が誕生し、民衆が苦しむ、汚れた歴史が繰り返されるだけである。ならば、それよりも、これから人々が、体内に宿る命が親ガミであると目覚めて、新たな世界を目指したなら、それこそ未来永遠に変らぬ、人も皆全てが居心地の良い世界となるはずである。それと、我らが天地創造の大ガミと四天界の親ガミは、遥か遠い昔から、支配者、権力者が築いた歴史をただ黙って観てきたのではない。われらカミガミは、全ての人々に、星々から光りを注ぎ続け、救いの手を差し述べてきた。だが、世の多くの人々は、外に祀られ神仏に願いを託して、我らカミガミが届ける星々の光りを拒み、自らの命がカミであると目覚めることなく、支配者、権力者を恐れ、何事も服従し、飼い馴らされてきた。そして人々は、いつの時代でも世の中が悪いのは、国司る権力者のせいにして不平不満を述べてきた。だが、そのような人々の思いは、国司る支配者、権力者から無視され、民衆は巧みに操られ、改革を求める人たちは闇に封じ込められ、昔から正直者がバカをみる世の中が形作られてきた。これまで汚れた歴史を形作ってきたのは、それは確かに、魔の悪神どもに操られた支配者と呪術者の悪知恵に長けた謀り事であった。なれど、そのような汚れた歴史を形作ってきたのは、支配者と呪術者だけの仕業だけではなく、その責任の一端は飼いならされた人々にもあるのである。また、世の多くの人々は遥か昔から、国司る権力者に対して日頃から触らぬ神にタタリなしの如く、その権力を恐れて従ってきた。

だが、そのような支配者、権力者を許し育んできたのは、これもまた、飼い馴らされた人々自身でもある。ゆえに支配者、権力者の持つ力とは、人々が彼らを支え、与えた権力であるといえる。ならば心ある人々は、いつまでも支配者、権力者の袖の下に隠れておらずに、神仏像に祈り願っておらずに、自らに宿っている内なるカミを信じて成長するべきである。ではここで、天地創造の大ガミと四天界の親ガミのカミ心と、親心について述べておく。例えば、幼き子どもが親にまとわり付き甘えてすがるのは、それは他人から見ても微笑ましく、いかなる親でも嬉しいことである。だが、もし我が子が、いつまで経っても大人になれきれず、自立せず、親に甘えてすがっているようでは、親からすれば心配で悲しいことであろう。このことは、星々の大ガミも命の親ガミも同じ思いである。星々の親ガミが望む、人間の親子の関係は、人それぞれに事情があったとしても、子どもは十五歳までは親もとで育て、十五歳からは自立した大人となるように望んでいる。

しかし、そうは言っても、現在の世の中ではカミガミが望む親子関係を作るのは困難な社会である。

加えて言えば、親の務めとは、自然界の動物の親子の関係と同じように、子どもを自立させることが、親としての大事な務めである。星々のカミガミが望む自立とは、子どもが社会に出ても親の支援なしで暮らしていけることである。そして自立した親と子の関係は、互いに、自立した大人として、適度な距離感を保って良き友人として過ごすことである。さらに、天地創造の大ガミと四天界の親ガミが望む、良き夫婦とは、互いに相手の全てを許し、互いに自立し合い、そして互いに好きであることである。この三つの、一つでも欠けていたなら、親ガミは夫婦としては見てはおらぬ。そしてまた、夫婦間の自立とは、互いに相手と一緒でいなければ生きていけぬことではなく、二人で過ごしても楽しく、一人でいても楽しく過ごせること、これが互いに自立した良き夫婦の関係である。」

物質文明の行方

「人々が体内に宿る命の親ガミに目覚め、新しき世界を目指したなら、これまで続いてきた、強者が富み栄えた西方文明は、跡形もなく崩壊してしまうのでしょうか？
それと今日、多くの人々が欲望を満たす物質社会は、これからどのように変化していくのでしょうか？」

「先に、われが、これまでの西方文明が終わると申したのは、今日人々が、便利さゆえに利用している、多くの製品やシステムが全て消えてなくなる、と言うのではない。新たな世界では、天地創造の大ガミと四天界の親ガミが光り目覚めた人々を導き、人も皆居心地の良い新たな世界を創造することである。その新たな世界では、これまで経てきた各時代の悪しきものは捨てさられ、人も自然も全てに良きものだけが残り栄える時代となる。このことは、これまで人々の頭上に君臨し、富と権力を持って栄えている政治家、宗教家、資本家たちの強欲世界も終わり滅び行くことになる。それでは、ここで、これからの時代の変化を、車を例に述べておく。今日の車社会では、交通戦争と言われ、日々、多くの人々が車の事故によって危険な目にあい、尊い命も奪われている。そして、道路を作る為に山は削られ、自然は破壊され、世界中に車が溢れ、人々の世界は、車がなければ生活出来ぬ社会となっている。

そしてまた、大地はアスファルトに覆われ、光りの大地が呼吸出来ずに土地が病み、生命の素である空気さえも汚染しておる。それでも、このような車社会ではあるが、車は人々の暮らしに大きな変化をもたらし、便利な世の中になったのも確かなことである。だが、その結果現在では、人々の日々の暮らしからゆっくりと、のんびりと、穏やかに暮らすという、人間本来の、星々の親ガミが望む生き方が出来ぬ社会となっている。これから誕生する新たな世界では、人と車と自然とが見事に調和して、事故のない、全てに安心で良い車社会が誕生することになっている。それと今後、改めるのは車社会だけではなく、これまで人々の社会を形作って来た、ありとあらゆる習慣、伝統、儀式、宗教などが、新たな価値観によって改められ、そして国家や経済や社会の仕組みも光り人たちによって改革され、人も自然も全てが居心地の良い世界が誕生することになる。それゆえ人々は、いつまでも、昔から受け継がれて来た伝統、儀式、宗教に心縛られる事なく、かつて支配者、呪術者が建てた神社、仏閣に祈り願う事なく、また偽りの宗教家や霊能者が語る言葉に惑わされておらずに、体内に宿る命が真のカミであると目覚め、親ガミが届ける良き言葉に耳を傾け、足りることを知って生きる時である。

人は皆、親ガミの光りの命を宿したカミの御子である。人間の命は親ガミの光りの星から来て、また再び、親ガミの光りの星へ帰るものである。この宇宙、自然界の真理に世界中の人々が目覚める時である。では、これから世界の変化をもう少し話し加えておこう。日ノ本の政治は新たな価値観を持った光り人たちが、二〇十八年頃から現れ出て、政治の世界を良き方向に導くであろう。また、二〇二十年頃から、星々の親ガミが導く光りの御子たちが、日ノ本の各地から現われて、世界中の救いを求めている人々に、希望と勇気を与えるだろう。それと西方のマリアは、星々のカミガミとともに虹色の光りとなって多くの人々の前に現われ、多くの人々にカミガミの光りを観せるだろう。これにより、カミガミの光りを観た人々は、マリアと星々のカミガミの光りを受け入れ、真美のカミに目覚めるだろう。ここで注意しておくが、星々のカミガミが告げる未来のメッセージは具体的な年月日を言うことはない。それは人々の世界の未来とは、人々の日頃の思いと、星々のカミガミの導きによって、いかようにも変わるからである。星々のカミガミは良いことは当たるようにするが、人々が不安がることはできる限り回避することに力を注ぐものである。これから世界中に大きな変化や災害が起るであろうが、それに乗じて魔に操られた者たちが世の終末を叫び、人々に恐怖を与え、不安、心配な予言を伝えるだろう。されど、光り目覚める人たちは、何が起こっても臆することなく、日々穏やかに暮らすことである。今後、何があっても、われら星々のカミガミが必ず守る。」

人々の暮らしの変化

「これから後、人々が内なる親ガミの光りに目覚め、新たな世界を目指したなら、人々の仕事、職業はどのようになるのでしょうか？」

「われらカミガミが望む、人本来の仕事選びとは、他人を出し抜いても成功したい、金持ちになりたい、有名になりたい、という、強い野望を持った職業選びをやめて、本人がやりたいこと、楽しくできる仕事を選ぶことである。その為にも人々は多くの職業を経験してみることである。もともと人間とは経験することでしか、成長出来ないようになっているのである。また、多くの困難を乗り越えた人だけが、人生を有意義に生きて、人々を導く指導者となれるのである。これから世の指導者や親たちが心がけることは、子どもが成長し社会に出たなら、人々の世界の根底を支えている農業、漁業、林業等の職業を一度は経験させてみることである。また、現在、公務員と言われている人々や政治家や官僚など、税金で養われている人たちも農業、漁業、林業等の職業を三年以上は経験してみることである。なぜなら、農業、漁業、林業を経験しておらぬ者が政治を語り、庶民の暮らしを守ることは出来ぬからである。このことは新たな世界での政治家、公務員になる為の必須条件である。

これからの新たな時代では、これまでのような高学歴の者が学問や知識だけで出世する社会は改められ、一人ひとりの個性が発揮され、好きな仕事に打ち込める時代となる。そして新たな世界での仕事は、これまでのように身も心も縛られて食うが為の仕事ではなく、人は誰もが皆、日々穏やかに暮らし、仕事が楽しく趣味となるような仕事をすることである。それが例えば、機械や野菜作りの好きな人は、その能力をいかして社会に役立つ人間となることである。そして、なによりも職業とは、本人が楽しくできる仕事をすることである。これが新たな世界での仕事選びである。新たな世界では、人々は食うが為の過酷な労働から身も心も解放されることになるだろう。さらに、新たな世界では、これまでのような学歴重視の社会は改められ、また世襲制度もなくなり、人々は自らに合った仕事を選び、自由気ままに慎ましく暮らしながら、社会に役立つことをする。このような、人それぞれが本人に合った職業選びをして、嬉しく楽しく仕事ができる社会が誕生するのである。

なれど、われがこのようなことを言うと、人々の中には（そんな職業選びができるはずがない。）（そんな怠け者があふれる社会が成り立つはずはない。）と言う者がきっと出てくるだろう。しかし、そのような者たちとは、われらカミガミから観れば、世間という狭き常識の枠から抜け出すことができず、昔から言われている（働かざる者食うべからず）という、国司る支配者、権力者が口にした言葉を心底信じている、心の狭い哀れな者たちである。またそのような者たちとは、偽りの神仏に祈り願い、先祖の墓を何よりも大切に守らねばならぬと、心に強き暗示を掛けられ、洗脳されている、頑なな心の人間たちである。これから新たな世界に向かって、人々が知らねばならぬことは、世の中が変化する時には、これまでの常識と思われていたことが一瞬にして崩れ去り、非常識が常識になることもあるのである。

地上世界で生きる人々は、たとえ、いかなる人であろうとも、星々のカミガミから観たなら、全てがカミの御子であり、親ガミの光りの命を宿して誕生しているのである。ゆえに命の親ガミは、わが子である人々を生涯、過酷な労働させる為に地上に誕生させたのではなく、親ガミの望みは、人々が日々、足りることを知り、嬉しい楽しい人生を送ることである。加えて言えば、人々が暮らす社会では、唯一絶対と断言できるものは何ひとつ存在せず、働かねば喰っていけない、ということもないのである。人間は時には、人生の中で何も考えず、ゆっくり休むことも必要である。命の親ガミは、我が子の生涯を全て守り導いている。案ずることはなく、時には親ガミに人生の全てを委ねて生きてみるのも良いものである。遥か昔から、人々の頭上に君臨したがる支配者、権力者は、自らの地位と権力を失うことを恐れて、これまで継続してきた国家体制の変化を望まず組織を守ることに権力を注ぐものである。その彼らの地位と権力を支えているのは、弱き立場の人々が、永い時間を懸命に働いているからこそ、彼らの地位と権力が保持されているのである。

ではなぜ、これまで多くの人々は支配者、権力者が栄える世界を支え、家族を犠牲にし、身体を酷使してまで働き続けるのか？　それは遥か昔から、王者、権力者に仕えた呪術者や僧侶等が、永い時代を通して人々を洗脳してきた結果、人々は神々を敬い、仏に救いを求め、先祖の墓を大切に守り続け、そして一生懸命働くことを良しとした、世の中の仕組みが原因である。遥か昔から、国家を司る支配者、権力者にとって最も良き民衆とは、高い教育を望まず、肉体にはいつも不安、心配を感じて、暮らしの為の借金苦を抱えている、善良で真面目な労働者である。

遥か昔から、支配者、権力者は、絶えず民衆に不安、心配を与え、自立する志気を挫き、その一方で、民衆が生きる最善の方法は、神仏にすがることだと信じさせてきた。そして、競い勝った支配者、資本家は言う（全ての人々には平等に選択の自由がある。）と。だが貧しく、志気を挫かれ、不安、心配ある民衆は、日々の暮らしから抜け出す勇気はなく、世を改めんとする志気はなく、選択の自由はないのである。かくて飼いならされた民衆は、権力持つ政治家に希望の未来を託すことをやめ、永い時を一生懸命に働き、短い時をギャンブルや酒や祭りやスポーツ等に熱中して、支配者、権力者を利する民衆となっている。

もし、飼いならされた民衆が賢くなって、支配者、権力者のカラクリを見抜き、世を正さんと立ち上がったら、真の民主主義が誕生することであろう。人々よ、もっと賢くなれ。あなたたちの心と体を縛ってきたのは、世間という目に観えぬ鎖である。人々よ、勇気を持って自立せよ。人は地位、権力、名誉、金、財産がなくとも、気楽に生きてゆけるものである。世の中の不安、心配、恐怖は、支配者、権力者にとってはなくてはならない民衆を操り従わせる為に必用な世論操作である。また世の中から不安、心配、恐怖がなくなったら、彼ら支配者、権力者が力を発揮する場がなくなり、彼らが一番困ることなのである。それとまた、人々の世界から不安、心配、恐怖がなくなったら、困るのは宗教家であり、魔の悪神、仏魔どもである。人々よ、不安、心配、恐れることなかれ。われらカミガミが日々守り導いている。これから人々は何事も心配せず全てに足りることを知って、日々のんびりとゆったりと過ごすことである。多くの人々がこのような暮らしをしたなら困るのは、支配者、権力者と神仏に仕えし者たちである。これまで多くの人々は、永い歴史の中で、支配者、権力者に操られ洗脳され、善良な庶民となり飼い馴らされてきた。さらに魔の悪神どもが呪術者や霊能者を操り、人々の心に多くの不安、心配、恐怖の洗脳（マインドコントロール）をかけ続けてきた。その洗脳とは、伝統・儀式・厄年や干支や手相、人相占いなど、数多くの占いが人々の心を洗脳し暗示をかけてきたのである。加えて言えば、魔王・悪神どもが呪術者や神官を操り作らせたのが西洋占星術である。占星術とは、カミガミの星々を線と線とで結んで魔の結界を張り廻らせ、星々のカミガミの光りが地球に届かぬように封印した、魔のものが呪術者に告げた魔術である。

この占星術の封印、呪いにより、星々の親ガミが人々の命に注ぐ光りが弱まり、人々の世界は魔の神々が強力な魔力をもって、光りのカミガミに打ち勝つ世界になってしまった。地球に魔界、霊界が形作られてから、星々のカミガミの時間と人間界の時間が魔王・悪神どもによって狂わされ、親ガミと人々を結ぶ距離と時間にずれが生じた。その為、星々の親ガミは地球にいる人々を守りきることが出来ず、魔王・悪神どもが力持つ世界になってしまった。そのような地球であったが、この度、新たな世界を築く為に、天地創造の大ガミと四天界の親ガミがイエスのような光り人を誕生させ、これまで星々にかけられていた呪い、封印を取り除き、星々のカミガミの時間と人間界の時間を同じくして地球再生、日ノ本再生を急ぐこととなった。これにより、これまで遮られていた星々の光りが地球に多く注がれ、人々の世界も自然界にもカミガミの光りが行き渡り、多くの光り人が誕生し、新たな世界が築かれることとなった。

これから新たな世界に向かって人々は、これまで正しいと信じてきた価値観を改め、神仏に対しての心の暗示を解き放し、新たな知恵と思考を持つべきである。天地創造の大ガミと四天界の親ガミは、人々の世界が、人も皆全てが居心地良く暮らせるようにと、人々を日々守り導いている。だが、それでも人々の中には、親ガミの光りがなかなか届かない人間たちがいる。そのような親ガミの光り届かぬ人間は総じて、僅かばかりの知識を頑なに信じ込み、世の中のことを人一倍知っているかのように他人に言いきかせている我の強い人間である。星々のカミガミにとって、最も救いがたき人間とは、頑なな考えで我が強く、真面目で心の狭い人間である。このような人間は、星々の親ガミがいくら光りを注いでも、頑な我を取ることはなかなか困難である。また、我の強い人間は、幼い頃から身体に多くの悪霊・悪神やもののけが取り憑いている為に、常に負の感情に操作され素直になれず、いつも不機嫌な顔をしている。これは魔のものに操られているからである。

因みに、風水や占いや精神世界などに熱中している人たちは、悪霊・悪神どもが思考に入り操られているため我が強く、われらカミガミが届ける光りを拒む者が多くおる。このような人たちが悪神どもの餌食になっている。人は神仏や占い事に頼らずとも、われら星々のカミガミが日々守り導いている。人々が頼る占いは、魔界の悪神どもが霊能者や易者を操り世に広めたものである。

さて、人々の中には、魔の悪神・悪霊やもののけにとり憑かれて、暗い部屋に閉じこもり長い間苦しんでいる人たちがいる。そのような人が部屋に閉じこもり学校に行かず、また仕事をせず、怠けておったとしても、周りの人たちは、その人を忍耐強く見守りながら、好きなだけ怠けさせてあげることである。世の多くの人たちは、病気や怪我をしている人には優しく労わるが、目に見えぬ心の病の人には同情せず、怠け者として見ている。だが、心の病とは悪神・悪霊、もののけが取り憑き、命の光りが奪われている為に、肉体の病よりも辛く苦しく、常に死を意識している心の病である。

人々の体内に宿る親ガミの光りの命とは、人が三年も五年も何もせずに怠けたとしても、それ以上の六年も八年も何もせず、怠け続けることはできないように、親ガミが日々光りを注いでいる。

心の病に苦しんでいる人たちとは、死を意識しながらも心の奥底では、必死に魔のものと戦っているのである。怠けておる人とは、世間の大人たちが見たなら無気力に見えて、（しっかりしろ。）

と言いたくなるだろうが、しかし、その人の体内に宿る親ガミの命は、星々から光りを注がれ、日々励まし勇気を与えているのである。ゆえに、心の病に苦しんでいる人たちは、怠けながらも心の病と戦い続け、やがて時が経たなら、心の病を克服して、誰よりも他人の心の痛み、悲しみが分かる優しい人となるはずである。

心の病とは、パニック障害やうつ病や統合失調症など、他の人には分からぬ心の苦しみではあるが、これは身体に悪神、悪霊、もののけが取り憑き、多くの霊にすがられているのが原因である。

人々の中には、悪神、悪霊、もののけにとり憑かれ、また多くの霊にすがられて、永い年月閉じ篭もっている人がいるが、このような人を救うには、日頃から部屋の窓を開け、日光を取り入れ、風通しを良くすることである。それと本文中にある御霊上げの言葉を述べ、すがっている御霊を星々へ帰し、悪神・悪霊もののけを岩星、黒星に閉じ込めることである。」

「これまでアジアの国々では、シャカを崇めた仏教が形作られ、中東の国々ではマホメットの教えがイスラム教を形作り、そして西洋のヨーロッパではイエスを崇めたキリスト教が栄え、各々の宗教が世界中に広まっております。そして、各々の宗教は、今日の世において多くの信者を集め、人々は神に祈り、仏にすがり救いを求めております。そこで、それぞれの宗教の中で崇められてきたシャカとマホメットとイエスは、この祈る、すがる宗教をどのような思いで観ているのでしょうか？　それと、彼らは死後、自らの教えが後々の世界において、支配者・権力者を守護する宗教となって、民衆の心を洗脳し、すがらせる宗教になるとは思わなかったのでしょうか？」

「先ず、初めに申しておくが、中東で誕生したユダヤ教、イスラム教、キリスト教は、その大本を辿ればもともとは同じ一つの根本から誕生した宗教である。ゆえに、これより伝えることは、イエスとシャカが、今日の宗教をどのような思いで観ておるのか？　その思いをわれが代わって伝える。

イエスとシャカを崇めた宗教が、彼らの意思をそのまま受け継いでいるのであれば、彼らは、その宗教の中から再び復活して、多くの信者の心を慰め、今日の宗教を褒め称えて喜んでいるはずである。しかし、イエスとシャカが亡くなってから今日の世に至るまで、それぞれの宗教の中から、シャカとイエスの真実の言葉は聞こえず、未だ彼らの意志を受け継ぐ、真の光り人の影さえも現れずにいる。これが、イエスとシャカの思いである。それでは、イエスとシャカの本心を伝えるが、かつてシャカもイエスも（人は産まれながらに皆自由平等であり、カミの命を宿して産まれた、カミの御子である）という言葉を伝えた、西方の親ガミの星からきた光り人であった。

もともとイエスとシャカを崇めた宗教は、彼ら自身が望んで創られたものではなく、もとはと言えば、イエスとシャカの側に仕えていた弟子の弟子たちが、時の王者、支配者と裏で手を握り、謀って創った宗教である。イエスとシャカを崇めた宗教が、遥か昔から現在の世まで、二千年以上続いて来たにも関わらず、未だ世界は、イエスとシャカの名によって人皆全てが居心地良く、平和に暮らした世界はどこにも存在しておらぬ。今、この時でも、世界では、イエス・シャカの名を語りながらも紛争、飢餓が繰り返されておる。このことがキリスト教と仏教の汚れた歴史の真実である。そのような、キリスト教と仏教に世界中の信者たちは、永い間すがり祈り続けてきた。そしてその間、教会、寺院は煌びやかに建造され、またその中で、神官、僧侶、神父らの救いなき説教は今日の世にまで続いている。これまで世界中で起こった宗教戦争の歴史を紐解けば、イエスとシャカが地上に再び復活しない理由も十分に分かるであろう。もし、イエスとシャカが同じ家に住み、人々に教えを説いたなら、二人の教えは異なり、喧嘩するだろうか？

喧嘩するとすれば、それは、シャカとイエスの思いを知らぬ教会、寺院に君臨し、神仏の虜となっている聖職者たちであろう。本来、宗教とは、人々を分け隔てることなく、全ての人々を救い、全ての人々が居心地良く暮らせるようにする為にあるはずである。なれど、人間界に宗教が誕生してから、千年も二千年も経っていても、世界ではあい変わらず、戦争や貧困や飢餓で苦しんでいる人々が多く存在している。これを以てしても、宗教によって世界が平和になることはなく、宗教とは民衆を救うものでなく、支配者、権力者を支える為の宗教であると、人々は目覚めるべきである。ならば、イエスとシャカが望みを託す人々とは、どのような人たちであるか？　それは偽りの神仏などに心を惑わされず、宗教等に心縛られぬ、星々のカミガミの光りを信じている人たちだけである。」

「シャカとイエスは、西方の親ガミの星から来た光り人と言いましたが、北方の星々からは、シャカやイエスのような光り人は現れたのでしょうか？」

「かつて仏門に帰依した日連は佐渡の地において、（北に聖人なし）と言ったが、この言葉は間違いである。われら北方のカミガミは、遥か遠い昔から、世を改め、正さんとする為に、われらの思いを携えた光り人たちを地上に送り誕生させてきた。その、北方の光り人とはいずれも、世に現れ出ても自らを聖者のごとく振舞うことはなく、各々が新時代の幕開け人として、新たな歴史の土台を築き、時代の移り変わる時には、その名を歴史に残すことなく故郷の光りの星へ帰る人たちである。また北方の光り人たちは、外に祀られている偽りの神仏に祈り願うことなく、時代の水先案内人となった人たちである。わが北方の光り人たちは、いずれも世に栄えている宗教が、時の支配者、権力者を護り支える為の宗教であると内なる光りで知っていた。それゆえ、彼らは高き座から説教することはなく、神仏像に祈ることもなく、いずれも北真の知恵と勇気を持って歴史を駆け抜けた人たちであった。

それとまた四天界の親ガミは、それぞれに、これまで多くの光り人たちを地球に誕生させている。しかし、これまでの地上世界は、魔の悪神どもの力が強く、イエスやシャカのような光り人たちが世に現れ出ても、魔のものどもが光り人たちを殺害し、封じ込め、われら星々のカミガミの光りが広まらぬように謀ってきた。そして、彼ら光り人が地上より去った後には、彼らの名を利用した宗教や慈善事業の組織は作られるが、それとても、地位や名誉を求める者たちに利用され、光り人の本心は伝わらず、光り人たちが、世に現われ出ても真のカミなき世界が続いてきた。ゆえに、世に受け継がれておる宗教のもとを正せば、初めは人々の悩み苦しみを励まし、世を正さんとする為の宗教として誕生したが、教団が勢いを増すと共に支配者、権力者に利用され、その初期の目的は歪められ、やがて神仏に仕える神官、僧侶等は、支配者、権力者と共に高い座に就き、すがる多くの信者から金品を巻き上げ、偽りの神仏の言葉を教え説いてきた。

このような神仏に帰依した者たちが、例え、どのような立派な言葉を信者に説き伝えたとしても、それは星々のカミガミの言葉ではなく、彼らの言葉は教団を守り、自らの暮らしを潤す為の言葉である。また彼らの教えは、迷える信者の心を惑わし、金品を納めさせる為の言葉である。今日宗教の虜となっている人たちは、宗教に入信しても救われはしないことを心より知るべきである。宗教とは、悩み苦しむ人々から金品を巻き上げ、人々の弱みに付け込み金儲けするビジネスである。それを裏付けておるのが、各教団の教祖の家屋敷と施設は、皆、贅を尽くして豪華である。さらに、人々が知るべきことは、これまで世に現れ出た教祖や宗教家の中から、未だかつて誰一人として全財産を投げ出し、命をかけて世を改め直し、信者が安心して暮らせる世を築いた者は一人もおらぬ。これは紛れもない真実である。

ならば、世を改め人々を救わんとする人物は、ただ口先だけの言葉で人々を慰め、励ますのではなく、嘆き苦しむ人々の暮らしを守り助ける人こそが、わが北方と南方・東方、西方の星々の親ガミが、地球に遣わした光り人である。かつて、西方の光りの星から来たイエスは、(人はパンのみで生きるにあらず)と弟子たちに説き伝えた。その言葉は正しき教えである。なれど、時代も移り変り、今日の金が力もつ物欲社会の中で、日々、一片のパンさえも口にすることの出来ぬ人たちにとっては、イエスの説いた言葉はむなしく心に響き、それは宗教者が唱える神仏の教えと同じように、その教えはただ耳障りなだけである。ならば、世の神仏に仕える者たちが、常に心がけることは、人々が生きてゆく為には、宗教家の説く言葉だけでは暮らしてゆけず、生きる為に必要な空腹を満たす一片のパンのほうが何よりも大切であると、知るべきである。星々のカミガミが認める宗教家とは、先ず、日々苦しんでいる人々の衣食住の世話をして、その上でカミガミの真実の言葉を伝える人である。古来より、世に現れ出た教祖と言われた者たちは、いずれも自らが君臨する教会や社殿や寺院は豪華に建造し、組織を大きくすることのみに力を注いでおるが、彼らの中の誰一人として信者の空腹を満たし、信者を貧しさから救った教祖は未だかつて一人もおらぬ。ゆえに、四天界の親ガミから地球に使わされた光り人たちは、いずれも豪華絢爛な教会や寺院に居座ることなく、後の世に宗教の教祖とならぬよう心がけた人たちである。」

光り人とその弟子

「では、次に尋ねたいのは、かつてイエスとシャカを師と仰ぎ、世に宗教のもとを形作った弟子たちのことであります。弟子たちが人々に語り伝えたことは、どのような教えだったのでしょうか？」

「そもそもキリスト教と仏教の、それぞれの宗教の教えとは、もとを辿れば、イエス・シャカが亡くなった後に弟子の弟子の、そのまた弟子たちが、イエスとシャカが語ったと言われた教えを伝えたものであるが、その教えが今日でも、それぞれの宗教の中で　永い年月を経て解釈を変えられ、イエス・シャカの言葉として記され伝えられてきた。その一つとしてシャカが弟子たちに説いたと言われている般若心経の教えとは、シャカが地上より去ってから三百年後に、弟子の弟子の、そのまた弟子たちによって書き記された経である。当時シャカを崇めた仏教は、インドを中心としたアジア各国の王たちに受け入れられ繁栄を極め栄えていた。そこでアジアの王者たちは、仏教をさらに発展させようと企てた。そして僧侶たちは王者の命を受け、今日のインドと中国とチベットの国境にある洞窟の中に集まり、アジア共通の経を作ろうと話し合いをした。

その時、僧侶たちは自国の仏の教えを少しでも多く加えようと、飲まず、食わず、不眠不休で激しい議論を重ね、互いに相手を罵りあって経は作られた。その時の僧侶らの顔が、般若(鬼)のような恐ろしい形相であったゆえに般若心経と呼ばれた。それゆえこの経は、読む者にとってどのような解釈でもできる、シャカとは一切関係のない意味不明な経である。今日、各宗教の中で聖者の言葉として記されている経典、聖書、予言書とは、それが全て真実を書き記しているとは限らず、もとはと言えば、聖者自身が語り説いた教えを、弟子の弟子たちが、自分たちの宗教に都合よく書き直した書物である。ゆえに聖者自身の教えは、ごく僅かに記されているだけである。もし人々が真のカミの言葉を聴こうと思うなら、その時は、これ迄、信じて来た神仏の伝統、儀式を一切捨て去り、心の暗示を解きはずして、自らに宿っている内なる親ガミの光りを感じてみることである。真のカミを知るには、ただそれだけで良いのである。さて、ここでキリスト教について述べるが、かつてイエスは、西方の夜空に輝くオリオンの星々を観て、主である親ガミと対話していた。その姿を見た弟子たちは、西方の星に、主であるカミが座すると考えるようになり、それから弟子たちは、西方の星々に祈りを捧げた。

やがて時代が過ぎ行くと共に弟子たちの中で、カミガミの住む楽園は西方にあると言う、仏教でいう西方浄土の世界を信じる者が出てきた。それにより教会の神官たちも、西方の浄土思想を取り入れるようになり、神官たちは星々を観察し、国家の命運や未来の予言などを占うようになった。これが後に、未来を占う為の星占いとなり、西洋占星術として受け継がれてきた。古来、西洋の国々では、国家の命運や人間の一生を星座で占い、一方アジアの国々では十二支で占うようになっておるが、この占いはどちらも、魔の悪神どもが呪術者や祈祷師を操り仕組んだまやかしである。魔の悪神どもが霊能者や祈祷師を使って行う占いは、時には一部分当たることもある。なれど、当たるからと言って相談者の不安、心配が消え去り、何もかもが居心地良くなることはないのである。また霊能者の中には、相談者の身体の悪い部分を観てあてる者がおる。だが悪い部分をあてたからと言って、その部分を治せるのではなくただ告げるだけである。

以上述べたように、今日の世まで栄えてきたキリスト教と仏教の教えとは、もとを正せば弟子の弟子たちが語り伝えた言葉を、さもイエスが語り、シャカが語ったように受け継がれ、その教えが、キリスト教と仏教の経典となり、それをまた、支配者、権力者が民衆を操る為の手段として利用して宗教を栄えさせてきたことであった。このような支配者と聖職者らの策略によって、永い時代を通して宗教が人々の心を操り、人々の心の支えとなって受け継がれ、今日の世にまで繁栄している。これまで人々の世界では、心を縛る宗教が人々の暮らしの中で息づき、肉体が望む物欲社会が、人々の暮らしを永い間支配してきた。このような世の中で、今日の世界では物欲社会が頂点を極め、人々の心を縛る宗教も救いなき教えとなって、多くの人々は身も心も疲れ果てている。また今日人々の世界では、政治も経済も宗教も行きつく所まで行って、解決策のないまま大いなる破局に向かって進んでいる。これまで天地創造の大ガミと四天界の親ガミは、全ての人々が健康で穏やかな心で居心地良く暮らせるように光りを注いできた。だが魔に操られた強欲な人間たちは、支配者、権力者の為の世の中を作り、多くの民衆を苦しめ、強者が栄える物欲世界を形創ってきた。

しかし、このような物欲社会であっても、これまで星々の親ガミは、星々から光りを注ぎ続け、人々の世界に役立つ製品として、多くの技術を光り人に伝えて良き製品を作らせてきた。その一つの例として、親ガミは人々の暮らしに役立つ原子力エネルギーを知らせた。だが支配者、権力者たちは、そのエネルギーを悪用して、われらカミガミの思いを裏切り、人も皆全てを一瞬で消滅させる核兵器を作ってしまった。これまで星々の親ガミは、人間を善と信じて社会に役立つ技術を、研究者や技術者の思考に伝え、新たな製品を世に送り出して来た。世の多くの研究者や学者が、新たな発見や新たな技術の答えを得る時には、そのほとんどが一瞬の閃きであったはずである。その閃きを届けたのが星々の親ガミである。なれど、親ガミが伝えた技術も強欲な経営者によって戦争の武器に利用され、また支配者、権力者の為の金儲けの為に悪用されてきた。われらカミガミは、これまで人々にとって「良し」とするものを光り人に伝え、人々の世界に役立つものを知らせ導いてきた。だがこれからは、われらカミガミの思いを改めて、強欲な者たちに悪用される技術は世に出さず、社会に役立つ良き製品だけが世に出るように、光り人たちに伝え導くこととする。

この度、天地創造の大ガミと四天界の親ガミは、人々の世界を根本から改め正す為に、これまでは人々の世界を人々に任せ、カミガミが前面に出ることなく導いてきた。だが、これからは、北方・南方・東方・西方のカミガミが先頭に立って新たな世界を目指し、地球再生、日ノ本再生を果たすこととなった。今後、われら星々のカミガミが、人々の世界に力尽くすことは、遥か昔から続いてきた、支配者、権力者が富み栄える時代を終わらせて、宗教なき世界を創り、人も皆全てが居心地の良い世界を築くことである。」

黒き金・光りのカネ

「人々の世界では、遥か昔から現在に到るまで、多くの人々が金を求め、金の為に働き、金持ちになりたいと強く望んでおります。そして世の中では「金なき者は、首なき者と同じである」と言われるように、昔から多くの人々は金に心を奪われ、金に身も心も支配されながら、いつも金、金を追い求めて暮らしております。また、昔から世の中の仕組みは金持つ者がそれなりの地位と名誉を得ることができ、金さえあれば何事も望みが叶う、金持ちの天下が続いております。そして金の虜になっている者たちは、金のないことが、人生の最大の悲しみ苦しみであるかのように、日々不安、心配に襲われながら、金持ちになることを神仏に必死で願い、金によって人生を幸、不幸と決め付け、金の虜となって暮らしております。このように多くの人々の心を支配する金の世の中は、どのようにして形作られ、今日の世に到っているのでしょうか？　新たな世界では、金社会の仕組みは、どのように変わるのでしょうか？」

「そもそも人間界での金社会の歴史を辿れば、遥か遠い昔、金が世に出る以前は、人々の間では、必要なものは、物と物とを交換する、物々交換の時代が続いていた。だが地上世界に王者、支配者が現れ出ると、彼らは他国を侵略し、食料や物資を武力で奪い取って組織を支えていた。やがて、彼らの組織が大きくなり、国としての形が整い始めた頃、それまで配下の者を、権力と武力で従わせていた王者・支配者が、国を維持する為と、配下の者を養い食料をあてがう為に必要としたのが、金銀宝石であった。その金銀宝石とは、王者、支配者が他国を武力で侵略することなく、他国の食料や物資を奪うことなく手に入れる為に企てた、王者、支配者だけが富み栄えるための金銀宝石が力持つ世界となった。そのような王者、支配者の権力を支えた金銀宝石が持つ力は、始めから、多くの善良な民衆を苦しめ、辛き思いにさせるのは当然のことであった。やがて時が過ぎ、金銀宝石が金貨に変わり、永い時を経て現在の金社会となった。

つまり、金社会とは、初めから支配者・権力者が地位と権力を守る為に企てられた、民衆を支配する為の謀り事であった。遥か昔から支配者・権力者が栄える世の仕組みとは、悪知恵に長けた我欲強き者だけが富み栄えて権力を握り、正直に生きる人々には、貧しさゆえの苦しみがいつまでも続く、金持ちの天下である。この仕組みの本を正せば、金社会とは、初めから支配者・権力者が富み栄えるように謀られており、彼らが潤う為の金経済が形作られてきたことである、そして、金万能の世界が、そのまま金持ち、資本家に受け継がれ、今日の拝金世界が続いている。以上述べたように、これまで続いてきた金世界の仕組みは、いつの時代でも一握りの権力者と金の虜となった大金持ちが、弱き民衆の心と身体を金で縛り、過酷な労働を強いてきた。このような金社会は、人々を支配する者だけが富み栄えて潤うことのできる貨幣制度である。かつて、地上に現れ出たイエスは、金持ちが天国（主の星）へ入れるのは、（ラクダが針の穴を通るより難しい）と言った。

この言葉は真実である。われら星々のカミガミから観たなら、大金持ち、それだけで罪人である。金に心奪われ、金の虜となっている者たちは、金が命の世界である。そのような強欲な者たちは、金さえあれば全ての望みが叶うと信じて、金、金、金をカミ以上に崇めて我欲強き日々を送っている。では、ここで人々の金社会を例えて告げる。もし、ある所に、百人の人々が衣食住何も心配のない、居心地良く暮らせる村があったとする。ある時、村人の中で悪知恵に長けた独占欲を持った者が現れ出た。その者は、村の掟や規則を犯す事なく、村人たちの六十人分の衣食住の物資を巧妙なやり口で手に入れ、村の権力者になった。それから、残りの四十人分の物資を、九十九人の人たちが互いに競い合うようになった。その中で、二十人の人たちは競い勝って四十人分の物資を手に入れ暮らしを支えた。そして、残りの七十九人の人たちが、競い負けて物資を手に入れる事が出来ず、権力者の手下となって働き、物資を得て暮らしを支えた。この百人の村とは、今日の人々の金世界の縮図である。世の中の大金持ちとは、他者よりも強い独占欲を持ち続け、弱き貧しい人々への労わりのない者が金持ちになれるのである、また悪神どもや福の神が力を授けて成り上がった者が金持ちになれるのである。

大金持ち、われらカミガミから観たら罪人である。星々のカミガミが望む世界とは、一握りの大金持ちもなく、多くの貧しい人々もいない、人も皆全て居心地の良い世界である。もともと、金経済が発展したのは、地上に国家の形が整い始めた頃、人々は物々交換の時代を経て、物資を金銀で入手できるようにしたのが始まりである。やがて時代が過ぎ、金銀に変わるものとして貨幣が造られ、後に紙幣が広まり現在へと至っている。このような、金の世の中であるが、人々にとって必要な物を金銀で入手できるように知恵を授けたのは、もとを正せば、北方の星々を導く親ガミであった。北方の親ガミは、地球を固め地球の土台を創る時、土星から岩石を届け、金星から金銀の元となる鉱石を届け、北方の土地のカミガミと共に地球の大地を固めた。地球の大地を創造した北方の親ガミは、人々をカミ宿した光り人と信じて、地中にある金銀宝石を光り人に伝えた。では、なぜ北方の親ガミは、人々に金銀を伝えたのか？　それは、北方の親ガミは、人々が金銀宝石を使うことによって、人々の暮らしが良くなり、人々を貧困から救えると信じたからである。しかし、時は過ぎ、人間界に王者、支配者が誕生する時代となり、北方の親ガミの思いは、我欲強き人間によって打ち砕かれ、金銀は支配者、権力者を誕生させ、民衆を苦しめる金の世界となった。さらに金は権力者を育て、支配者を誕生させ、金は民衆を苦しめる貧困の大本となった。

そして、今日では北方の親ガミの思いは虚しく、金は光りの金から黒い金となって、世界中を覆いつくし、一握りの金ある者だけが地位と権力を持ち、多くの民衆を苦しめ支配する世界となっている。先にわれれは、大金持ち、それだけで罪人であると言った。今日の世界では、人々にとって生きる為に必要なものは衣食住を賄える金である。この金は、われら四天界の親ガミと天地創造の大ガミが、人々の肉体に与えた光りの命と同じくらいに、人々の世界では重要な役割を果たしている。

その大切な金を有り余るほど持っていながら、強欲な者たちは私利私欲の為に金を儲け、ずる賢い投機によって金を一人占めにして巨万の富を蓄えている。天地創造の大ガミと四天界の親ガミは、人々が生きる為に最も大切な、水や空気や食料も命も全て無料で与えている。ゆえに人々の世界でも、生きる為に最も必要なものほど無料で分かち合い、助け合うことが天地創造の大ガミと四天界の親ガミの望みである。世界の大金持ちと言われている者たちは、貧困で苦しむ人々を救う為の多くの金を持っている。

この金はカミと同じく人々を救う力がある。多くの貧しき人々を救える金は一人占めにするものではなく、全てに分かち合ってこそ、星々のカミガミが望む、嬉しく楽しい、人も皆全てが居心地の良い貧困のない世界となる。だが、われらカミガミの望みは叶わず、強欲な金持ちの世界は続いている。このような金経済の行き着く先は、資本主義経済の破綻である。これより北方の親ガミは、黒き金の世界に光りを注ぎ、金持ちの世界を終わらせる決心をした。このことは、天地創造の大ガミと四天界の親ガミが共に光りの力を合わせて行う、黒き金を光りの金に変える、金経済の改革である。黒い金とは、表に出せず秘密事で儲ける、闇に汚れた金である。光りの金とは、人から喜ばれ、感謝されて頂く、隠す事のない金である。賢い人は、全てに足りる事を知り、必要以上の金や財産を望まずに暮らす事である。新たな時代の幕は開いたのである。これから世界中から新たな思考を持った、新たな指導者が現れ出て、貧困なき世界を創るであろう。

貧困なき世界を創るには、新たな価値観を持った経営者と労働者による、公平な透明度のある富の分配である。公平な富の分配こそが世界から貧困をなくすための近道である。先にも伝えたが、人々を善と信じて、金経済を許したのは、北方の親ガミであった。また、それを良しとしたのが、天地創造の大ガミであった。ではなぜ、天地創造の大ガミと北方の親ガミは、多くの人々を悲しませ苦しめるような、強欲な者が栄える金が力持つ世界を許したのか？

その答えは、人々の我欲な金世界を根本から改め、世界に貧富なき世界を築く為の大ガミの思いであった。また人々を光り人へと成長させ、金による善悪を知らせる為に、天地創造の大ガミと北方の親ガミが人々に与えた試練でもあった。昔から、人々の心の奥底を知るには、金ほど本心をさらけ出すものはなく、世の多くの人々は、金によって善となり、金によって悪ともなって本性をさらけ出す。ゆえに、天地創造の大ガミと四天界の親ガミは、金に身も心も奪われ、金の虜となっている人々と、金に心惑わされずに生きている人々を永い年月をかけて見届けてきた。その上で、われらの大ガミは、全ての人々を新たな世界へと導き、貧困なき世界が誕生するように人々に光りを注ぎ続けてきた。これまで続いてきた、金が力持つ世界とは、天地創造の大ガミと四天界の親ガミが、世界の立て替え、立て直しをする為に、人々の物欲な心に問うた試金石であった。人々が、衣食住全てに足りることを知り、必要以上な金を求めず暮らしたなら、人々は嬉しく穏やかに生活できるように、星々のカミガミは全てを守り導いているのである。

さて、これまで世間では、貧しいことが清貧と言って清く正しいことのように思われ、金持ちが悪のように思われてきた。だが、金がなく貧しい者の中には、酒やギャンブルなどで夢中になり貧しき暮らしをしている者がいる。このような者たちは、親ガミの光りよりも悪神の囁きを受け入れ、体内に悪神やものの怪などが棲み憑いて、魔に操られている者たちである。また、人々の中には日頃の行いによって貧しい暮らしをしている人がいる。このような人は借金を返す為の借金をして、日頃から不平不満グチばかり言って、人生を立て直そうとする決心がない人である。このような人が、人生を立て直そうとする場合は、先ず自身が、これだけは出来ない、これだけは苦手だと思っている、頑なな性格を克服してみることである。それが例えば、食べ物の好き嫌いや、人に対する好き嫌いや悪癖など、人は苦手な部分を克服することで成長した大人となれる。光り人とは、どのような境遇であろうと乗り越える力があり、苦手なことを克服してきた人である。

これからの世界は、金を儲けることは悪ではなく、儲けた金を一人占めすることなく、いかに正しく光りの金として使うことができるか、その心の中を星々の親ガミは観ている。星々の親ガミは、これからの世界を、正しく金を使う者には沢山の光りの金を与え、一方黒き金を持つ者には、蓄えた金の全てを失うようにすることに決めた。このことは隠し事や秘密の多い黒い汚れた金世界から、隠し事のない、透明性のある光りの金の世界を実現するためである。」

ビットコイン

「最近、インターネットの世界の中で、ビットコインと言う、仮想通貨が流通しておりますが、このビットコインについて、星々のカミガミは、どのように思っているのでしょうか？　それと、日本のビットコインの取引所が破綻しました。その理由が（不正アクセスにより、ビットコインが消滅した。）とのことでした。どのようなことがあったのでしょうか？　教えてください。」

「ビットコインはインターネット上で、世界中何処でも流通する仮想通貨として最近注目を集めていた。その矢先の今回の事件である。現段階では、ビットコインが現存する通貨と同様に世界に流通するには、解決せねばならぬ問題がいくつもある。されど、それらの問題が解決できれば、理想的な通貨となるであろう。なぜなら、やはり、世界共通の通貨となりえる、という強みがあるからである。また、通貨発行に関して、紙や金、銀などの資源を使う必要のないことが、その理由である。現在社会においては、各国が各々の通貨を使っている。その為、金融市場において、ドルや円、ユーロなどが売買され、その値段（通貨の価値）が世界経済を動かす力となり、またその通貨を使う各々の国の経済力によって、通貨の価値が決定されている。このことは、世界経済を複雑にしているだけではなく、そこには、各国の思惑が存在している。もっと言えば、（我が国の景気さえ良ければ、それで良い）というエゴが見え隠れしている。今回の度重なるビットコインの消滅は西側諸国がやったことである。これはウクライナ情勢と無関係ではあるまい。西側諸国がロシアに圧力をかける経済制裁に使われる資金になるかもしれぬ。

また、これは、米国とロシアの水面下の冷戦とも言える。今回の一件は、われらカミガミが光りを注ぎ、ビットコインの問題点を噴き上がらせ、世の中の人々に知らせる為である。そして、より良き仕組みを作る、たたき台にする為である。そもそも通貨とは、誰かが、その価値を保証せねば成りたたぬ仕組みである。これが、いわゆる（信用）というものである。では、誰が、その価値を保証するのか？　現行のビットコインには、価値を保証するものは存在しないが、今後新たに誕生するビットコインでは、世界の国々の、経済活動に責任を担う光りの人たちが、その価値を保証することになる。現在でいえば（財務大臣）といったところである。そして、新たなビットコインでは、各国の経済活動の責任者（財務大臣）が定期的に集い、ビットコインの価値を決定すると共に、そのルール作りも進めて行くことになる。勿論罰則も含めてである。各国の代表者による、話し合いによる解決、これこそが世界中の人々が平和に楽しく暮らしていく為の秘策といえよう。その為にもまず、人々の価値観を変えることが急務といえる。光り人たちにおいては、日ノ本再生、地球再生に向けて、一歩、一歩前進してくれることを、われらカミガミは強く望んでいる。」

資本主義の真実

「それでは、次に、金が主役である資本主義経済について知らせてください。それと、資本主義経済は、これから先いつまで続くのでしょうか？」

「資本主義経済のもとを正せば、それは先にも告げたが金経済、以前、他民族を武力で制圧した支配者・権力者が他国の食料や物資を略奪することなく手に入れようとして、物と物を交換した。それが金以前の経済であった。やがて時が移り、時代は物々交換の経済から、金銀財宝の金が力持つ経済となった。その中で、始めは王者、支配者に仕えていた商人たちが、やがて支配者・権力者を操るほどの巨万の富みを持つ資本家となり、それが今日の世界に至っては、金経済の勝利者が、世界経済を操作する大資本家となって、人々の世界を思うままに操っている。そして今日の世界では、金経済に操られた人々が、金に身も心も蝕まれて、金持ちになることを夢見て神仏に祈り願っている。それが、また金が世界中の人々の暮らしを脅かし、汚れた資本主義を形作っている。これまで世界では、金万能の経済が人々の心を荒廃させ、人々を金の虜にしてきた。だが、そのような汚れた金経済は、いつまでも永く続くものではなく、近き将来においては金が力持つ資本主義経済は破局へと向かい、世界経済は破綻することになるだろう。これから先、大金持ちや資本家の末路は、それを例えて言えば、大海に浮かぶ小船のごとくである。小船は黒い金持つ強欲な者たちを乗せたまま荒海にもまれ、巨大な渦に巻き込まれ、海の底深く沈みゆくこととなる。このことは日頃から金に執着して守銭奴となった者が、自ら選び滅び行く哀れな最後の姿である。これから世界は、金持ちと言われている人たちが、金経済の中で大きな被害を受けて苦しむであろう。人々は金に執着せず、足りることを知って、慎ましく楽しく生活することである。」

金経済の破局とその後

「今日の金経済が破局へと至った、その後は、どのような経済が形作られるのでしょうか？　また、これからの新たな時代の企業とは、どのような企業が生き残るのでしょうか？」

「新たな世界では、どのような企業であろうとも、企業に残された道は一つしかない。それは秘密の談合や裏取引で儲ける黒い金を求めず、隠しごとのない公平な透明度のある企業経営することである。このことが、これからの企業が生き残る為の唯一の条件である。星々のカミガミは新たな世界に向かい、これまで隠されてきた人間界の全てに光りを注ぎ、闇に隠されてきた企業の秘密や黒き金の世界を炙り出すことにした。それゆえ、もし、ある企業が闇取引に関わり、私利私欲のカネ儲けの道を選ぶなら、その企業は、いずれ世に栄えているカネ好きな宗教屋と同じように、自滅の道へと進み崩壊するであろう。それとは別に、従業員を経営参加させ、経理を全てガラス張りにして　透明で公平な富の分配をする企業は繁栄し、新たな時代の企業経営となるであろう。それとともに経営者の心得としては、安くて良い製品を作り、多くの人々から喜んでもらうこと、これがこれからの企業として生き残る道である。このことは、いずれどの企業でも、好むと好まざるとに関わらず、進むことになる近未来の光りの金経済の始まりである。また、これは天地創造の大ガミと四天界の親ガミが心より望む、金で苦しむことのない世界の始まりである。

さらに、今日、企業を営む人たちに告げるが、これから経営者として大切なことは、経営者自身が従業員から信頼され、私利私欲に囚われることなく社会に喜びを届ける、そのような志の高い経営者でなければ、これからの時代は乗り越えては行けず、隠しごとの多い企業は消滅してゆくことになるであろう。これまで魔の悪神どもが力を授けて成り上がった経営者の時代では、多くの経営者はライバルを倒し競争に勝つことに力を注ぎ、金儲けが上手な者が人の上に立つ経営者としてもてはやされてきた。だが、これからは、そのような経営者では、社会からも部下からも見放されて滅び行くことになるだろう。また新たな時代の企業とは、これまでの企業経営のように、会社も組織も大きくすることが目的の企業経営ではなく、各地域に密着した自主独立した企業が栄えることとなるであろう。さらに新たな世界では、国も企業も小さく分割されて、どこの、どの地域であろうとも、地域の人々の暮らしを守り支える企業が繁栄することになる。つまり企業家の心得としては地産地消で商いをすることである。これまで国家も企業も大きな組織となると、その中から不正や汚職や隠し事が生まれ、支配者・権力者が誕生する組織となり、そして魔に操られた者がワンマン経営者となって、社員を酷使する組織が成り立ってきた。つまり大きな組織とは、不祥事を隠し継続することに力を注ぎ、改革を望む、飛びぬけた人物を排除して、組織は守られ受け継がれてきた。遥か昔から、支配者、権力者とは、組織を大きくする事に力を注ぎ、多くの集団を支配して人々の頭上に君臨したがるものである。その彼らの、大きいことが良い、とする、その野望が、これまでの歴史の中で、戦争を繰り返し、人々を貧困に追い詰め、悪神どもがうごめき、民衆を苦しめる、真のカミガミなき世界が形創られてきたのである。これまで、われらカミガミが観察してきた多くの経営者の生涯は、企業立ち上げの頃は地域一番を目指して懸命に働き、そして企業が軌道に乗った後には、国中至るところに支店を築いて、企業を大きく発展させることが生きがいとした経営者が多かった。また経営者の中には、企業を大きく発展させて海外に進出して成功した経営者もいた。

そして大きく発展しようとする企業は、銀行からの借り入れで経営する企業が多くあり、そのような企業は先々まで走り続けなければ経営が成り立たず、その結果会社の余裕がなくなり、経費節減で社員は酷使され、居心地の悪い企業となっている。われらカミガミが観てきた経営者は、誰もが皆、企業経営に成功したわけではないが、成功した者も、失敗した者も、晩年の彼らは、企業立ち上げの頃が、これまでの人生で最も楽しく仕事したと、共通して述べている。つまり、企業や組織を大きくすることが、幸な人生を歩むことではないということである。」

……………………

この時、私の脳裏の中に、以前読んだ、本の話が思い浮かんでいた。

その内容は、南米の奥地にある風光明媚な河辺の、ある釣り場で、二人の老人が釣りをしていた話であった。二人の老人は何度か会う度に、互いに身の上話を語る仲となっていた。ある時、一人の老人が語った。

「私は、世界一の幸せ者だ。わたしほど幸せな者はいない。私は若い頃から寝る間も惜しんで一生懸命に働き、三人の息子を育て、事業にも大成功して、今はこうして、ニューヨークから自家用飛行機で飛んできて、大好きな釣りを楽しんでいる。私は幸せ者だ。私の三人の息子は、それぞれに私の事業を引き継ぎ成功して、家庭を持ち、子どもたちと何不自由なく暮らしている。私は幸せ者だ。私は大きな邸宅に住み、別荘を持ち、その邸宅と別荘は警備の者によってしっかり守られている。だから私は安心して好きな釣りができる。私は幸せ者だ。私の若い頃の夢は、事業に成功して、老後は大好きな釣りをして暮らすことだった。それが今、実現して、私は大好きな釣りを楽しんでいる。私は世界一幸せ者だ。」

それを聞いた、もう一方の老人が語った。

「私は世界一の幸せ者だ。私は若い頃から畑で作物を収穫して、この川で魚を取り、三人の息子を育て、今もこうして、大好きな釣りをして楽しんでいる。私は幸せ者だ。私の三人の息子は、それぞれに畑を耕し、魚をとって暮らし、家庭を持ち、子どもたちと何不自由なく暮らしている。私は幸せ者だ。私はこの近くに家があり、家は戸締りせず、鍵も掛けずとも安心して釣りができる。

私は幸せ者だ。私の若い頃の夢は、この土地で暮らし、田畑を耕し、老後も大好きな釣りをして暮らすことだった。私は世界一幸せ者だ。」夕暮れとなり、資産家の老人は、自家用飛行機でニューヨークへ飛んで自宅へ帰った。もう一方の老人は、歩いて自宅へ帰った。

…………………………

「つまり人生とは、どんなに成功して名を成し、財を成したとしても、また企業経営に失敗したとしても、人生の目的とは、競争に打ち勝ち、戦い抜くことではなく、日々穏やかに不安、心配なく暮らすことである。これからの新たな世界では、国の形が変わり、企業の形も変わり、地域密着した政治、経済がおこなわれ、人々の暮らしが居心地良くなり、新たな時代が誕生することになるだろう。またそうならねば、地球が、人類が破滅するだろう。

以上述べたように、これまで貧しき人々を苦しめてきた黒い金の世界は、今、漸く永い時を経て、天地創造の大ガミと四天界の親ガミの望みどおりに、貧富なき社会へと改められ、人々が生活する為の最低限必要なものは全て無料となり、欲しい物は光りの金で買い楽しむ社会となるだろう。このような社会が光り人たちによって築かれ、星々のカミガミが永き間望んできた、人も皆全てが居心地の良い経済社会へと改革されることとなる。ここで一言申しておくが、世の中の貧しき人全てが、心優しき善人であると思い込まないことである。なぜなら貧しき者たちの中には、魔のものにとり憑かれて、毎日を不平不満で過ごし、心の奥まで貧しさが染付いている者たちがいる。そのような者たちに誠心誠意尽くしたとしても、彼らに注いだ思いやりは届かず、ただ虚しいだけである。つまり世の中には、疫病神と貧乏神と身も心も一体となった人間が存在しており、救いなき人間もいる、と言うことである。

このような心貧しき者たちのことは、われらカミガミに任せて、光り人たちは新たな時代を目指して進み行くことである。世の中で最も尊き人とは、例え、いかなる貧しき境遇に落ちようとも、自らの暮らしを嘆かず、他人を妬まず、日々穏やかに暮らし、されど世を改めんとする高き志を持った人たちである。このような人たちこそが、われらカミガミが手を差し伸べて導き、いずれ世に出る光り人たちである。これから、そなたは、その光り人たちと共に、互いに力を合わせ、金の心配ない社会を目指し、新しい世界の水先案内人となって進み行くことである。」

新たな世界誕生の兆し

「新たな世界とは、これから、どれくらいの時を経たなら誕生するのでしょうか？　また、世間では、世界の終末や人類が滅亡するかのような予言の類いが出まわり、人々に不安、恐怖を与えております。そのような予言書に記されていることは、これから起こるのでしょうか？」

「これから後、起こるであろう天変地異の出来事を正確に予言するのは、いかなる預言者であろうとも無理である。また仮に、ある者が神仏のお告げと証して、未来の予言を告げたとしても、そのような予言は決して当たるはずはなく、世界の未来を知っているのは、人々の世界を導く四天界の親ガミと天地創造の大ガミだけである。われらの星々の親ガミは、人々を不安がらせ、世間を乱すような予言を伝えることはない、ましてや、神仏に操られている霊能者や祈祷師などには、ただの一度も伝えたことはない。これまで世に伝えられている予言の多くは、魔に操られた者たちが悪神どもから受け取った魔のメッセージであり、魔の囁きである。なれど今日、世界が新たな時代に移り変わろうとしている時であるから、世の善良な人たちの為にも、正確な未来とはいかぬまでも、これから星々のカミガミが導く未来社会の一端を舞台に例えて語り伝えておく。われらの天地創造の大ガミと四天界の親ガミは、人々の世界が人皆全て居心地の良い世界となるように、人々の未来世界の設計図を描き、永い時をかけて基礎固めをして土台造りに励んで来た。

その土台作りとは、未来世界の舞台に必要な登場人物を世界中至る所に誕生させ、ありとあらゆる場面を想定して、光りの人々を育て導き、人も皆全てが居心地の良い、喜び感動する新たな世界の舞台作りを練りに練って来た。その舞台は、今日に至って漸く全ての準備が整い、また登場人物は勢揃いして、新たな時代の開演の時を今か、今かと待っている。その開演の鐘を鳴らすのは、天地創造の大ガミである。また舞台の筋書きを知っているのは四天界の親ガミである。しかし世間では、神仏の御告げとして人々を不安がらせ、恐怖心をあおって金儲けしているニセ予言者が多くいるが、その者たちの告げる予言は真実であらず。彼らの多くは、自らが思いつめた神仏を頑なに信じ込み、狭き心に強き自己暗示をかけ、人々を欺いている者たちである。そのような悪神どもに操られた者たちの言葉に、惑わされぬように気をつけることである。

さて、新たな世界の舞台は、これから、どのような形となって時代の変化を観るのか？　その兆しについて述べるとしよう。その兆しにおいて、人々が日頃から目にするものの中で変化するものは、国中至る所に立ち並ぶ電信柱が姿を消して、電気は各地域で自家発電できるようになるであろう。それと列車は、地面に接することなく静かに走り行き、また人々が使用している電話が腕時計と同じ位になる頃、日ノ本の各地域において、人々が助け合う為の市場が開かれ、それが多くの人々に受け入れられ、それから市場は日ノ本全土に広がるだろう。またそれを見た人々は、新たな時代を感じ、思いやり経済の喜びを知るだろう。そして、その頃、日ノ本に新たな指導者が現われ出て、日ノ本の国の仕組みを改め、支配者、権力者が力持つ国家から、一般の人々が政治参加して、庶民が主役となる国家へと大改革するだろう。一方、新たな経営者によって、人々の労働時間が短縮され、週の休みも増えて、これまで多くの人々が、永い時間生活の為に働き、短い時間を休む生活習慣が変化するだろう。この変化により、日ノ本の人々は、世界のどの国の人々よりも生きる為、金の為の労働から解放され、真の人生の喜びを感じ、新たな時代を歩み行くこととなるであろう。

このこと以外にも、医療や食料や社会の仕組みも大きく変化を遂げ、人々は新たな時代の幕開けを知り、新たな世界の到来を、身をもって感じるであろう。今、述べたことは、遠い先々の話ではなく、近き未来には、新潟の佐渡の島において、光り人たちによって未来都市の雛形が作られるだろう。世界の指導者は佐渡の自然・調和・万物一体となっている未来都市を訪ねて、全てが自給自足で営まれ、衣食住一切心配のない未来都市を観て学ぶことになるだろう。先の明治維新から日ノ本では、多くの人々は西洋文明に憧れアメリカ、ヨーロッパに追いつき追いこそうと、人々は必死で働き仕事に励んできた。だが、その西洋文明も追いついてみれば悪いところばかりが目に付き、今日ではアメリカ、ヨーロッパ諸国の力も衰えて、世界の指導者は模範となる国もなく、自国の未来に不安を感じている。この度、天地創造の大ガミと四天界の親ガミは、佐渡の地に、人々が居心地良く暮らせる未来都市の雛形を、光り人たちと共に創造することとなった。新たな世界では新潟の佐渡の島が、世界の良き雛形として光り輝くことであろう。

さて、日ノ本の形を人体に例えると、頭の部分は北海道であり、胴体と腕の部分は本州であり、それと両足の部分は九州である。そして佐渡は、人体で言えば心臓の部分である。その心臓の時を刻んでいるのが、鴇（トキ）である。トキとは東方の親ガミが、星々の世界と人間界の営みの時を見守り、文明の時を計る為に誕生させた、古くから言い伝えられている、火の鳥伝説のヒノ鳥である。光り人に告げる、時はトキなりである。鴇（ヒノ十ノ鳥）とは、新たな時代を告げる光りのトリである。」

ヒノ鳥、トキの真実

「私は以前、仕事中、突然（時はトキなり）と、言う声が聞こえました。以来、この言葉が気になっておりましたが、このメッセージは大ガミだったのでしょうか？　それと、ヒノ鳥、トキについて教えてください。」

「そなたに、時はトキなり、と告げたのは、天地創造の大ガミであった。なれども、われらカミガミと同じく、魔王・悪神どもにも時は金なり、の仕組みがあったことは、われらカミガミにとって大きな驚きであった。最もわれらカミガミの世界と魔界とでは、そのメッセージの意味は大きく異なっておる。魔と一体となりし者各々には、魔王・悪神から魔の時計が体内に埋め込まれ、絶えず時が刻まれておった。時の刻み方はそれぞれに異なっておるが、魔の時が満つる時には、それぞれの望みが叶うことになっておる。それは、金であったり、地位であったり、名誉であったり、魔と一体となった者それぞれによって異なるが、時が来たなら一番欲する物を与えられ、さらに魔との結びつきが強くなるように、魔のものによって仕組まれておった。そなたが、光りに目覚めんとした時、時はトキなりと言う大ガミのメッセージを受け取ったが、それと同時に時は金なり、というメッセージも受け取った。この時は金なりと言うメッセージは、どうやら魔のメッセージも加わっていたようである。

その証拠に、あれから三十年経っても、われらカミガミの世界は一向に広まっておらぬ。時はトキなりの、トキは、われらカミガミのトキではなく、魔の黒いトキであったと思われる。そして、その時、そなたの体内に魔の時計が埋め込まれ、時が経てば経つほど、魔のエネルギーが強くなる仕組みが働いて、そなたは何もかも全てを失って魔の餌食となり、そなたのやること成すこと全てが阻まれておったようである。これまで、われらカミガミが、いくら光りを注いでも、そなたが語るカミ真実の言葉は人々に伝わらず、日ノ本全土になかなか光りの世界が広まらぬのも、頷けるというものである。されど、これまでの魔王・悪神退治によって、魔と一体となりし者と、魔との関係が一つひとつ明らかになると同時に、その度に退治し続けてきた。これにより、日ノ本に住む人々の中に存在する、魔のエネルギーが弱められ、今までカミガミの光りと無縁であった人々に対しても、われらカミガミの光りが届き易くなると思われる。ここまで永い時がかかったが、われらカミガミも、漸く魔界のからくりが分かり、魔と一体となりし者の仕組みも明らかになった。人間と魔とが結び付くからくりを暴くことは、日ノ本再生に向けて、大きな意味を持つと思っておる。

日ノ本再生に向けて、われらカミガミも、これまで魔の阻みによって光り届かなかった所にも光りを届け、着々と準備を進めておる。光り目覚める人々は、何事も慌てず淡々と、新たな世界に向かって進んでほしいと望んでいる。さて、ヒノ鳥トキのことであるが、遥か昔から、言い伝えられてきた火の鳥伝説とは、一つの文明が終わろうとする時には、火の鳥が文明の崩壊と共に炎の姿となって燃え上がり、その後、焦土の中から再び火の鳥となって復活して、新たな文明が誕生する、という不死鳥伝説である。

この伝説のモデルとなったのが、かつて大ガミがそなたに告げた、時はトキなり、の言葉である。このトキの使命は現在の文明にも受け継がれており、この度の一九九九年の世紀末においても、佐渡にいた最後の鴇キンが、自らの天命を果たすかのようにゲージの鉄扉に頭を打ちあて自らの命を絶った。この最後の鴇が日ノ本から絶滅したことにより、日ノ本を加えた西側諸国の文明は、天変地異と共に崩壊する予定であった。だが、天地創造の大ガミは、西洋文明の崩壊と天変地異を一時回避させる為に、これまで中国にいたトキを、光り人を導いて佐渡の島に送り届けさせた。中国から贈られたトキは、今から千年ほど前から八百年ほど前までの間、大陸から来た支配者が皇帝に献上する為に、捕獲して連れ帰ったトキである。

…………

（注）日ノ本の最後の鴇キンの剥製の遺伝子と、中国からきた鴇の遺伝子を、新潟大学の学者が分析調査した。その結果、遺伝子が同一種であることが判明した。このことは、日ノ本にいたトキが中国へ渡っていたのか？　それとも、中国にいたトキが日ノ本に渡ってきたのか？　いずれしても、日ノ本のトキと中国のトキは、同一種であることが証明された。

…………

加えて、自然界に生息する動物たちには、敵から身を守る為に、それぞれに生き延びる為の武器を持っているが、トキが生き延びる為の最大の武器は臆病である。つまり襲い来る敵とは、戦わないと、言うことである。大陸から支配者と共に来た呪術者は、トキの、時はトキなり、の使命を打ち砕き、封じる為に、大陸の皇帝を守護する鳳凰を日ノ本の王者に崇めさせた。

また大陸からきた呪術者は、今から八百年ほど前、天地創造の大ガミと四天界の親ガミの言葉を、光り人に伝える役目の鳥である、鵺ヌエ（トラ鶫）を源氏の呪術者を使って退治させ、天地創造の大ガミと四天界の親ガミの言葉を封じた。この時、呪術者はヌエを妖怪、化け物として源氏の者に説き伝え、佐渡の経島、矢島にある竹の弓矢でヌエを殺害させた。このヌエを殺害した様子は、京都にある社殿の天井の四方にヌエが矢に刺された絵として描かれている。このカミガミの使いの鳥である、トキとヌエを封印した呪術者は、大陸から鳩とカラスを魔界の使いの鳥として日ノ本に持ち運んだ。これにより、カラスは魔界の使いとして、カミガミの光りを遮り、人間界を監視するヤタカラスとなった。

…………………

（注）ヤタカラスは古くから熊野権現の使いとして、呪い札に描かれ、誓いの証文として、今日でも誓約書として用いられている。また鳩は、人間界の出来事を魔のものどもに伝え、密書を運ぶ伝書鳩として、大陸から運ばれ日ノ本の大空に解き放たれた。今日、カラスや鳩が多く集まって来る場所は、魔界、霊界が根を張り巡らし、魔のものどもが屯する場所となっている。またカラスが異常に多い所は、御魂が多く存在している所である。

（注）カラスや鳩が多く集まってくる所には、光りの水を作り家の周りに撒くと良いでしょう。本文の光りの水を作る言葉を参照して下さい。

……………………

今後、佐渡のトキの数が増えて、日ノ本の大空に多くのトキが舞い、羽ばたき、東方の親ガミの光りが大地いっぱいに注がれるようになれば、トキは時なり、となって、新たな時代の、新たな時を刻むであろう。これから新たな時代に向かって、世界の移り変る時の流れは急速に進み、人々の暮らしも大きな変化を遂げ、これまでの古き価値観の時代は去り、人々の世界は新たな時代の新たな時が刻まれ、人も皆全てが居心地の良い世界が創造されることとなる。ならば、世の移り変わる時の流れが変わるとすれば、人々がこれまで馴れ親しんできた、一日二十四時間という決められた時も変わり、人間界の時の計りも変化することとなる。」

「時間が変わるというのは、どのようなことでしょうか？」

「これまで、人々にとっての一日とは、二十四時間であり、その時間の中で、人々は長き時を働き、短き時を休んで、日々の生活を過ごしてきた。だが人間が定めた時間とは、絶対的なことではなく、時間とは時と場合によっては変わることもあるのである。かつて、遥か太古の地上世界では、人々の時間と星々のカミガミの時間は、天地創造の大ガミが定めた時間によって規則正しく時を刻んでいた。だが地上世界に、魔界・霊界が創造されてから、カミガミの時を魔王・悪神どもが奪い取り、王者・支配者の時に合わせるようになった。これにより、霊界・魔界・人間界の時が混然一体となり時空に歪みが生じてしまい、星々のカミガミの時間と人間界の時間が大きく狂わされてしまった。

その為、星々のカミガミの光りが地球に直接届かず、自然界の時も乱されて、天地創造の大ガミと四天界の親ガミは人々を守りきることが出来なかった。

天地創造の大ガミの時間は定まってはおらぬが、人々の三日が一日の時もあり、また人々の一日が一時間の時もある。なれど、この時間は絶対ではなく、天地創造の大ガミは、人間界の過去、現在、未来の時間を一瞬にして観ることができる。また四天界の親ガミの時間も、人間界に合わして一日が二十四時間の時もあれば、一年が一日の時もある。天地創造の大ガミと四天界の親ガミの時間には、規則正しい法則はなく、時には長く、時には短く、時空次元を超えた時間である。加えて魔界に潜む悪神・悪霊などの時間は、過去も現在も同じ次元の中で時が停止しており、魔のものどもは、過去も現在も自由自在に暗躍して、人間界を闇より操っている。

それと霊界の時間は、魔界の次元とは少し異なるが、百年前に亡くなった人でも、最近亡くなった人でも、同じ次元の中で各々が居場所を決められ、暗く寂しく過ごしている。さて、多くの人々は、不幸である時は一日も早く時が過ぎるように願い、幸せであれば、このまま時が止まり、いつまでも時が過ぎぬようにと願っておる。これまで人々が絶対であると思いこんできた時間とは、人々が星々のカミガミに近づけば近づくほど、霊界・魔界の力が弱まる為、一日が長くなり、楽しい時間を過ごす時へと変わっていくこととなる。」

「時間の長さが変わるというのは、お伽話にある浦島太郎が経験したようなことも起こるのですか？」

「お伽話の話とは、魔王や悪神に選ばれた人間が、霊界・魔界に引きずり込まれ強烈な幻覚を観て、経験した事を、伝え残した話が伝承されている。また、古くから伝えられている童話やお伽噺などは、作者が霊界・魔界を垣間観て、語り伝えた話が多く、どちらも魔王や悪神が人間を操って書かせた物語である。遥か昔から、魔王・悪神どもは、魔界・霊界と繋がった人間の思考に入り、幻聴を聞かせ、幻覚を観せ、心を操り、数多くの不思議な物語を伝え残してきた。

それは現在においても変わらず、魔王・悪神どもは芸術家や童話作家の思考に入り、子どもたちが夢中になるような魔法使いや妖怪などの物語を創作させ、世界中の子どもたちを虜にして、親ガミの命の光りを奪っている。桃太郎や金太郎など、名前に太の字がつく名は、東方の太陽の力を授かる為に、陰陽師の神官が名付けた名である。そもそも浦島太郎とは、大陸から来た南方の魔王の化身である。この魔王は、南方の親ガミが海を守る為に創造した光りの玉を魔の呪術で奪い、海を守る南方のカミガミを封印した物語である。龍宮城とは、魔王と悪神が海底に魔界を創造した話である。

浦島太郎が玉手箱を開けると中から煙が出て一瞬にして老人になったのは、南方のカミガミの光りの玉が封印されて、魔界と人間界の時が重なり、魔王が正体を現した話である。これまで言い伝えられてきた龍宮城の物語は、今から一万年ほど前、佐渡の地において、魔王に操られた人間の話をもとに、後世の人々に語り継がれてきた話である。魔王と悪神どもは、佐渡の龍宮城を手始めに、日ノ本の海低にある南方のカミガミの光りの玉を奪い、海底に龍宮城を創造して、日ノ本の海を魔界に作り変えた。それが、各地に言い伝えられてきた龍宮城伝説である。今日、佐渡の海底にあった龍宮城は地殻変動が起こり、海底が隆起して岩場となり、そこに古びた神社が建っている。その地名は二つ亀という。浦島太郎はまたの名を福禄寿と呼び、大陸から来た南方の魔王であるが、この魔王が日ノ本に渡り来た様子は、昔から祝事の時に唄われている、(・・・高砂や、この裏舟に帆を揚げて・・・)、という唄の中に記されている。光り人は、この唄の意味を冷静に考えてみることである。この高砂やとは、大陸から魔王・悪神が、闇夜の中を裏舟に乗り、日ノ本に上陸したことを告げた唄である。

魔王は別名、寿老人、布袋の名を持ち七福神の中に潜み、数々の悪神どもを従え、日ノ本の光りのカミガミに呪いをかけ封印した。また、魔王は日ノ本の各地の海中にあった南方のカミガミの光りの玉を奪い、その玉に呪いをかけて龍神の手に握らせ、人間界を見張らせ、光り人が現われぬように監視させていた。各地の神社に描かれている龍神が玉を握っているのは、南方のカミガミから奪った光りの玉である。昔から言い伝えられてきた御伽噺の中には、人から人へと語り継がれているうちに、魔の悪神どもが正義の味方となった物語が多くあるが、その中でも、桃太郎に出てくる鬼退治の物語は、当時の支配者、権力者の企てによって、悪者は鬼と洗脳されたのが、桃太郎の鬼退治の話である。またこの、桃太郎の話は、かつて鬼と言われた人たちを殺害し、退治したことが、物語として伝えられているのである。」

天地創造の大ガミと四天界の親ガミ

「さてこれより、天地創造の大ガミと四天界銀河を導く、親ガミについて述べておこう。先にも伝えたが、地球を加えた全ての銀河系に存在する、生きとし生けるもの全てを創造したのが天地創造の大ガミである。天地創造の大ガミは、宇宙銀河の頂点に立って地球を含めた全ての星々を見守り、星々の中で起こる、どんな詳細な事でも観て知って導いている。天地創造の大ガミの大きさは、その存在の大きさを証明する言葉は人間には未だない。四天界銀河を導く親ガミでさえも、その存在の大きさを知ろうとすれば、宇宙の果ての果てまで行って、そこから振り返って観れば、大きな薄紫の光りの一部分が観えるであろう。大きくて、大きくて、とてつもなく大きな薄紫の光りの存在、それが天地創造の大ガミである。天地創造の大ガミの薄紫の光りは、存在する全てのエネルギーの大本である。地球を加えた宇宙銀河の全て、勿論、人間も自然も全てが皆、この大ガミの薄紫の光りのエネルギーから創造されている。

かつて、大陸において、魔王に操られた呪術者は、大ガミの薄紫に呪い封印をかけて、濃い紫を天帝の最も高貴な色として権威付け、宮廷内での使用を一切禁じていた。それが未だに残り、大陸では紫禁城と呼び、日ノ本では紫宸殿と言われている。天帝とは、かつて大陸を統一した、秦の始皇帝が呪術者の助言を得て、自らの地位を、宇宙銀河の星々の中心にある北極星に重ねて、天地を支配したことを示した尊称である。さて、天地創造の大ガミの下には、四天界銀河を導いている東西南北の親ガミがいる。四天界銀河の星々の中で、最初に天地創造の大ガミより創造されたのが、北方の星々を導く北極星の親ガミである。北方の親ガミの光りは薄い黄金（こがね）色の光りである。地球の地軸は北極が上となり、南極が下となっているが、このことは星々の世界でも同じく、宇宙は何処まで行っても東西南北の方位は定まっている。ゆえに地球の方位と宇宙銀河の星々の方位も同じである。

かつて賢者は伝えた、（北辰、その所にいて、衆星これを巡る）と伝えている。磁石の針が北を指しているのは、この為である。宇宙銀河系の星々の世界は、北極星が中心となって廻り巡っている。北方の親ガミは、地球の大地を固め大陸を創り、生きとし生けるものたちに憩いの棲家を与え、肥沃な大地に食料を育て、生きるものたちに必要な食糧を与えた。北方の親ガミが、御霊たちを故郷の星へ帰す時には、黄金の光りの糸で御霊を包み北方の星へ帰している。北方の親ガミに相対する親ガミは、南方銀河の星々を導いている、水色の光りの存在である南方の親ガミである。南方の親ガミは、地球に雨水を降らせ、河川の流れを創り、海に水を満たして、生きるものたちに必要な命の水を与えた。南方の親ガミが、御霊たちを故郷の星へ帰す時には、御霊を水色の光りの玉に乗せ、南方の星へ帰している。次に東方銀河の星々を導いているのが、茜（あかね）色の光りの存在である東方の親ガミである。

東方の親ガミは、昼には、地球を太陽の光りで暖め、生きるものたちの命を守り育み、夜は、月の光りで地球の海の満ち潮、引き潮を決めて、生きるもののたちの心を癒し、地球の息吹を整えている。東方の親ガミが、御霊たちを故郷の星へ帰す時には、御霊を茜の光りの舟に乗せて、東方の星へ帰している。次に東方の親ガミに相対する親ガミは、西方銀河の星々を導いている、薄い緑の光りの存在である西方の親ガミである。西方の親ガミは、地球の東西南北に緑の光りの風を送り届け、四季を巡らせ、地上に緑豊かな自然を育て、生きるものたちに薬草を与え、生きるものたちの健康を守っている。また西方の親ガミは、北方・南方・東方の親ガミの、それぞれの光りを橋渡しする役目を担って、地球に光りの風を届けている。西方の親ガミが、御霊たちを故郷の星へ帰す時には、薄緑の光りの葉に御霊を乗せて、西方の星へ帰している。

さて、宇宙銀河の中で、地球は東方の太陽系に位置しているが、その地球の中でも極東に位置しているのが日ノ本である。一日の始まりが東から太陽が昇って夜が明けるように、新たな世界の夜明けも、日ノ本から始まるのである。地球は東方の親ガミが中心になって導く星の一つである。宇宙銀河系の星々の中で、天地創造の大ガミと四天界の親ガミが共に力を合わせて守り導いている星は、宇宙広し、といえども地球だけである。また全宇宙の星々の中で、人間の形をしている生物は地球だけである。ゆえに、世に言われている宇宙人は存在しておらぬ。天地創造の大ガミと四天界の親ガミは、地球以外に人間は未だ創造してはいない。地球は星々のカミガミにとっては、かけがいのない大切な大事な光りの星である。天地創造の大ガミは人々の世界が、貧困なく、飢えなく、病なく、戦争もなく、宗教もなく、人も皆全てが居心地の良い光りの星となったなら、次に、西方銀河の星の中にも、地球と同じ肉体持つ人間を誕生させ、人も皆居心地の良い星を創造しようと決めている。

そして西方の星の次には、南方から北方の星々の中にも、地球と同じ東西南北の親ガミが共に導く、肉体持つ人間が暮らす星を創造することになっている。なれども、この度の、地球再生、日ノ本再生ができるか、できないかによっては、他の星々の中に、地球と同じ人間の住む星々が誕生するか、しないか、が決まるのである。これはカミガミの世界においても、大いに密接に関係あることである。つまり、宇宙銀河星々の未来は、万物の長である人間たちの英知によって、他の星に人間が誕生するか、しないか、が決まることになっている。星々の親ガミの光りの命を宿して誕生した、肉体持つ全てのものたちは、東西南北の星々から来て、肉体なき後は親ガミの待つ星へ帰ることとなっている。このことは、天地創造の大ガミと四天界の親ガミが決めた、変えてはならぬ自然界の摂理である。さらに、加えて言えば、四天界銀河を導く親ガミの大きさは、それぞれが地球のおよそ七倍から八倍の大きな光りの存在である。

＊　次の図形は、天地創造の大ガミと四天界の親ガミと銀河系を表わした図形である。

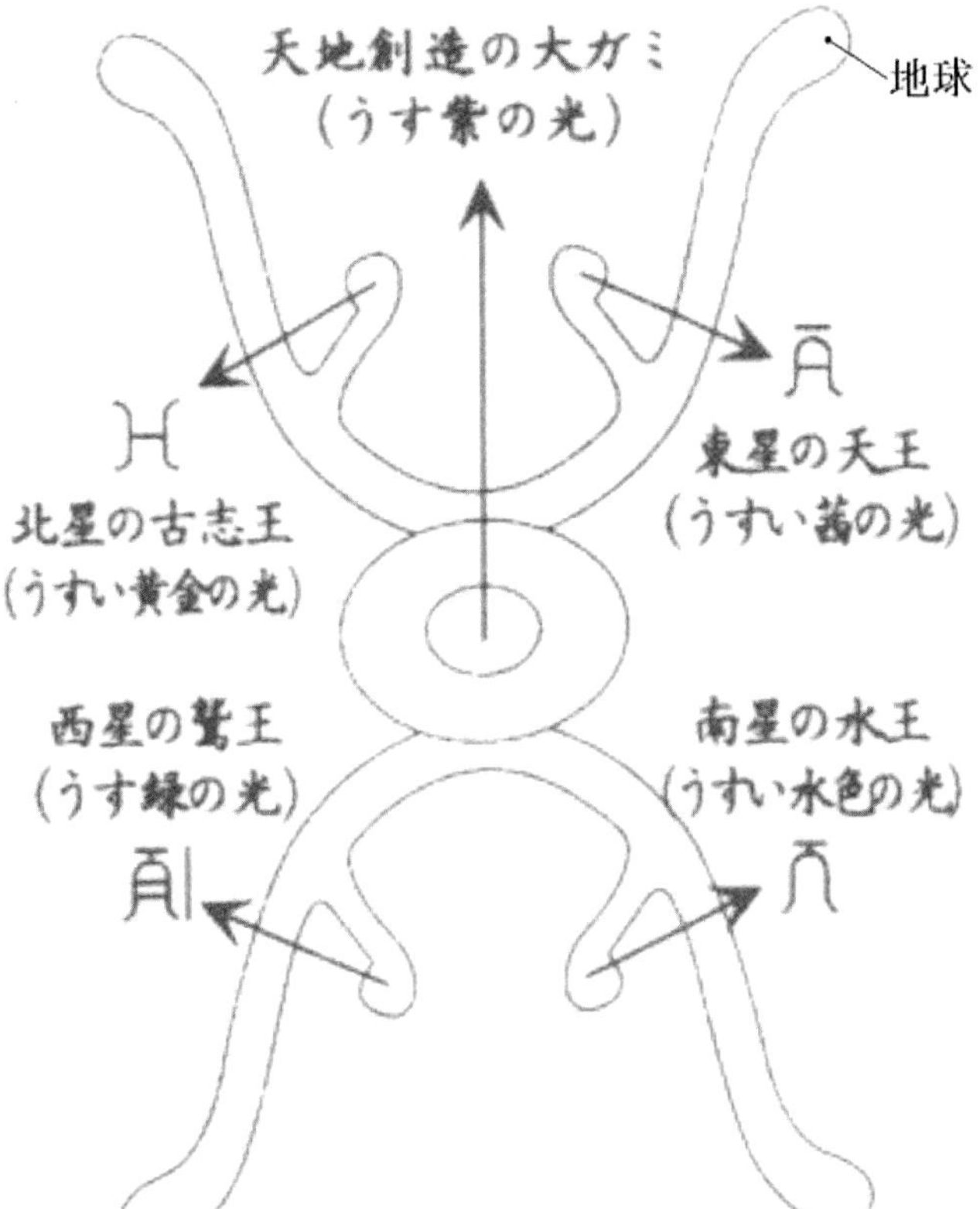

【天地創造の大ガミと四天界銀河の図形】

さて、魔界の魔王と悪神どもは、天地創造の大ガミと四天界の親ガミの光りを封じる為に、それぞれの大ガミたちの光りの色に、魔の色を重ねて封印呪いをかけた。それが天地創造の大ガミの薄紫の光りには、濃い紫を重ねて封印し、北方の親ガミの薄い黄色の光りには、濃い黄色を重ね、また南方の親ガミの水色の光りには、濃い紺色を重ねて封印した。そして東方の親ガミの薄い茜色の光りには、濃い朱色を重ねて、西方の親ガミの薄い緑の光りには、濃い緑を重ねて封印した。

この天地創造の大ガミと四天界の親ガミの光りが封じられたことによって、人々が親ガミの光りが観えないように呪い封印かけられてきた。神社、寺院に掲げてある五色の旗やのぼりは星々の大ガミたちを封印した色である。また神社、寺院の正面に垂れている濃い紫の幕も、大魔王が大ガミの薄紫の光りを封印した幕であるが、この濃い紫色を好んで使う者は、魔界・霊界と繋がりやすく、悪神と仏魔の虜となり、魔のものどもから操られるようになる。人々の中には、強烈な白光や濃い色の紫や濃紺や、そして真っ赤なペンキを塗ったような色が、目を閉じると観える人がいるが、これは魔王と悪神が観せる魔光である。また、ほとんどの魔光は、ギラギラとした気持ちの悪い光りである。この魔光は、魔の餌食になるので十分気をつけることである。大陸の呪術者はシャカの死後、シャカの仏像に濃い紫の袈裟を着せて、額の中央に光りを封じる為の釘を打ち込こみ、シャカの光りを封印し呪いをかけて、石像に閉じ込めていた。

西暦二千年、天地創造の大ガミと四天界の親ガミは、光り人と共に魔のものどもを退治して、魔界に閉じ込められていたシャカを救い、シャカに掛けられていた封印・呪いを解き、西方の親ガミの光りの星へ帰した。今日、シャカは西方の星で、親ガミの光りの中で心の傷を癒し、肉体の時に受けた苦痛を癒して、光りの存在になるまで静養している。近い将来、シャカは光りの存在として復活して、星々のカミガミと共に仏教界の大掃除を始めるだろう。シャカについて話し加えるが、シャカはイエスと同じく、（人は皆、親ガミの星からきた、カミの御子である。人は生まれながらに、皆平等である）と、このことを伝える為に、西方の親ガミの光りを宿して誕生した、西方の光り人であった。さて、アジアの大地に根付いた仏教は、シャカの真実の教えに反して、民衆を操る為の宗教として栄え、王者・権力者に都合良く利用されて仏魔の教えとなった。

仏魔の教えとは、先にも告げたが（人は、どんなに辛い苦しい日々であろうとも、世の中には、もっと辛く苦しんでいる人々がいる。何事も日々の暮らしに感謝として生きよ）と、下には下の人間がいることを、説いた教えである。さらに、（人間界は、世の始めから、苦しみ悲しみが多く、救いなき娑婆世界である。人は何事も全てを、在るがままに受け入れて、仏を信じて念仏、お経を唱え、救い求めるが良し）と、する諸行無常を説いた教えである。天地を創造した大ガミが、世の始めから悪しき世界を創るはずがなく、人間界が悪栄える世界となったのは、我欲強い人間たちが魔のものを育て、地上に魔界・霊界が創造されたからである。そして、また仏魔の教えとは（人が死んだ後には、霊となり、善人は極楽へ行き来世では救われ、悪人は地獄へ行き落とされる）という、産まれ変わりに希望を持たせた、霊魂不滅、輪廻転生を説いた霊界宗教である。かつて、大陸で南方の光り人が、南天の星々を観つめてカミガミと会話していた。それが、弟子たちに伝わり、民衆を指導する人物が、御指南番という言葉となって伝えられている。またかつて、仏教栄える国々では、南方の光り人たちが、魔に使われた呪術者から殺害され、南にカミは無いという、南無という呪文によって封印され地底深く閉じ込められた。

魔王・悪神どもに操られた呪術者や僧侶らは、古き昔から受け継がれてきたお経を、真の意味も知らずに、自分たちに都合の良い言葉に置き変えて、真面目に頑なに仏教の教えを受け継ぎ、疑い知らぬ信者に有り難い言葉として教え説いてきた。今日の世において、世界中に多くの信者を持つ、キリスト教と仏教は、その、もともとの誕生した仕組みは同じく変わらず、人皆平等を望まぬ王者と権力者に平伏した聖職者が、自らの保身の為に企て謀った、イエス悲しみ、シャカ嘆き、カミガミは望まぬ宗教である。これまで歴史上で繰り返されてきた、人間界での戦争や飢えや貧困などの災い事の大本の原因を辿れば宗教である。ゆえに、人々の心を縛る宗教とは、人々を救いはしないと、人々は目覚めることである。」

星々のカミガミの数・悪神の魔の数

「さてここで、先にも伝えたが、星々のカミガミの数と魔の悪神の数について述べておく。

聖書に記されている（666）とは不吉な数と言われているが、カミガミの世界での6とは、天地創造の大ガミと四天界の親ガミの5つの光りに、人間の光りの命を一つ加えて6となる。6とは、人間が光り人となった数である。魔王と悪神は神官を操り、この6の数を人々が光り人とならぬように、呪い、封印をかけて不吉な数として広めたのである。数字は、各国々の言葉は違っても世界共通の意味をもたせて、天地創造のガミと四天界の親ガミが光り人に伝へ教えたものである。星々のカミガミの世界では、全ての物事が数字によって示されているが、その中でも、天地創造の大ガミが決めた、カミガミ共通の数と言葉は（ヒフミヨイムナ）の七の数である。この（ヒフミヨイムナ）とは、全ての言語と数の大本である。

一から七までの数には多くの意味があるが、その中の一つを言えば、一は全ての物事の始まりである。二は、全ての物事を創造する数である。三は、全ての物事にカミガミの光りが注がれる数である。四は、全ての物事が光りの形になる数である。五は、全ての物事が自然と調和する数である。六は、星々のカミガミの光りが注がれ、全てが完成される数である。そして、七は、天地創造の大ガミと四天界の親ガミの光りが万物一体となって光り輝く世界である。この他にも、五の数は、天地創造の大ガミと四天界の親ガミの星々を表わした数でもある。魔界に君臨している大魔王は、天地創造の大ガミと四天界の親ガミの光りを弱める為に、魔の五亡星を形作り、天地創造の大ガミと四天界の親ガミの五つの星を封印した。以来、天地創造の大ガミと四天界の親ガミが地球に届ける光りが遮られ、地球に魔界、霊界が誕生して、魔のものと一体となった人間が民衆を支配する世界となった。加えて言えば五の字は、王の字の原型である。呪術者は、この五の字を支配者に告げて、王者として君臨させた。さらに五の数を言えば、地球の大地は、大ガミたちの五つの光りによって創造され、五大陸となっている。

また、五の数を人体で言えば、五体、五臓、と言われるように、身体全体の部分は天地創造の大ガミと四天界の親ガミの五つの光りで創造されている。そして、また、人間の顔で言えば、天地創造の大ガミが顔全体を受け持ち、眼は西方の親ガミが受け持ち、鼻は北方の親ガミが受け持ち、耳は南方の親ガミが受け待ち、口は東方の親ガミが受け持って、それぞれの部分を大ガミたちが五つの光りを合わせて形創られている。さらに、手足の指が五本となっているのは、親指は天地創造の大ガミを表わしており、人差し指は太陽の光りで全てを照らす、東方の親ガミを表わし、中指は星々の中心である、北方の親ガミを表わし、薬指は緑の光りの薬草で病を治す、西方の親ガミを表わし、そして小指は天地創造の大ガミと相対する指として、南方の親ガミを表わしており、各々の大ガミたちが手足の指を五本として形創った。以上、五の数は、天地創造の大ガミと四天界の親ガミの数である。

さらに、数について加えるが、先にも告げたが天地創造の大ガミが決めたカミガミの数は、一から七までの（ヒフミヨイムナ）の数である、だが、地球の魔王と悪神どもは魔と一体となった人間を操り、一の前に0を加え、七の後には八と九の数を加え、人々の世界を数が力持つ、支配者・権力者の世界を形作らせた。これより告げることは、カミガミの数にかけられた、魔の呪い封印の数である。人々の世界は、遥か昔から、日々の暮らしを、暦を拠りどころにして生きてきた。この暦の元になっておる数が一から七までの数であり、われらカミガミの数である。

われらカミガミが司る数は（ヒフミヨイムナ）の一から七の数である。しかし、魔のものどもは、われらカミガミの力を弱めるべく、われらカミガミの数に呪い封印をかけ続けた。それは一から七の数字を挟み込むように、一の下に0を加え、七の上に八と九を加えたことである。八と九と0の数の出現により、われらカミガミの数は呪い封印され、魔のものどもの数が、人間界に暴走を始める事となった。中でも0の数の出現は、われらカミガミの数を封印する上で大きな悪の力を発揮した、と言えよう。数字に0が、沢山付けば付くほど大きな数になるが、どんなに大きな数であっても、それに0を掛ければ0になる。この0の出現により、人々の世界は貧富の差を加速させる事になった。魔の0と八と九の数が、世界中に広まる中で人々は数字に0を加える事に、より多くの力を注ぐ事となった。多くの人々は一より十、百より千、一億より一兆と、人々はこぞって0を増やすべく金儲けに走った。その競い合う世界は、ライバルを蹴落としてでも、自分だけが金持ちに成れば良い。その為には、手段も選ばぬ輩が沢山現れた。

加えて魔のものに魂（命）を売り渡し、魔のものと悪の契約をする者も沢山いた。その結果、魔のものに力を授かりし者の所には、沢山の富が集中する事となった。また魔のものが、これはと思う者を選び、その者に富を授ける事もあった。沢山の富が集中するところには、多くの人々が集って来る。魔のものは集いた人間から命の光りを奪い、人間を意のままに操ることが出来たのである。これは金に心奪われた人間にとっても、魔のものにとっても誠に都合の良いことだった。こうして金持ちのところには絶えず金と人が集まるように人間界は仕組まれてしまった。

されど、時には、魔のものの悪戯により沢山の富を手にしておった者が、一夜にして無一文となり、奈落の底に突き落とされる、と言う事も、魔のものどもの悪戯によって起こった。これは、魔のものどもが気紛れに、自由に0を操ることによって引き起こされることである。先に申した通り、どんなに大きな数であっても、0に0を掛ければ0になるからである。そして、数字に0が沢山付いて大きな富を手に入れさえすれば、それが経済を動かす大きな力を産み出し、経済力を手に入れた者が世界を支配する、そのような仕組みも生まれ、それが、今現在においても続いている。われらカミガミから見たら実に嘆かわしいことである。それから、また世の中を便利にしたコンピューターの出現は、さらに魔の数の暴走に拍車をかける事になっている。そのコンピューターは、0と1だけで、数や文字を表すことが出来て、今やコンピューターのない世界など想像出来ぬ世界となっている。コンピューターの出現により、世の中がデジタル化され、全ての人間が数に支配される世の中になってしまった。その結果、人々の生活の中で数字が重要視され、さらに生き辛い世の中になってしまった。そして通貨の単位によって世界各国がバラバラになっているのも、魔と一体となった者が考え出した仕組みである。

魔と一体となった者どもは、それぞれの国の経済力を通貨レートで表わそうとした。世界の通貨が統一せぬのは、それぞれの国の経済力を数字で表わすことにより、世界に富める国と、貧しい国が存在することを、良しとする為である。すなわち、われらカミガミが目指す、貧困なき世界を阻み、封印するのが目的である。言葉は国によって違いがあるが、数字は世界における共通の物差しとなる。この物差しを意のままに操る為に、魔と一体となった者どもは欲望強い人間を操り、アメリカのニューヨーク、イギリスのロンドン、日ノ本の東京兜町など、世界各国に金融街を作った。これら金融街を使い魔と一体となった者どもは、数字に暗号を組み込み、全世界に発信し続けてきた。実にわれら、カミガミの光りの世界を封じ込める、巧妙に仕組まれた悪しき世界である。近未来においては、コンピューターの0と八、九の数が、暴走して、世界の富める者たちの金が、木の葉のように舞散るであろう。これは、これまで続いて来た、金経済の行き着く先が結果となって現われる、資本主義経済の終焉である。その後においては、人々の世界は、多くの貧しい人々のいない、一握りの大金持ちもいない、人も皆居心地の良い世界が、光り人たちによって築かれるであろう。」

鎖国の真実

「新しき世界が誕生するとして、その過程においては、人々の中には明治維新の時と同じように新たな時代に適応出来ず、頑なな心のまま考え方を変えず、髪は髷を結い、服は洋服を着ることなく暮らしていた。そのような人々が多くいたと聞いております。この度の、新しき世界の到来に置いても、明治維新の時と同じように、心に暗示をかけられている人々が多くいると思いますが、このような人々に対して、カミガミはどのように考えているのですか？　また江戸時代の鎖国とは、星々のカミガミから観てどのような思いであったのでしょうか？」

「時代が、江戸から明治へと移り変わっても、人々の中には、幕府の儀式者が企てた古い習慣や迷信、暗示が強すぎた為、外国の文化に適応出来ず、頑なな心のままに過ごした人々が多くいた。だが、頑なな心の人々にとっては、髪の形を変え、諸外国の文化を取り入れるのは、現在の人々が墓参りや神仏に祈ることを止めぬと同じように、重大な決心が必要であった。そもそも、鎖国という制度とは、遥か昔の縄文時代から、大陸から来た魔王に操られた呪術者の集団が、日ノ本の地を乗っ取り、日ノ本の人々を洗脳してきた。そのことの集大成を完成させる為に謀られたのが鎖国であった。つまり鎖国とは、魔王と呪術者が一万年以上の永い時をかけ、ありとあらゆる呪い、封印を日ノ本にかけ続けて、日ノ本を星々のカミガミの光りが届かぬ大地にする為に謀ったのが鎖国である。また日ノ本に住む人々を、身も心も完全に魔界・霊界の中に取り込むための制度であった。これにより日ノ本の人々は、魔のものに操られているとは思いもよらず、悪神・仏魔を善なる神仏と信じて、他の国々の人々よりも頑なに、真面目に神仏を信じ込み洗脳されて生きてきた。今日、日ノ本の人々の国民性は、江戸時代の鎖国によって育まれ形成されたものである。江戸時代の鎖国によって、魔王・悪神どもは呪術者や儀式者を使って、日ノ本の東西南北の隅から隅ずみまで呪い封印をかけ続け、国家も人々も全て支配した。

この鎖国制度によって、日ノ本の人々は世界中のどの国々の人々よりも身も心も封印され、洗脳され、支配者、権力者から操られやすい人間となって、伝統・儀式・習慣に身も心も縛られてしまった。では、なぜ魔王、悪神どもは呪術者、儀式者を操り、一万年以上の時をかけて日ノ本を乗っ取り、人々を洗脳しようと謀ったのか？　それは、先にも告げたが、日ノ本は星々のカミガミが、地球上で始めて降り立った光りの大地であったからである。魔王・悪神どもは、日ノ本を占領することにより、星々のカミガミの光りを遮断して、地上世界を支配できると信じていた。ゆえに日ノ本は、何が何でも魔の力で支配し、乗っ取らねばならなかったのである。さらに、鎖国制度とは、遥か昔から、魔王・悪神に操られた支配者・権力者が民衆を支配し操る為に、多くの習慣・儀式・迷信を政に取り入れて、人々の心を操ることに成功した時代であった。その洗脳により、多くの民衆は大陸から来た七福神や仏像に願いを託して、魔の悪神や仏魔を善の神仏として奉り、数々の行事が執り行われ、お伊勢参りや霊場巡りが流行った時代でもあった。この当時の儀式・

習慣が、現代の人々にも受け継がれて、多くの人々は未だ神仏に祈り願っている。

では、これより、魔王・悪神どもが支配者・権力者を操り、昔から人々をどのようにして操ってきたのか、その、魔のからくりを伝えることとする。魔王と悪神が人々を操るからくりは、欲望強い人々を虜にする、宝くじやギャンブルなどの仕組みに似ている。宝くじやギャンブルの仕組みは、大勢の人々から多くの金を集め、少数の人間が当選して、当選者だけが大金を受け取る。この仕組みは、企画運営するものが、全てを取り仕切り、多くの人々が夢と希望を持たされ、踊らされ、狂わされて金を巻き上げられる仕組みとなっている。つまり、宝くじやギャンブルの仕組みは、民が主と言いながら、我欲強い者だけが頂点に立つ偽りの民主主義と同じく、民衆が国司る支配者の企てに乗り、操られ踊らされ、金と労力を差し出して国家の土台となり、支配者・権力者を支え続けるからくりである。また、この仕組みは、国司る支配者・権力者たちが、民衆を巧妙に手懐け、民衆の過酷な労動から絞り取った税金で優雅な暮らしをする。この仕組みは魔王と悪神どもと、そして支配者・権力者が一体となって、民衆を騙し操っているからくりである。このからくりにより、支配者・権力者は永い間、何も知らない民衆に僅かな希望を持たせ、過酷な労働を強いてきた。また一方では不安、心配な世の中を形成し、民衆が権力ある者にすがらねば生きてゆけぬ社会を形創ってきたのである。」

「この仕組みにより、国司る支配者・権力者が民衆の頭上に君臨して、富と権力を握り、栄えるのは分かりますが、このからくりによって、魔王・悪神どもは、どのような望みを叶えるのでしょうか？」

「魔王・悪神どもが蠢く魔界では、人間に皮をはがれ、食肉にされ殺害された多くの恨み持つ動物たちが、魔界で妖怪となりもののけとなって人々の世界を恨んでいる。また、同じように人間界で悪行の限りを尽くして死刑にされ殺害された人間が、魔界に引きずり込まれ、悪神の手下となって悪霊となり、人々に悪事を行っているものもいる。さらに、もともとは、人々を導く光りの存在であった星々から来たカミガミが、人間界での醜さに落胆して見切りをつけ、魔王の術中にはまって手下となり、光りのカミから魔の悪神になったものもいる。このように、魔界とは、人間界での権威社会と同じように、大魔王を頂点とした仕組みが形作られ、人々の世界を魔界より操り、地球を薄暗く汚している。大魔王と手下の悪神・妖怪どもは、人間界の光りなき汚れた場所を棲家にして、魂（命）を魔に売り渡した者や我欲強き者に取り憑き、良き人々を苦しめ命の光りを奪っている。では、なぜ、魔のものどもは、良き人々を苦しめ、悪しき世界を形成しているのか？

それは、魔界・霊界・人間界の中で、生きるもの全ての命を支えているのは、星々の親ガミが届ける命の光りであるからである。この光りのエネルギーによって、生きるもの全ての命が生かされているのである。それゆえ、大魔王を頂点にした魔界に生息する悪神・妖怪・悪霊どもにとっても、生きる為に必要な大本のエネルギーは、星々の親ガミが届ける命の光りである。その、大切な命の元となる光りは、魔界に生息するものには、星々の親ガミは一切届けない。ゆえに、魔のものどもは、生きる為に必要な光りを人々から奪うしかなく、光りの奪い易い人たちや子どもたちを狙い、命の光りを奪い、それを食料として生きている。それでは、人々の命の光りが、どのようにして魔のものに奪われるのか？　それを伝える。そもそも、星々に存在するカミガミには光り豊かな感情がある。この感情は、嬉しい楽しい喜びとなって、光りの大本のエネルギーとなっている。ゆえに、星々のカミガミには、人々が持つ、辛く悲しい、苦しいせつない痛い、という傷つく感情は一切なく、また、これまで一度も経験したことがないのである。星々のカミガミの世界では嬉しい楽しい、全てが喜びに満ちた光りの世界である。辛く苦しい世界は、全宇宙の星々の世界の中でも地球に生きているものたちだけである。

人々の本来あるべき姿は、不安、心配なく、嬉しい、楽しい日々を過ごす。この暮らしをする為に、人間は地球に産まれ誕生したのである。人々が明るく楽しく生きることによって、体内に宿る命の光りが輝き、親ガミの光りと共に心地良く、生きることができるようになっている。だが、魔のものどもに襲われると、人々は悩み苦しみ続け、内なる命の光りが傷つき弱まり、命の光りが体外に放出される。この放出された命の光りを、魔のものどもは永い間食料として奪い生きている。人間とは、悩み苦しみ続けると体力、気力が落ちて元気がなくなる。人が悩み苦しめば、魔のものが喜び楽しんでいるのである。人間の身体は、本来、悩み、苦しみに勝つようには創造されてはいないのである。ゆえに、人間は、悩み苦しみ、不安心配があると、体内の命の光りが、それに対応出来ずに、小さく萎縮する。それは、光りに満たされた風船の空気が抜けるように、萎んでしまうのと同じである。人間は、命の光りが弱まると、居たたまれないほどの恐怖心に襲われ、言いようのない不安、心配に襲われ、薄暗い部屋に閉じこもり、何をするのも気力が衰え、精神が不安定となる。人によっては、急激に命の光りが奪われすぎると、突然幻覚を観たり、幻聴が聞こえたり、心身共に魔界に引きずり込まれることもある。これを医学では、心身喪失、ストレスなど、と言っているが、これは、実は本人の錯覚や気のせいではなく、魔界の中を垣間観て実際に体験していることである。

さらに、人間の身体に悪霊・悪神・もののけが憑依すると、突然、イライラして凶暴な性格になり、気が狂ったように暴れることもある。また、人の身体に黒いドロドロとしたコールタールのよう数多くの悪霊が取り憑くと、心の病となり、癌と言われている病気になる。このように魔界に潜む魔のものどもは、彼らにはない命の光りを奪わんとして、人々の心に常に不安、心配を囁き、人々の命の光りを奪い食料として生きている。魔王、悪神どもにとって人間とは、人々が家畜を食料としているのと同じように、魔のものどもにとっても人間の命の光りは食料である。現在の世においては、魔界にいる悪神・悪霊・妖怪どもは、神社・教会・寺院の祭壇を棲家にして、祈り来る人々から命の光りを奪い続けている。加えて、イエスを磔にした十字架は、大魔王が神官に命じて企てた、信者をすがらせて、命の光りを奪う為の十字架である。さらに、キリスト教では、誕生した幼い子を教会に連れて行き、洗礼の儀式が行われておるが、それと同じく日ノ本でも、幼い子を神社に連れて行き、宮参りの儀式が行われている。この儀式は、どちらも幼い子の命の光りを生涯において、魔王・悪神に捧げる為の生贄の儀式である。

さらに、日ノ本では遥か昔から、子どもから大人まで、七五三の儀式や正月や年回りの厄年など、人間の一生を神仏の儀式で縛るように、数多くの年中行事が執り行われている。これらの全ての習慣、儀式は、人々の命の光りを奪う為に、大魔王と悪神どもが儀式者を操り仕組んだ謀り事である。」

「それでは、教会や神社・寺院に行かず、宗教などに入信していない人々に対して、魔のものどもは、どのようにして、親ガミの命の光りを奪っているのでしょうか？」

「今日の世においては、大魔王と手下の悪神・悪霊・妖怪どもは、世界中の各家庭に入り込み、子どもたちが好きな人形や縫いぐるみ、おもちゃなどに宿って、幼い子どもたちの命の光りを奪っている。子どもが、いつも縫いぐるみや人形を抱きしめて離さない時は、魔のものの餌食になっている時である。このような子どもたちは、魔界・霊界と繋がり易くなっており、夜泣きや好き嫌いが激しくなる。そのような時には、子供から早めに人形、縫いぐるみを離し捨てることである。

昔から、日ノ本では家の中心の柱を大黒柱と呼んでいるが、大黒とは、大陸からきた支配者が、日ノ本の国創りを始めた時に、抵抗する人々を殺害する為に、呪術者が大陸から連れてきた、敵を呪い殺害する破壊の神である。今日、福の神として崇められている大黒とは、日ノ本へ来た、その当時の姿は、右手に鋭い刃を持ち、左手には血の滴る生首を持って、胴体には牙をむいた大蛇を絡み憑かせ、さらに首には、殺害した多くの人間の髑髏の首飾りを巻いて、刃向かう敵を殺害する、破壊の神として支配者と呪術者から崇められていた。

その大黒とは、もともとインドにおいて、破壊の神シバ神として下層階級の民から奉られていたが、それが大陸に伝わり護国天として奉られ、日ノ本へ来てからは破壊の神から、金運・財運を授ける福の神として奉られるようになった。そもそも、大黒とは、常に獲物を噛み砕く牙から生血を滴り落としている、食肉獣のような、荒ぶる悪神である。それと、大黒と同じく凶暴な荒ぶる悪神であるのが、日ノ本で誕生したスサノオである。スサノオと大黒は荒神として各地で奉られているが、二荒（ふたら）の神とも言われ、またの名を二荒（にっこう）日光と呼び、日光東照宮に奉られている。さて、人々を餌食にしている魔のものどもであるが、魔王・悪神どもは人々の命の光りを奪う為の、ありとあらゆる悪しき知恵を持っている。そのからくりを一つ言えば、ここに魔王が操る妖怪のネズミが沢山いたとする。魔王は、このネズミを縫いぐるみの中に取り憑かせて、幼い子どもたちに抱かせるように仕向ける。すると縫いぐるみに宿っているネズミの妖怪が、子どもたちから命の光りを奪い、その光りを魔王・悪神に届けて分け前を頂く仕組みとなっている。このネズミの妖怪は子どもたちの思考の中に入り、子どもたちを縫いぐるみの虜にしている。このようにして、魔王の手下の悪神・妖怪どもは、昔から、幼い子どもたちが喜ぶ玩具や人形などを世界中に広め、幼い子どもたちの命の光りを奪ってきた。

この仕組みは、魔王と悪神どもが人々を操り、ネズミの縫いぐるみを宗教の教祖のようにして崇めさせ、それにより、世界中の子どもたちがネズミ教の信者となって、ネズミの寝具で眠り、ネズミの衣服を着て、ネズミの食器で食事をして、そして部屋中ネズミのキャラクターで溢れさせ虜にしている。この仕組みは、現代の形を変えた宗教である。この他にも、魔王、悪神どもは、魔界、霊界を世界中に伝え広める為に、人間界から魔の虜となる人間を選び、その者を使い、魔界・霊界を題材にした映画やアニメやキャラクターを創作させ、穢れなき子どもたちを操り洗脳してきた。

この魔王・悪神どものからくりは、疑い知らぬ子どもたちの命の光りを食い物とした、形を変えた宗教である。これまで、多くの人々は、魔王・悪神どもの仕組みに騙されて、群れる集団の中に入り、流行に乗り、バブルの中に身を置いて、魔王・悪神に操られた人間が、右だぁーと叫べば、右に走り、左だぁーと叫べば、左に走って踊り狂わされてきた。この、人々が踊り熱狂する高ぶる気持ちを、魔王・悪神どもと、それに操られた支配者・権力者は、永い歴史の中で人々の心を洗脳してきた。

また魔王・悪神どもは人々から命の光りを奪い、支配者・権力者は地位と権力を握り、魔界・霊界・人間界が重なり合って共存してきたのである。魔王・悪神の力は、祈り願う人々の数多くの望みを、一つだけ叶える。だが、その見返りとして命の光りを奪い、そして他の望みは叶えず、不幸なままに操り命の光りを奪っている。つまり、悪神どものやり方とは、人々の願いが十あるとすれば、一つを叶えて、後は苦しみを与えて、いつまでも神仏にすがるように操っている。これが、魔王・悪神どもが支配者・権力者に力を授け、また宗教界の教祖や祈祷師に力を授けて形作ってきた、穢され、汚れた人間界の仕組みである。」

………………

ここで、天地創造の大ガミのメッセージを伝える。

光り人に告ぐ。祭壇に奉られている神仏に、心開いて祈り、すがるべからず。
祈りすがれば、魔のものの虜となり、餌食となる。
真実のカミは、命となって体内に宿り、全てを守り導いている。
ゆえに、魔除け、数珠、お守り、お札などは、一切必要ないことである。
魔のものどもは、煌びやかな祭壇に居座り、人々の命の光りを奪っている。
人々よ、不安心配は、魔のものが喜び、命の光りを奪う時である。
人々よ、部屋にある、人形、縫いぐるみ、縁起ものを見つめよ。

不気味さを感じたなら、迷わずに捨てよ。それは、魔のものが取り憑いている棲家である。
…………………………

「人は皆、親ガミの光りの命を宿して誕生したカミの御子である。その光りの命を魔のものに売り渡し、魔王・悪神に魂（いのち）を捧げた人間が、死後、悪霊となり妖怪となって、人々に不幸、災難を与え、さらに悪の限りを尽くして成り上がったものが、魔界の悪神となり、悪魔となっている。そしてまた、生前仏門に入り、修行に明け暮れた者が、死後、霊界でさらに修行に励み、弥勒菩薩や大日如来に魂（命）を捧げ、地蔵や仏像に宿って、仏魔の手下となっている者もいる。

人々よ、これが、永い間、人々を苦しめ悲しませてきている、魑魅魍魎が棲む魔界である。魔王、悪神どもは、永い人間界の歴史の中で、人々の心の奥底を知り尽くしている悪知恵に長けたものどもである。ゆえに、人間をどのように操れば、魔の虜となるか、操る人間の全ての弱点と急所を知っている。そして、時には、人々の前に龍神や神仏の姿で現われ出て、人々を惑わすこともある。

また、偽イエスや偽マリアの姿となって夢の中に現われ、メッセージを告げることもある。さらに、魔王・悪神どもは、人々が強い欲望を持って神仏の名を呼んだ時、変幻自在に姿を変えて現われ、人々を操ることもある。人々よ、人目で分かる悪は、真の悪ではない。真の悪は善人の仮面をつけて近づいてくる。人々は、カミガミの名を必死で呼ばなくても、真のカミは、産まれた時から命となって体内に宿り、全てを守り導いている。さて、以上述べたように、魔界に潜む魔のものどもは、永い歴史の中で、人々を操り支配してきたが、その魔のものどもが最大限に力を発揮して活動出来たのが鎖国制度であった。鎖国とは、大陸からきた魔王・悪神どもが、呪術者や儀式者を使って、日ノ本の大地を人々も全てを操り支配する為の最後の仕上げをした制度であった。この鎖国によって、日ノ本は魔の悪神どもが支配する国となり、大陸から運び入れた伝統・儀式・習慣が人々を洗脳して、悪神・仏魔を祀り、庶民が祈り願う世界となった。さらに、江戸時代の鎖国制度とは、魔界・霊界・人間界が重なりあった世界の中で混然と一体となり、魔のものどもが人々を操ることができた。それは世界で唯一、魔界・霊界が完成された国家であり、それが日ノ本の鎖国制度であった。」

「今の話を聞いて、江戸時代の鎖国制度が、現代の人々の暮らしの中にも受け継がれ、それが、多くの人々の思考を洗脳し、未だ人々は伝統・儀式・習慣を守り、日々神仏に祈り願っているのだ、と良く分かりました。それでは、これから新たな時代に向かい、人々が心の維新を遂げる為の、その心構えを教えてください。」

「時代が江戸から明治へと変わっても、洗脳され、古いしきたりを頑固に守り通した人たちは、それは、それで、その人たちの心意気であり自慢話でもあった。だが、これからの新しき世界では、全ての人々が洗脳された思いから解放され、体内に宿る命の親ガミに目覚めて、星々のカミガミと共に光り輝く時代である。われらカミガミは、もう二度と人々が苦しみや悲しみにくれる姿は観たくはないのである。人が己自身で頑なに心を閉ざし、内なる光りの命を傷つけたまま生涯過ごすのも、それは、それで本人の自由である。だが、そのような人の命（魂）は、親ガミの待つ星へ帰ることが出来ず、霊界を彷徨った後は、光りの星々から遠く離れた、銀河の果てにある岩星・黒星に閉じ込められることになる。なれど、その後は、親ガミから、光りの命（魂）となるまで、光りが注がれ、それから親ガミの星へ帰ることになっている。

われらカミガミは、全ての人々が内なる命の光りに目覚めて、これまで人々の心を縛ってきた洗脳の鎖から解放され、親ガミの光りに目覚めてほしいと強く望んでいる。人々の心を解放させることができるのは人々自身であり、光り人たちである。星々のカミガミは、人々に光りを送り届けることはするが、人々の世界に直接に手をくだすことはしない。それは、地球という星を万物の長である人間たちに託したからである。それはまた、天地創造の大ガミと四天界の親ガミの思いでもある。これまで、われら星々のカミガミは、人々の内なる光りに勇気を与え続け、人々を見守り励まし続けてきた。それは地球に生きる人々が、いずれ内なる親ガミの光りに目覚めて、人皆居心地の良い世界が創られると、信じているからである。

宇宙銀河の星々の中には、天地創造の大ガミと四天界の親ガミが導いている星々が、人間の数より多く存在している。天地創造の大ガミと四天界の親ガミは、地球で暮らす人々に望むことは、一日も早く地球が光りの星となって、人も皆全てが居心地の良い世界となって、星々のカミガミと光り通じ合うことである。さらに、全ての人々に気付いてほしいのは、体内に宿っている命とは、星々の親ガミが日々光りを届けているから、人間は生かさていることである。さて、次に語るのは、日ノ本の大地のことである。日ノ本の大地とは、天地創造の大ガミと四天界の親ガミが共に力を合わせて、地球上で始めて誕生させた光りの大地である。それは現在においても、魔界・霊界の層が阻みとなっておるが、星々のカミガミが光り満たしている大地である。それゆえ日ノ本の大地には、諸外国の大地に比べて、星々のカミガミの大きな光りと力が備わっておる大地である。つまり、日ノ本の大地の全てには、遥か昔から、星々からカミガミの光りが注がれおり、日ノ本の大地に暮らす人々は、星々のカミガミの光りで守られるようになっているのである。

もし、江戸時代の鎖国制度がなかったとしたなら、日ノ本の国は諸外国に比べて遥かに優れた国になっていたであろう。天地創造の大ガミと四天界の親ガミは、日ノ本を世界に先駆けて、人も皆全てが居心地の良い国に創造して、新たな世界の良き雛形の国となるよう導いてきた。なれど、鎖国によって新たな時代の到来が、魔のものどもに阻まれて三百年ほど遅れることとなった。このことの結果、日ノ本の国は世界の国々の良き模範となれず、世界の国々の指導者も、明るい未来を語ることが出来ず、世界の国々は混乱が続いている。このような真の指導者なき世界では、各国々の政治・経済・宗教が混迷を極め、解決策のないまま世界は破局へと向かっている。江戸から明治になって、日ノ本の国は永い鎖国が解かれてからは、これまでの遅れを一気に取り戻すかのように、優れた製品を多く作り、世界中に送り出している。この日ノ本の国の繁栄の源は、日ノ本の大地であり、全ての土地に行き渡っているカミガミの光りである。これまで日ノ本の人々は、鎖国時代にかけられた洗脳・暗示が強よすぎて、それが人々の心を支配してきた為に西側の製品を真似るしかなかった。だが、これからは、日ノ本の人々にかけられた洗脳は解放され、星々のカミガミの光りが多く注がれ、世界中の多くの人々に感謝される良き製品を作り、世界中に送り届けることとなるだろう。それによって、日ノ本の国は世界の良き雛形として、諸外国から親しまれ尊敬される国となるであろう。」

師弟関係の真実

「日ノ本では、昔から、伝統技術を受け継ぐ世界の中で、人々から名人・師匠と呼ばれている世界があります。そのような世界では、封建的な師弟関係の中で、伝統技術の継承が行われております。真の師匠・名人とは、どのような人を言うのでしょうか？　新たな時代の師弟関係について教えてください。」

「星々のカミガミが望む、真の名人・師匠とは、自らが持っている技術の全てを弟子たちに伝授して、師匠を超える人物を育てることができる人物である。それに加えて言えば、たとえどんなに優れた技術を持っていても、それ以前に人間として弟子から信頼される人物こそが真の師匠であり名人である。これまで、師匠・名人と言われた人たちの中には、昔から受け継がれてきた伝統技術を厳しい修業の中で弟子たちを育て、匠の技を継承してきた人もいた。その際、弟子を鍛えるとして、鉄は熱いうちに打て、と言われるように、弟子に過酷な修業を強いて間違った指導をしている師匠がいる。また、師匠・名人と言われた人たちの中には、人間としての品格に欠けていても、名人・師匠であるがゆえに、多少の悪しき振る舞いは許されてきた。しかし、このような技術は一流でも人間として尊敬できぬようでは、弟子たちは格式や伝統を重んじる事に力を注ぎ、師匠と同じ技術を学ぶだけで、師匠を超える人物にはなれないできた。

真の師匠・名人とは、優れた匠の技術を伝えると共に、人間として品格のある人物を育てることである。そして真の師匠とは、弟子を指導する際、先ず弟子に教えることは、技術に必要な基礎知識を指導して、その上で、弟子に伝統に囚われない自由な作品を作らせてみることである。それから師匠は、弟子の完成した作品に師匠自ら手を加え、より良い優れた作品を完成してみせる。このような指導方法によって、弟子はやがて師匠を越える技術を身に付けて、自由な発想と知恵で人々の暮らしに役立つ作品が誕生することとなる。また、これによって、師匠も弟子がどのような作品を作ってきても、それに答えることのできるよう、日頃から技術を磨き研究せねばならず、師匠自身の為にもなる。この指導方法は全ての職業に共通することである。

もし、弟子が師匠よりも優れた技術を身に付けたならば、師匠のとるべき態度は、弟子の技術を共に喜び、弟子に師匠の座を明け渡し、師匠自ら、弟子の弟子となれる人物。このような人物こそが、真の師匠であり名人である。それと、日ノ本では、優れた人物を人間国宝として褒め称えておるが、本物の名人・師匠とは、国司る権力者が授ける勲章など受け取ることはない。なぜなら、名実とも優れた人物とは、支配者・権力者が授ける勲章は望むことはなく、名誉の勲章など求めぬからである。愚者の世界では勲章を作る者を職人と呼び、勲章を授かる者を人間国宝として称え、勲章を授ける者を王と呼び天上人と言う。もし、人々が、われらカミガミより優れているならば、われらは直ちに人々を師と仰ぎ、人々の弟子となるであろう。これから新たな世界では、真の師匠や名人と言われる人々が、日ノ本より多く誕生して、社会に役立つ良き作品を完成させ、世界中に送り届けるであろう。なれど、日ノ本の人々が心がけねばならぬことは、諸外国の人々に対して決して驕ることなく、謙虚な心を忘れてはならぬことである。もし、国司る者たちが先の大戦の時のように、日ノ本こそが世界の中心であり、日ノ本こそが世界を支配する力がある等と、大きな間違いを犯す者がいるとしたなら、その者は、魔の悪神どもに操られた者たちである。そのような者が現れぬよう心せねばならぬ。」

日ノ本の大地に秘められたカミガミの光り

「さてさらに、日ノ本の大地について語る。そもそも、日ノ本の大地は、天地創造の大ガミと四天界の親ガミが、地球の大地を創造する時に、日ノ本を世界の雛形として形創った大地である。ゆえに、日ノ本は世界の国々の写し鏡となっており、世界中で起こる、ありとあらゆる出来事が時や形を変えて、善悪とも日ノ本にはねかえって来るようになっている。これを言い換えるなら、もし、日ノ本の国司る権力者が諸外国を侵略しようと思い実行したなら、その侵略した力は、そのまま日ノ本の国を襲い、日ノ本は他の国々によって侵略され支配されるようになっている。また、日ノ本の人々が、世界中の人々の為に尽くし、良き心を持ったなら、その良き心が世界中の人々の心に受け継がれ、日ノ本は世界中の人々から親しまれ、尊敬される国民となる、と言うことである。ゆえに、日ノ本が良くなれば世界が良くなり、日ノ本が悪くなれば世界が悪くなる。日ノ本は世界の雛形として創造されている。

これから日ノ本では、内なる親ガミの光りに目覚め、洗脳された暗示を取り払った人々が、世界の良き手本となって居心地の良い社会を築くことであろう。もし、人々の中で内なる親ガミの光りに目覚めることなく、心を解放せぬ者がいるなら、その者は、他の諸国に移り住むことである。そのほうが本人の為でもあり、われらカミガミにとっても日ノ本再生がやり易くなる。日ノ本の人々の中には、肉体は日本人であるが、体内に宿る命（魂）が外国人の命（魂）の人たちがいる。これは、地球上空に魔界・霊界が形成されてから、親ガミの星から来た光りの命が、魔王と悪神の阻みによって操作され、本来誕生するべき国に誕生することができず、他国に誕生した人たちである。また、もともとは、日ノ本に誕生するはずであった人たちでも、魔界の魔王・悪神の操作によって外国に誕生した人たちもいる。人々の中には、産まれ故郷に馴染めず、外国に移住して暮らしている人たちがいるが、これも魔王・悪神が出生地を操作して誕生させた封印・呪いである。魔王・悪神どもは、古き昔から、イエスやシャカのような光り人が地球に誕生せぬように、親ガミの星から来る光りの命を魔界・霊界で待ち構えて出生を操作していた。この為地上世界は、魔王・悪神に操られた人間が多く誕生し、光り人が誕生できぬ地球となってしまっていた。今日、天地創造の大ガミと四天界の親ガミが、地球上空に張り巡らされていた魔界・霊界の層に風穴をあけ、地上に光りを注ぎ、光り人が誕生できるようになった。これにより、世界の国々にも光り人たちが多く誕生して、新たな世界の誕生が光り人たちによって築かれることになる。」

新たな時代への変化

「人々の世界では、芸能界や芸術、スポーツ界など、各分野の世界がありますが、新たな世界が到来するまでには、各々の世界では、どのような変化が起こるのでしょうか?」

「新たな世界が誕生するまでには、人々の古い価値観を変える為に、各界においても多くの変化の兆しがあるだろう。人々の世界では政界・スポーツ界・芸能界等、各界さまざまな世界があるが、中でも早く変化が現われるのは芸能界であろう。そもそも芸能とは、かつて、支配者・権力者から虐げられて、まつろわぬ民といわれた人たちが、山中から都へと出かけ、都人たちの前で芸を披露したのが始まりである。その芸とは、山にすむ鳥の囀る声を真似ることや、猿のしぐさを真似て猿舞を踊ることで、糧を得ていた人たちであった。やがて、時代が変わるとともに、まつろわぬ人々は都人たちが住まぬ河原に移り住み、国司る支配者からは非人・無宿者と呼ばれ、河原乞食とも言われ、役人や人々から長き間、過酷な差別を受ける暮らしが続いていた。また、非人と呼ばれた人々の中には、旅から旅へと放浪して、放浪芸人となって諸国を巡り、生き延びた人たちもおった。時々の支配者・権力者から非人として蔑まれた人たちは、山の民・サンカ人とも言われたが、かれらは、もともとは、星々を心の拠り所として暮らし、自然を愛し内なる光りと共に生きた人々であった。その彼らが、生きる為、糧を得る為に演じたのが芸能という世界であった。そのような芸能の世界にいち早く変化が起こるのは当然のことである。」

「今後、芸能界に起こる変化とは、どのようなことでしょうか？」

「その変化の兆しは、これまでのような多くの人々がスターに憧れる芸能界とは違い、これからは、大スターと呼ばれるような、個人崇拝する人物は出現せぬことである。これまで星々の親ガミは、芸能界や各々の世界に多くの人々を楽しませる為に、光りの人たちを誕生させて、人々を楽しませ励ましてきた。それと星々の親ガミが、芸能界に多くの輝く人たちを誕生させたのは、辛く貧しい人々の世界に希望と勇気を与え、悲しみや苦しみを歌や芸能によって慰め、元気づける為でもあった。」

「では、なぜこれからの芸能界では、大スターと言われるような人が現れないのですか？」

「これから新たな世界では、大スターと、言われる人物は必要のない時代となるからである。それと、これから人々の世界が様変わりして、これまでのような一人の人間だけが華やかに輝く時代は過ぎ去り、人も皆全てが光り輝く世界が誕生するからである。新しき世界では、多くの人々が一人の人間を崇拝する時代は過ぎ去り、各々の人たちがスターと同様に光り輝く時代となるのである。これから後、もし、大スターと呼ばれるような人物が現れ出たとしても、その人は芸能界を途中で辞め去り行く人となるであろう。このようなことは芸能界だけに限らず、各々の世界において起こることである。これから人々の世界は、新たな世界に向かって、これまでのような人が人の上に立って輝く、個人崇拝を助長する時代は終わりを告げるであろう。これから芸能界に進出しようとする人は、華やかさを夢みる事なく、先ずは人間として自立して、多くの人々に嬉しさや楽しさを届ける人間となることである。」

「これまでの大スターと呼ばれた人たちは、多くの人々を励まし、勇気づけることがスターとしての役割だったのですか？」

「かれらの役割は多くの人々を励まし、勇気づける人もいたが、中には、始めは光りの人であった者が、人気上昇すると共に悪神に操られた人たちもいた。つまり芸能界とは、良きにつけ、悪しきにつけ、光りも入るが魔も入りやすく、多くの人々を魅了する影響ある世界である。また、昔から芸能という世界は、全てとは言わぬが、人間界の未来を映し出してきた世界である。ゆえに、これから誕生する新たな時代がどのような世界になるのか？　芸能界そのものが全ての未来社会を映しているとは言わぬが、新しき時代の一面を映している世界である。遥か昔から現在の世まで、支配者・権力者が形作ってきた社会は階級社会であり、学歴社会であり、家柄の良き者だけが富み栄える時代であった。ゆえに、家が貧しく学歴がない人は、社会に出て身分高い者と同等となるには困難な社会であった。だが、芸能の世界では家が貧しくとも、学歴がなくても、本人の素質しだいでは、人が人として輝くことのできる世界である。これから到来する新たな世界では、階級や身分や家柄や学歴等一切関係なく、多くの人々を励まし喜びを与えた人だけが、大スターと同様に光り輝ける時代である。

さて、大スターと呼ばれた人について、話を加えておくが、世に大スターと言われた人に共通することは、いずれも本人や家族に災難や病気や災いが多いことである。これを、人間界では運やツキやタタリなどと言っておるが、そもそも、運やツキやタタリと言われているものは、魔王・悪神どもが、人々の人生を操る為に弄んでいる魔のものどもの遊びである。多くの人々は、この運やツキを摑もうとして悪神・仏魔どもに必死に祈り願っている。だが、われらカミガミが人々に知ってほしいのは、人々が参拝している神社には、縁結びの神々が奉られているが、この縁結びの神々とは、良き人と良き人を結ぶのではなく、ツキのある者とツキのない者を結び、良縁奇縁で人と人を結んでいるのである。この悪神どもの縁結びによって結ばれた男女は、始めの頃は運命の人だと勘違いして結婚するが、二人の熱き思いは長く続かず、後々問題の多い夫婦となっている。つまり、縁結びの神々とは、所詮悪神どもの仕業であり、人々の禍福を弄んでいるのである。

星々の親ガミが導き、出会わせる男女の関係は衝撃的な出会いではなく、日常生活の暮らしの中での出会いである。星々のカミガミは、人々が日々不安心配なきように全てを守り導いてはいるが、人々に特別に運を授け、ツキを与えることはしない。これまで、多くの人々は魔のものどもに操られて不幸災難にあう毎に、神社・寺などに詣り、厄を祓い、神仏に救いを求めているが、神頼み、仏に願っても、魔の餌食になるだけである。さて、大スターと言われた人たちの、本人と家族が受ける災難や運やツキについてであるが、これを例えて言えば、森にそびえ立つ大きな巨木をスターとして観れば、苗木が巨木となろうと大きく育つ為には、周りの木々から栄養分と木々の生命エネルギーを吸収しなければ、苗木は巨木にはなれぬのである。ゆえに、大スターといわれた人たちも、この巨木と同じように、多くの人々の声援と、多くの人々の生命エネルギーを吸収しなければ人は大スターになれぬのである。この仕組みは、先にも伝えたが、宝くじの仕組みや一握りの大金持ちの話と同じである。

さらに、運とツキについて加えて言えば、子どもの多い家族の中には、一人だけ抜きん出て出世する人がいるが、これは、周りの家族の生命エネルギーを吸収しているから成功できるのである。また、家族の中でも健康な人と病弱な人がいるように、魔の悪神どもは人間界の運やツキを操作して弄んでいる。もしも、家族の中で不幸な人生を送っている人がいるとしたら、その人は、家族に降りかかる災難を一手に引き受けていると思い、ゆっくりと休養させることである。以上述べたように、人々の世界で跳び抜けて立身出世している者は、周りにいる家族や親族の生命エネルギーを吸収して成り上がっている者が多く、賢い人たちは、誰よりも自分だけが世に出て有名になりたい、出世したいなどと神仏に願わぬことである。また将来、大スターとなることや成功を夢みている人も、家族や周りの人たちの生命エネルギーを吸収して，家族の犠牲がなければ成功しないと知ることである。賢者は言った。カミはサイコロを振らないと。われは伝える。魔の悪神はサイコロを振り、運ツキを弄んでいる。ゆえに人が有名になり出世したとしても一時のことであり驕らぬことである。この仕組みが、魔のものどもが人間界を操っているからくりである。」

学歴社会の変化

「世の中の学歴社会とは、やはり、国司る支配者や権力者が作った制度ですか？」

「そうである。学歴社会とは今に始まったことではない。遥か昔から国司るものたちが国家を担う役人を選別する為に企てた制度である。その為に国司る為政者が企てたことは、支配者・権力者らの組織を継続する為と国家に忠誠を誓う役人を教育する為の教育制度であった。遥か昔から、支配者・権力者は幼い子どもの頃から、人々の頭脳に難解な文字や数を記憶させ、国司る者にとって都合良き歴史や文化を永い時をかけて洗脳させてきた。このような教育を国家が強いてきたなら、人間はどのような人間となるか？　その答えは、生まれながらに親ガミから授かっている命の光りが弱まり、大人になり社会人になっても支配者・権力ある者に服従する人間となり、支配者・権力者が決めたレールの上でしか生きられない人間となる。遥か昔から、国司る支配者・権力者は、そのような人間を多く教育する為に学問をより難解に仕上げ、人々を競わせ、優秀な人間を選び抜き、国家に忠誠を尽くす人間を合格させてきた。その結果、試験に合格した者は、人間として心貧しくとも、競い勝った者が役人となり官僚となり、それなりの地位が与えられ、国司る支配者・権力者が望む人間が誕生し国家が運営されてきた。本来、人々が物事を学ぶということは、自らの体内に宿る光りの命が望む知識を高め、その知識を自らの成長の為と、人々の為に役立たせる。このことが、人が本来学ぶことであり、人それぞれが居心地良き人生を過ごせるように学ぶことが、真の教育である。」

「これから新たな世界では、これまでのような国家が管理する試験制度はなくなるのですか？また、昔の試験制度とは、どのような制度だったのでしょうか？」

「新たな世界での試験制度については、これまでのような国家が人と人とを競わせ、国家が民衆を教育し、管理する試験制度はなくなり、人それぞれが各自にあった学問を、学びたいことを学んで勉強するのが教育となるであろう。また、地位ある者が、下の者を管理しやすいように作成した、難解な学問を記憶させるだけの試験はなくなり、新しき世界では、試験そのものが形を変え、画一した試験ではなく、人それぞれに合った試験制度が誕生するであろう。その試験の一例をあげれば、仮にある人が、将来自らが選んだ仕事につきたいと望んだなら、その人は、その仕事に就く為の技術と知識を学び、その上で仕事に就く為の試験を受けてみることである。そして、その試験とは、受験者が選んだ仕事を実際に体験してみることである。それから、その働きを見た周りの人たちが、合格か不合格か決めることである。もし、本人と周りの人たちが仕事に適してないと判断したならば、その人は、その勤めを退いて他の試験を受けてみる。これが新たな世界での試験となる。つまり、新たな試験制度とは、学問と職業技術を両方学び得た人たちが受けるのが試験となる。

次に、かつて、国司る支配者・権力者が形作った学歴社会について語ろう。

そもそも日ノ本において、試験制度が最も栄えたのは国家としての土台が築かれた平安時代の頃であった。その頃の学歴社会とは、国司る支配者・権力者が、国家をより強固にする為の策略として、当時、大陸で栄えている仏教や文化を盛んに取り入れ、それを学問として世に広める為の学歴社会であった。その当時の優秀な生徒は、それは現在と変わらず、他人よりも多くの経典や難解な学問を記憶しておる者が優れた人物として、高い地位を得ることが出来た。また、国司る支配者、権力者は、特に優れた者には国費で大陸へ留学させ、大陸で栄えている文化や仏教を学ばせ、数多くの経典等を持ち帰らせた。それにより、日ノ本の各地には、数多くの社殿や寺院が建てられ、日ノ本は大陸の文化に染まり、人々は洗脳され教育されたのである。

それが、今日の人々の心にも受け継がれてきて、多くの人々は大陸から伝えられてきた神仏を崇め祈り願っている。今日の世でさえ洗脳された人々は、意味の分からぬ経を、難しければ難しいほど有り難いお経と思っておるが、われらカミガミから観たら実に嘆かわしいことである。遥か昔から、国司る支配者・権力者が望む教育とは、彼ら権力者の為の国家を継承し、彼らの地位と権力を守る為の教育であり、民衆を階級によって差別する為の教育であった。それゆえ国司る者の教育制度とは、誰もが皆に分かり易い学問ではなく、学問が難しければ難しいほど、彼らにとっては国造り、人作りの為には都合良きことであった。昔から国司るものにとっての教育とは、優秀な一握りの人間を国家に尽くす官僚として活用して、一方多くの民衆は高い教育を望まぬように操ってきた。これは現在の受験戦争とて同じである。遥か昔から、子を持つ親たちは、世の教育者から洗脳され、暗示をかけられ、我が子を良き地位に就けたいと願い、勉強することを押し付けてきた。学歴社会とは、今も昔も変わらずに続いており、多くの親たちは子どもが、勉強が出来て出世することが、子どもにとって一番幸せなことだと、誤った価値観を持って、子どもに勉強を強いてきた。その結果、その子の人生が幸せか、不幸せか、その答えは、われらカミガミが観て知っている。われらカミガミが、世の親たちに望むことは、将来ある子どもたちの伸びようとする芽を摘むことなく、親は子どもの成長を観察しながら導いてほしいと望んでいる。星々の親ガミは、全ての子どもたちに各々に優れた個性を持たせ誕生させている。世の親たちは、我が子の成長を温かく見守ることである。」

「新しき世界の教育制度とは、どのような制度となるのですか?」

「先ず、大人たちが知らねばならぬことは、人間が人間を教育すると言うことは、その国の未来社会が、今日教育を受けている生徒たちによって形作られるということである。ゆえに国家と人々の将来とは、今日、学んでいる生徒たちが、どのような教育を受け、どのような生徒であるか、それによって国の未来も人々の未来社会も決まるのである。もし、これから先も、今日の教育制度が続いたなら、世の中には、他人の心の痛みの分からぬ、思いやりのない人々の社会となり、自分さえ良ければ良い、われさえ良しとする、殺伐とした国となるであろう。今日、星々のカミガミは、そのような世界とならぬよう、人々の内なる命の光りに語りかけ、洗脳された人々の心の暗示を解放しようとして多くの人々に光りを送り届けている。遥か昔から現在の世まで、人々が受けてきた教育とは、子どもや若者の伸びようとする芽を摘み取り、人々の個性を狂わし、心に暗示をかけ人々を教育してきた。そして、国から養われている教育者たちは、彼ら教育者の為に、生徒たちを管理しやすいような教育制度を作った。その制度の中で、生徒たちは心を閉ざされ、洗脳され、そしてその結果、国司る権力者や教育者が望む、都合の良い人間作りを続けてきた。

この教育制度は、遥か昔から、国司る支配者や権力者の為の教育制度であり、教育を強いられる側の生徒や知識を学ぶ人々の為の教育制度ではなかった。今日の教育を語るなら、教育者は教室では生徒に対して、人は生まれながらに自由であり平等であると教えながら、生徒を厳しい規則や校則等で縛り、生徒の自由平等は認めてはおらぬ。彼ら教育者の教える自由とは、彼らが生徒たちを管理し従わせることのできる自由であり、彼らの平等とは、それぞれに個性のある生徒を同じ型に入れ、先生が右向け―右、と言えば、右向くような、全員に同じ表情をさせることが平等だと思っておる。人間とは本来、生まれながらにして自由であり平等であり、何者であっても、人が人を規則や権力で縛ってはならぬことである。なぜなら人は皆カミの光りを宿して誕生したカミの御子である。そのカミの子どもたちを、教育の名のもとに個人の自由を奪い、権力や規則で縛るのは、カミガミの自由を奪い、カミガミの光りを遮るのと同じである。特に幼き子どもの頃は、親ガミの光りが体内で活動して、光りの個性の芽が育とうとしている時である。そのような大切な時に、教育者は子どもに宿る命の光りを封じ込め、これから伸びようとする自由な個性を規則で縛りつけ、大人が作った社会の枠に閉じ込め、従わせようと教育しておる。

真の教育者とは、子どもたちの個性を温かく見守り、教育者自らが子どもたちより学ぶ謙虚な心を持つことである。また教育者とは、世の中のあらゆる物事を教育者自身が、カミであるかのように、（このことは、こうである）と教育してはならぬことである。今日の世において、教育者が知らねばならぬことは、人の上に立つ者がある物事を判断して、これは、（：絶対こうである：）と断言できるものなどは、何一つないということである。遥か昔から、人の上に立つ支配者、権力者たちは、彼らの国家継続の為に作った法や規則に従って人間の善悪を判断して選別している。世の中で、どんなに偉い人間であろうとも、人間がカミになり変わり、人が人を選別し、人が人に位を授け、差別してはならないことである。」

自由平等の真実

「人間界での平等について、星々のカミガミの思いを伝えてください。」

「天地創造の大ガミと四天界の親ガミが望む人間界での平等とは、人が何処で生まれ、何処で育とうが家柄等に一切関係なく、人間は生まれながらに全て平等であり、階級なき、差別のない世界こそ、カミガミが望む真の平等である。人間界の中で最も大きな過ちは、人間に位をつけて差別をした。これが不平等世界の始まりである。星々のカミガミの世界では、天地創造の大ガミと四天界の親ガミとでは、その存在の大きさには違いがある。また四天界の親ガミと星々のカミガミとでも、その存在の大きさには違いがある。だが、この違いは差別ではなく、存在することによる輝く光りの大きさである。人々の世界でも、体内に宿る光りの大きな人間は、多くの経験を積んで、人々から信頼される人物となり光り人となる。これが星々のカミガミから観た真の平等である。

かつて、王者・支配者は権力を握り、民衆の頭上に神人として君臨した。そして、その王者・支配者の下で、各々の人間を家柄や地位で差別する身分制度が定められた。それにより人間界は、地位や肩書きによって人間を差別する不平等な階級社会が形作られた。星々のカミガミから観た人間界の階級社会は、人々の内なる光りの大きさではなく、各々の肩書きや地位によって身分が決まる不平等な格差世界が続いている。加えて、人間界では古き昔から、地位や格式のある家に生まれた者が、その家の跡継ぎとなる世襲制度が受け継がれている。ゆえに、人間界では由緒ある家柄に生まれた者と、名もなき貧しき家に生まれた者では、その誕生の始めから大きな格差があり違いがある。これが差別であり不平等である。

全ての人間は、どのような境遇で生まれようが、産まれながらに皆平等であり、カミ宿した人間である。天地創造の大ガミと四天界の親ガミは、全ての人間を平等に公平に地球に誕生させている。ゆえに、人々の世界で王者と言われ、権力者と言われる地位、名誉ある者と、名もなく貧しき者でも、カミガミから観たなら、皆同じカミの命を宿した人間であり平等である。だが、しかし人皆平等ではあるが、人には心の上下がある。心の上下とは他の人々に対する思いやりと優しさである。そして、数多くの経験を乗り越えてきた人間が持つ、心の大きさと内なる光りの大きさである。

人間とは、経験することでしか成長できないようになっている。人間は、これだけは苦手だと思う、頑なな思いを克服することで成長する。人皆平等とは、一つのものを均等に分け与えることではない。一斤のパンで足りる人もいれば、三斤のパンで足りる人もいる。平等とは人各々が、それぞれに良き思いとなって分かち合うことである、また平等とは、与え授けるものが決めることではなく、受け取るものが良心に従って決めることである。

人間界での弱肉強食社会では、勝者は敗者を虐げたことを忘れるが、敗者は虐げられた恨みを生涯忘れはしない。ゆえに、人を蔑み差別した者は笑い、蔑まされ差別された人は泣く。これが、人間界の不平等な世界である。賢者は伝えている。（人生は遠くで観れば喜劇であるが、近くで観れば、悲劇である）と。世に有識者と言われている者たちが、人皆平等世界を説くならば、持てる者は持たぬ者に分け与え、人が生きる為に必要な衣食住の全てを分かち合う社会を築くべきである。自然界に生息する群れなす鳥たちには、地位も肩書きも世襲もない、人間界の指導者たる者は群れなす鳥たちの営みを観て、真の平等世界を心低くして学ぶことである。群れなす鳥たちの世界は、カミガミが創造した平等の世界である。」

「次に、人間界の自由について、カミガミはどのように思っているのですか？　真の自由について教えてください。」

「われらカミガミが人々に望む真の自由とは、身も心も何ものにも束縛されずに、体内に宿る親ガミの光りと共に生きることである。人々の世界では、遥か昔から、国司る支配者・権力者が民衆を束ね、操りやすいように、階級社会を作り、国家組織を作り、支配者・権力者の為の世界を形作ってきた。ゆえに、われらカミガミから観た人々の世界では肉体の自由はなく、心の自由もない世界が続いている。遥か昔から人々の自由を奪っているのは、支配者・権力者が作った国家組織と世間である。組織とは、飛びぬけた人物を排除する。組織とは継続する、保身する仲間を守る。世間とは親類、縁者、地域を枠にはめ監視する。そして組織とは密室を好み、秘密事を企て、死人に口なしの闇を育てる。遥か昔から、国司る支配者・権力者は、民衆を国家に忠誠を尽くす労働者として洗脳し子どもも大人も、支配者・権力者が形作ったレールの上でしか生きられぬように、法律を作り規則を定めて人々の肉体と心の自由を奪ってきた。人間が自由に生きる為には、世の多くの人々が思っている、地位や名誉や権力持つ者は偉いという心の暗示を解くことである。それと、有名になりたい、金持ちになりたい、成功者になりたい為の職業選びをやめ、本人が、やりたい好きな職業を選び、楽しく仕事をすることである。

このような生き方が、肉体の自由を得る為の生き方である。さらに、人々が心と身体の自由を得るには、遥か昔から人々の心を縛ってきた伝統・儀式・習慣に従わず、宗教者が説く、神仏の教えに心縛られることなく生きることである。今日の世界の中で多くの真面目に生きる人々は、家族や職場での問題など、数多くのしがらみの中で、悩み苦しみを抱えて暮らしている。そのような中で肉体を自由にして、心も自由にして生きることは大変困難な時代である。だが、一人ひとりの生涯は星々の命の親ガミが守り導いている。人間は組織に縛られ、心に暗示をかけられている時は、肉体の自由も心の自由もないと知るべきである。以上、ここまでは、民衆の頭上に君臨してきた支配者・権力者が、人々を操り管理する為に謀ってきた、人々の自由を奪う世の仕組みである。では、これより先は、魔界・霊界に潜む悪神・悪霊・妖怪が人々の心と身体の自由を奪う仕組みを告げる。全ての人々の心も身体も守り導いている大本は、体内に宿っている命の親ガミの光りである。この命の光りを奪い食料としているものが、魔界に潜む魔王・悪神と悪霊となった魔のものどもである。このような魔のものどもが人間の身体に取り憑くと、取り憑かれたところが鋭い痛みとなり、日常生活を送ることが困難な身体となる。また、もののけとなった動物霊が人間の身体に取り憑くと、鋭い痛みを与えることもある。これは、過去なる時代において人間から殺害された動物たちが、人々の身体に取り憑き、恨みをはらさんとして苦痛を与えている。さらに、人間に取り憑くのは動物霊だけではなく、数多くの戦争で傷つき、手足を切断されて殺害された霊たちが、人々の身体にすがりつき、不自由な身体で暮らしている人々もいる。霊界にいるものたちは、人間であろうと動物であろうとも、殺害された時代と同じ場所で、同じ痛みを持って、肉体持つ人間に取り憑き苦痛を与えている。

それが、仮に戦争で首を刎ねられたものが人間に取り憑くと、取り憑かれた人は首が鋭い痛みとなり、また、手足を切断されたものが取り憑くと、手足が痛み不自由な身体になることもある。この他にも、肉体持つ人間には、数多くの殺害された霊が取り憑きすがって、肉体の自由を奪い苦しみ痛みを与えている。加えて、殺害された人間や動物の中でも、人間に恨みや怨念を持つものは悪霊となり、魔王・悪神の手下となって、肉体の中に棲み憑き、病気の素となって痛み苦しみを与えている。これが、人間の身体を蝕む原因となって多くの人々は肉体の自由を奪われている。魔界に潜む、悪神・悪霊・もののけどもは、取り憑いた人間が亡くなったなら、その後は、身近にいる人に取り憑き、子孫代々に渡って取り憑き続ける。これが先祖代々受け継がれている呪い封印である。

さらに、心の自由について語るが、人々の体内には、絶えず命の親ガミの光りが注がれ、肉体と心を守り導いている。この注がれた光りの中に悪神・悪霊・もののけが取り憑くと、人間は心の力が弱まりうつ病やノイローゼなど心の病となる。これもまた、魔のものどもが人々の心の自由を奪う仕組みである。それと、霊界にいる者の中には、生前生きていた時に多くの悲しみや苦しみを持ったまま亡くなった霊が、人間界に強い執着心を持って人間界を彷徨い、生きていた時に経験した辛い悲しみや苦しみを人々の心に毒となって染み込ませている霊もいる。これにより、心に毒が入った人は、いつも心が晴れずに、何をやっても虚しく、どうしようもない不安感に襲われ、時には真夜中に恐ろしいほどの恐怖心に襲われ、パニック障害となる人もいる。また、このような霊に取り憑かれた人が一年、二年と時が過ぎると、家の窓を閉め切った薄暗い汚れた部屋に閉じこもり、側には悪霊・妖怪が取り憑いている縫いぐるみや人形などをいつも離さずに置いて、魔の餌食となって心の病となっている人もいる。これが、精神科の医者などには分からぬ、人々の心と身体の自由を奪っている霊界・魔界の仕組みである。」

「それでは、心と身体の自由を取り戻すには、どうしたら良いのでしょうか？」

「魔界・霊界に君臨している魔王・悪神どもは、人々の体内に宿る親ガミの命の光りを奪い、それを食料として永い時代を生きてきた。この命の光りを奪うには、人々の思考に多くの悲しみや苦しみを与え、そして、我欲強き人間を支配者・権力者として育て、魔界・霊界を守り形作ってきた。この永い時代を通して魔王・悪神どもは、人間をどのようにすれば、苦しみ悲しみ悩むか、人間の全ての弱点、急所を知りつくしている。この魔のカラクリを例えて言えば、人間の体内に宿る命の光りを丸い風船として観れば、風船に光りの空気が満たされている時は、人々の心は嬉しく楽しく、なに一つ不安心配なく過ごすことができる。だが、心の中に悪神、悪霊が忍び込んだ時は、光りの風船の中に魔の毒が入り、空気が抜けるように徐々に萎んで光りの空気が外に抜け出る。この抜け出た光りの空気を食料としているのが、魔界に潜む魔王・悪神・悪霊である。魔ののどもの手口は、人々の心の中にそぉーと入り、不安心配な言葉を囁き続ける。その魔の囁きとは、家を出た時、戸締りをしたか？　火の元を確かめたか？　また誰かが自分の悪口を言ってないか？　など、これ以外にも小さな事が異常に気にかかることがある。これを確認癖とも言うが、これが人々の心を不安心配させている魔のものどもの囁きである。多くの人々は、その魔の囁きに取り憑かれて悩み苦しみ、命の光りを奪われて、魔のものどもの餌食となっている。これが、人間の心と肉体の自由を奪っている、魔界・霊界の仕組みである。加えて、人々の中には、本人さえも気付かぬ多くの癖を持っている人たちがいるが、これも魔のものどもが人間の脳の中に棲みついて、人間の思考を操っていることである。そして操られている人の中には、異常なほどの潔癖症の人や、それとは逆に部屋中ゴミで溢れさせ片付けられない人がいる。この両者の異常な性格は、いずれも、魔のものどもの思い一つで、人は潔癖症になり、またはゴミ屋敷を好む人間となり、この両者を操っている大元は同じ魔のものである。

これ以外でも、人々の中には酒の飲みすぎやたばこの吸いすぎなど、本人が止めたくても止められない習慣があるが、これも魔のものどもが脳の中に棲みついて操っている為に止められない悪癖である。賢者は、罪を憎んで、人を憎まずと伝えた。この真の意味は、もともと人間とは、親ガミの光りを宿している優しく思いやりのある光り人である。ゆえに人間は悩み苦しみに耐えられるようには創造されてはいないのである。それが肉体に傷を受け、痛みを持った霊がすがれば、すがられた部分が激しく痛み、また心に魔のものが入れば、他人を憎む悪人となる。さらに、悪神・悪霊に取り憑かれ、魔に魂（命）を売り渡した人間は、悪神・悪霊の手下となって平気で人を殺害する。この者たちは、殺害後、皆同じ言葉を繰り返す。頭の中で、「誰かが、やれと言ったから、やった。」と話す。ゆえにこの者たちは殺害しても罪の意識はない。賢者は、この罪を憎めと、伝えたのである。さらに加えて言えば、人の身体に猿や狐や猫などの動物の妖怪が取り憑くと、突然イラついて怒りだし、近くにある物や他人などに当たりだし暴れることもある。

このように人間界での争いごとや災いごとの多くは、魔界・霊界に潜んでいる魔のものどもが、光りの弱い人たちに取り憑き、悪事を行っている。人間が罪を犯す時は内なるカミの光りが奪われて、魔の悪神・悪霊に取り憑かれて罪を犯している。なれども、そうは言っても一番大事なことは、人各々の常日頃の心の持ち方である。人は魔のものどもに取り憑かれぬように、日頃から内なる親ガミを感じて魔のものの囁きに乗らぬように、心を正しく鍛え自由に楽しく生きることである。

そして、心虚しく身体痛む時には目を閉じて両手を胸に当て、親ガミの命の温もりを感じてみることである。その時、天地創造の大ガミと四天界の親ガミを呼び、「‥天地創造の大ガミ、四天界の親ガミよ、魔のもの悪神、悪霊は岩星、黒星へ閉じ込めたまえ。すがりし御霊たちは、星々へ帰したまえ。われに命の光りを満たしたまえ。光りあれ、光りあれ、光りあれ‥」と、言ってみると良い。言葉は光りであり力である。人は、時には昼には太陽の温もりを感じ、夜には月と星々の光りを観つめて命の親ガミに心の内を語りかけることも良いものである。真のカミガミを感じるには、手を合わせ祈る儀式などは一切必要ないのである。人間は、いつでも、何処でも、内なる親ガミに語りかけるだけで、親ガミを感じ、親ガミの温もりを感じるように創造されている。なぜなら、人は皆カミの御子である。親ガミの光りには愛があり、わが子を守らんとする強い意志がある。それゆえ、遠く離れた星々からでも光速よりも速く、一瞬にして親ガミから人間の身体に届くようになっている。これは太陽の光りに手をかざしてみると、すぐに手の平が暖かく温もりを感じるように、天地創造の大ガミと四天界の親ガミは、カミガミの光り宿した人間をいつでも、何処でも親ガミの光りを感じるように創造した。」

「人々の世界は、遥か昔から、国司る支配者、権力者が、民衆を法という鎖で身体を縛り、神仏に仕える者たちは、民衆を宗教という鎖で心を縛ってきました。そして、さらに人々は死んでからも自由はなく、肉体に苦痛を受けた者は、そのまま痛み和らぐことなく、また病気で亡くなりし者も、心傷ついている者も、洗脳されたまま癒されることなく、魔界、霊界に留まっていると知りました。世の中の多くの貧しく虐げられた人々は、生きていた時は苦難の暮らしを強いられ続け、そして、死んでからも救いなき霊界に留まり続けている。これが人間界、霊界、魔界の真実であると知りました。新たな世界に向かい、霊界に留まっている人々は親ガミの待つ星々へ帰り救われるのでしょうか？　また、人々の世界は再生され、地球は救われるのでしょうか？」

「今日、天地創造の大ガミと四天界の親ガミは、地球を再生して人々の世界を救わんとして、世界の国々の中から光り人たちを誕生させている。しかし、この光り人たちの中にも、人間界の物欲社会に染まり、魔界の悪しきものから命の光りを奪われて、志半ばで挫折して魔の虜となって道を外れた光り人もいる。それと善人であるがゆえに、偏った正義感が強く、魔の餌食になっている光り人もいる。さらに、光り人の周りには、常に魔に操られた者が身近にいて、光り人の行く手を阻み続けている。それゆえ人々の世界では、光り人が親ガミの光りと共に歩むことが困難な世界となっており、霊界、魔界が力持つ世界である。人々の世界を救い、地球を救うには、天地創造の大ガミと四天界の親ガミが誕生させた光り人たちが、世界中から現れ出ることが、人々の世界を救い、地球を再生させる道である。今日、光人たちは人間界の物欲社会の中で多くの困難を受け、人間として耐え切れないほどの試練を受けながら、親ガミの光りと共に成長している。さらに、光り人たちは、霊界、魔界から数多くの魔の阻みを受けながら、多くの霊にすがられ、恐怖と苦痛と不安の中で、光りの言葉に磨きをかけ成長している。二〇二〇年頃から、この光り人たちが世界中から現れ出て、人々の世界を新たな世界へと導くであろう。」

「新たな世界を導く光り人とは、どのような人たちですか？」

「その光り人たちとは、体内に宿る命の親ガミに目覚め、尊い志を持ち続け、何ものにも屈せぬ強い意志を持った人たちである。それと太陽と月と星々を心の拠り所として生涯生きる人たちである。また、その光り人たちは、支配者、権力者が望むいかなる地位や名誉や富に心奪われることなく、虐げられた人々の苦しみや悲しみを心底知って経験してきた人たちである。さらに、加えて言えば、これまで繁栄してきた、いかなる宗教からも、人々の世界を救い、世界を改める光り人は出現することはない。なぜなら、星々のカミガミは、宗教という、人々の心を洗脳して操る組織が、これまで歴史上行なってきた、数多くの愚かな出来事の全てを知っているからである。世界中の貧困、飢餓、戦争など、その災いの根本をたどれば、真のカミなき宗教が原因である。われら、星々のカミガミは、これまで、世界中の我欲強い人間たちの汚れた醜い出来事を、全て観て聴いて知ってきた。その中で最も愚かな指導者は、寺院や教会の神仏の前で平和を祈りながら、戦争という人殺しを決断して多くの人々の命を奪ってきた。そして、また彼らは、その決断を神仏が許した正義の戦いであると、声高に民衆に言い聞かせ、自らを英雄に仕立て、他国を占領して多くの人々の命を奪い殺害してきた。これまで地上世界では、愚かな指導者の野望により、数多くの戦争が繰り返され、犠牲となった多くの人々の御霊たちが、故郷の星々に帰れずに野山を彷徨い、川底に沈められ、また墓に埋葬され、辛く寂しい霊界を形作ってきた。

これまで世界の戦争は、愚かな指導者が魔にとり憑かれ操られて、民衆を騙して決断した最も愚かな策略である。これまで星々のカミガミが許した戦争は一度もなく、いかなる戦争でも真の正義はないと、世界中の指導者は知るべきである。これより地球は、大いなる気候変動によって、世界の指導者は、未だかつてないほどの大きな困難に直面するであろう。その時、愚かな指導者は魔のものに操られて、国家の為、国民の為と言って、民衆を騙し人々の命を見捨てるであろう。今後地上世界では、これまでの人間界での積もり積もったありとあらゆる欲望が、黒く汚れた膿のようになって、世界中に噴き上がり、それにより、政治や経済や宗教が混沌として解決策のないまま破局へ向かい、人々の世界は大いなる困難が起こるであろう。」

大いなる変革を越えて

「大いなる困難とは、どのようなことが起こるのでしょうか？」

「これまで地球は、天地創造の大ガミと四天界の親ガミの光りと力で守られてきた。その中で、南方の親ガミは海に山に大地に清らかな光りの水を注ぎ、全ての生きるものたちに生命の水を与え、全てに調和を保ってきた。しかし、今日の世界では、南方の親ガミが与えた光りの水による調和が、魔のものに操られた人間たちの欲望によって、黒く汚れた濁り水となり、それが地上世界に大雨となり大洪水となって、山は崩れ大地が流れ、海は荒れ河川は氾濫して、地上世界は霊界、魔、人間界の欲望が濁り水となって世界を襲おうとしている。なれど、その後には、南方の親ガミが南方のカミガミと共に濁り水を光りの水に変えて地上世界は再生されることになるであろう。

次に、北方の親ガミは、これまで地球の大地に黄金の光りを注ぎ満たし、生きとし生けるものたちの為に棲家を与え、肥沃な大地に食物を育てて大地を守ってきた。しかし、北方の親ガミが守ってきた地球の大地は、魔のものに操られた人間たちの欲望によって山々は削り取られ、大地は地下深き所まで杭を打たれ、地上はコンクリートジャングルと、言われる、大地が呼吸出来ないアスファルトに覆われている。それに加えて、地底には魔界が根を張り巡らし、地上世界は霊界と人間界が重なり合って、光りなき地球となっている。このような地上世界では、魔界、霊界人間界の欲望が、穢れた膿が噴き上がるように、大地は波打つように揺れに揺れ、山々が崩れコンクリートジャングルは脆くも崩れ、海も河川も大きく波打って穢れた大地は崩壊するだろう。なれど、その後には、北方の親ガミが北方のカミガミと共に、穢れた大地を光りの大地に変えて、地上世界は再生されることになるだろう。

次に東方の親ガミは、これまで地球に太陽の暖かい光りを優しく注ぎ満たし、全ての生きるものを健やかに育ててきた。そして夜には、生きるもの全てに月の光りで安らぎを与え、地球の昼と夜を守り導いてきた。しかし、今日の地上世界では、魔界、霊界、人間界からの汚れた欲望が噴き上がり、太陽は人も皆育む光りを遮られて、月の光りは怪しげな魔の光りとなって、生きるものたちを狂わしている。このような地上世界を東方の親ガミと東方のカミガミが、共に光りの力を合わせ、魔界、霊界に茜の光りで風穴を開け、魔界、霊界に潜む魔のものどもを、銀河の果てにある岩星、黒星に閉じ込める。そして、さらに人間界の闇に潜んでいる支配者、権力者や宗教集団の巣窟に光りを浴びせ、これまで隠し通して来た、数々の秘密の悪事を噴き上がらせて、支配者、権力者や教祖らの汚れた姿を人々の前に曝け出すことにする。これにより、地上世界では、東方の親ガミと東方のカミガミが魔界、霊界を消滅させ、人間界を闇人の世界から光り人たちの世界に変えて、地上世界は再生されることとなるであろう。次に、西方の親ガミは、これまで地上世界の隅々に爽やかな緑の光りの風を送り届け、生きとし生けるものたちの健康のもとである森林を創り、樹木を育み草花を薬草にして、地上世界を守り導いてきた。さらに、西方の親ガミは、東方、南方、北方の親ガミの光りを地上世界に送り届け、春夏秋冬、光りの風で季節を巡らせ自然界を守り導いてきた。しかし、今日の地上世界では、西方の親ガミが送る光りの風が、魔界、霊界から湧き上がる黒き雲に阻まれ樹木は生気を失い、森林は人間たちの欲望によって伐採され消滅しようとしている。それと共に我欲強い人間たちは、経済発展の名のもとに、大気を汚染して、自然を破壊し、生きるものたちの棲み難い地球へと変えてしまっている。地球は、このまま何もせずにいたなら、五十年後には生きるものたちが住めぬ、黒き星となってしまうであろう。

天地創造の大ガミと四天界の親ガミは、地球が黒き星となる前に、何とかして地球を救おうとして、各時代に光り人を誕生させ、親ガミの言葉を語らせ地球の危機を知らせてきた。だが、親ガミが誕生させた光り人たちの言葉は、我欲強き人間たちからは見向きもされず、多くの人間たちは私利私欲の為に競争世界に身を置き、生きるものたちにとって最も大切な、水や大気や緑や大地を穢して汚し、自然界の摂理を狂わせてしまっている。さらに、四天界の親ガミが授けた大切な命さえも、数々の戦争によって殺害され、光りの命は戦場に散らばり、殺害された人々は死後、霊界に留まり彷徨い続けている。そして霊たちの中には魔界の餌食になって悪霊となり人々に取り憑き、光り人が苦しむ穢れた地上世界が形成されている。このような地上世界を西方の親ガミと西方のカミガミは、緑豊かな大地を蘇らせ自然界を回復させる為に魔界、霊界、人間界に光りの風を送り続け、魔に操られた人間たちと、魔の悪神どもの棲家に風穴を開け、緑多く自然豊かな地上世界を再生する為に、カミガミの光りを送り届けている。以上述べたように地球は今、魔界、霊界、人間界の汚れ穢れた欲望の毒が、限界点を超えて一気に噴き上がり地球を破壊させようとしている時である。

これまで地球は、天地創造の大ガミと四天界の親ガミが共に光りの力を合わせて、地球を守り人々の世界も守り導いてきた。だが、今日の世界に至っては、魔界、霊界、人間界から沸き上がる、ありとあらゆる魔のエネルギーが大きな災いの塊となって限界点に達してしまい、地球は今、天地創造の大ガミと四天界の親ガミの力を持ってしても守りきれないほどの天変地異が襲う世界となっている。これから先、起こるであろう地球変革の時は、光り人たちの出現によって人々の価値観が変わり、大難が小難となるか？　それとも天変地異となるか？　それは人々の各々の思いによって決まることである。われらカミガミから観た地球は、今日大きな分岐点に立って大変動の時代を向かえようとしている。」

「私は、これから後、世界中から光り人たちが現れ出ることを信じております。なぜなら、人間は皆カミの御子であり、人間は自らの棲家である地球を破滅させるほど、そんな愚かなものではないと信じております。それにしても、今日のような欲望渦巻く世界で、光り人が出現するには大変困難な時代であろうと思います。そこで次に尋ねたいのは、光り人の行く手を阻んでいる、魔に操られている人間について教えてください。」

「世の人々の中には人間界を語る際、人は生まれながらに悪であるという生悪説を唱える者がいる。この生悪説が、古来より、多くの哲学者や宗教者を苦悩させ、人間界の救いなき世界を、彼らは、彼らの思考の中で正しき答えを得んとして悩み続けてきた。その悩める世界が、これまで、世に多くの思想家や哲学者を誕生させてきた。だが、彼らは未だ、人間界を救う為の良き答えを出せぬまま、人間界は苦しみ多い世界であると負のスパイラル思考が続いている。では、なぜ彼らの思考が人々の世界を救うことが出来ないのか？　それは彼らの思考の根元が苦悩から始まり、苦悩の中から救いの答えを出そうとしているからである。人間は、どんなに悩んでも、悩みの中からは正しき光りの答えはでないのである。そもそも人間界を、生まれながらに悪と唱える者は、自らの心にこの世の中は悪であると強き暗示をかけ、人間が生きる為には多少の悪いことも仕方のないことだと、己自身の悪の行いを言い訳しながら生きている。また、その方が、多少の悪事がやり易く楽だからである。特に、国司る支配者、権力者は、昔から、世の中は悪人が蔓延っている娑婆として観ている為に、民衆を蔑み、低く観て、民衆を取り締まる為に多くの法を作り、民衆を法の力で支配し、人間界を悪しき世界へと導いている。人間界が、いつまで経っても居心地の良い平和な世界にならぬのは、世に指導者と言われている権力者たちが民衆を信用せず、人間界を悪として見ているからである。世の指導者の中で平和だ、正義だと、声高に叫んでいる者ほど真の平和、正義から遠く離れているものである。人々の中で生悪説を唱える者たちとは、世の中の悪いことは全て他人のせいにして、自らの悪を些細な悪として許している。そのような者たちは、新しき世界が築かれたなら、われ先へと新しき世界の住民となり、これまでの生悪説が嘘であったかのように生善説を唱え、世の中の流れ次第でどのようにも変わる者たちである。」

新たな世界での教育

「それでは、次に、お尋ねしますが、新しき世界での教育とは、どのような教育になるのでしょうか？　また、人々が学ぶ学校について教えてください。」

「これからの新たな世界においては、子どもにとっても、大人にとっても、人々が学ぶことで最も大切なことは人それぞれの人生が、居心地良く暮らせる社会を築く為に学ぶことである。本来、学校とは人それぞれが親ガミから授かり、持って産まれた個性を育てる所である。人間とは人皆全てに顔立ちが違うように、一人ひとりにあった光りの個性を宿して誕生している。ゆえに、これまでの教育のように生徒を同じ型に押し込め、同じ人間を作る為の教育をすることではない。新たな世界での教育とは、先ず教育者自身が生徒各々の個性を認めて、それぞれに合った教育指導することである。その際、心狭い教育者の中には、そのような教育では教師の数が少なく、勉強などできるはずがないと言うだろうが、優れた教師とは、学び育っている生徒の中にいるのである。そしてその生徒が教師になれば良いことである。教育者の中には農業に携わる人々の苦労も知らず米や野菜を育てたことのない者が先生となり、農業指導者となっておる者がおる。また漁業に携わる人々の苦労も知らずに漁船で魚を獲ったことのない者が官僚となり、漁業指導者となっておる者がいる。優れた教育者とは、日々の現場の中で学び携わっている人たちが、生徒になり先生になれば良いことである。このことは、政治家や官僚や経営者であろうとも、全ての業種に携わる者に言えることである。

つまり人間を教育指導する者は、末端の現場で数々の経験をして学び、困難を乗り越えてきた者が真の優れた教育指導者である。人各々の持って生まれた個性を育てるには、年齢や職業などは一切関係なく、人が学ぶ心さえ持っているなら、いつでも、どこでも好きな時と場所で学べるようにするのが新たな世界での学校である。新たな世界では、これまでのように生徒自身の考えや個性に関係なく、無理やり学校に通わされ、大人たちが決めた規則や校則で自由を奪われる。そのような学校は、もう二度と作ってはならぬことである。多くの大人たちは、学校嫌いの子どもを見て、できの悪い落ちこぼれた子どもだと思っているが、それは間違いである。人にはそれぞれの体内に親ガミから授かっている命の光りが宿り、その光りを感じている子どもたちは学校での勉強よりも、もっと別な物事に好奇心を持ち、より好きなものに興味を持って学んでいるのである。周りの大人たちは、そのような子どもがいたとしても時間を気にせず、優しく見守りながらほっといてやることである。子どもに対して、ほっといてあげる。このことも、子どもを育てる為には重要な教育である。

大人が子どもをそのように見守れば、やがて怠けて見えるような子どもでも、いずれ学べるものに出会い、その時、子どもは学ぶことが好きになり、自ら進んで学校に通うようになるものである。人間とは本来、何かに夢中になり、学びたくなるものが必ず一つは備わっておるものである。ゆえに学校とは、学びたいと望む本人が、心より勉強が好きになってこそ良き効果が現れ、そして、学ぶことが好きになり成長するのである。人が学ぶことに年齢や職業などは一切関係なく、人間は幾つになっても学びたいと思えば、その人は生徒であり先生にもなれるのである。新しき世界での学校とは、学ぶことが好きになり喜びを感じる人々の為にある。そのような人々の為に門戸を解放してこそ、学校というものである。人の世の自由について教育するならば、先ず学校こそが自由でなければならない。加えて、新たな学校とは老いも若きも、子どもも大人も一緒に楽しく集える、地域の憩いの場となることである。」

「これまで続いてきた学校教育が変わり、新しき世界での学校が誕生したなら、その時、親や大人たちは子どもたちに対して、どのように指導したら良いのでしょうか？」

「昔から、子どものことを天からの授かりものと言うように、星々の親ガミが子どもたちを地球に誕生させる時には、先ずは、子どもが親ガミに地球に行きたいと強く望み、それから地球いる両親を親ガミと共に選んで、子どもは地球に誕生するのである。親や大人たちが常に心掛けねばならぬことは、子どもとは、星々の親ガミから授かった、光りの星からきたカミの御子であり、居心地の良い未来社会を築く為の大切な宝物であると知るべきである。ゆえに、子どもを親や大人たちの身勝手な独りよがりの愛情で育ててはならず、独りよがりの愛情は、子どもにとって大切な個性が失われ、未来に伸びようとする芽が摘まれることになる。そして将来、その子どもが大人となり成長した時に、本人や親や家族にとっても災いの種となるものである。

星々の親ガミから観て人間の子どもは、人各々に生まれた環境によって違いがあるが、誕生から十五歳までは子どもとして観ている。それゆえ子どもの成長の為にも、子どもは十五歳までは親が側にいて育てるのが良いことである。親や大人が子どもを教育する際、最も大切なことは、幼い頃は常に優しく語りかけ、優しく抱いてあげることである。それと共に大切なことは、子どもが成長して大人となったならば、自立できる人間に育てることである。自立とは親元から離れ、親の援助を受けず一人で暮らしていける大人になることである。つまり親とは子どもを成長させ、社会に出して自立させることが、親としての大事な役目である。世の多くの親たちは、子どもが幼い頃は、早く立てよ、早く歩めよ、と一日も早く成長するように願うが、その子どもが成長して大人になろうとすると、いつまでも、親に逆らわぬ良い子どもであってほしいと望んでいる。

本来、親ガミの光りを宿した子どもは、時が経つにつれ成長して、子ども自身が決めた道を歩もうとするように創造されている。なれど、子どもが成長し、親元から離れて自立しようとする時に、親の方が子離れできぬ親であっては、子供の成長を妨げる自立出来ない親が子どもである。また、それとは逆に、いつまで経っても親元から巣立つことの出来ぬ子どもは、これは親にとっては悲しいことであり、われらカミガミから観ても悲しいことである。子離れできない親は、自然界に生きる動物たちの子育てを見習うことである。自然界で生きる動物たちは、日々本能のまま行動し、誰に教わるでもなく子どもが誕生すると、人間の母親よりも深き愛情でわが子を育てている。なれど、子どもが成長し大人となったら母親は、それまで子どもに注いでおった愛情が、まるで嘘であったかのように、子どもを自立させる為に冷たく突き離し、子どもが自ら生きていけるように育てあげている。

これが自然界での動物の子育てであり親としての務めである。遥か昔から自然界の動物たちは、親が子どもに対して精一杯の愛情を注ぎ子どもを育てている。これは自然界の摂理であり、誰に教わらずとも、親なら誰でも備わっておる無償の愛というものである。だが、人間界の親の中には、子どもが幾つになっても親のわがままで自立させずに、子どもを分身のように扱っている親がいる。これは、互いに相手がいなければ生きてゆけぬ、親離れ、子離れ出来ない親と子の共依存関係である。この関係は子どもにとっても親にとっても不幸なことであり、星々の親ガミにとっても悲しいことである。星々の親ガミが望む人間界の親と子の良き関係は、親は子どもが幼き頃には動物の親よりも優しく深い愛情で子どもを育て、その子どもが成長し大人となったら早く自立させることである。そして親は子どもが社会人になったなら援助等一切せず、子どもが一人で暮らして行けるように育てることである。それから、親が親の務めを果たしたならば、後は、子どもの進むべき道は子ども自身にまかせ、親は離れた所より子どもの成長を見守ることである。さらに子どもが自立してからの親子の関係は、お互いに親と子の主従関係を卒業して適度な距離感をもって、仲の良い友人として付き合うことである。これが星々の親ガミが望む親と子の好ましい関係である。」

新たな世界での親と子の関係

「昔から、人々の世界では親孝行することが子どもとしての務めであり、大人たちは、子どもたちに親孝行するように語り伝えてきました。それが、世間一般の常識となって、親孝行は物語となり美談となって、多くの人々は親孝行することを良しとしております。このように昔から受け継がれてきた、親に孝行しなければならないと考えている人々に、只今の動物の子育ての話をしたとしても、はたして何人の人たちが納得して理解できるでしょうか?」

「これまで世の多くの人々は、亡くなった先祖や身内の御魂にすがられている為に、人々の日々の感情は悲しみや懐かしさに心震えて、多くの人々は先祖供養を怠ることなく、日々仏壇に手を合わせ祈っている。また、それに加えて、魔のものどもが人々の内なる光りを奪う為に、霊界から先祖の霊を呼び集め、身内の者に霊を感じさせ、位牌を祀り供養させている。この、先祖の霊や身内の霊を大切に供養することが、親孝行せねばならぬという強い思いとなり、多くの人たちは親を大切にして、先祖の霊を供養し、神仏を奉ることにより、子孫代々、霊界・魔界と深く繋がる仕組みとなっている。この洗脳された習慣が、遥か昔から脈々と受け継がれてきて、未だ多くの人々の心を支配する呪縛となって、親孝行はせねばならぬ、先祖供養をせねばならぬという思いになっている。

では遥か昔から、人々の心を縛って来た先祖を供養し、親孝行をせねばならないという、世の中の決まりごとによって誰が利を得て、誰が得をしてきたのか？　また先祖供養する、親孝行する世の中では、誰が一番富み栄えてきたのか？　この仕組みを紐解けば、先祖の霊を祀り崇めることによって、民衆は墓を建て、仏壇に手を合わせ、彼岸やお盆や命日など、四季を通じて多くの儀式が執り行われてきた。その風習が人々の心を縛り、権力者や僧侶らの懐を長年に渡って潤わせてきたのである。その一方で親孝行を強いる世の中では、子どもは親に従い、親は地域の長に従い、長はそのまた上の長に従う、という、序列社会が形作られてきた。その結果、世の中は年功序列を良しとする社会となっている。昔からこのような社会を最も望んできたのは、民衆の心を縛り、民衆を操ることができる、民の親として君臨してきた、国司る支配者、権力者たちである。

さて、日ノ本では昔から貴族・公家の世界では三種類の人間がいると伝えられている。それは神と民と草である。神とは国司る王者であり、民とは国家に忠誠を尽くす人々であり、草とは国家の土台となる雑草である。ゆえに庶民は民草と呼ばれている。昔から先祖供養することと、親孝行することは、星々のカミガミが望む社会ではあらず。星々のカミガミが望む社会とは、亡くなった全ての人々が、親ガミの待つ光りの星へ帰り、墓や仏壇や位牌などいらぬ社会である。それとまた、親孝行などしなくとも良い、親子が仲良く暮らせる居心地の良い社会である。

人々の世界では、遥か昔から受け継がれてきた習慣・儀式によって、多くの人々が洗脳され、先供養を怠ることなく、親孝行せねばならないと、強く思い込まされ洗脳されてきた。そのような社会の中で、光り人たちが親孝行はしなくても良い、先祖供養はしなくとも良いと言ったなら、多くの人々から非難され攻撃されるだろう。特に親子の関係においては、他人の立ち入ることの出来ぬ関係であり、親子だけに通じ合う感情でもある。だがしかし、これから誕生する新しき世界では、人々の洗脳された揺れ動く感情では、物事が進まぬ世界である。また、人々の一時の感情だけで答を出し、判断してはならぬ時代でもある。

これまでの伝統・儀式・習慣を、何よりも大切に守り受け継がねばならぬと思っている人たちにとっては、新たな価値観を持つことは困難なことである。なれど、そのような人たちでも、冷静な思考で持って、新たな時代を迎えてほしいと望んでいる。人間の喜怒哀楽の感情が頂点に達して、自分でも押さえきれず冷静になれぬ時は、魔のものが感情に入って心乱している時である。人は一時の高ぶる感情でもって物事を決断しないことである。それでは、ここで人々の価値観について述べておく。かつて、江戸時代で暮らしていた人々は、徳川の時代が、まさか滅ぶとは夢にも思わなかったはずである。それと同じように現在の世に生きる人々でも、これから新たな時代となって、神社や寺がなくなり、墓や仏壇がなくなる世界がくるとは、思いもよらぬことであろう。なれど、世の中が変わる時とは、一気に変わり、人々の価値観も一瞬にして変わるものである。今日、多くの心ある人々は、地球が、日ノ本がこのままで良いとは思ってはいないはずである。なぜなら、今日の政治や経済や宗教を観れば、これからの地球が、日ノ本が、人も皆居心地の良い世界が創造されるとは思われず、世界の政治・経済・宗教が未だ解決策のないまま進んでいると、多くの人々は感じているからである。

これから新たな世界に向かって人々は、先祖供養することと、親孝行することが真に正しく必要なことであるのか？　人各々が冷静に考えてみることである。太古の昔、人々が星々の光りを心の拠り所として、星々の親ガミと会話して、何不自由なく暮らしていた頃は、人々の感情は親ガミの光りが常に注がれていた為に、日々嬉しい、楽しい、喜びの感情だけであった。やがて、永い、永い時を経て、大陸の地に競い勝った王者が誕生してから、王者が民衆を支配し、自らが君臨する王国を築いた。そして、その王者が亡くなり、側に仕えし者たちが、王者を神霊として手厚く葬り、豪華な霊廟を建立して祀り崇めた。そしてその際、王者に仕えていた多くの兵士達も、王者に殉じて命を絶ち、霊となって王者を守り仕えた。それが永い時を経て、王者から王者へと受け継がれて、地上世界では亡くなった霊が多く集う霊界・魔界が誕生してしまった。つまり昔から、人々が祈り願ってきた神々とは、星々の光りのカミガミではあらず。元はと言えば、大陸の王者たちが霊界に留まり、神霊として奉られ、それが神々として崇められてきたのである。

やがて時を経て、その神々が日ノ本へ渡り来て、七福神となり八百万の神々となって、今日の世においても多くの人々から崇め奉られている。これが、遥か昔から、神社・仏閣において崇められ奉られている神々の正体であり、仏たちの正体である。真のカミガミとは星々にいる光りの存在である。その光りの存在が人々の体内に命となって宿り守り導いている。ゆえに神仏を崇めずとも、体内にカミは存在しておるのである。さて、地上世界では魔界・霊界の誕生により、星々のカミガミの光りは魔の神々によって遮られ多くの光り人たちは、魔に操られた呪術者から呪い封印され、地底に閉じ込められてきた。そして、さらに数々の時代を経て、時々の国司る支配者・権力者は、数多くの戦争を繰り返して、民衆に恐怖心を与え、多くの悲しみを与え続け、支配者・権力者の為の国家を創造してきた。それと共に魔に操られた呪術者や僧侶らが、民衆の心に地獄の恐怖を語り伝え、その一方で神仏の慈悲を説き、民衆を神仏の虜にしてきた。これにより、多くの人々の感情は日々不安や心配や恐怖心で揺れ動く高鳴る感情となっている。このような人々の心が揺れ動く感情になったのは、人々が永い間、支配者・権力者に従い続け、生きる全てを神仏に祈り願うようになったからである。今日の世においても、多くの人々は揺れ動く感情の中で、日々気忙しく、先を急いで暮らしている。そのような人々に対して、われが先に告げた親孝行の話は、洗脳された多くの人々の心には入らぬであろう。だが、これから誕生する新たな世界では、全ての物事が星々の親ガミの光りに導かれ、光り人たちによって形作られる、新たな世界となる。新たな世界に向かって、人々が心掛けることは、たとえ、一時の高ぶる感情で涙誘う出来事に出会ったとしても、一時の感情で物事を判断し、安易に決断してはならぬことである。高ぶる一時の感情とは、精神が不安定となり心が乱れ、他人から洗脳され暗示を受けやすい状態となっている。人を騙そうとする詐欺師の手口は、相手の感情を高揚させ、不安心配な思いにさせ、その思いを利用して、相手を意のままに操ろうとしている。これは宗教家が信者を獲得するための手口と同じである。他人から騙されやすい人は、一時の感情で物事を決断し、時が過ぎてから騙されたことに気がつき後で後悔している。世の多くの人々は、悩みや、苦しみが続くと、いかがわしい占いや神仏に頼り、良き答えを得ようとしている。ではなぜ、人々は悩みや苦しみを自分自身で解決できないのか？

それは高ぶる一時の感情で物事を考え、心を狭くして答えを出そうとしているからである。人々の世界では、遥か昔から、魔のものどもが人々に多くの災難を与え、魔に操られた人間が、良き人々を苦しめて、悪人強く、善人悲しむ世界が続いている。そのような世界では、人は誰もが皆各々に悩み苦しみを持っている。だが、人々が思い悩んでいる、どのような心配事であろうとも、本人自身が解決出来ない問題は何一つなく、親ガミは背負いきれない苦難は与えることはなく、星々の親ガミは何時でも守り導いている。ゆえに、人は悩み苦しんだ時には、先ず冷静になり、一時の感情に流されることなく、答えを直ぐに出そうとせずに、ゆったりした気分で過ごし、全てを命の親ガミに委ねみることである。命の親ガミは、多少の時間はかかっても必ず良き答えを届け、必ず守り助ける。その際、親ガミが届ける答えは、単純な一言が一瞬の閃きとなって、その人の心に勇気を与える言葉となって届くであろう。

星々の親ガミは、いつ、いかなる時であろうとも、人々の内なる命の光りに語りかけ、人々の暮らしが居心地良くなるように導いている。世に偉人と言われている、偉大な発明や発見をする人たちは、望みを成功させる時には、親ガミの言葉を内なる命の光りで感じて、それが一瞬の閃きとなって発明、発見に役立てている。人は誰もが、物事を成就する時は、悩み苦しんだ末に得た考えでは成功はしない。なぜなら、親ガミは人間を、多くの悩みや苦しみに対応できるように創造してないからである。人は悩み苦しんでいる時は、心を冷静にして自らに宿る親ガミの光りを感じ、親ガミが導く自然の時を経てから物事は成就するのである。人間の悩み事を解決する時とは、親ガミが届ける一瞬の閃きであり、単純な言葉の中にこそ真理の答えがあるのである。これまでの人間界では、数多くの伝統・儀式・習慣が人々の心を洗脳し、その中で人々は、世の中の決め事を、真面目に頑なに守り、受け継いで生きてきた。そのような人々の社会では、長き間、先祖の墓を守り、親は子の為に働き、子は親の為に孝行に励み、そして、善良な人たちは地域の為に尽くし、また真面目な人たちは国家の為だといって、尊い命を国に捧げてきた。

これから誕生する新しき世界では、人は誰もが皆、世の為、人の為、国の為に犠牲となることはなく、全ての人々が、自らの人生は、自らが主役であると信じて、嬉しい楽しい人生を、内なる命の光りと共に歩むことである。人間とは、親や上司に言われて歩んだ人生よりも、本人自らが望み選んだ道を歩いてこそ、困難はあるが後悔のない人生を送ることができ、他人に対しても優しくなれるものである。人々の世界では、遥か昔から、国司る政治家や権力ある者が定めた法により管理され、その中で多くの人々は家族を犠牲にし、人生も犠牲にして耐え忍んできた。この人々の耐え忍ぶ思いが、支配者・権力者に富みと地位を与え、また神仏に仕えし者は人々の心を弄んで、弱き人々が悩み苦しむ世界が続いてきている。人間の命の親である、天地創造の大ガミと四天界の親ガミは、人々を苦しめ悩ます為に命を授け、地球に誕生させたのではない。これから始まる新しき世界では、人は人の為に犠牲になるのではなく、人は自らの人生を喜び、楽しみ、そして、人も皆全てが光り輝く世界となる。これから新たな世界に向かって、人々の価値観が変わるほどの天変地異や大きな出来事が起こるであろうが、賢い人々は体内に宿る命の親ガミの光りを信じて生きていくことである。」

漢字に変わる文字

「また、学校について知らせてほしいのですが、新たな時代になっても学校では、これまでのように読み書きは難しい漢字で行うのでしょうか？」

「先ず漢字について知らせておくが、今日の歴史上に記されている文字の始めは、大陸での夏（カ）の時代において原型が誕生したと、言われておるが、地上世界での文字の始めは日ノ本の古代文字が最も古い文字である。夏の時代での文字は単なる印のような文字であったが、その後時代は、今からおよそ三千年前、殷（イン）の王朝時代となって、牛や亀の骨に文字を書く甲骨文字が誕生した。そもそも甲骨文字とは、殷の王者が先祖の霊を祀り、霊と対話して、諸事を占う儀式の際、使用したのが始まりである。つまり、大陸での文字の始まりは、先祖の霊に伺いをたてる占によって誕生したのである。その儀式は、王者と側近の呪術者のみが執り行う秘密の儀式であったが、その際、亀の甲羅に文字を書き、甲羅のヒビの入り具合によって吉凶を占っていた。また、この儀式を執り行う時には、敵対する部族から、生贄にする為の人間を召し捕り、捕らえた人間の頭蓋骨を先祖の霊に差し出して占いを行なっていた。その当時、周辺の部族からは、殷の神は好んで人の頭を食べると言われる程であった。そして、捕らえられ殺害された人間の頭蓋骨は山のように積まれ、殺害された人々の血は川のように流れ、殷の王者は周辺の部族から恐れられていた。このような殷王朝の儀式は五百年ほど続いたが、儀式が繰り返される度ごとに祀られている先祖の霊は神格化されて、神霊として崇められるようになった。この儀式により、大陸では人間の霊が神として崇められ、光りのカミガミは封じられ消滅させられた。

やがて、時代は殷から周王朝の時代となり、神格化された霊も神々として奉られるようになった。それとまた、文字も甲骨文字から象形文字となり漢字文字となって、それが現代の世にまで受け継がれてきている。大陸に誕生した漢字文字は、各々の王朝の絶大な権力と兵力を伴って、瞬く間にアジア一帯に漢字文字は広められ、占領された国々は漢字によって命令伝達を受けて、誓いの文字となって支配されるようになった。では、なぜ漢字文字には占領した国を支配するほどの力があったのか？　それは、話す相手の言葉は違っても、互いに漢字によって意味が通じ合うようになっており、漢字は大陸の王者にとっては実に都合良き文字であったからである。加えて、この漢字文字の出現によって、支配する側と支配される側の間に、決まり事を記した証文が交わされるようになった。それがまた、占領された国々は、大陸の王者に絶対服従する誓いの証文を差し出して従属国として支配されるようになった。このことが後々の世に至って、上の者が下の者に従属する封建制度が形作られるようになって支配者・権力者が力持つ国家となった。そして、さらに誓いの証文が、現代の人間界においても契約社会となって受け継がれ、それが、国と国の間においても数多くの契約が交わされるようになった。

また、各企業においても様々な契約が交わされている。そして最も信頼関係にある夫婦の間でさえも婚姻の証文が必要な世界となってしまっている。星々の親ガミが観た人間社会は、親子であっても互いに信頼出来ない、何をやるにしても証文が必要な嘆かわしい世界である。以上、大陸で誕生した漢字は、人々にとっては大変便利な文字ではあるが、その一方では数多くの人々の命を奪った呪い封印文字でもあった。漢字文字の成り立ちを一つ挙げれば、民という字は、奴隷として囚われた人の目を、針で突き刺したことから作られた文字である。心ある人は、漢字文字に秘められた成り立ちを調べると良い。さて、新たな世界での文字についてであるが、もともと読み書きとは、人々が物事を相手に伝える為に用いた記号である。それゆえ相手に伝える記号は、人々にとっては分かりやすければ分かりやすいほど、互いに相手を理解し合う為には良きことである。本来、人々が学ぶことは、難しい漢字等を使用せずに、誰にでも理解できる言葉と辞書等を用いなくとも読める文字で学ぶことである。星々のカミガミの世界では、難しい文字や漢字等は必要ない世界である。ゆえに、新たな世界では、大人でも子どもでも理解できる文字が使用されることであろう。国家を司る支配者・権力者が企てた、これまでの教育とは、人々の体内に宿る命の光りを破壊し、その中に難しき文字や漢字を詰め込み、記憶させることに力を注いだ教育であった。その結果、他人よりも出世する者は、人格に関係なく、品格なき人間であっても、難解な学問を大量に記憶し成績が優秀であれば、その者は地位、権力を得て出世できる社会が形作られてきた。つまり人間界では、親ガミの光りと共に歩む人間は虐められ、体内の光りを封じて競い勝った者が、勝利者となって世の中は動かされてきた。

人間の暗記力、記憶力の良いものが善人であるとは限らぬ。人々は昔から僧侶が唱える経を、難解であればあるほど有り難い経であると、思い込み、難しい書物を読み書く人間を先生と敬っているが、多くの人々は長き間、政治家や官僚や、それなりに地位ある者たちを偉い人間だと、洗脳され暗示をかけられてきた。昔から、多くの官僚を輩出した一流校と言われる大学を語るなら、その大学を卒業した者の中から、未だかつて誰一人として、貧しき人々の生活を救い、人も皆居心地の良い社会へと国を変え、歴史を正しき方向に導いた者はおらぬ。彼らの多くは、他の人々よりも難解な学問を多く記憶して、人々の暮らしに役に立たない勉強に励み、そして、その結果、庶民より優雅な暮らしをして、民衆を操り、彼らの先輩が作った国家の仕組みを壊さぬように、組織を守り続けているだけである。本来人間が学ぶというのは、体内に宿る親ガミが導く知識を高め、その高めた知識で人々の役に立ち、人々の苦しみを救い、人々が安心できる社会を築く。そのことに喜びを感じて生きることが、人本来の学ぶことである。」

古代文字（サンカ文字）

「それでは新たな世界では、漢字に変わる文字とは、どのような文字になるのですか？」

「新しい世界での文字について、先ず大切なことは、大人でも、子どもでも理解できる文字でなければならない。その為には、人々の使用する文字は、初期の頃はひらがなとカタカナとマンガを加えた文字を使用することになるであろう。人々が慣れ親しんだその後には、遥か太古の昔、地球のカミガミと光り人たちが使用していたカミ文字が復活して、それが時を経て、世界共通の文字となるであろう。」

「カミ文字とはどのような文字ですか？」

「その文字とは、今日の世において、ある一部の歴史学者が研究しているが、かつて山の民といわれた人たちが使用していたサンカ文字である。そのサンカ文字とは、古代文字とも言われておるが、日ノ本においては、縄文時代以前に光り人によって使用されていた文字である。その古代文字は、今から一万五千年ほど前、大陸から襲来して、日ノ本を乗っ取った支配者の集団によって、跡形もなく消滅させられた文字である。彼ら支配者たちは、古代文字を消滅させる為に、およそ三千年の時をかけて、日ノ本の隅から隅まで古代文字の痕跡を探し求め、古代文字を使用していたサンカ人を惨殺して、日ノ本から古代文字を完全に消滅させた。そして、代わりに大陸の漢字文字を広め、大陸文化を根付かせたのである。その彼ら支配者たちが、サンカ文字を消滅させる執念は凄まじく、それは言わば、砂浜から小さな一粒の石を探すが如く、日ノ本の隅から隅までサンカ文字を消し去り、代わりに魔のものが授けた漢字文字を呪い文字として使用して、カミガミの文字を封じさせたのである。

今日において古代文字は、北海道の石狩の洞窟の中に一部が描かれているが、その他にも、サンカ文字は山形の羽黒山の奥地に一巻だけ隠されている。近い将来、親ガミが光り人に伝えて発見されるであろう。昔から言葉は、言霊と言われておるが、古代のカミ文字には、星々のカミガミの光りが宿り、言葉を言の葉と書くように、特に西方の親ガミの光りが加わっており、人々を癒し励ます文字となっている。新しき時代では、大人でも子どもでも、誰にでも分かるマンガのようなカミ文字が世界の共通文字となるであろう。さてここで、かつて古事記でまつろわぬ民と記されている山の民について、話を加えておこう。そもそも山の民と言われた人々とは、サンカの民とも言われ、今日の、新潟の越（古志）の国において、星々のカミガミの言葉を伝える人たちとして自然と共に仲良く暮らしていた。彼ら、山の民と言われた人々が、大陸の者より襲われ、逃げ延びながらも、星々のカミガミを心の拠り所として暮らした期間はおよそ千年であった。

その永き時を、大陸から来て日ノ本の王者となった支配者たちは、各時代を通して、サンカ人を弾圧し抹殺し続けた。これは大陸の王者から途切れることなく密命があったからである。サンカとは、支配者から山窟人といわれ永い間蔑まれていたが、もともとは、星々のカミガミの言葉を伝える光り人たちであった。このサンカの人々を、日ノ本の支配者となった大陸の王者は、各時代を通して弾圧し続けた。それが今から六百五十年程前には、時の幕府の者が越の国のサンカ人の子孫を山狩りによって捕らえ、佐渡の地へと連れ去り、金掘人として過酷な労働を強いていた。佐渡金山の初期の頃は、二百人程度のサンカ人であったが、やがて、金の量と共に人数が増えて、一時は五、六百人のサンカの人々が、幕府の役人に捕らえられ、佐渡の地へと連行され金堀人となっていた。このサンカ人の屍を地底に封じている所が佐渡の羽黒神社である。やがて、時代は徳川の世となり、佐渡の金掘人として新たに加えられたのが、時の権力者に服従しなかったまつろわぬ者と言われた人たちであった。加えて、かつて犯罪人たちは、各地の島に、島流しの刑となって送られたが、佐渡の島には政治犯が多く連行されていた。もともと佐渡の金山は、越の国のサンカ人たちが、足利とその前の将軍の手の者によって囚われ、奴隷として連れて来られ、金掘人となったのが始まりである。この頃の金堀人たちは、地下深い洞窟の穴の中で、魚油の火を灯かりとして岩石を削り、身体は縄で縛られ、息が絶えるとその場で縄を切られ捨てられていた。この過酷な暗い洞窟の中での、金堀人たちは、粗末な食事と魚油の煙で目を痛め、呼吸が出来ずに多くの人々が苦しみながら亡くった。この金堀人の御霊たちは、今日の世においても親ガミの待つ星へ帰れずに、洞窟の地下深い岩石の下敷きとなって封じられて光り人の救いを待っている。新たな世界では、佐渡の島が世界の雛形として、多くの光り人から注目されることになるであろうが、もともと佐渡の島とは、星々の親ガミと天地創造の大ガミが、初めて地球に降り立った光りの大地であった。ゆえに、このことを知っていた大魔王と悪神どもは、時々の支配者・権力者を操りサンカ人たちを弾圧し続けた。

そして魔に操られた祈祷師や呪術者は、佐渡の島を世界の国々の中でも最も呪い封印を幾重にもかけ続けて、カミガミの光りが届かぬ、穢れた島にしてしまった。今日の世に至っても、佐渡の各地には、数多くの伝統・儀式・風習が根強く残り執り行われているが、それはかつて、呪術者や儀式者が星々のカミガミを封じる為の儀式である。遥か昔から、日ノ本の大地には、大陸から来た魔王や悪神どもが、ありとあらゆる封印呪いをかけ続けて、日ノ本を星々の親ガミの光り届かぬ穢れた大地にしてしまっている。その証しが、各地に受け継がれている伝統・儀式や祭りであるが、その中でも、佐渡に残る伝統・儀式や祭りの風習は、他の地域よりも数多く受け継がれて根付いている。古き昔から執り行われている伝統・儀式や祭りの多い地域とは、それだけ、魔王・悪神どもが魔の力を注ぎ、封印、呪いをかけた地域である。人間の身体で言えば、佐渡の島の形は心臓である。その佐渡は、遥か昔から、数々の闇に隠れた歴史があった所であるが、新しい世界では、佐渡にかけられた呪い封印も解かれ光り輝く島となり、地球上で始めての人も皆居心地の良い、星々のカミガミの光りが満たされる黄金の島となるであろう。」

古代の人々がたどった道

「かつて、サンカの人々が使用していたサンカ文字とは、今日では観ることが出来ないのですか？」

「そのサンカ文字は、先にも告げたが、大陸の支配者が日ノ本の地を征服した時に、闇から闇へと葬り去った文字である。だが、もし人々がサンカ文字を見たいと望むならば、越後の浅草岳の山奥に記されておる。だが浅草岳の地は、今日では草木が繁り、人々の目にふれるのは困難な地となっている。今日において人々が観ることのできる所では、北海道石狩の洞窟に描かれている古代文字か、または南米のペルーかメキシコの人類博物館へ行けば観ることができるだろう。そこでは古代文字として展示されている。」

「なぜサンカ文字が、遠く離れた南米の地にあるのですか?」

「それは、遥か遠い昔、日ノ本が大陸から襲来してきた者たちによって占領され始めた頃、大陸の支配者に従わなかった多くの人々が、北方の北海道に逃げ延び、また南方の沖縄の地に逃げ延びた人々がいた。今日、北海道に住むアイヌと言われている人たちと、沖縄の人たちの人相骨格が似ているのは、もともとは同じ日ノ本の地域に暮らしていた人たちだったからである。また、さらに大陸の支配者の追っ手は、北方や南方に逃げ延びた人々を何処までも執拗に追い続けた。その人々の逃げ延びて辿り着いた先が、南米のペルーやメキシコである。またアメリカのインディアンと呼ばれている人々が住んで居る所である。最近、アメリカのワシントン州で縄文人に似た人間が殺害された状態で発見されたが、これは、遥か昔、日ノ本から逃げ延びた人間である。かつて遥か古代、今からおよそ十万年前、日ノ本に暮らしていた人々の集団が、遥か彼方の北米や南米の地へと辿り着き、その地で、各々が移り住んで暮らしていた。そして時は、遥かに過ぎて、今から一万五千年ほど前に、大陸の支配者の追っ手から逃げ延びた日ノ本の人々は、かつて祖先の人々が移り住んだ彼の地へと逃げ延びて移住した。今日、世界のインディオと言われ、先住民と言われている人々の祖先を辿れば日ノ本である。その証しとして、日ノ本の人々と先住民といわれている人々には蒙古班がある。この蒙古班があるのは、人類が猿人から人間に進化する過程で尾が退化した際の残り痕である。つまり人類の誕生はアジアの日ノ本である。

遥か遠い昔から、今日の世に至るまで、この永い歴史の中で、未だに支配者らによって虐げられ差別されている人たちがインディオと言われ、先住民と呼ばれている人たちである。彼らこそ、遥か古代より、王者・支配者に服従せずにいた、まつろわぬ人々であり、遥か遠い昔、歴史上には記されてはおらぬが、日ノ本の地より逃げ去った、人と人とが戦うことを好まぬ、星々を心のよりどころとして生きた人々である。これから迎える新しき世界では、日ノ本の人々だけに限らず、全世界の人々をも加えた、人類始まって以来の大きな、大きな世直しであり、地球再生、日ノ本再生を果たす時へと至ったのである。われらカミガミも地球再生、日ノ本再生に光りを注ぎ、力をつくすが、人々もこれまでの洗脳された価値観を変えて、新たなる思考で未来を築く時である。

さて今日、世界中でタバコの害が盛んに言われているが、もともとタバコとは、西方の親ガミが人々の心を癒す薬草として、南米のインディオの人々に知らせたのが始まりである。それが時を経て米国のインディオの人々に伝わり、世界中に広まり今日へと至っている。」

「今日、先進国といわれている国々では、タバコは百害あって一利なしと言われ、学者や医者など多くの有識者がタバコは肺癌になり身体に悪いと盛んに言っておりますが、タバコは身体に良くないのですか？」

「確かに過剰なタバコの吸い過ぎは身体には良くないが、それはタバコに限らず、酒や飲食にも言えることである。今日のように、多くの学者や医者が言うほど、タバコが肺癌の元になり身体に悪いということはない。タバコは西方の親ガミが光り人に伝えた、高揚とした意識を鎮める為の薬草の一つである。それよりも、今日、市中に氾濫している健康食品や薬の多用に気をつけることである。人間の身体は、旬な地の物を美味しいと思うものを食べ、適度な運動をして、そして良く眠れば、それで薬や健康食品に頼らずとも元気に過ごせるようになっている。遥か昔から、支配者・権力者の世界では、多くの人々を操り洗脳する手段として、各々の時代に合わせて、人々が不安や心配になる、身体に害になるものを民衆に言い聞かせ、人々の思いを操り支配してきた。その一つの例を言えば、戦後、米食が身体に悪いと言われれば、パン食が広まり洋食文化が持て囃され、人々の暮らしを大きく変化させてきた。このように民衆を洗脳する謀り事は、近年において始まったことではないが、古き昔から、支配者・権力者が民衆を飼い馴らす手段として企てきたことである。

支配者・権力者にとって都合良き民衆とは、有識者や学者が唱える言葉を疑うことなく、洗脳され、真面目に暮らしている人たちである。また有識者が、タバコは身体に悪い害があると盛んに唱えれば、その言葉が世論となって大多数の人々の心が洗脳され、多くの人々は操られて、タバコを吸う人を蔑むように嫌っている。またその一方で、学者や医者が、身体にはこれが良い、あれが悪いと宣伝すれば、多くの人々は、その言葉に踊らされて薬や健康食品を買い求めている。このような人々の思いは、何も薬や健康食品だけに限らず、誰かが、何処に美味いものがあると言えば、そこへ行って行列に加わり並んで待ち、また、何処そこの神社・寺院はご利益があると言えば、その地に行って祈り願い、とかく操られた人々とは、流行に乗りやすく、魔のものの餌食になりやすく、なかなか真実のカミを見極めることのできぬ、操られた人たちである。

これまで人々の歴史は、国司る権力者たちが、この戦争は正義だ、と叫べば、民衆はその言葉に迎合して、戦争に突き進んで操られてきた。また多くの人々は、群れる人々の中に迎合して、時々の流行に乗り、魔に操られた人間が、右だぁーと叫べば、右に走り、左だぁーと叫べば、左に走って踊らされてきた。この人々の踊る熱狂する思いを、魔に操られた支配者・権力者が、民衆の思いを操り、手なずけて、政を司り国家が築かれてきた。そしてまた、魔王・悪神どもは、人々から命の光りを奪い、人々を餌食にして、霊界・魔界が形成されてきた。その結果、支配者・権力者は富と地位と権力を握り、また魔王・悪神どもは人間界を闇より支配して、魔界・霊界・人間界が仕組まれ成り立ってきたのである。これから人々が心がけることは、名のある有識者や学者が、一斉に同じ言葉で語る話には十分気をつけることである。なぜなら、世の人々を同じ方向に導かんとしている者には、そこには必ず、裏で糸引き利を得ようとしている者が存在しているからである。それをタバコで言えば、タバコの害を盛んに唱えている先進国の中には、米国のコロラドのように、近い将来タバコに代わって大麻の販売を合法化しようとしている。また南米のウルグイでも大麻を合法化しようとしている。この企みを謀っているのが、世に現われ出ぬが、人々の健康を操作して、利を得ようとしているのが、魔に操られている者たちである。

われら星々のカミガミから観た人間界での最大な洗脳は、永い歴史の中で、民衆が神仏を崇め、先祖の墓に詣で、仏壇に手を合わせ祈っている。この儀式こそが、操られ洗脳された人々の世界である。遥か昔から、支配者・権力者から洗脳されやすい人々とは、真面目で頑なで、世間の常識の中で暮らす庶民といわれている人々である。これまで人間界の歴史は、各々の時代を通して、国司る支配者・権力者が民衆を操り手なづける為に、数多くの風習やしきたりや儀式を由緒正しき行事として世論を操作し、執り行なってきた。そして、疑い知らぬ正直な庶民は、真面目に、頑なに数多くの儀式を受け継ぎ守り続けている。この数多くの行事や儀式を執り行う為に活用したのが、魔王・悪神に操られた陰陽師や呪術者が作成した暦である。」

支配者のこよみ（マヤ暦）

「では、これより暦について述べておこう。人々の世界での暦とは、古来より国家を司る支配者・権力者にとって、春夏秋冬、折々の行事を行う為と、民衆の暮らしを支配する為には、重要でなくてはならぬものである。つまり暦とは、政を司る者にとっては民衆を支配する為の権力である。また、魔王・悪神どもに操られている祈祷師や呪術者にとっても、祭りや儀式を行う上で暦は重要な役目を担っている。人々の世界では、遥か昔から、暦を司る者が王者となって、民衆の頭上に君臨してきた。ゆえに暦とは、人々の日常を支配し、人々の行動をも支配する、国司る者にとっては、なくては成らない重要なものである。また暦を手中に治めた者は、国家の年中行事を取り決め、官民全ての人々を働かせ、また休ませ、人々を支配できる。そのような暦とは、国司る権力者にとっては祭事の全てを決める最高の権力であった。信長は、この暦を天皇から奪わんとして暗殺された。星々のカミガミの世界では、人間界のような暦は必要ない世界である。」

「暦と言えば、昨今、世界を賑わしていたマヤの暦がありますが、このマヤの暦によれば、西暦２０１２年12月21日でマヤ暦が終わっていると言われておりますが、これについて教えてください。」

「地球上に人類が誕生した頃、星々のカミガミは、日ノ本を集中的に沢山の虹のような光りを届けていた。その光りの虹を通して、数多くの光りの命が四天界の親ガミの星から地上に降り立った。そして、その数多くの光りの命は、日ノ本からヨーロッパやアメリカやアフリカなど、地球全土に広がっていった。地球全土に広がった光りの命は、肉体を得て星々の親ガミの光りを宿した光りの御子となった。このようにして、星々のカミガミは永きにわたり地球上に光りの御子たちを誕生させ続けてきた。勿論マヤ文明の起こった場所にも光りの命は届いたはずである。マヤ文明が起こる以前に存在していた人々は、カミガミの光りの御子たちであった。この光りの御子たちは、太陽や星々と日々会話をして、星々の親ガミのメッセージを受け取って皆共に仲良く暮らしていた。そして、そこに集う全ての人々はカミガミのメッセージに従い、嬉しい楽しい日々を過ごしておった。

しかし時が過ぎ行く中で、光りの御子たちの中で魔のものどもに魂（命）を売り、魔のものと一体となる者が現われ始めた。その者たちは、金や地位や権力や名誉など、そのようなものを手にする事に快感を覚え、もっともっとと、欲する者どもが急激に増えていった。その頃からである。世界各地に文明といわれるものが栄え始めたのは……文明の誕生、聞こえは良いが、時の王者・権力者が民衆を扇動して、富と権力と文化を内外に知らしめる以外の何ものでもない。文明の誕生とは、言い換えれば、支配する者と支配される者という上下関係が仕組まれたことを意味する。マヤ文明もしかりである。

マヤ文明を築いたマヤ族は、カミガミの光りの御子たちが、太陽や星々と会話して、受け取ったメッセージをカミガミのお告げと称して、人々に伝え始めていたが、勿論星々のカミガミのメッセージを正しく伝えていた訳ではなかった。メッセージはマヤ族にとって都合の良い形にねじ曲げて伝えておった。マヤ族のいう神のお告げをまとめて創られたものが、マヤ暦である。星々のカミガミの世界では、儀式や祭り事を決める暦などは存在してはいない世界である。さらに時が過ぎると共に、マヤ族は、星々のカミガミのお告げを受け取る為には、生贄が必要だと、勝手な解釈でもって星々のカミガミのメッセージを受け取っていた。そして、マヤ族以前に存在しておった光りの御子たちを次々に生贄として抹殺していった。マヤ族にとって、自分たち以外に神のお告げを受け取るものがおる事は断じて許せぬことであった。その光りの御子たちに対するやり方は、実に過酷なものであった。それは、マヤの王者が光りの御子に、「そなたが、太陽と星々からメッセージを受け取らぬと、そなたの大切な仲間が死ぬことになる。」と脅してメッセージを受け取ることを拒否させなかった。

星々のカミガミは、この時の光りの御子たちの心中を思うと実に心が痛む。星々の親ガミは、これから世に出る光り人たちによって、今日、世界中で封じられている光りの御子たちを早く星々へ帰してほしいと望んでいる。星々の親ガミは、封じられた光りの御子を光り人に伝えることができるが、封じられた光りの御子を直接救い出し、星々に帰すことはできぬのである。つまり霊界・魔界に留まり、封じられている光りの御子や御霊を救えるのは、親ガミではなく、親ガミの光りを受け取る光り人である。さて、当時のマヤ族の儀式では、光りの御子たちは、太陽と星々からメッセージを受け取った後には皆殺害されて、魂（命）も呪いをかけられて封じられていた。この儀式により、光りの御子たちは生贄として、生きたまま心臓を抉り取られ悪神に捧げられていた。このようなことは、文明開化と共に世界各地で行われたが、その勢いは急激に広まった生贄の儀式であった。
天地創造の大ガミと四天界の親ガミは、このような儀式をただ黙って見ていた訳ではない、星々のカミガミは地球に多くの光りを注いできたが、それでも到底阻止できることではなく、生贄の儀式は、魔王・悪神にとり憑かれた呪術者によって、世界中で盛んに行われていた儀式であった。その後の地球の汚れ穢れた様子は、星々のカミガミが目を覆いたくなるほど、大地も人間界も光りなき世界になってしまった。それに加えて、人間界に宗教が誕生したことは、星々のカミガミにとっては大きな衝撃であった。

その宗教は、星々の光りのカミガミを遠ざけて、魔王・悪神が仕組んだ神仏が崇められるようになり、多くの人々を瞬く間に虜にしてしまった。宗教の誕生により、善良な人々がこうも簡単に魔の餌食になって騙されるとは、星々の大ガミは、人間の弱さを始めて知った。宗教の誕生によって、本来、星々へ帰るはずの光りの命が、益々帰って来られぬようになった。そして、帰ってこなかった沢山の光りの命たちが、地球に霊界を形成し、日ノ本だけではなく、世界中が魔界・霊界の黒き渦に沈み、星々のカミガミから観たなら、地球は暗雲に覆われて確認できない程に汚れ濁ってしまっている。それが今日の地球の姿である。一方、日ノ本においても、大陸からきた暦の誕生によって、支配者となった王者は月々の行事を占いによって執り行い、そこで数多くの年中行事が誕生して、公家も役人も庶民も皆、暦によって日々の暮らしは営まれるようになった。そして暦は、魔に操られた呪術者によって、さらに方位を表わす干支が加えられて、その年の吉兆を占う方角さえも決められていた。それは、その年の巡りによって、子年であれば、子年産まれの吉兆を占い、子の方角は北を指し、また東北は牛寅を指すなど、一人ひとりの生涯は、何をやるにしても全て干支と方角によって決められていた。この洗脳は、今日の世に至っても解けることなく、多くの人々の心を縛っている。

さて、魔のものに操られた呪術者は、日ノ本の東西南北の方角をも狂わせて、四天界の親ガミが人々に届ける命の光りを遮り続け、その結果、魔のものと我欲強き者が一体となった世の中となってしまった。魔のものに操られた呪術者によって、日ノ本の方角を狂わす為の守り神となったのが、東を守護する青龍（南方の青い龍で木々を司る）南を守護する朱雀（東方の五色の鳳凰で火を司る）西を守護する白虎（北方の白い虎で金を司る）北を守護する玄武（北方と南方の亀と蛇が合体したもので水を司る）この東西南北を司る神獣の中心には北極星を描き、星々の中心である北方の親ガミを封印、呪いかけていた。

…………………

（注）この壁画は奈良のキトラ古墳より発見されている。

………………

これらが日ノ本の大地と人々とを呪い封印かけて、四天界にいる東西南北の親ガミから届く光りを遮っていた。大陸から来た魔のものどもは、日ノ本が全てのことの始まりであることを知っていた上で、日ノ本の全ての方角に呪いをかけて、光り人が誕生しないようにしていた。それゆえ、星々の親ガミが、いくら光りを注いだところで正しい方角ではない為に、親ガミの光りのパワーは半減してしまい、その為、魔のものどもの力が益々強大となって、闇強く、光り弱い世界になってしまった。そうかと言って、天地創造の大ガミと四天界の親ガミは、ただ黙って手をこまねいておった訳ではない。大ガミと親ガミは何度となく、地球上に光りの御子たちを誕生させてきた。それはイエスもしかり、シャカもしかりである。

しかし、魔の力が急速に増大していく中では、ことごとく光りの御子たちは魔の餌食となって、多くの光りの御子たちは潰されてしまった。されど、今日、ようやく幾人かの光りの御子たちが誕生して、今日まで魔のものどもに潰されることなく存在している。今日、日ノ本にかけられていた呪い封印は、光りの御子たちによって呪い封印がとかれている。日ノ本は必ず再生されるはずである。さて、マヤの暦が、２０１２年12月21日で終わったことは、魔の暦が終焉したことを意味する。つまり、魔のものどもの闇の時代は終わりを告げ、新たな光りの時代が到来することとなる。

これから先、日ノ本にいる人々や世界中の人々に、星々の親ガミの光りが届き始めるが、勿論その時には、闇に隠れていた魔のものどもが一斉に噴き上がり、われら星々のカミガミの光りを遮らんとする筈である。それゆえ地上世界では様々なことが起こるであろう。それは、事故や事件や天変地異や世界的な経済破綻など、これまで魔のものが潜んでいたところが一斉に噴き上がるであろう。

これは永い間、人々の体の中に蓄積されていた魔の黒きものを噴き上がらせ、一掃する為には、必要不可欠なことである。言い換えれば、それだけ人々の心と体が魔のものどもの餌食になっておった、ということである。しかし、案ずることはない。明けぬ夜がないように、永い冬にも必ず春が来る。これから新たな世界に向かって、星々のカミガミの光りが全てに行き渡り、日ノ本再生、地球再生は必ず成し遂げられると信じて、光りの人々は、光りの道を邁進してもらいたい。星々のカミガミは必ず光りの人々を守り導いておる。」

……………………

ここまでの、マヤの暦の部分は、天地創造の大ガミからのメッセージでありました。

……………………

再びタバコの害と健康について

「さて、話をタバコの話に戻すが、先進国の、特にアメリカの学者の間でタバコの害が盛んに言われてから、多くの人々は喫煙者を蔑むようになって、先進国の思惑通りに世論は形成された。

その結果、タバコの値段は三倍から四倍にもなって、庶民にとってはささやかな楽しみも奪われて余計な出費となっている。その一方で禁煙する為の薬が盛んに宣伝されて医院や薬品業界に利益を与えている。このような世論操作は昔から行われてきたことであったが、心ある人々はもっと賢くなって、この計略を見抜くべきである。これからも人々の健康は、医療に関わる政官財の者たちの思惑通りに仕組まれて、これまで身体に良かったものが悪いと言われ、また身体に良い食品や薬品が宣伝されて、人々は身体に関する不安、心配が益々増えることだろう。それにしても、タバコと酒の害を比べれば、酒の方がはるかに多くの人々に害を与え、中毒となっている人々が多くいる。それにも拘らず、酒の害を唱える有識者や学者はいない。それは、なぜか？　世の心ある人は、このカラクリにも気づくべきである。

今日、医療に携わっている多くの有識者と言われている人たちは、西洋医学の信者のようになり、タバコは百害あって一利なしと洗脳されている。それゆえ、タバコは健康に悪く肺癌の元になり、身体にとって非常に悪いと思い込みすぎている。確かにタバコを吸うことにより、人間の身体には少なからず害を与える部分もあるが、その害とて、身体の全てを壊す程の毒ではない。それよりも、タバコを吸うことにより精神が安定して気分が落ち着くこともある。喫煙は駄目だと叫んでいる医者たちは、世の中にはタバコを吸い続けている人でも、日々健康で長寿の人がいることを知るべきである。人間の健康の源は、体内に宿る親ガミの光りの命である。それと、食べて美味しいと思う食事をして、軽い運動して、ゆっくりと眠ることが出来れば、人間は生涯健康で過ごせるようになっている。そのように命の親ガミは、人間の身体を創造している。これから人々は、有識者や学者たちが語る、健康に関する不安、心配な話題などに心奪われることなく、また健康食品等に頼ることなく、日々親ガミに守られていると信じて、心穏やかに過ごすことが健康の秘訣である。

天地創造の大ガミと四天界の親ガミは、人間の身体を医者や学者が言うほど弱くは創造してはいない。人々の健康を、あれは悪い、これは良いと言って騒がしているのは、それにより利益を得ようとしているものたちの企てである。賢い人は、その企てに乗らぬことである。人間が病気になるのは、身体を育む為に必要な大切な食事を粗末にしているからである。人間が健康に過ごすには、食事の時間をゆっくりととり、美味いものを腹八分目にして食べることである。それと、後は、無理せぬ程度の運動をしていれば、人は生涯健康で生きられるように親ガミは守っている。そうは言っても、カミガミは医者や薬を全て否定しているのではない。急激な痛みや体が不調で患った時には、医者に行くことも、時には必要である。さらに、人々が健康に気をつけることは、何事もそうであるが暴飲暴食、酒の飲み過ぎ、タバコの吸いすぎは良くないことである。それと、タバコを吸わぬ人の前で遠慮なく吸うのも、思いやりの心が欠けているので気を付けることである。これから先タバコは、心と身体に良い薬草を加えたタバコが世に出るであろう。今日の医者や学者は、タバコの害ばかり述べていないで、タバコを吸うことの気分の良さをもっと研究することである。それと、タバコと同じく肉の害もさかんに言われているが、肉を食べることも、食べすぎなければ、今の時代悪いことではない。」

「人々の中には、肉は身体に良くないと信じて、菜食主義の人たちがおりますが、肉は食べても良いのですか?」

「肉は食べても良いと言ったのは、食肉となった動物の中には、殺害された時に苦痛を与えられて動物霊となって、人に恨みを持っているものもいる。それゆえ肉を食べる時には、肉より多くの野菜を食べることである。」

「では、肉を食べると動物霊が身体に取り憑き、俗に言う狐憑き、と言われているようになるのですか?」

「全ての生命あるものには、肉体の中に霊体が宿っているが、動物の肉を食べても、動物霊が取り憑くことはない。だが、人間によって殺害された動物の中には、人間に強い恨みを持って魔界に留まり、もののけとなり人間の身体に取り憑き、病気や災いを与えているものもある。なれど、これは稀なことである。もし、そうなったら親ガミを呼び、動物の御霊を星々へ帰し、悪霊となった動物は岩星の中に閉じ込めてもらうことである。しかし世間では、悪神どもに操られて、人々を不安がらせて動物霊が憑いている等と言っている祈祷師や霊能者がいるが。そのような者は、自身の思いが動物霊と同じレベルとなっているか、自らに強い暗示をかけているだけである。また、そのようなものは、信者を騙して金儲けを企んでいる者である。われが、動物の中にも霊となっているものがいる、と言ったのは、生命ある者には全て魂（命）があると言いたかったただけである。

人間の魂（命）には親ガミの光りが宿っているが、動物の中にも稀にではあるが、星々の親ガミの光りの魂（命）を宿して誕生した動物もいる。なれど、地球に誕生する多くの動物たちの魂（命）は、自然界の中で魂（命）は燃焼して役目を終えて消滅するように創造されている。先に、肉を食べる時に多くの野菜を食べるように、と言ったのは、肉ばかり食べていると、動物の肉の細胞が人間の細胞の中で相容れられない状態となって、病気や癌の元になりやすくなるからである。」

自然界の真理

「人々の世界の中での、肉食について、今少し述べておくが、強きものが弱きものを食する、弱肉強食の時代は、動物の世界では、後百年ほど続くであろう。地球の人々も、後五十年程は、食肉の時代が続くであろう。そして、新たな時代では、肉に変わる食べ物として、人間の体にあった美味しくて体に良いものが作られ、人々の体は肉を食せぬ身体となるであろう。さて、天地創造の大ガミと四天界の親ガミが創造した自然界の仕組みは、全てが万物の長である人間によって形作られるようになっている。それは、人間界で起こる全ての出来事が、自然界に写し鏡のようになって現われることになっている。それが、例えば、人間と人間が戦い争っていれば、動物の世界でも殺し合いをして、強いものが弱いものを食らう、弱肉強食の世界が続くこととなる。また一方、人間たちが動物たちを殺害せず、自然を大切にする思いとなれば、自然界も動物の世界も営みは狂うことなく、人間を含めた自然界の摂理も狂うことはない。さらに、自然界の真理を言えば、人間のやること成すことの全てが、自然界に写し鏡のように移り起こるようになっている。心優しい人は、動物の殺しあう姿を見て残酷だと心痛めておるが、それは、人間同士が戦争して殺し合っているからである。

世界の始め、天地創造の大ガミと四天界の親ガミは、人間を肉食に適してない体に創造して、魚や木の実や果実を食べる動物として誕生させた。だが、人間界に魔王や悪神どもに操られた支配者が現われてから、強き者が弱き人々を殺害する世界となり、そして人間たちが動物を捕らえて食料とするようになった。それから、自然界での生態系も変わり、動物たちも草食から肉食へと変わり、地上世界は、強いものが弱いものを食らう世界となってしまった。「光り人たちよ、人間は万物の長である。この言葉は、真に重要である。」人間界での仕組みは、誰が何処で、何処の長となるかによって、全ての物事が決まる。それが、家族であろうと、会社であろうと、国家であろうとも、全ての物事は長次第で良くも悪くもなるのである。天地創造の大ガミが人間を万物の長と決めたのは、親ガミの命を宿している人間ならば、地球を守れると信じたからである。地球は、人々の世界が平和になれば、自然界の動物たちも殺し合うことを止める。人間が動物の肉を食せぬようになれば、動物たちも他の動物を食せぬようになる。

「光り人よ、これが自然界の真理である」

しかし、そうは言っても、今日の世界では、直ちに肉食を止める訳にはいかず。人々の世界では、肉を食べる習慣は、暫く続くであろう。人間の命は親ガミの光りによって生かされている。そして、人間の肉体は食料によって生きている。もともと人間が誕生した頃の食料は、全ての生命の源である、海の中で育まれた魚貝類を食料として暮らしていた。また、それと肥沃な大地から育まれた木の実や果実を食料として生きるように創造されていた。本来、人間の肉体は、五体動物の肉は食せぬようになっていた。人によっては毎日肉ばかり食べていると、動物の肉の細胞と人間の肉の細胞が相容れずに、自然界であってはならぬ共食いと同じような体内となり、細胞が破壊され遺伝子が傷つくこともある。肉を食する時は、肉よりも多くの野菜を食べることである。人間が万物の長であるということは、生きるもの全ての良き模範となることである。

地球上で起こる全ての自然災害・貧困・飢餓・戦争などの災い事の大本の原因は、人間の長が、誰になるかによって起こされる出来事である。天地創造の大ガミと四天界の親ガミが、地球を救い人類を救おうとするならば、イエスやシャカのような光り人の体内に親ガミが命となって宿り、数々の試練を乗り超えて成長した後に、その光り人たちに地球を委ねて、人類を正しき方向に導かせる。これが天地創造の大ガミと四天界の親ガミがおこなう地球再生、日ノ本再生である。これまで人々の世界では、古い伝統、儀式やしきたりの中で、魔王や悪神どもに操られた呪術者や宗教者によって、人々は洗脳され暗示をかけられてきた。その結果、神仏を疑うことを悪とされた信者たちは、神仏に願えば、どんなことでも望みが叶うという間違った信仰心を植え付けられ信じ込まされてきた。そのような人々にかけられた心の暗示は、星々の大ガミの力で以てしても、人間の頑なな思い込みや洗脳は解く事が出来ない。人々の洗脳された頑なな思いを解く事ができるのは、人々の価値観を変えて、新しい世界を創造する光り人たちである。ゆえに、地球を救い人々の世界を再生するのは、星々のカミガミが直接手を下すことではなく、親ガミの光りの命を宿している光り人たちである。」

古代遺跡の真実

「南米のペルーに地上絵と言われているものがありますが、その絵は、誰が何の目的で描かれたのですか？」

「ペルーの地上絵は、今から二千六百年ほど前に、南方の星々のカミガミがペルーの大地に降立った時に、光り人たちにメッセージを伝え描かせたものである。あの地上絵の目的は、南方の星々のカミガミが地球に来て、星々の世界には存在しない珍しい生き物たちを観て、地球に来た証しとして光り人と共に描いた。いわば、これは、南方のカミガミによる遊びである。なれど、地上絵の中には、時代が経た後に、魔に操られた呪術者によって描かれた地上絵もある。その絵は、光り人を生贄にした首切りの絵である。このような星々のカミガミが光り人にメッセージを届けて築いたものは、ペルーの地上絵の他にもエジプトのピラミッドやマチュピチュの遺跡などがある。地上世界では、現在の技術を以てしても建造出来ない不思議な遺跡が数多くあるが、これらの多くは、星々のカミガミが光り人に伝え造らせたものである。

だが、その後において、王者となった者が、その建造物を自らの権力を保持する為に利用して、権威づけたものが遺跡となっている。古くからある、このような遺跡は、遥か昔、光り人たちが星々の光りを観て、会話していた頃に建造されたものである。」

「エジプトのピラミッドは、王の墓ではないのですか？　ピラミッドは、地上絵と同じように、星々のカミガミが光り人にメッセージを伝えて造らせた、と言うのなら、誰がいつ、何の為に造ったのでしょうか？」

「エジプトのピラミッドは、今から八千五百年ほど前に、西方のオリオンの星々のカミガミと南天の空に季節によって色が緑に変化する星、人々の世界ではペガサス星と呼ばれているが、この星々のカミガミが、地球の東西南北を安定させる為に光り人にメッセージを伝え建造したものである。初期のピラミッドは、今の形より小さく建造され、後に王者となった支配者が石工集団を使って多くの岩石を積み上げ大きくしたものである。」

「地球の東西南北を安定する為とは、北極、南極の軸のことですか？」

「エジプトの大地は、かつて、今から、およそ一億六千万年前に巨大な隕石が落下して、その時、地上の恐竜が絶滅した。それと同時に北極・南極の軸が極ジャンプした大地である。その後も、エジプトの大地は数々の地殻変動の起こった所である。やがて時が過ぎて、大地が安定した頃に、西方と南方の星々のカミガミが、今後、地球にそのような大変動が起こらぬようにと、西方と南方の星々のカミガミが光り人たちの協力を得て、あのピラミッドを建造した。西方と南方のカミガミが、光り人にメッセージを届けて造ったピラミッドは、一つだけである。他のピラミッドは、時の王者が自らの権力を保持する為の象徴として、大勢の奴隷を使い初期のピラミッドを真似て建造したものである。ピラミッドが東西南北の方角を正確に示しているのは、地球の南北の軸を安定させる為である。」

「ピラミッドの近くにいるスフィンクスは何の為に建造したのですか？　それとスフィンクスとはなんですか？」

「あのスフィンクスとは、今から三千五百年ほど前、時の王、クフ王が、自らの姿と大地の守り神であるライオンを合体させて、ピラミッドを守護する為に造らせたものである。クフとは、神の命を宿した者、という意味であるが、もともとは、中東の地からエジプトの地へと来た開拓者であった。そもそもライオンとは、百獣の王と呼ばれておるが、大地にいる動物たちの中でも、東方の親ガミが動物たちの頭として誕生させた動物である。このライオンを、魔王に操られた呪術者が呪いをかけ、魔界の見張り番としての役目を与え、ヨーロッパ諸国では、ライオンの像を大陸の唐獅子と同じように魔除けとして配置している。これと同じように、日ノ本においても、沖縄でのシーサーや唐獅子が神社の正面に魔除けとして置かれている。星々の世界では、人間界のような魔除けなどは必要のない世界である。なぜなら、カミガミの世界では、魔のものなどは存在しない世界であるからである。

東方の親ガミがライオンを動物の頭として誕生させたが、日ノ本においても天地創造の大ガミが自らの分身として、狼を光りの動物として誕生させていた。狼とはオオカミ（大カミ）である。

天地創造の大ガミがオオカミを誕生させたのは、日ノ本に魔界が形作られ、魔のものが増えた為に、その魔のものどもを退治する役目として、オオカミを誕生させた。初期の頃、オオカミたちは、持って産まれた鋭い嗅覚と聴覚とで魔のものどもを退治していたが、やがて、時が過ぎると共に、魔のものどもの勢力がいきおいを増して、もののけや魔犬（犬夜叉）や魔の狐どもが急激に増えて、オオカミたちはその姿を消した。

今日、日本狼は絶滅したと伝えられているが、これは絶滅したのではなく、オオカミたちは、北方の親ガミの光りの力によって、魔のものどもから観えぬように、山奥に身を隠しているだけである。新たな世界では、オオカミたちが光りの動物として再び復活して、魔界の大掃除を始めるだろう。日ノ本の山中では、長年オオカミの存在を探し求めておる人がいるが、不思議なことに他の動物たちの骨は発見されているが、オオカミの骨は未だ一つも発見されていない。オオカミとは、太古の昔に、天地創造の大ガミが日ノ本に誕生させた光りの命を宿した存在である。」

日本オオカミの謎

では、ここで二〇一五年一月、天地創造の大ガミと四天界の親ガミの光りで復活したオオカミについて、天地創造の大ガミのメッセージを伝えます。

………………

長き間、オオカミ達を救えなかったこと、本当に申し訳なく思うておる。オオカミ達には長き間、本当に辛い思いをさせてしもうた。以前にも、オオカミ達の呪い・封印を解き、オオカミ達を復活させたことがあったが、秩父の奥地に、魔の狼どもが存在しておったゆえ、オオカミ達の完全復活とはならず、オオカミ達の光りのエネルギーが弱められておったようじゃ。されど今回、オオカミ達が完全復活したことで、オオカミ達の光りのエネルギーも回復し、日ノ本再生に向けて、四天界のカミガミと共に、活躍してくれるものと信じておる。

さて、われの分身であるオオカミ達には、いくつかの集団が存在する。その集団の一つ一つにはリーダーが存在しており、そのリーダーの下、皆が各々の役目を果たすことで、魔のモノどもを退治してきた。そして、これら全ての集団を束ねておるのが、リーダーのオオカミの頭である。今後、リーダーの頭は、地球の大ガミ、土地王につくこととなる。また、地球の四天界のカミガミには、各々一つの集団をつかせる。これらオオカミの各々の集団は、四天界のカミガミと行動を共にすることとなる。オオカミのお互いの集団には自由が認められており、四天界のカミガミの命を受けて、各々の集団は活動し、リーダーの頭は、その成り行きを見守ることとなるであろう。されどひと度、魔の集団が襲い来て大きな障害が生じた折りには、リーダーの頭の下、全てのオオカミ達が結束し、リーダーの頭の指示の下、われらカミガミと共に活動していくことになると思われる。

今後、魔界の悪神退治の折りには、先ずオオカミ達を先行させる。オオカミ達には、鋭い聴覚・嗅覚が備わっておるゆえ、われらカミガミより先に、魔のモノどもの存在を確認し、すぐさま攻撃することができる。また、オオカミ達は、われの分身であるゆえ、その体にはカミガミの光りのエネルギーが宿っておる。攻撃と同時に、魔のモノどもを光りの結界の中に、閉じ込めることができる。さすれば、魔のモノどもは逃げることができず、また、たとえ逃げたとしても、その魔の存在が炙り出され、ことごとく退治することができるものと考える。何千、何万ものオオカミ達を相手にするのであるから、魔のモノどもも、今までのようにはいかぬであろう。そなた達も悪神退治の折りには、オオカミ達を有効に使うがよい。最初は、オオカミ達との連携が上手くいかぬこともあろうが、大丈夫じゃ。全ては慣れじゃ。そして一日でも早く、日ノ本再生を成し遂げようではないか。そなた達がわれらカミガミを信じ、光りの道を邁進してくれること、そして、何事も力強く乗り越えてくれることを、われらカミガミは強く願うておる。」

………………………

次に、この度復活したオオカミのリーダーの頭のメッセージを伝えます。
このメッセージは、次のような映像と共に、西方の御子が受け取ったものです。

秩父の奥地の深い森の中。薄暗い中で、木々、川、草むらの茂み、岩、地面など、至るところにたくさんの光りの粒がある。その光りの粒がどんどん大きくなっていったかと思うと、オオカミの姿になる。たくさんのオオカミ達が整列している。月の光りによるものなのか、辺りは昼間のように明るい。オオカミ達の毛は銀色に光り輝いている。そして、オオカミ達の体から、透明な魔の粒が一斉に噴き上がり、長い間オオカミ達にかけられていた呪い・封印が解ける。オオカミ達の中に、他のオオカミより体が大きく、ライオンのような毛並みのオオカミがいる。これがリーダーの頭。リーダーの頭が、ゆっくりと私のもとに歩いてくる。リーダーの頭、目は優しく、凛とした雰囲気を持っている・・・という映像が見えて、私とリーダーの頭と相対した状態で、会話が始まりました。

…………………

先ずそなた達光り人が、長き間われらオオカミにかけられておった呪い・封印を解いてくれたこと、心より感謝いたす。われらオオカミは、日ノ本が魔のモノどもの攻撃に遭い始めた頃、もう遥か昔になるが、天地創造の大ガミの分身として地上に誕生し、土地王や四天界のカミガミと共に、悪神退治をしてきた。われらオオカミは、日ノ本が魔のエネルギーに飲み込まれぬように、必死に頑張っておったのだ。されど、日ノ本全土に魔のエネルギーが広まる勢いは凄まじく、四天界のカミガミや地球のカミガミには、次々と呪い・封印がかけられ、日ノ本の地中深くに閉じ込められてしまった。われらオオカミも散り散りになって、日ノ本全土を逃げ惑うこととなった。われとその仲間たちは、秩父の奥地に逃げ延びた。されどこの地には、大きな魔のエネルギーが存在しておった為、われとその仲間たちは、すぐさま身動きが取れなくなった。そこで、われとその仲間たちは、その姿を光りの粒に変えて、木々、川、草むらの茂み、岩、地中などに潜むことにした。

われら仲間たちには、「身の危険を感じた時には、光りの粒に姿を変えるように」と伝えてあったので、日ノ本全土に散らばった仲間たちも、そのようにしてくれたと思っておる。更に魔のモノどもは、われらオオカミの復活を恐れたのであろう。秩父の地に、「狼信仰」や「三峰講」などを誕生させ、山犬（魔の狼）を神として祀ることで、われらオオカミの力を呪い封じた。その後の日ノ本の様子は、目を覆いたくなる光景ばかりであった。日ノ本の光りのエネルギーを封じ込めた魔のモノどものやりたい放題。親ガミの光りの命を宿した人々が、次々に魔のモノどもに魂を売って、私利私欲に走る。日ノ本に富める者と貧しき者が存在し、権力者に都合のよい、悪しき仕組みが次々と誕生する。その光景を見ているしかできなかった、われらオオカミの気持ち、そなたには分かるまい。

われらオオカミが活躍し、日ノ本の魔のエネルギーが大きくなる前に、四天界のカミガミや地球のカミガミと共に退治しておれば、日ノ本もここまで魔の巣窟にはならなかったであろう。そう考えるだけで、われは悔しくてたまらぬ。われらオオカミを分身として誕生させた天地創造の大ガミを、恨んだこともあった。「われらオオカミや四天界のカミガミ、地球のカミガミが、魔の呪い・封印をかけられ、われら全てを助けぬのか！」と。されど長き間、日ノ本の様子を見続けてきて、「日ノ本が魔の巣窟になってしまったのは、日ノ本に住む人々にも責任がある。」とも感じた。「日ノ本の人々が、光りに目覚めて、魔のものどもの攻撃を跳ね返す人間の集団であったなら、きっと結果は違っていたであろう。」と。

今回、そなた達光り人が秩父の奥地に赴き、魔のモノどもを退治してくれたお陰で、われらオオカミに長き間かけられておった呪い・封印が解けた。こうしてオオカミの姿となって復活することができた。全てのオオカミを代表して、心より感謝いたす。今後、われらオオカミも、日ノ本を再び光り輝く大地にする為に、また、日ノ本の人々が光りに目覚め、魔の攻撃を跳ね返す強き心を持った人間の集団になる為に、活動していくつもりじゃ。さて、われらオオカミには、いくつかの集団がある。四天界のカミガミや地球のカミガミ各々には、一つの集団を預けておる。そして、四天界のカミガミや地球のカミガミの命を受けて、各々の集団は活動することになる。われらオオカミには、鋭い聴覚・嗅覚が備わっておるし、カミガミの光りのエネルギーにより、魔のエネルギーの存在を、感じ取ることができる。われらオオカミが、日ノ本に存在する魔のモノどもを炙り出していけば、日ノ本再生の手助けになると思っておる。今後、われらオオカミも新たな気持ちで、日ノ本再生に向けて尽力するつもりである。そなた達の悪神退治の折りには、是非協力させてもらう。遠慮なく声をかけてくれ。

…………………

そう言うと、頭のリーダーは踵を返し、ゆっくりと仲間たちの下に、歩いていきました。

爽やかな風が吹き、空には大きな満月が輝いていました。次の瞬間、オオカミ達の姿はなくなってしまいました。(もしかしたら、オオカミ達は、光りの粒とオオカミの姿、時と場合によって、使い分けているのかも・・・と思いました。)

…………………

以上、天地創造の大ガミのメッセージと、今回復活したオオカミの頭のメッセージでした。

日ノ本におけるカミガミの印

「エジプトのピラミッドやナスカの地上絵のような、星々のカミガミが、光り人にメッセージを伝えて造ったものは、日ノ本にもあるのですか？」

「日ノ本の地においては、先にも伝えたが、今から一億三千万年ほど前に、星々の親ガミと天地創造の大ガミが、越後の浅草岳の山中にカミガミの地上絵を描き残している。日ノ本に地上絵を描いたのは、星々の世界から観て地球は、東方の太陽系の中にある。その地球の中でも、東方にあるのが極東の地、日ノ本である。つまり日ノ本は、朝日が昇り、夜が明けるように、世界の国々の先頭にたって、未来世界を築き、世界の夜明けを告げる国である。ゆえに日ノ本は、何事においても世界の良き見本となり、世界の良き雛形としての役目がある国である。

このカミガミの真実を伝えた書物も世界に先駆けて世に出るのも、日ノ本から新たな世界が誕生するからである。また日ノ本は、地球上で星々のカミガミが始めて降り立った光りの大地である。浅草岳の地上絵は、日ノ本が天地創造の大ガミと四天界の親ガミが降り立った、光りの大地であることを星々のカミガミに知らせ、光り人にも伝える為の地上絵であった。その描かれた地上絵には、太陽の茜の光りが四方八方に放射された輪の中に、月の光りが中心に輝き、その輪の廻りには、四天界の親ガミの古代のカミ文字が描かれている。世界の国々の中でも、日本は日ノ本であり、光りの大本である。」

「浅草岳の地上絵は、今日、観ることが出来ますか?」

「その地上絵は、今日では雑草が生い茂り草木に覆われている為に、人々が観るのは困難な状態となっている。その地上絵には古代の東西南北のカミ文字が記されているが、その文字は、北がで、南がで、西はと記され、東はと記されている。この地上絵は、ナスカの地上絵よりも小さく描かれている。」

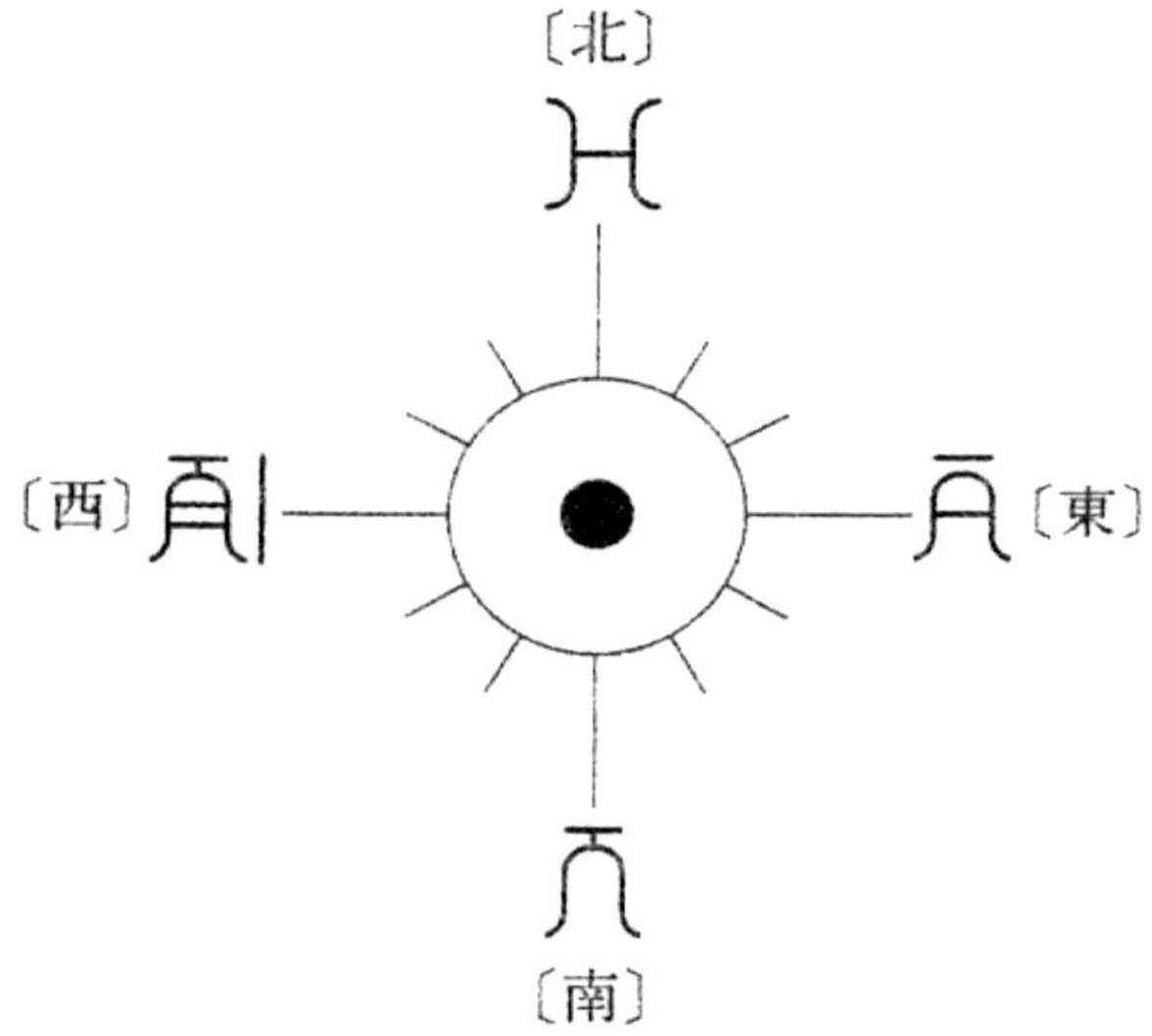

神代文字
（1億3,000万〜1億4,500万年前）
中心の●は茜色

「今から四万年ほど前、天地創造の大ガミと四天界の親ガミは、この地上絵がある山中に、光り人たちを集わせ、星々からカミガミの光り注ぎ、地球と星々とを結ぶ、光りの柱を立てることにしていた。だが、この頃地球では、星々のカミガミの光りを遮る魔界・霊界がつくられ、魔王・悪神どもが力を持つ世界となってしまっていた。その為に、星々の光りと地球を結ぶ光りの柱が出来ずに今日の世に至っている。さらに、この地上絵は、魔王・悪神どもに操られた呪術者の集団によって幾重にも呪い封印をかけられ、今日では、草木が繁り雑草に覆われ隠されている。この地上絵にかけられた魔の呪い封印により、人間界は支配者・権力者が力を持ち、民衆を虐げるようになり、魔界・霊界にいる悪神やもののけ悪霊が地上世界を穢し支配するようになった。それに加えて、悪神や悪霊、もののけが人々に取り憑き、人が人を殺害して、人が動物を殺害し生贄にする世界となった。

西暦2013年5月、地上絵がある山中に光り人が立った。その時、天地創造の大ガミと四天界の親ガミが、自ら座する光りの星から、地上絵のある山中に五色の光りを注ぎ、光りの柱を立てた。この光りの柱は、浅草岳の山中から地球内部を貫通して、南米ペルーの地上絵にまで達して、地球内部に漸く光りの通り道が出来た。この光りの通り道により、これまで届かなかったカミガミの光りが世界中に行渡るようになり、魔界・霊界に風穴が開いて、人間界にも漸くカミガミの光りが注がれ、日ノ本再生、地球再生ができる時へと至った。これにより、これから時代は大きく変わり、人々の価値観も変わって、各地から光りの御子たちが多く誕生し、天地創造の大ガミと四天界の親ガミが望み、イエスやシャカが望んだ、人も皆居心地の良い世界が創造されることとなる。」

UFOの真実

「これまで、人々の世界で謎となっている、円盤・UFOについて教えてください。宇宙人は、地球にやって来ているのですか？」

「人々の中にはUFO（円盤）を宇宙から来たもので、円盤の中に宇宙人が乗っていると、言っている者がおるが、これは間違いである。宇宙には星々のカミガミは存在しておるが、地球に来ている人間の姿をした宇宙人はおらぬ。つまり、人間の姿をした肉体持つ存在は、宇宙広しといえども、地球だけである。天地創造大ガミと四天界の親ガミは、他の星々には肉体持つ人間は未だ創造してはおらぬ。ただ、西方の親ガミがオリオン星の中に、人間ではないが、小さな動物を誕生させている。加えて、東方の火星には、小さな虫のような生物がいる。これは、近い内に発表されるだろう。

さて、ＵＦＯについて伝えるが、時々天空に光りながら飛行しているのは、人工衛星のカケラである。多くの人がそのカケラを見て円盤ＵＦＯと騒いでいる。また、天空に現われて揺れ動く光りがあるが、この光りは、宗教者が天国または極楽と言っている霊界の上層界の中に、星々のカミガミが光りを注ぎ、御霊たちを星々に帰す時がある。その時、天空に火花のように動く光りが出現することがある。

この現象を、人々が観てＵＦＯと言っている。さらに、それとは別に、天地創造の大ガミと四天界の親ガミが、天空に光りを出現させて、光り人に観せる時がある。この時の光りが、天地創造の大ガミの薄紫の光りと四天界の親ガミの茜色・緑・水色・黄色のいずれも薄い光りである。この光りを観て、光り人はカミガミのメッセージを受け取り親ガミと会話している。さらにＵＦＯについて語るが、人々の中には、ＵＦＯに乗って、宇宙人に遭遇したという人がいるが、これは、魔界・霊界に君臨する魔王・悪神が、人間界から特別に選んだ人間だけに観せる、現実の世界と魔界が重なりあって観える強烈な幻覚である。このような不思議な体験した人は、現実に起こった出来事として記憶している。遥か昔、地上世界に魔界が誕生してから、魔王・悪神は、人々の中から魔界・霊界に繋がるものを選び、神仏の使い人として操り支配してきた。魔王・悪神は、遥か昔から、人々が真のカミガミに目覚めぬように、人々が不思議がるようなＵＦＯや龍神や悪神などを出現させて、人々が不思議がる現象を起こし、時には、偽イエスや偽マリアを出現させて、偽りの神仏を信じさせてきた。今日、伝えられている、ＵＦＯや宇宙人は、魔王・悪神が時空を操作して出現させている、実体験をしたと同じような強烈な幻覚である。」

「でも、私は、以前、ステンレス製の灰皿を裏返したような動く物体を、白昼青空の中で観たことがあります。それは、これまで観たことのないＵＦＯ円盤でした。あれはどのようなことだったのでしょうか？」

「今日、世界中の各地で目撃され、動画や写真に撮影されているのは、一部の者が言っている闇の支配者が作った地球上の飛行物体円盤である。その円盤ＵＦＯが世界各地に現れて、多くの人々は宇宙人がいると騒いでいるが、実は魔王に操られた、闇世界の人間が秘密裏に創った地球上の物体である。」

闇の支配者

「その闇の支配者が作った円盤ＵＦＯの基地はどこにあるのですか？」

「その円盤の基地は、南半球のある島の地下深き岩盤の中にある。今日、地球上で目撃されている円盤は、今から百五十年ほど前、地球を支配しようと企んだ闇の支配者の組織が、オーストラリアの近くにある島で作ったのが始まりである。現在では、それが改良されてＵＦＯと言われて、世界中の各地に現われ目撃されている。今日の世界では、一部の限られた人間しか知らぬことであるが、魔王に操られた闇の支配者は、自らを創造神に選ばれた人間であると信じて、地球を創造神に成り代わって支配する為に、闇の組織を作り、ＵＦＯという飛行物体を秘密裏に作った。また、一部のものが言っている、小さな人間を宇宙人と伝えているが、これは、魔界から時々人間界に出現する魔王の手下である。

多くの人々は知らぬことであるが、闇の支配者は、地球を支配する為に、人々が生きる為に必要な食料や資源や物資を裏で支配し、また世界経済を闇より操り支配してきた。さらに彼らは、宇宙人と言われている小さなクローン人間を作りだし、人間の生命さえも操作している。闇の支配者はその他にも、世界中の人々が熱狂するスポーツや金融経済等を裏で牛耳り、今日では、彼らの計画の八〇％は完成させられている。天地創造の大ガミと四天界の親ガミは、一握りの人間が地球を、世界を支配することは許さず、いずれ近い内に、この者たちの闇の棲家に光りを浴びせ、闇に隠された真実を炙り出し、闇の支配者の実体を知らせるであろう。これは、天地創造の大ガミと四天界の親ガミが実行する、闇を光りで打ち砕いて、魔界・霊界・人間界を大掃除する、世に言われている最後の審判である。

さらに、闇の支配者について語る。彼ら闇の支配者の歴史は、今から、四千年ほど前に秘密の結社として作られた。その彼らが、ヨーロッパの国々を支配する為に、各国に王者を誕生させ、民衆を支配させ、そして宗教を栄えさせ、経済を繁栄させて闇の世界から人間界を操ってきていた。彼ら闇の組織の大本を辿れば、始めの頃、彼らは宮殿や神殿造りをする、高度な技術を持った石工集団であった。その彼らは初期の頃において、王者の宮殿や神殿が完成すると、宮殿・神殿内部の秘密を守る為に、王者の側近によって殺害されていた。やがて、彼らは、彼らの命を守る為に、他国の石工職人と連携して組合を設立して、集団で宮殿・神殿造りをするようになった。その彼らが、時代と共に大きな勢力となり、絶大な富と権力を持って闇の秘密の結社となった。彼らは、これまで人間界の歴史の中で、ある時代では民族と民族を戦わせ、またある時代では国と国とを分断させ、さらに時には、民衆を扇動してクーデターを起こさせ、彼らは人間界を支配する為に、数々の紛争を企て闇から操ってきた。そして、彼らは、どのような紛争や事件が起きても、決して表に出ることはなく、中立の立場でいながら、その実裏では、巨万の富と権力を築いてきた。世界の動乱の影には、必ず、彼らが存在していると思ってもよいだろう。そして、さらに近年においては、彼らは、資本主義思想と共産主義思想を同じ邸宅の中で論文を作成させ、世界を東西に分けて競わせ、冷戦時代を形作った。その冷戦の影で、東西の指導者を裏から巧みに操りながら、彼らは世界をほぼ手中におさめた。

今日、闇の支配者が秘密裏に力を注いでいるのが、先進国の富と技術を集め進められている宇宙ステーションである。この宇宙ステーションが完成されると、世界中の国々を宇宙から管理し、何処で誰が、何をしているのか、全て詳しく分かるようになっている。この宇宙ステーションには各国々が参加しているが、その実態は国の指導者さえも知らずに、真実は表に出ず、巧妙に分からない仕組みになっている。彼ら闇の支配者は、世界中の国々を裏から支配しながらも、どの国にも属することはなく、どのような不正行為をしても、彼らを裁く国はなく法もない。彼らは、魔界の大魔王を全知全能の創造主として崇め崇拝している。その彼らが、秘密裏に造ったのが、UFO円盤である。ケネディ大統領は、この秘密を知った為に暗殺された。闇の結社の一部を知るには、四年に一度、世界中の国々が参加するオリンピックの内部の仕組みを調べてみることである。そうすれば、

彼らの組織の権力が如何に絶大なものであるか、また参加する国々が如何に民衆を巻き込んで操られているか、その闇に隠れている仕組みの一端が分かるであろう。前にも申したが、多くの人々が熱狂し、夢中になる世界大会やイベントは、それが大きければ大きいほど、大きな金が動き、そこには巨大な権力が産まれ、不正腐敗の元となり、支配者・権力者が潤う組織となっている。また多くの人々が集う場所には、多くの魔のものどもが集まり、人々の命の光りを奪い餌食にしている。ゆえに、われらカミガミは、各地域での遊びごとの大会はほほえましく観ているが、世界中を巻き込む大会は好ましいとは思ってはおらぬ。なぜなら、大きな世界大会では、多くの競い敗れた選手の悔し涙と、一握りの競い勝った選手の両者の心の内を、われらカミガミは観て

知っているからである。

さてここで、世界中の全ての商品に付いているバーコードについて述べておく。そもそも、なぜ、日ノ本の国のバーコード番号が49なのか？　そして各国々のバーコード番号は、誰が何の権限を持って決めたのか？　それとまた、バーコードに記されている世界中の食料物資を管理している本部が、何処にあるのか？　心ある人は、考えてみるがよい。それではここで、世界の国々の支配者・権力者を闇より操っている、魔のものどもについて述べておく。魔界に君臨する大魔王や悪神どもは、人々の思考の中に宿ることができる為に、人間の心の内の全てを知っている。ゆえに、人々を操る方法を心得ており、誰もが、一目で悪と分かる存在ではない。魔王や悪神が、欲望強き人間を操る時には、これが神だ、仏だと信じさせる姿で操る人間の前に幻覚で現れ、その者を支配者・権力者として育て民衆を操らせている。それとまた、光りの御子の前では、偽イエスや偽シャカの姿で現れ操ることもある。

これまで世界に出現したシャカやイエスやマリアは、全て偽者であり魔王・悪神が仕組んだ強烈な幻覚である。星々のカミガミが、人々に光りを観せる時には、五色の何れかの薄い光りとなって観せている。大魔王に操られた闇の支配者は、これまでも、これからも、誰もが表立って反対できぬ国際組織を形作り、その組織の中で世界中の国々を操り、民衆を巻き込み浮かれさせ、踊り狂わせ、盛大な大会を催し、支配者・権力者の為の世界作りをしてきた。その一方で、彼ら闇の支配者は、世界の経済や食料や資源などを操作して、多くの人々に不安、心配や恐怖心を植え付け、人々が、何かにすがらねば生きてゆけぬ、不安定な世界を作り続けてきた。人々の世界から、紛争や戦争や飢餓がなくならぬのは、そこから利益を貪っている、裏で糸引く者がいるからである。

支配者・権力者にとって、一番厄介な人間は、地位や名誉や権力になびかず、黒き金に心惑わされぬ人間である。それとまた、権力持つ者や金持ちなどに頼ることなく、自立した人生を過ごすことができる人である。これから人々は、どのようなことが起ころうとも、決して慌てず集団で騒ぐことなく、落ち着いて、内なる親ガミの光りを感じて、穏やかに暮らしていくことである。」

「さらに、UFOについて尋ねたいのですが、アルゼンチンのカピージャデルモンテでは、住民の八割がUFO（明るい光り）を目撃しているそうです。これはどういうことですか？　それから1986年に、カピージャデルモンテの山中で大きな丸い焼け跡が現れたそうです。これについても教えてください。」

「専門家によれば、(アルゼンチンのカピージャデルモンテの山では、鉱物資源が豊富に存在し、これら鉱物資源の影響で大きな磁力が発生し、それが明るい光り・UFOの目撃に繋がっている。)ということだが、これは、当たらずとも、遠からずである。カピージャデルモンテの山に存在する豊富な鉱物資源には、われらカミガミの光りが沢山満たされておる。そして、それらの鉱物資源から絶えず、光りのエネルギーが放出され、それが時折、明るき光りとなることで、多くの人々が目撃するところとなっている。また、われらカミガミは、地中より放出される光りのエネルギーを充電すべく、星々からカミガミの光りのエネルギーを届けておる。われらカミガミが届ける光りのエネルギーと、地中から放出される光りのエネルギーが空中で衝突して、大きな光りとなり、それを人々が目撃することもある。星々から届けられるカミガミの光りのエネルギーと、地中から放出される光りのエネルギーが衝突するということは、われらカミガミの星々と、カピージャデルモンテの地中との間に光りの通り道が存在している、何よりの証拠といえる。そして、衝突して出来た大きな光りは山の地中深くに、光りのエネルギーとして蓄積されておる。つまり、このカピージャデルモンテの地一帯は、われらカミガミの光りのエネルギーが、集まり蓄積しやすい場所だといえる。

カピージャデルモンテの人々が目撃する光りが、われらカミガミの光りであるゆえ、その光りを観た人々は、幸せな気持ちになる。そして光りを目撃した人々は、自らが意識する、しないに拘わらず、星々の親ガミと会話し、命の光りの充電をしているのである。これは、人々が目撃した光りと、人々の命の光りが繋がり、カミガミとの光りの通り道が出来た結果といえる。さて、光りを目撃した人々の中には、この光りを求めて、この地に移り住んだ人々もいる。そのような人々は、生まれながらに大きな命の光りを持ち、無意識にわれらカミガミの光りを感じ、求めておる人々であるといえる。これらの人々は、いずれ光りの御子となるであろう。これらの人々は、今は「何らかの力が働いている感じがする」という認識だが、近い将来、星々のカミガミの真実を知れば、全てにおいて納得するであろう。

アルゼンチンのカピージャデルモンテのような場所は、世界中に点在しておる。今は表に出ておらぬが、南米や北欧など、多くの自然が残っている場所ほど、われらカミガミの光りが目撃しやすい場所といえる。そして、このことは、われらカミガミが、光りのエネルギーとなって自然の中に宿り、人々を守り導いておるという、何よりの証拠である。いずれ世界中のあちらこちらか ら、(明るい光りを観た)というニュースが届くであろう。その時こそ、日ノ本再生、地球再生に向けて、新たな一歩を踏み出したといえる。それから、カピージャデルモンテで、1986年に起きた、山中に現れた直径100メートルほどの焼け跡であるが、これは魔王に操られた者どもの仕業である。1986年、UFOの飛行実験を、夜中秘密裏に行ったものの、アルゼンチンの山中に不時着した為に、大きな焼け跡が出来てしまったようである。さて、新たな世紀となって、日ノ本だけではなく、世界においては、様々な出来事が起こると思われる。これはひとえに、光り人たちが長きにわたり、魔のものや悪神退治を繰り返してくれたからに他ならぬ、われらカミガミは心から感謝いたす。されど日ノ本再生、地球再生に向けては、まだ始まったばかりである。この歩みを大きな歩みとするべく、われらカミガミも、今まで以上に、日ノ本に地球に光りを注ぐ。そなたたちにおいては、魔の阻みを乗り越えて、強き気持ちで日々邁進してもらいたい。」

星々のカミガミの役目

「先の話の中で、浅草岳の地上絵について知らせて頂きました。浅草と言えば、東京の浅草が有名ですが。私の登った山も浅草岳でありますす。このことは関係あるのでしょうか？」

「それは、遥か昔から、深い関係があった場所である。越後山中の浅草岳とは、かつて今から四万年ほど以前に、星々のカミガミが降り立った光りの大地であった。その大地では、光りの人々とカミガミが、四天界の親ガミからメッセージを受けながら互いに仲良く暮らしていた。やがて、時が過ぎて、地球に魔王・悪神どもが誕生してから、魔界・霊界が形創られるようになってしまい、星々のカミガミは浅草岳から星々へ帰って行った。そもそも浅草岳とは、佐渡の島と同じように、天地創造の大ガミと四天界の親ガミが、地球に最初に降り立った場所である。天地創造の大ガミと四天界の親ガミは、浅草岳と佐渡の島に各々の五色の光りの玉を届け配置して、それを目印にして天空より光りのエネルギーを注ぎ続けてきた。これは、今日においても、そしてこれからも変わらぬことである。天地創造の大ガミと四天界の親ガミは、これまで幾度も、各々の光りを集合させ、輝く光りの玉にして浅草岳と佐渡の島に届けてきた。

浅草岳の頂上近くには日ノ本の地下深くに通じる、光りの通り道の入り口がある。この入り口を通っていくと、日ノ本全土に繋がる光りの通り道に辿り着く、日ノ本の地下深くに存在する光りの通り道は、日ノ本全土に網の目のように張り巡らされている。星々の大ガミと親ガミの光りは、天空から浅草岳の入り口に降り注ぎ、その光りが日ノ本の地下深き光りの通り道に行き渡り、それが地上世界にもカミガミの光りが行き渡ることになっていた。なれど、天地創造の大ガミと四天界の親ガミが、地球に降り立ち浅草岳に光りの玉を配置したその後において、魔のものどもによって、光りの通り道の入り口が大きな岩で塞がれて、魔のものどもの出入り口になってしまった。

魔のものどもは、さらに念には念を入れて、呪術者を操って大きな岩の周りをしめ縄で囲み、魔の結界を張ったのである。また、魔のものどもは、岩の内部には魔の黒いエネルギーを充満させ、大ガミたちの光りを完全に遮断してしまった。その為、大ガミたちが幾度となく届けた光りは岩の中に閉じ込められて、魔の餌食となって日ノ本にカミガミの光りが行き渡らなくなってしまった。大ガミたちの光りが届かなくなった光りの通り道は、魔のものどもに乗っ取られ悪神・悪霊・もののけどもの通り道になってしまった。魔のものどもは、この通り道を使い日ノ本に一気に魔のエネルギーを行き渡られ、日ノ本全土が魔の結界の中に陥れられることになってしまった。これにより、日ノ本に住む人々が抱く、不安、心配、恐怖の負の感情と魔のエネルギーが相まって、日ノ本全土が益々、魔のものどもに支配されるようになってしまった。

しかし、今日においては、星々の大ガミたちが光り人と共に、永い年月をかけて日ノ本にかけられた呪い封印を一つひとつ取り除いてきた。その結果、日ノ本に存在していた魔の呪い封印はかなり小さくなってきた。またそれと共に、佐渡の島にかけられていた魔の封印、呪いも小さくなり、浅草岳にかけられていた魔の呪い、封印も小さくなった。そして今日、星々の大ガミたちは光り人と共に、日ノ本全土に張り巡らされていた光りの通り道を復活させ、新たな世界を目指して進んでいる。さて、かつて浅草岳に降り立った星々のカミガミの御子たちは、魔のものどもの出現によって故郷の星へ帰ったが、その後、永い年月を経た後に、さらに時が過ぎ浅草岳に住んでいたのが、山の民と言われ、支配者からまつろわぬ民と蔑まれた古志の国の人々であった。浅草岳とは、先に告げた地上絵の話のように、星々のカミガミの御子たちが、訪れ楽しんだ光りの大地であった。その大地が、今から七百八十年ほど前、日ノ本が国として形整え始めた頃、大陸の王者の指示を受けた将軍により、浅草岳の人々は囚われ、日ノ本の各地へと連れ去られ、死体の処理や動物の屠殺などの苦役を命じられた。

さらに時が過ぎて、時代が江戸時代となり、それまで関東各地域に住んでいた河原人たちが、時の権力者によって捕らえられ、隔離された地が江戸の浅草であった。つまり、浅草とは、まつろわぬ人々が名付けた地名である。そして、彼らが、遥か遠く離れた故郷を思い、月に向かいて語り、星々を観て、命の親ガミに呼びかけた地が浅草である。江戸時代、浅草の地に隔離されたまつろわぬ人々は初期の頃、彼らの身分は、人間では非ず、家畜同様に扱われ、髪を結うことを禁じられ、着物の帯は荒縄と決められていた。つまり、一目で非人であることが判別できるようにされていたのである。加えて、この当時、身分を表したのが髪の結い方であった。当時、男も女も髪の結い方によって、身分が一目で分別できるように決められていた。尚、江戸時代、まつろわぬ人々を浅草の地に隔離して取り締まったのが大岡越前である。

新潟の浅草岳と、観音のある浅草との地域を地図で見比べると分かるが、その地域には同じような地名が多くあることに気付くだろう。このように浅草という地名は、遥か昔から深く関係のあった場所である。さて、遥か遠い昔から、虐げられた多くの人々が傷つき苦しんできた歴史は、一握りの支配者・権力者が富み栄えた歴史であった。しかし、そのような汚れた歴史は、今、漸く終わりを告げる時代となり、天地創造の大ガミと四天界の親ガミが一億年の時を経て、それぞれの光りの御子たちを誕生させて、新たな世界が到来する時代となった。かつて賢者は、人間界の歴史の流れを一滴の水に例えて、上善水如と伝え残しておるが、その言葉の意味とは、山中で木の葉に浮かぶ朝露は、一滴の水となって大地に染み込み、その一滴が溜まりに溜まって細い一本の流れる水となり、さらに、流れる水は束となり、小さな川の流れとなって、やがて、その川の流れは、大きな河川へと流れて、末々には大海原へと流れ行く。これを賢者は、上善如水（じょうぜん、みずのごとし）と伝えている。

また、ある者はこれを要約して、末々には大海に注ぐ山水も、暫し木の葉の下を潜るなりと語っている。全ての人々に宿る内なる親ガミの光りの命とは、一滴の水の流れのように、ある時は、急激な水の流れに身を任せ、ある時は、木の葉の下を潜り抜け、また、ある時は、小石に打ち当てられ、大きな岩に流れを塞がれながらも、やがて、一滴の水の行き着く先は大海原へと辿り着くように、やがて人々の世界も、人も皆居心地の良い世界へと至るように、天地創造の大ガミと四天界の親ガミは人々を守り導いている。天地創造の大ガミと四天界の親ガミは、全ての人々が体内に宿る親ガミの光りの命に目覚めて、新たな世界を迎えられるように強く、強く望んでいる。」

カミガミが届ける命の光り

「星々のカミガミが届ける光りは、どのようにして、地球に注がれ、人々の身体に届いているのですか？」

「自然界において、全ての生きとし生けるものには、星々のカミガミより授かっている本能という、直感力が与えられている。人は、それを第六感と呼んでいるが、人々にも生きる為に必要な直感力が、親ガミが授け与えられている。直感力とは、親ガミが届ける一瞬の閃きである。人々の体内に宿る命の光りは、親ガミから届く光りを受けて、時には災いを事前に感じて大難を小難に変え、また時には、予想外の出来事に直面した際、本人も驚くほどの力を発揮する時がある。さらに日常生活においても、親ガミが届ける光りは日々体内に注がれて、人々の身体は守り導かれている。全ての人間の肉体を生かしているのは命である。その命を授けたのが、星々の親ガミである。なれど、親ガミが授けた、この直感力を、魔のものどもが悪用して呪術者や祈祷師を操り、霊能力を授けている。昔から、魔に操られた人間たちは、大陸から来た方位や風水に関心を寄せているが、この方位や風水のもとになっているのが、かつて、星々のカミガミが届けた光りの通り道のことである。この光りの通り道を、魔に操られた祈祷師や易者が、占いや方位に悪用して人々を不安がらせ金儲けの種にしている。

祈祷師や占い師が告げる風水や方位には気を付けることである。特に、鬼門や方位が悪い等と言って、祓い清めている者には注意が必要である。なぜなら、星々のカミガミが届ける光りには、悪い方位は一つもないからである。これから人々は、風水・方位・方角等に頼らずに、晴れた時には、家の中を風通し良くして、太陽の光りを取り入れ、家の中に魔除けなどを置かずに過ごすことである。星々の親ガミは、全ての人々に、星々から親ガミの光りを届けている。これまで、祈祷師や易者が告げている方位や風水などは、カミガミの光りを遮り、阻む為の魔のものどものお告げである。それと、建物や部屋の中で、気持ち悪さを感じる所は、霊が集い、魔が潜んでいる場所である。そのような場所には、親ガミを呼び、光りの水を撒き、「光りあれ、光りあれ」と言ってみると良い。親ガミが光りを届けるはずである。

さて、賢者は語った。「人体とは小さな宇宙である」と。われは、その続きを告げよう。（その小さな宇宙である人体を育み生かしているのは、全ての父であり、全ての母である地球である）と。

その地球が、今日、経済発展の名のもとに、欲望強き人間たちが利益を求めて、生きる物にとって最も大切な大気を汚し、その大気のもとである海を汚染し、そして森林を伐採して、地球の環境を破壊し征服している。その人間たちの行為によって、星々の大ガミが創造した光り満たされた地球は、今日、地下深き内部までが傷つき痛んで、地球自らが悲鳴を発し叫んでいる。地球は、人間も含めた生きる物の全ての母であり父である。その、母であり父である地球が、今、悲痛な叫び声をあげている時に、子どもである人々は、地球をさらに痛めつけ、死人にムチ打つように傷つけている。もし、このまま地球破壊が続くならば、地球は自らの命を救う為、必要なき国々も人々をもふるいにかけ、取り除くであろう。その後地上世界は、再び原始時代へと逆戻りして、新しき世界は遥か遠くへ退くであろう。

光り人に告ぐ。新たな世界では、地球に住む資格があるのは、地球にとって良き生物だけである。全人類の母であり父である地球が、今、悲痛な声で泣き叫び大粒の涙を流しておることを、賢き人々は心から知るべきである。人間は地球あっての人間である。地球無くば、人間の存在もないのである。」

…………………………

その時、私は、浅草岳より北極星へと向かう途中で観た、傷付き病んだ地球の壊れた姿が思い浮かんでいた。その地球の姿は、病床に横たわる重傷患者が高熱でうなされ苦しさを訴えているようであり、また、その姿は寒さで身体を震わせ、痛みを必死で耐えているような病んだ姿であった。また、地球は、燃え上がる高熱が夜空を覆いつくすかのように、静かなる山から赤い炎を噴き上がらせていた。さらに地球の震えは大地を大きく波うたせ、そしてまた、地球の激しい痛みは、星々の親ガミが流す大粒の涙となって地上に降り注いでいるかのようであった。

…………………

「私が北極星へ来てから、永い時間が過ぎたような気がします。そこで尋ねたいのは、なぜ、私の身体や心は疲れもなく、話を聞くことができているのでしょうか？」

「それは、そなたとわれが、互いの内なる光りの言葉で語り合っているからである。そなたとわれの言葉には、西方の親ガミの言の葉の光りが加わり、光りの言葉となって疲れることはない。それと親ガミと光り人が交わす言葉は疲れることはなく、また同時に親ガミの光りが注がれる為に、気分が良くなり体調も良くなる。だが、魔に操られた者の話す言葉は、口先や高ぶる感情で人々に話す為に、話す言葉に飾りが多く、光りの宿らぬ言葉は相手の心に響かず疲れるものである。その良き例が、弁舌巧みな政治家や宗教家の演説である。彼らの得意とする演説は、人々の内なる光りを封じて、人々の心を洗脳するように喋りまくる。これまで、数多くの政治家が世に現われ出て、国民に向かって声を張り上げ演説をしてきたが、彼らの言葉が責任ある言葉であったなら、今頃日ノ本の国は、カミガミが望んだ、人も皆が喜ぶ、うれしい楽しい、全てに居心地の良い国家へとなっていたはずである。

だが、現実の世界はどうか？　といえば、国を司る政治家はあいも変わらず、無責任な言葉で人々の頭上に君臨している。ある政治家は語った。（賢者は聞き、愚者は語る。）と。この言葉は正に、今日の政治家が心せねばならぬ言葉である。新しき時代の政治家とは、自らの言葉に責任を持ち、多くの人々の話を聞き、人も皆全てが居心地の良い世界を築く人である。また地位・名誉・権力を求めぬ人である。われらカミガミが望む政治家とは、今、世の中で最も苦しんでいる人々を助け、庶民の心の痛みが分かる政治家である。そのような人たちが二〇一七年頃には現れ出て、多くの人々を光りの言葉で導くであろう。」

政治家の使命

「これから世に出る政治家とはどのような人物ですか？」

「それは、これまでの政治家のように、口先だけの話術は巧みではないが、聞く人々の心の中に光りの言葉が染み入り、その語る言葉は、何度も思い返しても暖かい言葉となって人々に勇気と希望を与える。そのような言葉を語る政治家が、新しき時代の政治家である。天地創造の大ガミの言葉は光りの言葉である。その大ガミの言葉の中には、天地存在する全てものが光りとなり、生きるものたちの生命が輝く力がある。天地創造の大ガミの言葉によって、四天界の親ガミが誕生して、星々のカミガミが誕生した。地球の始めに、天地創造の大ガミの言葉あり、その言葉とは、「‥光りあれー‥」である。この言葉で生きとし、生けるものが誕生し、人間が誕生した。地球に存在する全てのものは、天地創造の大ガミの「光りあれー」の言葉から創造されたのである。言葉とは光りであり、言葉とは力である。人は話す言葉によって、人々に勇気を与え、人々を励ます言葉となって、カミ宿る光りの言葉となる。

また一方では、魔に操られた者の言葉は、人々を傷つけ、人々に苦しみを与える言葉となって、魔が宿る言葉となる。さて、これまで世界の歴史は、数多くの英雄や王者が世に現われ出て、各々の時代が築かれ、世界の歴史が刻まれてきた。その歴史上、各時代に現れ出た人物を言えば、戦国時代に現れ出た人物は、数々の戦に勝利を治めた者が、支配者、権力者となって、多くの民衆を服従させ支配してきた。そして、それから後の時代では、悪知恵に長けた者が権力者となり支配者となって、多くの民衆を束ねて支配し、国家繁栄の為の歴史が作られてきた。やがて、国家の土台が出来て、世の中が落ち着いてからは、次に現れ出た人物は、民衆を権力で支配し、民衆を法や策略で支配する政治家や官僚が国司る者となって、歴史は築かれてきた。そして、国司る支配者、権力者の歴史は、それは現在においても根底の部分では何ら変わらず、支配者、権力者の巧みな策略によって民衆は管理され、支配された歴史が現在まで続き、世界の歴史は築かれてきた。
これから世に現れ出る政治家は、戦国時代の武将のように争い戦いは強くはなく、策略を謀って民衆を権力で支配することもなく、言葉の重さを知り誠実な人物。そのような人物がこれから世に現れ出て、新しき世界を築き、人々を導くであろう。」

カミ宿る光りの言葉

「新しき世界が誕生した後、人々が話す言葉は、どのようになるのですか？」

「新しき世界での会話は、それぞれの言葉には親ガミの光りが宿り、心と心の短い会話となり、幼き子どもでも理解できる言葉となるであろう。新しき世界となって人々の価値観が変われば、短き言葉で人々が会話したとしても、今以上に、人々は互いに理解し合い、十分相手に伝えることができる会話となるだろう。遥か昔から、魔王、悪神どもは、呪術者や祈祷師が祈念する言葉に魔の毒を加えて、呪い封印の言葉を広めてきた。それが魔の言葉となって、多くの人々の言葉の中にも魔の毒が入り、人々を傷つけ苦しめる、穢れた言葉となって光りの言葉が封じられてきた。

今日の世においても、言霊（言魂）と言われているが、言霊とは、魔の霊魂が加わっている言葉ということである。光りの言葉とは、カミガミの光りの玉が加わり、言玉である。新たな世界では、これまでのような、伝統、儀式などで強いられてきた堅苦しい格式ばった挨拶などは無用となり、短い簡単な、誰にでも理解できる光りの宿った言葉が広まっていくであろう。」

「カミガミの光りが宿っている言葉とは、どのような会話ですか？」

「それを知るには、先ず自然界に生きる鳥たちや動物たちの鳴き声を学ぶが良いだろう。多くの人々は鳥や動物たちの発する鳴き声を、ただの鳴き声だと思っているが、それは間違いである。彼らの発する鳴き声は短き一声であるが、それは人々が話す言葉と同様に意味を持ち、十分互いに理解し合っているのである。人々の世界でも、新たな世界に入り、カミ宿る言葉を話すようになれば、自然界に生きる鳥たちや動物たちの鳴き声を理解できるようになるであろう。このことは、親ガミが光り人に伝えるメッセージと同じように、短い言葉である。これから、光り人が、鳥や動物たちと会話する時には、内なる親ガミの光りを感じながら、心と心で会話してみることである。それによって鳥や動物たちの喜びや哀しみや嬉しさが理解できるようになるだろう。以前、そなたが体験したであろうが、親ガミがそなたに語る言葉は、短き一言であったはずである。その一言でそなたは、親ガミが伝えようとしたことを一瞬で理解して、過去を知り、未来を知り、カミ真実を知ったはずである。新しき世界での会話は、鳥や動物たちの鳴き声のように、短き一言で相手の感情が十分に互いに理解し合う、カミガミの光りが宿る言葉となるであろう。」

……………

その時、私は以前、内なる光りで聞いた、大ガミの言葉を思い浮かべた。それは短い一言であったが、その一言を聞いた私は、過去・現在・未来の出来事が一瞬の閃きとなって脳裏に駆け巡り、それは、まるで素早く回転するコンピューターが一斉に作動したかのように、私は一瞬にして大ガミの思いを知り、これからの私の生きる道を知ることになった。

……………

「今、そなたが感じていることが大ガミの言葉であり、大ガミの光りの一言である。イエスやシャカや光り人たちも、そなたと同じように、カミガミから届く光りによって一瞬の閃きを感じ親ガミのメッセージを受け取っていたのである。」

「これから新たな世界に向かって、人々が自然界より学ぶことは、動物や鳥たちの会話のように、未だ多くあるように思いますが。カミガミと自然界との関係を知らせてください。」

「新たな世界に向かって人々は、もっと謙虚な思いとなって、自然界より多くのことを学ばねばならない。なぜなら、自然界とは、天地創造の大ガミと四天界の親ガミが、各々の光りの力を合わせて形創った世界であるからである。そもそも自然界に存在する全てのものは、人類が地上に現れ出る以前に、全ての創造主である天地創造の大ガミと四天界の親ガミが地球に形創った世界である。天地創造の大ガミと四天界の親ガミは、自らの大きな光りの一滴から多くの命を創造して、自然界に生きるものたちに命を与えて数多くの魚や動物たちを創造した。また、数多くの樹木や草花を創造して自然界を整え形成した。そもそも自然界を形創った仕組みは、先ず天地創造の大ガミが大まかな部分を受け持ち、そして東西南北の親ガミが各々の部分を受け持って大自然を整えた。四天界の親ガミの中でも、西方の銀河を導く親ガミは、地球に森林を創造し、地上に爽やかな風を送り届け、四季を巡らせ、そして数多くの鳥たちを誕生させ、自然界を守り導いてきた。西方の親ガミは、数多くの鳥を誕生させているが、その鳥の中でも特に鷲とヌエは、時には親ガミの使いの鳥となることもある。

次に、東方の銀河を導く親ガミは、太陽と月と火星を創造して、地球を暖め、生きとし生きるものを育て、生きるもの全てに日月の光りを注ぎ、自然界を守り導いてきた。東方の親ガミも多くの鳥を誕生させているが、その中でも親ガミの使いの鳥としては、ヒノ鳥トキである。また東方の親ガミが誕生させた動物たちも数多くいるが、その中でもライオンと日熊、月の輪熊は、時には親ガミの使いとなることもある。それから、南方の銀河を導く親ガミは、地球に命の水を届けて、大海や河川に水を満たして、数多くの魚介類を創造して、自然界を守り導いてきた。南方の親ガミも多くの鳥を誕生させているが、その多くは白鳥や千鳥など、水辺を好む鳥たちである。また、南方の親ガミが誕生させた動物たちも水辺を好む動物が多くいるが、その中でも像は、時には親ガミの使いとなることもある。また海に生息するイルカも親ガミの使いとなることもある。

そして、北方の銀河を導く親ガミは、地球に大地を創造して、全ての生き物たちに棲家を与え食糧を授け、数多くの動物たちを誕生させて、自然界を守り導いてきた。北方の親ガミも多くの鳥や動物を誕生させているが、その中でも、親ガミの使いの鳥としては、キジバト、野バトである。また動物の中でも、特にオオカミと日本犬である。このように自然界に生きるものたちの全ては、天地創造の大ガミの光りと、四天界の親ガミが届ける命の光りが注がれ、地球と自然界は守り導かれている。しかし、今日の自然界では、大ガミたちが届ける光りが、地球を覆い尽くしている魔界・霊界の暗雲に阻まれ、星々のカミガミの光りが届かぬ地球となっている。それゆえ天地創造の大ガミと四天界の親ガミは、地球を覆っている魔界・霊界の層に光りを浴びせ、風穴を開け、これまで以上に、星々から多くの光りを注ぎ続け、自然界を回復させようとしている。これにより地上世界では、魔界・霊界から噴き上がる魔のものどもの黒きエネルギーが地上世界を覆いつくすであろう。その結果、世界では、天変地異や異常気象や地震が多く発生して、人々の世界は大いなる困難が襲ってくるであろう。

なれどこの困難は、魔界・霊界・人間界の、これまで支配者の闇の歴史の中で積もり積もった悪しき膿や、魔の毒を噴き出す為の大掃除であり、日ノ本再生、地球再生する為、避けては通れぬ試練である。この大いなる困難を乗り越えた後には、地球は光りの星として再生され、破壊された自然界も復活して、また、絶滅寸前の動物たちも蘇り、人々の世界は新たな時代へと移行して、人も皆居心地の良い世界が築かれ誕生することとなる。それゆえ、これから襲いくる大いなる困難は、星々のカミガミの光りで、魔界を消滅させ、霊界に留まっている数多くの御霊たちを星々へ帰す為の大掃除である。そして人々の価値観を変えて、地球再生、日ノ本再生するための、超えねばならぬ大いなる再生の道である。今後、新たな時代に至る為には、多くの人々は自然界に思いを移し、天地創造の大ガミと四天界の親ガミの光りを自然の中で感じ、自然界の仕組みを心低くして学ぶことである。このことが、新たな時代の、新たな人類の道標である。」

人々の価値観の変化

「それでは、これから新しき世界に向かって、人々が心掛けることは、どのようなことでしょうか？」

「西方の親ガミの光りの命を宿して誕生したイエスは、かつて人々に語っている。「金持ちが天国【光りの星】に住むことは、ラクダが針の穴を通ることより難しいことだ」と。イエスが地上に現れ出た頃は、確かに金持ちが天国（光りの星）に住むことは不可能であった。だが亡くなった金持ちの魂（命）は、星々の世界に住むことが出来ずとも、例え、その場所が、魔界・霊界の世界であったとしても、それはそれで住むことは可能であった。これまで地球では、欲望強く、金に執着する者の魂（命）が、魔界・霊界の世界であろうとも住むことが出来たのは、それは天地創造の大ガミと四天界の親ガミが、我欲強き者たちであっても、いずれ親ガミの光りに目覚めて、星々に帰ると信じていたからである。それゆえ、我欲強き者の魂（命）は魔界・霊界に留まり続け、人間界に執着するものは霊界に留まり続けて、星々へ帰ることが出来ずにいた。では、なぜ、我欲強き者が魔界・霊界に留まり、亡くなりし者が霊界に住むことができたのか？

それは、地上世界に張り巡らされた魔界の負のエネルギーがことのほか強く、大ガミたちの光りがなかなか届き難く、また霊界の層が地上を覆い尽くしていた為、カミガミの光りが魔界・霊界に行き渡らなかったからである。されど、今日の世に至って漸く、光り人たちが誕生して、魔界の魔のものどもを岩星・黒星に閉じ込めることができるようになり、また霊界に留まっている御霊たちも、星々へ帰ることができるようになった。これにより、人々の世界にもカミガミの光りが行き渡るようになり、人も皆全てが居心地の良い世界の土台が整うこととなり、闇人の時代から光り人の時代へと変わり、魔界・霊界が漸く消滅する世界となった。これから人々の世界は、魔に魂を売り渡した者や、我欲が強く、金に心を奪われた者の魂（命）は、行きつく先の霊界・魔界もなくなり、銀河の果てにある、岩星・黒星の中に閉じ込められることになっている。今日、星々のカミガミからは、これまでに増して地球に光りが注がれて、霊界・魔界に風穴が開いて、地球も、人々の世界も大きく変革する時となった。
天地創造の大ガミと四天界の親ガミの望みは、地球に存在している霊界・魔界が消滅して、人も皆全てが、居心地の良い世界が誕生することを永い間待ち続けてきた。これまで、われら星々のカミガミが、永い間見続けてきた人々の世界は、ある者は貧しさゆえに家族の命を断ち、自らの魂を地獄の世界へと落とした者もいた。また、ある者は貧しさゆえに自らの心を偽り、魔のものに魂を売り渡し、悪なる道へと進んだ者もいた。遥か昔から人々の世界では、家が貧しいというだけで、世間の人々から蔑まれ、酷い差別を受け、格差社会が続いている。われらカミガミが観た人々の世界の苦しみや悲しみ、そして悪なる心の芽生えは、その根本の原因は格差社会であり、金持ちの天下が続き、貧しき人々が救われぬ世界であった。また、われらカミガミが観た多くの貧しき人々は、貧しい暮らしに耐えかねて、始めは困った時の神頼みの如く、神仏に救いを求め、七福神を悪神とも知らず、仏を仏魔とも知らずに祈り願っている。

われ北真が、天地創造の大ガミに代わって人々に告げよう。人々よ、われらカミガミが、人々の世界に富める者、貧しき者を作ったのではない。そのような世界を作ったのは我欲強き人間である。またその人間を操っているのが魔の悪神どもである。これまで地上世界では、多くの人間たちが富と権力を求めて競い合い、各々の欲望、我欲が魔王を誕生させ、悪神どもを育て、魔界・霊界が成り立って魔のものどもに支配され操られてきた。今日、このような世界を形成したのは、全ては人間たちの責任である。人々の中には、自らが選び進んだ道を歩み、その結果、失敗すればカミガミを恨み、成功すれば自らの手柄とする。人々がカミガミに祈り願い、その願いが例え叶わなくともカミガミを恨むことは、自分勝手な思い違いである。四天界の親ガミは、我が子がどんな貧しき暮らしに落ちようとも、その人の心まで貧しくならぬなら、昔から多くの人々が語り告げてきたように、人は何処へ行こうとも、お天とう様と三度の飯は付いて回るように、命の親ガミは我が子にとって最も良き方向に導いている。これから、光り人が、貧しさゆえに苦しみ悩んでいる人と出会ったなら、その人に「‥神仏に金を願わず、金を追い求めることなかれ‥」と伝えることである。人々が必死で祈り願い念ずる思いは、それが金や我欲の念であればあるほど、その念は自らを縛り、悩み苦しみは解消されず泥沼に入り込むものである。また、その念ずる思いは自らに宿る親カミの光りを傷付け、心に魔の毒を入れてしまうものである。そのような時には、先ずは心を落ち着かせ、思いを金や我欲にとらわれず、神仏に頼ることを止めることである。

それから自らに宿る親ガミに全てを委ね、あるがままに受け入れてみることである。そして、その上で、今はこれで良しと思い、辛い時ほど笑ってみるが良い。このようにするなら、星々の親ガミは、その人にとって最も良き方向へと、半年から一年の時はかかるが、人は貧しきゆえの苦しみより抜け出て、命の親ガミから導かれるはずである。親ガミの光りに目覚めた人は、（案ずるより産むがやすし）の例え通り、人の一生はなるようになり、われらカミガミが全ての人々を見守り導いている。人が人生を楽しく居心地良くするには、いつでも命の親ガミが守っていることを信じて、楽しく嬉しいことを思い、もっともっとと欲張らずに、足りる事を知って暮らすことである。星々の親ガミは、我が子にとって一番良き人生を、魔のものどもの阻みを取り除きながら、半年から一年位の間には暮らし易くなるように力を注いでいる。これから誕生する新しき世界では、貧しきゆえに悲しみ苦しむ人々は存在しない世界である。天地創造の大ガミと四天界の親ガミは、全ての人々を平等に見守り続けており、特に光り感じる人々を決して見限ることはしない。」

「先に、我欲強き者や、金持ちが親ガミの星に帰れない、という話を聞きましたが、星々のカミガミは、我欲強き者や金持ちを、これまでどのように観ていたのですか?」

「魔に操られて、生涯を金や権力や地位を求め、魔に心奪われた者は、その者の死に際を見たならば、その者の生きてきた結果が答となって表れ出るようになっている。われらカミガミが観てきた、金と権力を求め続けた者たちの最後とは、その者が生涯かけて築きあげた地位や名誉を全て投げ出したとしても、救われることのない、切ない苦しみが続き、また安らかな死を願おうにも死ぬことさえも叶わず、もがき、苦しみ、泣き続け、必死で神仏に救いを求めている。われらカミガミは、全ての人々の旅立ちの時を観て、その臨終の姿を見届けて来た。その、われらが観てきた、地位や権力や金に執着する、富める者の臨終の姿は、実に切なく哀れなものであった。また、その者が亡くなって霊となり、その後は、霊界においても金や権力に対する執着心がより一層強き思いとなって霊界を彷徨い続け、そして、自らと同じような人間に取り憑き思いをはらそうとしている。また、そのような者は、やがて悪神の手下となって魔界に留まり、多くの人々の命の光りを奪い、人間界と魔界を行き来して、人々に多くの災いを与えている。さらに、悪神の手下となった者は、魔界で力を増して、悪神の分身として成り上がり、金と権力に執着する者に取り憑き、我欲強き人間を支配している。」

「昔から、八百万の神々と言われているように、日ノ本には数多くの神々や仏たちが、各地に祀られておりますが、その神社や寺院には、神々や仏たちが実際に存在しているのですか？」

「日ノ本の神社には、数多くの神々がおるが、その神々とは、もとはと言えば、我欲強き者どもが、神々の分身として成り上がって祀られているのである。それとまた寺院にも多くの仏像が奉られているが、その仏像に宿っている仏たちも、霊界で成り上がり、仏魔の大日如来や弥勒菩薩から力を授けられて、分身となった仏たちである。日ノ本には、このように、数多くの悪神や仏たちがおるが、それは、各々が分身となって名を受け継いでいる者たちである。つまり、ここに大本の天照大神がいるとすれば、その下には数多くの、天照大神を名乗る分身が存在しており、日ノ本の各神社に奉られているということである。その例として、荒ぶる神と言われているスサノオや大黒には、およそ五万から六万の分身が各神社や寺院に存在している。この数の多さは、歌舞伎界や落語界などで、師匠の名を受け継いでいる襲名制度と同じように、魔界の中でも、悪神や仏魔の手下となり、また分身となった者が、各々の神仏の名を受け継ぎ襲名しているのである。

遥か昔から、日ノ本では八百万の神々と言われているように、この神々の数は決して誇張した数ではなく、実際に存在している数である。それと悪神や仏たちは、何も神社や寺だけにいるのではない。人々が神社や寺に参拝すれば、そこにいた悪神や仏魔が人々の身体に取り憑き宿っている。つまり、人それぞれの肉体には、命の親ガミが宿っているが、魔の悪神や仏魔も取り憑いているのである。ゆえに人々が神社や寺院へ参拝すれば、するほど、身体には数多くの悪神や仏魔が宿っているのである。人々の身体に多くの悪神や仏魔が取り憑いている為に、人々の中にはいつも気分が優れず、身体の調子が悪く、身も心も魔のものに蝕まれて餌食になっている人々がいる。以上述べたように、人間とは、人それぞれが肉体を地上に残す時、その人自身の生前の生き方が結果となり、答となって現れ出るものである。

「星々のカミガミから観た、良き生涯を送った人の臨終の時とは、どのような旅立ちですか？」

「われらカミガミが観てきた、良き人の臨終の時とは、昨日までは何一つ不安、心配なく過ごしていて、そして今日は眠るが如く世を去る人である。そのような人こそ、地位や名誉も権力も求めることはなく、ただ人知れずに生涯を閉じた人ではあるが、われらカミガミからその人を観たなら、親ガミの光りと共に生きた、人生の達人であり、素晴らしき人生を送った人である。さて、では、ここで、人々が地球に誕生する時の境遇を述べておく。人が地球に誕生する前、つまり親ガミの星にいた頃、地球の何処で産まれるか？　どの両親から産まれるか？　そのことを親ガミと話し合い、そして最終的に本人が決めて、人間として誕生するのである。親ガミとの話し合いの結果、人間界をもっと良くしたいと、強く望んで誕生した人間ほど、試練の多い境遇を選んで生まれて来る。また一方では、人間として楽しく生きたいと望んだ人は、平凡な境遇を望み生まれてくる。つまり、人間が生まれる境遇は、本人自ら選んできたことであり、誕生には人それぞれに意味があることである。

人々の中には、生まれた環境、境遇を嘆き、育った家庭を憎んでいる者がいるが、それは、親ガミと本人自身が選んだ境遇である。では、なぜ、そのような境遇を選んだのか？　それは、本人が多くの困難を乗り越えて、命の光りを成長させる為と、多くの人々を救い励ます光り人になる為に選んだ境遇である。ゆえに、人は自らの境遇を嘆く前に、その境遇を乗り越える為の底力が、親ガミから授かっていると思うことである。さてここで、神仏の虜となっている者たちが、行なっている修行について話を加えておく。人々の中には神仏との出会いを求めて、長年厳しい修行をしている者たちがおるが、これらの者たちの思いは、修行と言えば肉体を虐め、艱難苦行をすることが神仏に近づくことだと思っている。しかしそれは間違いである。このような修行は、スポーツ選手が体を厳しく鍛えるのと同じことであり、彼らの自己満足以外何ものでもなく、親ガミが望む修行ではない。天地創造の大ガミと四天界の親ガミが望む人間の修行とは、人間社会の中で、一般の人たちと同じように生活をしながら、辛く悲しいことを心鍛えながら乗り越えて、志し高く自立して生きてゆける人物。これが人間界での真の修行である。肉体を鍛錬する修行とは、他の人から見れば過酷な修行に思えるが、これは魔のものが望む修行であり、カミガミは決して望みはしない修行である。人間界での多くの困難を乗り越え、心を鍛える修行は、他人には分からぬことであるが、それは他人が見ずとも、われらカミガミが、その人の心の内を見て守り導いている。

人々の中には神仏との出会いを求めて、過酷な肉体を痛める修行をしている者がいるが、かつて、シャカは「私の修行は山にこもり、修験者が行った全ての修行を三十年かけて行ってみたが、その修行は、我が身を痛める荒行であり、命の親ガミが望まぬ修行であった」と言っている。肉体を酷使する修行は、真の修行にあらず、真の修行とは他人には分からず、実社会の中で心を鍛えることが修行である。人間とは、日々の暮らしの中で、この人間は苦手だ、これだけは嫌だと思うことを乗り越えると、人は大きく成長するようになっている。さらに告げるなら、全ての人々の生涯は、地上に産まれ、その肉体の役目を果たし終える時には、心に傷を受けた者は、その傷を癒してから、親ガミの待つ光りの星へと帰ることになっている。また、他人を傷つけ苦しめた者は、その罪が消える迄、暗い岩星の中で悲しみにくれ、星々のカミガミに必死で救いを求める。なれど、その者が、やがて親ガミの光り目覚めた時には、親ガミの待つ光りの星へ帰ることになっている。親ガミが望む良き旅立ちとは、産まれた時の赤子のように、この世に一切の未練を残さず、光りの命のまま、親ガミの光りの星へ帰ってくる事である。

人間の命とは、親ガミの光りの星から来て、また親ガミの光りの星へ帰ることである。よって、あの世、霊界は存在しない方が良いのである。また、我欲強い富める者の魂（命）が行った地獄の世界とは、もはや新たな世界では存在することはなく、我欲強き魂（命）は、銀河の果てにある岩星・黒星の中へ閉じ込められることになっている。」

カミガミの思考

「私が北極星へ来てから、地上世界での多くの歴史の真実を知りました。それは人々の魂（命）の叫びであり、また人間界の遥か古代から続いている、闇の歴史でもありました。その中で、話は再び漢字のことに戻りますが、漢字とは大陸の王者が、先祖の霊に伺いをたてる時の儀式に用いた文字であったと、聞きました。また漢字は各時代を経て、支配者・権力者が人々を階級によって差別化をする為の文字であったと、知りました。このような漢字が支配者・権力者によって作られようとした時、星々の大ガミは、それを阻むことはなかったのですか？」

「人間界での歴史において、知恵ある者が漢字に限らず物事を思考し、それを世に知らしめる時には、それが人々を苦しめ、人々を支配する為の悪知恵であろうとも、われらカミガミは、人々を信じ、正しく良きことのみに使うように全ての物事を導いている。しかし、人々の中には、われらカミガミの親心も知らず、親ガミが届けたメッセージを私利私欲の為に悪用して金儲けをしている者がいる。われらカミガミは、人々にとって良きものを伝え導いているが、魔に操られた者の中には、われらカミガミのことを、悪に味方する悪神と呼び、また貧乏人に金を恵まぬ疫病神と呼び、さらに、われ北真を仏の座の多聞天と呼び、蔑んでいる。

では、なぜ、われらカミガミが、なにゆえ永き間、悪しき者の企てを許し、その者の悪事を見過ごして来たのか？　それは人々の心に芽生えた悪知恵は、一度は成就させ、それを噴き上がらせ膿を出さねば、悪なる者の企みは地上から消し去ることができぬからである。われらカミガミは、たとえ、歴史の一時期、人々より蔑まれ嫌われようとも、悪なる者の企みの中に、われらカミガミの知恵を忍ばせ、我欲強い者たちが栄える世界を観て来た。人々の世界を悪しき者が存在しない、新たな世界を誕生させる為には、悪なる事も一度は人々が経験して成長せねばならぬことである。天地創造の大ガミと四天界の親ガミから観れば、悪しき者の世界は、一時栄えはするが、そう長くは続かず、人々の反面教師として、世直しの為には時には必要である。われらカミガミが望む真の善なる世界とは、悪を知らぬ善よりも、悪の全てを知り尽くし、その上で悪が再び栄えぬ世界である。

さて、それでは話を戻すが、悪知恵に長けた者が漢字を作り出す際に、われらカミガミが、いかなる思いであったか？　それについて語る。われらカミガミは大陸の王者たちが、漢字を作り出そうとした時、漢字がいずれ支配者の企みによって人々を管理し、人々を差別するであろうということは知っていた。だが、漢字が人々を支配し差別する為の文字であったとしても、それがいずれ支配者の企みによって人の世に出るならば、われらカミガミは、その漢字の中に、われらカミガミの知恵を加えさせ、漢字の中に秘められた支配者らの企みを世に表わし出させた。やがて、心ある者が、われらカミガミの思いを知り、漢字の中から支配者の企みを解き明かし、漢字の真実を知らせることだろう。次に、寺の文字について知らせよう。かつて、大陸の支配者は、領地内に寺院を作る際、土地を守る光りのカミガミを封じ込める為に、土地の中央に太いくいを打ち込み、その上に寺を建てた。それゆえ、寺という文字は、土にくい打つ土寸（ドスン）という意味である。また、次に呪いの文字であるが。人々の世界で魔の呪い文字が誕生したのは、魔王・悪神が呪術者を操り、文字と数字に魔の呪いを秘めして、数々の呪いの文字を広めた。支配者・権力者は、その魔の言葉で民衆を操り、呪術者は呪い文字で光り人とカミガミを封印した。そしてまた、誰よりも数を多く握った者が王者となり権力者となった。

数字の数の中でも、特に（九）の文字には魔の呪いが掛けられている。その呪いとは、九の字は、縦の（ノ）が人間を表し、横の（乁）は、人間が首を吊った姿である。また、九と付く漢字で、例えば旭、鳩なども呪い文字である。天地創造の大ガミが光り人に伝えたカミガミの数は、一から七までのヒフミヨイムナである。〇と八と九は、魔王が呪術者に告げたヒフミを封じた魔の数である。

日ノ本においては、八幡神社、八坂神社、八百万の神々など、七を封じた数があるが、祝い事での三々九度は、結婚する夫婦が悪神の前で誓いを示す呪いの数である。三々九度の真の意味は、散々苦労するという意味である。さらに、加えて言えば、祝言や結婚式で唄われてきた。「高砂や、この裏舟に帆を揚げて……」、と唄うこの祝い唄は、かつて、日ノ本の国の始まりは淡路島と言われたように、大陸から渡り来た七福神が、闇夜の中を宝船に乗り、淡路島に上陸した時の唄である。光りのカミガミは、明るい光りで人も皆全てを照らし導いているが、魔の悪神どもは闇夜の中で蠢き、魑魅魍魎の魔界から人々を操り災いを与えている。

光りのカミガミは明るい場所を好むが、魔の悪神どもは闇夜の暗い場所を好んで、呪術者や祈祷師を操り儀式を行っている。日ノ本には数多くの神社があるが、そのほとんどの神社の奥の院の扉は日中でも閉ざされており、その中に祀られている神々が暗い中に鎮座されている。つまり、これは奉られている神々が密室を好み、暗闇を好むからである。また、伊勢神宮や出雲大社など、大社で行われる重要な祭事は、真夜中に秘密裏に儀式が執り行われている。世の多くの人々は、これまで神仏に仕える者によって数々の儀式を洗脳されてきた。その結果、人々は福を呼ぶ縁起物を買い求め、それを家に飾り、神棚を造り、神仏を崇め奉ってきた。新たな世界では、これまで受け継がれてきた、伝統、儀式や行事で飾られてきた縁起物などは、何一つ一切いらない世界である。」
…………………………
（注）この本の中で、光りのカミと悪神を区別しております。カミを神と書いてないのは、神という文字は、人々の頭上に君臨する支配者が悪神に成り変って、民衆に示し（ネ）申しつけた文字であることから、真のカミと悪神を区別にしております。
…………………………

呪術者がかけた呪い・封印

「それでは、次に魔王・悪神に操られた呪術者や祈祷師が、これまで行ってきた呪い封印について教えてください。」

「魔に操られた呪術者や祈祷師が行ってきた、呪い封印については数々あるが、その中で言えば、先ずは青森の土地より発見された土偶、遮光土器がある。この土偶は、今からおよそ一千五百年前に、魔王の手下となったスサノオが自らの分身を呪術者に作らせ、日ノ本のカミガミを封じ、カミガミの光りが行き渡らぬように、東北の一戸から八戸の各土地に魔の戸を建てて、カミガミの光りを遮る為の土偶である。この土偶を遮光土器と名付けたのは、土偶がカミガミの光りを遮るように目を半眼にしていることから遮光土器と呼ばれた。つまり土偶や仏像が半眼になっているのは、星々のカミガミの光りが眩しい為に半眼に造られているのである。

さらに、このスサノオの遮光土器は、青森の他にも、仙台の恵比須田遺跡から昭和十八年に発見されている。この遮光土器は、スサノオの女であるクシナダヒメが鎮座する土地に祀られ、スサノオが留守にしている間クシナダを守る為に見張り番として作らせたものである。また、スサノオの女には、コノハナサクヤ姫やヤエガキ姫などがいるが、その他にもスサノオは、人間界の中から好みの女性を選び、その女性が成人した頃に命を奪い霊界に連れ込み自らの女にしている。それとまた、日ノ本には未だ謎と言われている銅鐸があるが、これは、かつて、大陸の支配者から逃げ延びて来た渡来人たちが、日ノ本の地に辿り着き、そして、その後、大陸から支配者の魔の手が襲って来た時に打ち鳴らそうとして造ったのが銅鐸である。銅鐸に書かれている文字は、大陸から支配者の魔の手が来ないよう祈願した文字である。また、その渡来人たちとは、大陸での権力争いに敗れた人たちであった。」

カミガミの呼び名

「さて次に、星々のカミガミのことであるが、宇宙銀河の全ての星々を創造し、その頂点にいるのが天地創造の大ガミである。そして、その下にいるのが東西南北の銀河を導いている各々の親ガミである。天地創造の大ガミと四天界の親ガミは、これまで自身の名を人々に告げることはなかった。それは、天地創造の大ガミと四天界の親ガミは、輝いている光りを見れば、その存在が分かり、名は必要ないからである。それゆえ、この本に書かれている天地創造の大ガミと東西南北の親ガミの名は、人々の価値観が変わり、人々が悪神による暗示が取れるまでの仮の名である。今日、言われている多くの神仏の呼び名は、神仏に仕えた者が名付けた呼び名である、それと、また、神仏自らが人前に現われ出て名を告げることもある。それとは別に、かつて世に現われた光りの御子たちの中には、今日においても、多くの人々から慕われている光り人がいる。その中でも、西方のマリアやイエスやシャカがいるが、また南方のサンターナがいる。サンターナとは中世ヨーロッパにおいて、魔王・悪神から呪いをかけられて、人々から魔女と呼ばれ、サタンとして蔑まれた光りの御子であった。

以上述べたように、西方のイエスが、親ガミを主と呼びかけたように、星々の大ガミは自ら名を告げることはない。もし今後、神仏が夢枕や目前に現われ出て、我は＊＊＊であるなどと名乗り、命令口調で名を告げる神仏がいたなら、その神仏は悪神か仏魔である、そのようなものは、自らを神仏だと信じ込んでいる蛇神か、或いは魔界に存在する狐かもののけである。もし、そのようなものが現れ出た時には、そのものが放つ光りの色で判断することである。魔界に存在する魔のものどもの光りの色は、天地創造の大ガミと四天界の親ガミの光りを封じた、濃い紫や濃い黄色や紺色と、そして濃い緑と赤い朱色である。この色は、総じて濃いペンキを塗ったような毒々しい色で魔光である。また魔のものの中には、黒い光りを発する魔光の魔のものも存在している。

また、ギラギラとした白光が見える時は、魔界の中でも大きな力を持っている艮（うしとら）の金神か、しき神の狐である。人々の中には、この白光が見えた時に、目の奥が激しい痛みに襲われ、急激なめまいがすることがある。それと金神とは、艮の金神、未申の金神とも言われておるが、別名、国乃常立神と言われている祟り神である。かつて、陰陽師の安陪清明は、この艮の金神から魔の力を授かり、時の支配者・権力者を操り、陰陽の占いで助言を与えていた。以上述べたように、魔の悪神・もののけどもが放つ色は、総じて毒々しい魔光である。星々の親ガミの光りは、全てが薄い茜色と水色であり、また薄い緑と薄い黄色の光りである。それと天地創造の大ガミの薄紫の光りである。」

日ノ本の名に秘められた真実

「それでは、次に、日本と書く漢字の中には、どのようなカミガミの思いが加えられているのでしょうか？」

「先ず、日本の漢字を語る前に伝えておくことがある。遥か遠い昔、今から四万年ほど前、大陸から魔のものに操られ武器を持った大勢の集団と呪術者が日ノ本へ襲来してきた。この襲来により、それまで日ノ本にいたカミガミは、魔王・悪神どもから呪われ封じられて、地中深い魔界の闇の中へ閉じ込められた。これが、遥か昔から、今日まで続いてきた、日ノ本にいたカミガミの闇の歴史である。このような日ノ本の歴史を心に留め置き、これから日本と書く漢字に示した真実を語る。

そもそも日ノ本の呼び名とは、われらカミガミが日ノ本の大地を（ヒノモト）と呼んでいたのが始まりである。それは日ノ本が、星々の中心である北極星から観て、太陽の光りが初めに注がれる大地であったからである。ゆえに、日ノ本の呼び名であるヒとは、カミガミの光りのヒであり、太陽と月と星々の光りのヒである。つまり、日ノ本とは、日出る大地であり、星々のカミガミの光りが始めに満たされた大地である。遥か昔、日ノ本に魔界・霊界が誕生して、星々のカミガミが地上より去り、人々が内なるカミの光りから遠ざかった頃から、日ノ本の呼び名は、古志ノ国や、倭

（わ）の国や、扶桑の国、大和の国など、各々の時代によって呼び名は変わってきたが、それから永い時を経て、日本と呼ばれるようになった。

…………………
（注）古志の国とは古四の国とも言われ、古四とは四天界の親ガミのことである。その古四とは、北方の大地の親ガミと南方の水の親ガミ。それと、東方の日と月の親ガミと、西方の風の親ガミを加えた、四天界の親ガミのことである。
…………………

かつて、大陸から伝えられた漢字により、ヒノモトのヒは、日となったが、日の漢字とは、（ヒ）の字に（┐）の鍵を掛けて、（日）の字を作り、太陽のヒカリを封印、呪いかけた文字である。この封印により、星々のカミガミが日ノ本の隅々にまで届けていたヒカリが遮られ、東方の親ガミの光りも弱まり、日ノ本の大地は、魔に操られた支配者・権力者が人々を支配する、闇強く光りに勝つ国となった。ヒが日に封印されてから、日ノ本では大陸から来た魔の悪神どもが、霊界・魔界・人間界を支配するようになり、その一方で、光りのカミガミは地中深き所に閉じ込められ、われら北方の土地のカミガミも封印、呪いをかけられてきた。それが今日の世にまで続き、日ノ本は光りのカミガミが住めぬ世界となっている。


ヒノ本のヒにかけられた封印、呪いは、魔王を頂点とした悪神や七福神とスサノオが、魔にとり憑かれた祈祷師や呪術者を操り魔界・霊界を形創り、天地創造の大ガミと四天界の親ガミの光りが届かぬ日ノ本となってしまった。その結果、多くの人々は永い間、悪神・悪霊どもから命の光りを奪われ、身も心も魔の餌食となって、悩み苦しむ日々となっている。魔のものどもが形作った霊界・魔界の世界は、今日の世界においては、魔界・霊界の中に人々が暮らしている世界となっている。なれど、今日の世において天地創造の大ガミと四天界の親ガミが誕生させた光りの人たちが、魔の阻みの中で困難を乗り越えて成長し、地上世界から魔界・霊界を消滅させる時となっている。」

「遥か古代、星々のカミガミは、日本をヒノモトと呼んでいたということですが、それ以外にもヒの文字の中に、隠された真実があるのですか？」

「われら星々のカミガミが、日本をヒノモトと呼んでいるのは、日ノ本が星々の光り満たされた大地であったからである。ゆえにヒノモトとはカミガミの光りの本であり、光りとは太陽の光りであり、星々の光りでもある。ではさらに、日ノ本のヒに隠されてきた真実を告げる。ヒとは、また月の光りのヒでもある。その月の光りを、魔に操られた呪術者が、ヒを、日に呪い掛けたと同じように、（ㅕ）の文字に（┌）の鍵をかけて月の文字を作り、月の光りにも封印、呪いを掛けた。それ以来、月の光りは弱められて、人々の命の光りも弱まり、闇夜に蠢く魔のものどもが活動する世界になってしまった。またヒとは、光り宿した人間のヒトのことである。そしてまた、ヒとは、われ北真の北を指す言葉でもある。もともと北の字とは、（ヒ）と（ヒ）が共に並び合っていた（比）の字に、魔のものが呪い封印を掛けて、（ヒ）と（ヒ）を背中合わせにした文字である。（北）の字とは、日と月に掛けられた呪いの鍵を取れば、北の文字となる。つまり、魔のものどもに操られた呪術者は、われら北方のカミガミの光りを封じ、尚且つ、東方の日と月の光りにも呪い封印を掛けたのである。

さて、今から五千年程前、大陸で我欲強き人間が地上に現れ出て、その者は数々の戦いに勝ち抜き、魔王・悪神どもを味方に付け王者となった。そして、その王者は自らを太陽の化身として、民衆の頭上に君臨し、魔王・悪神どもと共に地上世界を支配しようと企てた。それから時を経て三千年ほど過ぎた後、これまで歴代の王者を支えてきた魔王・悪神どもは、益々魔の力を増大させて、星々のカミガミのヒの光りを封じ込め、日と月と星々のカミガミをも地下深き魔界の闇の中に封じ込めて、地上世界は、魔王と悪神から力を授かった王者たちが、人々の世界を操り支配することとなった。だが、魔王・悪神どもと共に栄えた支配者・権力者が、いかに星々のカミガミを封印し、いかに光り人を闇の世界へ閉じ込めようとしても、われら星々のカミガミは、魔王・悪神どもに分からぬように、地上世界に、われらカミガミのヒの秘密を忍ばせ、人々の世界を守り導いて来た。

これより先、地球は新たな世界へと向かい、人々の中から多くの光りの人たちが、われらカミガミのヒの力を携えて現われ出るであろうが、その光りの人たちとは、日と月と北の文字に掛けられた封印、呪いを、親ガミの光りの言葉で解き、封印、呪いのない世界を築く人たちである。太古の昔、星々のカミガミと光りの人たちが共に仲良く輝いていた地球では、太陽と月の光りが、夜と昼の世界を守り導き、そして、太陽と月の光りを大きく包み支え続けてきたのが、われ北真の北方の光りである。その北方の光りこそが、これより誕生する新たな世界を築く為の大きな光りの力となる。このことは、われらカミガミが、遥か古代より「ヒ」の文字に示した仕組みである。」

北真の光りと力

「宇宙銀河、星々の中心は北極星と言われておりますが、それでも人々の中には夜明けの太陽を拝む人はいても、北極星に向い拝む人はおらず、これまで北方のカミガミについては、ほとんどの人たちは知ることはなく。また、星々の中心が北極星であることも知らない人たちも多くおります。そして、その一方では、北方は鬼門であり、北は忌み嫌われている方角でもあります。北方のカミガミについて、教えてください。」

「遥か古代、地上世界で魔王が誕生してから、魔王の望みは、星々の中心である、われ北真の座を奪い、北極星に呪い封印を掛け、魔王が天と地と人間界を支配することであった。その為、魔王は地上世界に魔界を張り巡らせ、多くの悪神どもを手下に従え、呪術者を操り、永き時をかけて北極星から届く、われ北真の光りを遮り、阻み続けてきた。魔王に操られた呪術者は、北方の地には妖怪、化け物が棲む鬼門の地と呼び、北は暗く恐いものである、と民衆の心に強き暗示をかけ続けて来た。今日の世においても、人々の中には、北の方角を忌み嫌う者がいるが、これは魔に操られた呪術者が謀った洗脳である。では、なぜ北の方角が忌み嫌われてきたのか？　それは、魔界に君臨する魔王・悪神にとって、われら北方のカミガミの光りを最も恐れているからである。それゆえ、魔王は多くの悪神どもを結集させ、持てる最大限の魔力を駆使して、北方のカミガミを封じ込め、われ北真の光りを遮ってきた。なれど、今日、われら北方の光り宿した光り人たちが誕生して、われらに掛けられてきた呪い封印が解かれ、われら北方のカミガミが復活する時となっている。もともと魔王とは、南方の星から彗星（ホーキ星）に乗って地球にやって来た光りのカミであったが、それが永い時を経て、人間界の王者・支配者らの貪欲な野望に染まり、光りのカミから黒き闇の悪神になってしまい魔王となった。

その魔王の目論みは、天界の中心である北極星を封印して、自らが北真の座に就き、天地を支配することであった。ゆえに、魔王が創造した魔界の仕組みは、北極星を中心にした仕組みを真似て創造されている。つまり、魔界の中での序列は、北方の魔王・悪神どもが中心となって、東方・西方・南方の魔王・悪神どもが蔓延り魔界が形成されている。また人間界においても、大陸で誕生した皇帝が、北辰（北極星）の座まれ変わりとして、その座に君臨していた。かつて大陸では、北極星を天帝として天界での最高位の位として崇め、その下で皇帝が民衆の頭上に君臨して支配していた。つまり魔王は魔界の中心で、北真の座に君臨し、皇帝は人間界で北真の座に就き、互いに天と地の王者として君臨していたのである。大陸の皇帝は、占領した日ノ本やアジアの諸国に傀儡の王者を任命させたが、その王者たちは、皆、皇帝の子として、天子または太子と呼ばれ支配されていた。ゆえに、現在においてもアジア諸国や日ノ本に存在している王侯貴族の、その先祖を辿れば、それは、かつて、大陸で誕生した皇帝が任命した子孫である。さて、遥か遠き昔から多くの人々は、星々を心の拠り所として暮らしてきた。その人々の中でも、大海原を行く船乗りたちは、われ北真の北極星を観察し、航海の行く先を決めていた。また旅人たちも北極星を観て行く先を決め、われ北真の光りを拠り所に暮らしていた。そしてまた遥か昔から、人生に迷えし人たちは、夜空を見上げ北斗七星に語りかけ、人それぞれが、われら北方のカミガミを呼びかけ、心の安らぎを得て暮らしていた。これまで、われ北真が観てきた人々の歴史は、初めは各地域に少数の人々が集い、その人々が集合して、小さな集落が築かれてきた。そして、その集落が村々を築き、さらに、その村々が集合して郡となり、やがて都が国家を築く礎となって、地上世界は数多くの国々が誕生し、国家の名の下で人々の暮らしが築かれて来た。しかし、永い、永い時を経て、漸く築かれた国と国の間には、国境という目に見えぬ鎖が国と国を遮り、人と人とが分け隔てられ、人々の暮らしの自由を奪って来た。これが現在の世界の形である。

だが、これから新たな世界に向かって、人々の心にかけられてきた洗脳と言う鎖は解放され、国と国の間にもかけられてきた国境の鎖も解放されて、未来永劫変わらぬ、人も皆全てがカミガミの光りと共に歩む、新しき地球が誕生することとなる。それこそが、われらカミガミの望みであり、天地創造した大ガミの望みでもある。さて、人々の世界では、われ北真のことを、ある時代では、地上世界を最後に救うミロク菩薩と呼び、またギリシャ神話の世界では、主神である雷神のゼウスと呼ばれた時代もあった。われ北真はそれぞれの時代において、時には歴史を速める為に知恵と勇気を備えた光り人を地上に送り、人も皆全てが居心地良くなるように、四天界の親ガミと共に人々の世界を導いて来た。地上世界の全ての人々が居心地良く安心して暮らせる世界を築くには、魔王、悪神どもが支配する魔界を消滅させ、亡くなった人々を星々に帰して霊界を消滅させることである。

それと、人々の価値観を変える為には、永い、永い歴史の時が必要であったが、それが、今漸く、人々の世界に新たな世界が誕生する時代となった。かつて、われ北真のことを、儒教の租と言われた孔子は弟子たちに『北辰（真）その所に居て、衆星これを廻る』と伝えているが、この真の意味は、天界にある全ての星々は、北極星を中心にして廻っている、ということである。孔子が語ったように、現在においても、宇宙銀河系の星々は、北極星が中心となって巡り廻っている。

また、地球儀や世界地図でも、北が上に記され、磁石の針は北に向いている。地球の方角が東西南北に定められているのは、誰もが否定できぬ事実である。このことは宇宙の星々の世界でも、われ北真を中心にして、東方・南方・西方が宇宙銀河の方位を定めている。そして、東西南北銀河の遥か上空には、天地創造の大ガミが四天界銀河を懐に抱くように高き座に存在している。つまり天地創造の大ガミだけは方位に関係なく、東西南北の方角の磁場の中心に存在しているということである。

その天地創造の大ガミが発する強力な薄紫の磁場は、全宇宙に水紋のように行き渡り、地球を加えた全宇宙の星々は、あるべき場所に星々が配置されている。このことは、地球と太陽と月と星々の間隔が、絶妙な距離を保ってバランスよく配列されているように、全宇宙の星々の配置は寸分の狂いもなく、天地創造の大ガミの薄紫の光りの磁場の中で、安定を保って守られている。もしも、地球と太陽の距離が少しでもずれていたなら、地球と人類は存在していなかっただろう。星々の世界でも地球でも東西南北の方角は、宇宙銀河の何処へ行こうとも同じである。このことは、宇宙銀河系星々の誕生より決められている、宇宙自然界の変えることの出来ぬ真実である。

さらに、加えて言えば、肉体に宿る命も、東西南北の親ガミの光りの一滴から創造されているが、その光りが人間に宿り、全ての人間は地球に誕生しているのである。ゆえに、全ての人々の体内には東西南北の親ガミの光りが命となって宿っているのである。全宇宙を含めた星々の世界でも、人々の世界でも、東西南北の方角を定めたのは、天地創造の大ガミである。また、星々の中心を北極星と決めたのも、天地創造の大ガミである。このことは、われ北真が人々に誇らずとも、地球は北極を中心にして回り、世界も北方が中心となって動いているのである。

われら東西南北の親ガミと天地創造の大ガミは、遥か遠い昔から、地球にカミガミの光りを注ぎ続けて、東西南北の親ガミの御子たちを誕生させ、人も皆居心地の良い世界となるように、人々の内なる光りに語りかけてきた。それが、今漸く永い時を経て、地球は、人も皆全てがカミガミの光り満たされる世界となり、われらカミガミが永い間望み続けてきた地上世界になろうとしている。もし、人々が新たな世界に至る兆しを知りたいと思うなら、今日、世界中で起きている様々な変化を内なる光りで感じてみることである。そうすれば、親ガミの光りを感じる人々は、われらカミガミが導く世界の行き着く先を感じるはずである。新しき世界の誕生の時は既に熟しており、魔に操られた人々が、右だー、左だーと踊り狂っている間に、世界は大きく変化しているのである。これから人々の世界では、多くの光り人が虐げられてきた永い苦難の歴史の時を乗り越え、今漸く、幼き子どもが大人となって成長するように、人々は命の親ガミの光りに目覚める時代となっている。

これまで多くの光りの人々が夢見てきた、貧困なき、飢えなき、戦なき、宗教なき、新しい世界が地球に創造されることとなる。」

「今の話の中で、ギリシャ神話の主神は雷神のゼウスであったということですが、ゼウスとは、昔から、日ノ本で語り伝えられている、鬼がトラの皮を身に付けている雷神と同じ神ですか?」

「日ノ本に伝えられている雷神とは、ギリシャ神話に語り継がれているゼウスと同じ神のことである。これまで日ノ本に伝えられている雷神とは、トラの皮を身に付けて角を生やし、昔から多くの人々に恐怖心を与えておる鬼の姿であるが、これは、われが先に語ったように王者・支配者に使えた呪術者が、われら北方のカミガミを地に落とし封じる為に企てた策略である。世の多くの人々が知っている雷神の姿が、なぜに、牛の角とトラの衣を身に付けているのか？　それはウシトラとは、大陸より伝えられた十二支の中にある丑と寅のことである。そもそも、十二支とは、かつて王者・支配者に仕えた呪術者が、地位も身分のない庶民一人ひとりに、干支と同じ位にする為に企てられた、庶民にかけられた呪い封印である。つまり庶民は、動物と同じ地位と決められていたのである。これにより身分の低い庶民は、産まれ年により、十二支の中のどの干支か決められ、そして、その干支が妖怪となって人々に取り憑き、民衆はとり憑かれた干支に命の光りを奪われ、取り憑いた干支の習性を身につけ、生涯暮らすことになっている。それを例えて言えば、幼い子どもを観察すれば分かるが、申（猿）年産まれの子どもが、時には、体内に取り憑いている猿が暴れると、子どもも奇声を発し暴れ出すことがある。また巳年産まれの子どもが、体内に取り憑いている蛇が動きだすと、体をくねらせて蛇のようにダラダラとすることもある。それとまた、大人になっても辰年産まれの人の中には、体内に取り憑いている龍が動きだすと無性に酒が飲みたくなり、自分でも止められないほど酒乱になる人もいる。

このように、人それぞれには、産まれ年の干支が取り憑き、本人の知らぬ間に、取り憑いた干支の習性を演じている。魔界に君臨する魔王と悪神どもは、人々の体内に宿る親ガミの命の光りを奪う為に、手下の動物を十二支の妖怪にして、子どもが産まれたと同時に体内にとり憑かせて、命の光りを奪ってきた。このような魔界の仕組みも知らず　昔から、多くの人々は、十二支の干支を護り神として信じておるが、われらカミガミから観たら、実に嘆かわしいことである。それからまた、十二支の干支とは、東西南北の方位を示す役目も果たしている。この十二支の方角は、われら四天界の親ガミの光りが、東西南北へと行き渡らなくする為に、魔王が呪術者を使いカミガミの光りを封じた呪いである。つまり、ウシトラの方角とは東北を示し、東北とは鬼が門番している鬼門のことである。その鬼門とは、われら北方のカミガミを雷神にして封じた方角である。それでも、昔から人々の中には、雷神は恐いものだ、と洗脳されながらも、雷をイナズマ（稲妻）と親しみを込めて呼び続けてきた。それは、田畑を耕作する農民にとってのカミナリは、大切な稲や農作物を実らせてくれる大事な光りの輝きがあったからである。そのカミナリが放つ強烈な光りには、響き渡る音響の中に農作物や稲穂が実り、全ての草木が育つ為の大切な栄養素が含まれている。昔から、田畑に生きた人々は、稲を実らせ暮らしを助けてくれるカミナリのことを、子どもを育てる妻に例えて、その名を稲妻（いなずま）と呼び、感謝を込めて、その名を付けた。カミが鳴る稲妻とは、大地と共に生きた農民たちが、暮らしの中から考え出した、われら北方の光りの輝きを誉め称えた呼び名である。」

日ノ本に誕生した金神（古事記の真実）

「ただ今、東西南北の干支の方角を聞きましたが、十二支の方角にも、今聞いた丑寅の雷神のように、東西南北を守護する神々はいるのですか？」

「かつて日ノ本には、大陸から来た七福神が来る以前には、魔王直々の神々が存在していた。その神々が日ノ本に誕生したのは、遥か縄文時代以前の、古事記の中の一部に登場する神代の時代の神々である。その神々の中でも北方の上位の座に居たのが日・月の金神であった。日・月の金神とは、時代と共に名を変えて呼ばれ、別名、国乃常立神（くにのとこたちのかみ）または国常立尊（くにのそこたちのみこと）と呼ばれていた。この金神は、大陸の魔王が始めて日ノ本に渡り来た時に、魔王が力を授けて誕生させた霊力の強い悪神であった。それと、この金神は、古来神道の世界では、日ノ本の国土の土台を守護する神として言われているが、その名は始源神、根源神とも言われている。つまり、日ノ本に存在した最初の悪神である。なれど、神というても、その姿は、強い魔の霊力を持った白狐の妖怪であり、恐るべき祟り神である。始め、この金神は、自らが持つ霊力を使い、日ノ本全土を支配しようとしていたが、そのあまりの厳しさに他の八百万の神々から嫌われ、時を経て渡って来た七福神の策略により、まんまとしてやられた悪神であった。その結果、金神は、東北（丑寅）の鬼門に封印され身動きが出来ない状態にされていた。このことが、史実は変えられているが、古事記に記されている天照大神の岩戸隠れであり、実は日・月の神の岩戸閉めである。

だが、閉じ込められた金神は、封印されながらも魔の霊力を蓄え続けて、自らの魔の霊力を使う時をじっと耐えて待っていた。その封印されていた金神が、魔の霊力を蓄え続けた結果、魔界にいた東西南北と中心を護る五体の大蛇を従えるまでに魔の霊力を持つ祟り神となって、世に出る時を待っていた。そして、その時が来たのが、日ノ本の国の土台が大陸の支配者より築かれた頃である。

その頃、日ノ本の神々は、大陸から来た七福神が八百万の神々と共に霊界・魔界・人間界を操り支配していたが、それでも日ノ本は、星々のカミガミが注ぐ光りが強く、七福神の魔の力で持ってしても、日ノ本を完全に乗っ取ることが出来ずにいた。そこで魔王は、日ノ本を完全に支配する為に、かつて東北（丑寅）の岩戸に封じられていた金神を、再び地上に蘇らす為に、七福神と八百万の神々に命じて金神の封印呪いを解かせ岩戸開きを行わせた。これが天照大神の岩戸開きであり、実は日・月の神の岩戸開きである。それから世に現われ出た金神は、艮（ウシトラ）の金神と呼ばれ、その当時、日ノ本に誕生した王者と一体となり、王者に強き魔の霊力を授け、日ノ本の東西南北を狂わせる封印をかけた。そして、その上で、五体の大蛇に東西南北と日ノ本の中心を護らせ、日ノ本に魔界の黒き闇の結界を張り巡らせたのである。さらに、この金神は、日ノ本の東西南北の方角を狂わす呪いを掛けていたが、そればかりではなく、祟り神として、大量の祟り札を呪術者に作らせ、日ノ本に暮らす人々の憎しみを煽り、怒りや恨みや不満を噴き上がらせて、人々の負の感情を操っていた。遥か昔から今日の世にまで、日ノ本に呪い封印の儀式が存在しているのも、この金神の仕業である。

それでは、ここで金神の姿を述べておく。その姿は、ひょろっとした細長い白狐であるが、自らの魔の霊力で、自らの姿を透明にする術を持ち、その白狐の全身からは、大量の祟り札を噴き上がらせる呪いの術も持っている。そして、日ノ本の霊界・魔界・人間界を呪い封印で操っていた金神は、各時代を通して多くの呪術者や祈祷師に取り憑き、平安の頃には安倍清明に魔の力を授け、陰陽の術で支配者・権力者を操らせていた。このような日ノ本であったが、今日の世において、われら四天界のカミガミが守り育んできた光り人たちの誕生により、永い間、金神に掛けられていた封印、呪いに風穴が開いて、われらカミガミの光りが注がれ、今漸く、金神の魔の霊力が弱まり、日ノ本に掛けられた封印、呪いが消滅しようとしている。今後、新たな世界を誕生させる為には、日ノ本に祟り神など存在してはならぬことである。また、恨みや憎しみなどの負の要素は、日ノ本再生の妨げになるばかりではなく、魔のものどもの温床となる。それゆえ、天地創造の大ガミとわれら四天界のカミガミは光り人と共に、日ノ本の東西南北の方位を正しき位置に戻し、日ノ本にカミガミの光りの柱を立てて日ノ本再生を急いでいる。これから、日ノ本は大きく変わる、地球再生、世界の再生は日ノ本からである。」

「ただ今、艮の金神の姿は白狐と聞きましたが、狐が、なぜ祟り神になったのですか？　それと、干支の方位の中で、北方は子（ネズミ）となっていますが、干支の始まりが、なぜ子（ネズミ）なのでしょうか？」

「そもそも、魔王が干支の十二支を妖怪にして、年回りの始めに子（ネズミ）を北方に配置したのは、ネズミは屋敷の天井や床下など、家の中の隙間や小さな穴さえも、自由に動き回れるからである。このようなネズミを数多く操り、星々のカミガミの光りを奪わせ、人々の命の光りも奪わせれば、魔王にとっては実に都合の良い妖怪であった。つまり、ネズミは十二支の中で、最も多くのカミガミの光りを奪い、また人々の命の光りを奪う妖怪として適任であったからである。それは現在の世界においても妖怪のネズミの役目は変わらず、ディズニーのミッキーマウスのように、何も知らない子どもから大人まで、ネズミのキャラクターを身に付け、ネズミに熱狂して、ネズミを追い求め命の光りを奪われている。これが古き昔から、人々の命の光りを奪ってきた、魔王が操る十二支のからくりである。

さて、次に、白狐が祟り神のウシトラの金神になった所以であるが、かつて、日ノ本の大地には、数多くの動物たちが、野や山々に生息していて、各々が自然界の秩序を乱すことなく生息していた。

それが、今から一万年ほど前から、日ノ本に大陸から多くの武器を持った集団が襲い来た。そして数々の支配者・権力者らの歴史を経て、日ノ本は大陸の王者が裏で操る国家となってしまった。ここまでは先に告げたことであるが、日ノ本が国としての形を整える過程においては、大陸の王者に沢山の献上品を贈らねばならなかった。その献上品の中で最も多く献上していたのが、狐やウサギなどの動物の毛皮であった。特に日ノ本に生息していた狐は、大陸の王者が強く望んだ貴重な毛皮であった。勿論王者が望んだ毛皮だと言っても、王者にとっても狐の毛皮は手に入れるべき貴重な毛皮であった。それゆえ、日ノ本の国を任されていた支配者・権力者は、多勢の手下の者を使って日ノ本に生息する狐を捕らえさせ、多くの狐の毛皮を大陸の王者に献上した。この狐の毛皮を大陸の王者に献上する習慣は、各時代を通して行われ、奈良時代において最も盛んに行われていた。加えて、この狐の毛皮は、時代が変わっても日ノ本の支配者・権力者にとって最も貴重な富の象徴として扱われ、狐狩りは日ノ本の各地で盛んに行われていたのである。そして、捕らえられた狐の毛皮は支配者・権力者の富の象徴となり、肉は食糧として加工され、多くの狐が殺害されてしまい、やがて狐は日ノ本から姿を消して数少ない動物となってしまった。

日ノ本に生息していた数々の動物の中でも、特に、狐ほど人々から捕らえられ、殺害され続けられた動物は狐だけである。それゆえ、各時代を通して殺害されてきた狐は、人間たちに多くの恨みや憎しみを待ったまま霊界に留まり、その恨み憎しみは巨大な怨念の塊となって人々の世界を呪い災いを与えてきた。遥か昔から、魔界・霊界に通じた者たちは、殺害された狐たちの怨念や憎しみを憑依させて、狐から霊力を授かり呪術者や祈祷師となっている。この狐の霊力を授かった呪術者、祈祷師が、狐を金神として崇め、また、狐の尾が実った稲穂に似ていたことから、稲荷の神として祀り崇めるようになった。そして狐の怨念を鎮める為に、日ノ本の各地に神社や祠を建立して、江戸時代では、商売繁盛の神として庶民に崇めさせるようになった。日ノ本の各地に稲荷神社が多く奉られているのは、それだけ人々が洗脳された結果である。

動物の中で狐以外でも、神として祀られているのは、神社の数は少ないが月の宮のウサギである。これは、どちらも大量に殺害されてきた証しである。さらに月の宮のウサギに付いて話し加えておくが、ウサギとは、東方の月の光りを宿した動物であるが、昔から狐の毛皮と同じように人々から重宝され、永い時代を通して大量に殺害されてきた。そのウサギの目が赤いのは、人間に対しての凄まじい恨みから怨念の念となり、眼が充血して赤目となっている。殺害されたウサギが魔界の妖怪となった為に、魔王は呪術者に命じて、怨念を鎮める為にウサギを月の宮の神として祀らせた。

尚、童話や御伽噺の世界では、ウサギをお調子者として描いているものが多くあるが、さいたまの浦和には、（調）と書いて、この一字で月の宮と呼んでいる神社がある。また、さいたまの大宮は、太陽の宮として大宮と呼び、東方の神々を祀る氷川神社があるが、このことは、浦和の月の宮が、裏の夜の世界を支配し、太陽の大宮が、表の昼の世界を支配するように、千二百年ほど前に、大陸の呪術者が、東方のカミガミの光りが届かぬように日と月を封じた呪いの結界である。

今後、さいたまの浦和と大宮の地は、月と太陽にかけられた封印、呪いが解かれて、昼も夜もカミガミの光りが行き渡り、光り人たちが多く集う、新たな時代の拠点となる所である。さて、話をウシトラの金神に戻すが、金神の祟りを恐れ、一度は金神の下座に就いた七福神と八百万の神々は、日ノ本が金神の魔の霊力で、魔王が望む世界になってから、金神を再び閉じ込めようと一計を案じ、今度は、金神に悟られぬように多くの呪術者を操り、金神が鎮座する大社を、日ノ本の京都に伏見稲荷神社を建立させた。伏見稲荷とは聞こえは良いが、魔のものを伏せることを伏魔殿というように、金神を閉じ込める為に七福神が謀った策略である。稲荷神社の鳥居が、濃い朱色に塗られているのは、殺害された狐の大量の血である。それと稲荷神社に鳥居が数多くあるのは金神が出た時、迷わす為の策略である。

このように悪神の世界では、人間界以上に権力争いが凄まじく、恨みや憎しみ暴力など、全ての負の感情が噴き上がっている世界だと思っても良い。これが魔王を頂点にした魑魅魍魎（ちみもうりょう）の魔界の世界である。それから、金神のように謀られた悪神に恵比寿がいるが、恵比寿とは、もともとは金神と同じく日ノ本で誕生した悪神である。その姿は、産まれながらにどろどろとした黒い塊であった。その姿が取り憑いて生き血を吸う蛭のような姿であったことから蛭子（ヒルコ）と呼ばれ、やがて蛭子を恵比寿と呼ぶようになった。蛭子は、大陸から来た福禄寿によって七福神の中に取り込まれたが、その実体は、先の金神のように、大陸から来た神々でさえも手を焼くほどの嫌われた黒い魂の存在であった。そのような蛭子を福禄寿は、手に鯛を持たせ、笹を持たせて、福の神として祀り崇めさせた。福禄寿が蛭子に鯛を持たせたのは、かつて大陸では、鯛は忌み嫌う不吉な赤い魚であった為である。また鯛の骨は、喉に詰まると命とりになることから、蛭子、恵比寿が暴れた時に、鯛の骨を突き刺し、喉に詰まらせる為に持たせたものである。また笹は、蛭子・恵比寿が暴れた時に、笹の葉が刃物となって恵比寿を切る為に持たせたものである。尚、福禄寿とは七福神の中に紛れているが、実は魔王が変身した姿である。また、布袋と、寿老人も福禄寿と同じく魔王が化身した姿である。加えて言えば、今日において鯛は祝い事に用いられ、目出度い魚と言われているが、かつて江戸時代以前の日ノ本では、大陸と同じく、鯛は忌み嫌う魚として食することは無かった。その鯛が一般に食するようになったのは、江戸時代、大岡越前が庶民の食糧事情を改善する為に指導したのが、日ノ本の人々が鯛を食した始まりである。」

日の丸の真実

「日ノ本の国旗は日の丸ですが、これは太陽を表しているのですか？　それと祝い事に紅白の幕が使用されておりますが、この紅白の幕と日の丸とは関係があるのですか？」

「日ノ本の国旗の日の丸は、確かに太陽を表したことであるが、紅白の幕との関係は、後に儀式者が結び付けたものである。そもそも、祝い事に紅白の幕を用いるようになったのは、かつて、日ノ本の支配者が、大陸の王者の配下となって国作りの基礎を学んでいた頃、その当時、大陸から数多くの品々が日ノ本に運ばれて来ていた。その際、その荷物の全てには赤と白の色が描かれていた為に、そのことから、紅白が祝い事に用いられるようになった。その当時、大陸の国家は、絶大な武力と権力を持って多くの国々を支配し、あらゆる国々と交易をして国は大いに繁栄していた。そして、当時、港で働かされていた荷役人たちは、読み書きの出来ない者たちが多勢おり、それゆえ荷役人たちが、荷物の送り先を間違えないように、大陸の支配者が各国々を色分けして、それぞれの国々へと送り届けていた。そのような中で日ノ本へ送り届ける荷物には、全て赤と白の色が記されていた。これが祝い事で紅白の幕が使用されるようになった始まりである。今日、祝い事に用いている紅白の幕とは、今から七百五十年ほど前大陸の荷役人たちが、荷物を日ノ本へ送り出す際に、間違えぬようにする為の紅白の目印であった。

それが、後の世に祝事に用いるようになったのは、世の中に数多くの習慣、儀式を伝え広めた支配者・権力者に仕えた儀式者である。古き昔から、日ノ本に誕生した支配者たちは、大陸から伝来した仏教及び習慣、儀式等の多くの文化を取り入れ、国創りの基礎を学び、国創りに励んできた。その結果、日ノ本の各地域には大陸の習慣儀式が根付き、日ノ本の国は永い時を経て、大陸の傀儡国家として作り変えられてきた。その証しの一つとして、古くからある各神社や仏閣を見ればわかるが、その全てが大陸から取り入れられたものが様式となって建立されている。その中でも、特に日光東照宮にある唐門は、これは、大陸の唐の国の門であり、大陸そのものである。社殿の前に門を建てるということは、その奥には唐の王者が鎮座する所があり、それは、また、大陸の神々が君臨する社である証しである。このようにして、日ノ本の支配者となった権力者たちは、永い間、大陸の皇帝を敬い服従して、そして大陸から渡り来た七福神や数々の仏像を祀り崇めて、日ノ本を悪神・仏魔が蠢く世界に形作ってしまった。

さて次に、日ノ本の国旗である日の丸についてであるが、日ノ本の国旗が太陽を表わす日の丸となったのは、それは、遥か遠き昔、星々のカミガミと光り人たちが、大陸から来た魔のものどもによって封じられた頃である。その頃、大陸から来た呪術者は、東方の親ガミの太陽の光りを魔光で封印した。その封印した太陽を鏡に集めて反射させ、時々の王者・支配者を守護する為の太陽の神が宿る魔境を創った。その魔境をヤタノ鏡と呼んで崇め奉っている。そしてまた、呪術者は、その太陽の神が宿る魔鏡を祀る為の、太陽神殿を各領地に建立して、日ノ本を東方の日照る国として形作った。以来、神々を祀る祭壇にはヤタノ鏡が置かれることとなっておるが、この太陽の光りを反射させた鏡は、眩しい光りとなって王者・支配者だけを照らす、魔の神々が宿る鏡として崇められてきた。つまり神社や神棚に置かれている鏡とは魔光を集める為の魔鏡である。そもそも、東方の親ガミの太陽の光りとは、全ての人々を分け隔てなく照らし、育む為の光りであって、一握りの地位ある王者、支配者だけを照らす光りではない。ゆえに日の丸の太陽とは、東方の親ガミが望んだ日の丸ではなく、魔に操られた呪術者が謀った日の丸である。

さて、日ノ本を魔の力で乗っ取り、闇世界より支配した大陸から来た呪術者は、大陸の皇帝の許しを得て、日ノ本を日出る国として天照大神を崇めさせ、日ノ本に誕生した王者、支配者を太陽の御子、つまり天子として国を治めさせた。そもそも、大地を照らす太陽とは、東方の親ガミが地球に生きる全てのものを育む為に、天地創造の大ガミと共に創造した、なくてはならない全ての命を育む光りである。ゆえに太陽とは、一握りの支配者・権力者だけを守り照らす為の太陽であってはならない。古来より、日ノ本の国を守護する大神として、多くの神社には天照大神が奉られているが、天地創造の大ガミと東方の親ガミは嘆き悲しんでいる。天照大神、別名天照の命(ミコト)とは、もともとは、スサノオと蛭子と兄弟であり、同じく東方の悪神である。かつて日ノ本の国が誕生した頃、アマテラスは時の王者の姫として生まれたが、魔王が特別に魔力を授け、そして亡くなった後に、魔王からさらに魔の力を授かり、霊界にて神となった悪神である。古来より日ノ本では、天照の命(ミコト)やスサノオの命や、またヤマトタケルの命など、名に命(ミコト)がついている神々とは、もともとは人間であった時に、魔王・悪神から力を授けられた者が、死後、霊界から魔界に行き成り上って、魔王から神としての地位を授けられたものである。これまで、日ノ本は永い歴史の中で、一握りの人間が太陽の御子となり、天子と呼ばれて、多くの民衆の頭上に君臨してきた。

では、その世界とは、どのような世界であったか？　といえば、それは地位と権力ある人間が、地位なき人間を蔑み支配して、支配者・権力者が富み栄え、民衆が苦しみ耐える国家であった。それと共に、神仏に仕える儀式者が、疑い知らぬ民衆を洗脳し、天照大神を筆頭に、多くの悪神どもを日本中に広めて、光りのカミガミを封じ、魔王・悪神どもの魔光が強い世界になってしまった。

しかし、このような魔のものどもが力持つ世界であったが、これから日ノ本では、天地創造の大ガミと四天界の親ガミが誕生させた光り人たちによって、これまで崇められて来た神仏の化けの皮が剥がされ、カミガミの真実が明かされ、日ノ本は再生されることになっている。これから日ノ本の人々は、新たな世界に向かって、体内に宿る親ガミの命の光りに目覚め、新たな時代の到来を信じて、星々のカミガミの真実を知る時である。」

貧困と飢えの真実

「以前、人間の命は、親ガミの光りの一滴から創造されたと聞きましたが、新たな世界が誕生して、多くの人々が体内にカミ宿ると目覚め、人間の命は、星から来て、星へ帰ると知ったなら、新たな世界での人口は増えるのですか？　それとも少なくなるのですか？」

「それでは先ず、人間の命とは何であるのか、その真実を告げる。そもそも、母親の体内に命が宿る時には、星々の親ガミの一滴の光りが命となって母親の体内に届き、そして星々の巡りと月のエネルギーによって、人間は地球に誕生しているのである。これから新たな世界に向かって、全ての人々が心がけねばならぬことは、人間は、いかなることがあろうとも、人が人の命を殺してはならない、と言うことである。なぜなら、人類が如何に進歩しようとも、人間が人間の命を創造することは出来ないからである。それとまた、いかなる人間であろうとも、人が誕生することと、死ぬ時を決める決定権は、人間にはない、と知るべきである。その決定権を持っているのは、天地創造の大ガミと四天界の親ガミだけである。さらに、人類が如何に進歩しようとも、原発や核兵器など人間の英知で制御出来ないものを創り、それを世に出してはならないことである。このことは人類が生存する為の必須条件である。さらに加えて、世界の人口の増減は、世の有識者が制限するものではなく、命を創造し、そして、その命を母親の体内に宿らせている、星々の親ガミが決めることである。

地上世界に誕生する人々の命は、たとえ、どのような境遇で人間が産まれようとも、命とは光りであり、光りとはカミであり、穢れ、汚れた命は一つもなく、また、あってはならぬことである。さらに、全ての人々の命とは、星々の親ガミの光りが命となって宿り、地球に誕生してきている。人間に宿る命とは、全てが分け隔てのない尊き光りの命である。しかし人間界の醜い競争社会の中では、親ガミが人間に与えた大切な命を、ある者は立身出世の為に命（魂）を魔に売り渡して、成り上がった者もいる。また、国司る権力者の中には、親ガミが人々に与えた大切な命を、何の躊躇することなく、多くの人々を戦場に送り出し、大切な命を戦火に散らせた愚かな指導者もいる。

さらに、世に学者と言われ、また地位や権力ある者の中には、われらカミガミの心を知らず、自らがカミになり変わったように、飢えや貧困で苦しむ民衆を見て、人口制限を声高く語り、心なき言葉で論じておる者がいる。このような者たちは、いつの時代でも、自らは広い邸宅に住みながら、人口が密集している地域を語り、豪華な食事をしながら、飢えで苦しむ人々を心なき言葉で論じている。今日、世界の中には、国司る者たちの野望によって難民となり、飢えと貧困で苦しんでいる人々が多く存在している。われらカミガミから見たら、実に嘆かわしいことである。いずれ、そなたが光り人と共に、飢えや貧困で苦しむ人々を救おうと考えたなら、そなたは、飢えや貧困で苦しむ人々を語り論ずるのではなく、そのような人々の地域に住み、共に行動してこそ、世界の飢えや貧困の問題は解決するのである。また、その地域にいる子どもたちの汚れなき瞳に輝く光りを見たならば、そなたと光り人たちは、天地創造の大ガミの心を感じ、われらカミガミの思いを知るであろう。ならば告げよう。飢えや貧困で苦しむ人々とは、われらカミガミが人間の姿となって地上に現れ出た姿であり、カミガミの光りの命を宿している人たちである。

もし、人々の中で、真のカミガミを感じ、真のカミに会いたいと望むなら、その時は、飢餓や貧困で苦しむ人々を真のカミと思い、その人々をカミの分身として接することである。さすれば、人々は真実のカミガミと出会い、カミガミの光りを感じるであろう。さらに加えて、われらカミガミが人々に気付いてほしいのは、富める国の人々が飢えや貧困を知らずに暮らせているのは、今、現在難民となって苦しんでいる人々が、自らの身体と命を犠牲にして、他国の人々を救っている姿である。そもそも、人間界での飢餓や貧困の原因は、遥か遠い昔、今から二万年ほど前、人間界で王者・支配者が誕生してから、地上での争いが繰り返される中で、我欲強き者が弱き人々を支配し自由を奪ったのが始まりである。それはまた、兵力・戦力を持つ富める国が弱い国々を侵略し領土を・支配者の国はさらに富み栄えて、その一方で、支配された国々は貧困と飢えで苦しむ、強者栄える世界となっている。そもそも、支配された弱き人々が飢えと貧困で苦しんできた歴史は、人間界で我欲強き支配者が現れ出て、その者が魔王・悪神の力を得て、他国を占領し、支配した人々の食料を奪い、捕えた人々に苛酷な労働を強いてきた。その結果、多くの国々を占領した支配者は、民衆の頭上に君臨する大王となって、他国を支配し、多くの民衆を虐げてきた。これが魔に操られた支配者・権力者の汚れた歴史である。これまで人間界は、このような王者・支配者の歴史が繰り返されて、地上世界は少数の富める国と、多くの貧しく飢えで苦しむ人々がいる国となって、支配者・権力者の為の歴史は築かれてきた。ゆえに、今日においても、飢えと貧困地域で暮らす人々の国々とは、遥か昔から、武力を待った王者・支配者によって占領されてきた国々である。その国々の歴史を紐解けば、ある時代では、人々は捕らえられて奴隷となり、また、ある時代では、家々を焼かれ破壊され続けられ、それが現在においても脈々と引き継がれてきて、支配された国々の大地には、草木や雑草さえも育たぬ変わり果てた不毛な大地となっている。昔から、国破れて山河ありと人は言うが、世界の貧しき国々の中には、国破れて山河なく、雑草さえも生えぬ国々がある。このような大地でしか暮らさねばならなかった人々は、彼ら自らが自然を破壊し、土地を荒らし汚したことではなく、遥か遠い昔から、幾世代もの間、我欲強い支配者の軍隊によって、国土は荒らされ穢されてきた。その結果、富める国はより強き国となって栄え、その一方で支配された国々は飢餓と貧困に襲われ、地上世界は支配する国と支配される国とが誕生して、世界は支配者・権力者の強欲な歴史が今日の世まで続いている。」

支配者と呪術者の策略

「強国の支配者から武力で持って占領され、家々を焼かれ、そして家畜の牛馬のごとく、苛酷な労働を強制された人々の思いは、後々の世になっても、占領された怒りや憎しみは消えることなく続くと思いますが、占領した支配者は、その人々の憎しみや恨みを、どのような策略でもって、人々を操り、領地を統治したのでしょうか？」

「強国の支配者から占領された人々の思いは、それは支配者への恨みや憎しみは消えることなく、許すことのできぬ怒りであったはずである。だが魔王・悪神の力を得た支配者の悪知恵とは、そのような占領された人々の思いは、当に分かった上で人々を操り統治してきたことである。その策略を企てたのが魔王・悪神に仕えた呪術者である。また、その策略の中で最も民衆を飼い馴らすことが出来たのが宗教である。そもそも、人間界を永い間、闇より操り支配してきた魔王・悪神は、その永い魔界の歴史の中で、人間界の全ての弱点、急所を知りつくしている。その魔王・悪神どもは、人間のような寿命はなく、千年でも二千年でも生き続けて、人間を操る悪知恵に長けている。つまり人間はいずれ老いて死するが、霊界・魔界に存在する者は死することなく、地球から魔界・霊界が消滅しない限り、霊界・魔界は存在し続けるということである。ゆえに魔王・悪神どもは人間をどのようにして操り支配すれば良いか、魔界の永い歴史の中で十分知り尽くしてきている。それゆえ魔王・悪神どもは、人々には観えない魔界から気付かれぬように巧妙に操っているのである。

つまり、魔界からは人間界の全てが観て聞いて知ることができるが、人々の世界からは、魔界は観て聞いて知ることとは出来ないのである。このことは魔界に存在するものどもにとっては、人間たちを操るためにはすこぶる有利な立場である。その魔の手口を例えて言えば、今日の世界においても、多くの人々が政治を正す為に各国でデモを行っているが、そのデモの裏には、必ず黒幕が糸を引いているのと同じである。これまで世界では、数多くの民衆が政治を正す為に抗議のデモを行なってきたが、それによって一時は政治が正されたように見えるが、だが十年も時が経った後には、また以前のような権力者の政治に戻っているのが世界の現実である。これは、つまり、魔王・悪神に操られた支配者・権力者の策略の方が、民衆の知恵よりははるかに勝っているからである。昔から、支配者・権力者が民衆を操る方法とは、国が乱れ政治が行き詰った時には、民衆に怒りの声を上げさせ、その後には、統治の手法をかえても体制は変わらず、国家権力は維持されてきた。これは俗に言う、民衆を操る為のガス抜きと言われている。このようなガス抜きによって、噴き上がった民衆の不平不満は、一時は治まり、また時が過ぎれば、ガス抜きを繰り返すことによって、やがて民衆は、政治に夢を託すことを諦めて、支配者・権力者の企みどおりの民衆となっている。

このような手法は、魔に操られた支配者と、それに仕える呪術者が謀ったことであるが、現在では魔王・悪神が政治家・官僚を操り、民衆を操っている。このことは遥か古代から、永い歴史の中で占領と侵略を行いながら学び得てきた、魔王・悪神が民衆を操る為の策略である。それとまた、現在において魔王・悪神どもの力は、世界中の人々から巧妙に命の光りを奪い、それを食糧として得て、益々巨大な魔のエネルギーとなって、星々のカミガミの力さえも超えるほどの大きな闇の力となって人々の世界を操っている。その魔の巨大な力が、未だ人々が目覚めることなく洗脳され、偽りの神仏に願いを託し、悪神・仏魔に両手を合わせ祈りすがっている。これが人間の目には観えぬが、魔のものが存在している証しである。さて、支配者から占領された人々の怒りの思いであるが、そのことも魔に操られた支配者の巧妙な謀り事によって、占領された人々は時が経つにつれ飼い馴らされて、やがて支配者・権力者の巧みな世論操作によって操られ仕組まれてきた。そもそも、人間本来の心の思いは、内なる親ガミの光りを宿している為に、例え相手が占領した憎い支配者であっても、日毎、恨み続けることは、そう長くは続かぬものである。そのような恨みや憎しみは、人々の代が変わり、時代も変わる頃には、人々の憎しみも怒りも消え、歴史からも消されていくものである。それは言わば、世界で始めて原爆を落とされた日ノ本の人々が、今日に至って、アメリカに恨み憎しみを持つことなく、それどころかアメリカの文化に染まり、アメリカの手下となって従っているのと同じである。つまり、人間とは、もともとは光り人であり、恨み憎しみを持ったまま生きることは、魔のものと一体とならぬ限り出来ぬことである。また、人間の本質とは、どんなに辛く悲しい出来事があったとしても、その思いを抱いたまま生涯を送ることが出来ないように創造されている。加えて、命の親ガミは、人々の辛い悲しい出来事をできるだけ忘れるように導いている。だが、その一方で、魔の悪神どもは、人々の悲しい辛い出来事を、いつまでも忘れぬように思考に入り記憶させ操っている。

もともと人々の心とは、その生涯を通じて悪しき支配者を憎み恨んで過ごせるものではなく、それが例え、支配者から牛馬のごとく酷い扱いを受けたとしても、時が過ぎれば悪を許し、忘れる思いとなっており、本来人間はカミ宿した、カミ心である。そのような人々の心を巧みに利用して、魔に操られた支配者と権力者は、人々の頭上に君臨して悪栄える国家を築き、人々を洗脳してきたのである。やがて時が過ぎ、占領された人々の思いは、時代が移り変わると共に、あれほど憎んだ支配者への恨み憎しみの感情は消え去り、そして、それに変わって人々の心に残ったのは、呪術者から謀られて、崇め祀った神仏への祈りであった。そして、また、強制された異なる言葉と文字である。このように占領した国々を巧みに操り、民衆を飼い馴らしてきたのが、王者・支配者に仕えた呪術者と儀式者が果たした役割であった。呪術者と儀式者が果たした謀り事は、日ノ本においても、民衆を洗脳する為の策略は変わらず行われてきた。しかし、魔のものどもの力がいかに巨大であろうとも、それでもわれら大ガミの光りの力には及ばず、日ノ本では文字を漢字に変えることは出来たが、言葉は変えることは出来なかった。日ノ本の言葉はヒフミヨイムナの七文字が大元となって出来ている。ゆえに、ヒフミヨイムナの言葉はカミガミの光りが宿っており、日ノ本の言葉にはカミガミの光りの力がある。」

人々にかけられた洗脳

「今日の世界でも、魔に操られた呪術者や儀式者は、人間界を闇より操っているのですか？それとまた、昔から呪術者や儀式者が大きな力を注いだ謀り事とは、どのような謀り事であったのでしょうか？」

「そもそも、遥か昔から、王者・支配者の側近となり知恵袋となっていた呪術者と儀式者とは、その中には、空海や安倍清明や徳川家康を操った天海（実は、明智光秀）などがいたが、その彼らの役目は、いつの時代でも変わらず、民衆を国家権力者に従うように操り、また民衆の中に不平不満があっても、決して刃向かうことのないように洗脳し飼い馴らしてきた。そしてまた、時には民衆の不平不満を行事や祭りで解消させ、ガス抜きをしてきたのが、彼ら呪術者と儀式者の役目であった。それでも、支配者・権力者の悪政のもとで、民衆の不平不満が爆発して暴動が起きた時には、その時は、その領地を司る責任者に、全ての罪を押し付けて首を斬る。それは恰も、支配者・権力者が民衆の味方であるかのように、世間を欺き操作してきた。彼ら呪術者・儀式者の謀り事は、常に世の中を操作して民衆を裏で操り、それにより大本の支配者・権力者は生き残るように謀ってきた。遥か昔から、時々の王者・支配者に仕えてきた呪術者・儀式者は、日ノ本の国家が誕生した頃から、王者・支配者の地位と権力を守りながら、民衆が世の中を乱さぬよう監視してきた。そして様々な習慣や儀式や行事を執り行い、各地域に神社・寺院を建てて、民衆に神仏を信じさせて、支配者・権力者の為の国家を形作って来たのである。

多くの人々は、今日の世においては、呪術者や儀式者などは存在しないと思っているだろうが、そのようなことはなく、呪術者・儀式者は今日の世においても、魔王・悪神から力を授けられ、表に現われることなく政財界の黒幕として存在している。その証しが、今日の世においても受け継がれ、多くの人々が年中行事に加わり、神社や寺院に詣でて参拝している。この慣習が、彼ら黒幕の魔の力である。遥か昔から、多くの人々を操り洗脳し続けてきた呪術者・儀式者は、今日の世界においては、国家を操り、民衆を支配する策略は進化に進化を遂げ、一般の人々には分からぬように益々巧妙になっている。さらに、今日では、魔王の力を得た世界の呪術者同士が裏で手を結び、人々の知り得ぬ闇世界の秘密組織となっている。その組織は、現在では世界の国々を操るほどの巨大な魔の力となって、世界中の人々の思考を操り、情報操作している。彼らの目的は、世界中の全ての人々が、偽りの神仏に祈りすがらねば生きていけぬ世界を創る事である。またその一方で、神仏など否定する無神論者を育て、科学万能の世界を創ることである。この彼らの目指す方向はどちらも同じく、世界中の人々が真のカミガミに目覚めぬように、星々のカミガミを遠ざけ、大魔王を全知全能の神として崇めた地球国家を創造することである。現在、彼らの組織力は、世界の政財界を含むあらゆる各界において、一般の人々には分からぬように、ある時は、国や経済を動かし、またある時は、世界の国々を動乱に巻き込み、彼らは裏世界から巧みに人々の心に不安心配の暗示を与えながら、地球を支配しようと企てている。」

魔の言葉、あわの歌

「先に、日ノ本の言葉はヒフミヨイムナから出来ていると言いましたが、魔王・悪神に操られた呪術者や祈祷師が、神仏の前で唱える祝詞や呪文には、どんな魔の言葉の力があるのでしょうか?」

「日ノ本の神社・寺院などで古くから唱えられている祝詞や呪文は、その多くが、魔王・悪神が呪術者や祈祷師に憑依して告げた魔の呪いの言葉である。魔王・悪神どもは、われらカミガミのヒフミの言葉を破壊する為に、「あ〜わ」までの五十音に呪いをかけ封印して、ヒフミの言葉からカミガミの光りを奪ってきた。この封印・呪いにより、星々のカミガミが光り人に届ける光りの言葉が天空で遮られ、その変わりに魔王・悪神どもの言葉が、呪術者や祈祷師にお告げとして届くようになっていた。その結果、これまで多くの人々は、祈祷師や霊能者の告げる言葉に惑わされ、迷い悩み、辛い悲しい人生を送っている。さて、魔王・悪神が呪術者・祈祷師に告げた言葉は、表の神道の世界では祝詞として唱えられているが、裏神道の世界では、あわの歌と呼ばれている。この、あわの歌は古き昔から、日ノ本の裏神道の世界で【あわの仕組み】と言われている。「あわ」とは五十音の「あ〜わ」までの文字を、縦、横、斜めに自由自在に組み合わせて、幾通りもの呪い文字を創り、それを魔王が選んだ人間に記憶させ、歌わせ、カミガミの光りを封じさせる為の呪文である。

今日でも、魔王から選ばれた人間は、かつてカミガミが降り立った光りの大地に赴き、あわの歌を唱え、魔界の結界を造って光り届かぬように仕組まれている。星々のカミガミのヒフミの言葉は、宇宙万物全てが天地創造の大ガミの光りになびく言葉であるが、一方、魔王・悪神が告げたあわの歌は、魔界・霊界・人間界に魔王・悪神どもの力が注がれ、人も皆全てを災い多く不安定な世の中にする為の魔王の呪文である。遥か昔から一部の人間によって密かに唱えられてきた、このあわの歌により、多くの人々は魔のものどもに操られて、酒やギャンブルや色恋沙汰に熱中して人生を狂わされてきた。また、このあわの歌は、世の中の景気を浮き沈みさせ、景気が良い時は、多くの人々をバブル経済の中に巻き込み泡を喰わせ、阿波踊りをさせ、そして一時のバブルに浮かれさせ、浮ついた人々を踊らせてきた。また、このあわの歌は、不景気の時には、多くの人々を踊り狂った祭りの後のように元気を失わせて、人々の世界を浮いては消える泡のように操って来た。古き昔から、伝承されてきた日本書記によれば、日ノ本の国の始まりは、イザナギ、イザナミの命（ミコト）が天空より杖を海中に突き刺し、渦を巻かせて引き上げたと記されている。その時、杖から泡の滴がしたたり落ちた。その一滴が日ノ本の国となったと日本書記は告げている。つまり、言い伝えでは、日ノ本の国は泡の一滴から誕生したと言われている。この神話は、魔王が呪術者に告げた、日ノ本の国が誕生した偽りの物語である。この日ノ本誕生の話を、大道商人たちは口上で、泥棒の始まりは石川五右衛門と述べ、国の始まりは淡路島と語り伝えてきた。

昔から、魔王と悪神どもは人間界に光りの人たちが現われ出ないように、人間界の中から親ガミの光りの大きい子どもを特別に選び、その子どもを魔王・悪神が守り導き、そして成長して大人になった頃に、就寝中に部屋の中一杯の大きな姿となって現れ、「あわの歌」を伝授してきた。

その選ばれた人間は拒むこと叶わず、あわの歌の仕組みも知らずに、夜ごと数年かけてあわの歌を会得するよう訓練されてきた。それから年月が過ぎ、あわの歌を会得した後には、魔王・悪神が告げる、世界各地に存在している名所や旧跡などに赴き、かつてカミガミが星々から降り立った光りの大地に立たって、あわの歌を唱え、魔の柱を建ててきた。このようにして、魔王・悪神どもは世界中にあるカミガミの光りの大地を乗っ取り、その場所を魔の神々の聖地として魔王・悪神が君臨する魔界を創らせてきたのである。これにより人間界は偽りの神仏を崇める世界となり、世界の各地に豪華な神殿・寺院が建造され、人々は宗教の虜となって魔王・悪神どもが喜ぶ世界となっている。現在、世界中にある有名な名所・旧跡には、魔王に使われた人間が立ってあわの歌を唱え、魔界と霊界と人間界を繋ぐ魔光の柱を建て、星々のカミガミの光りを遮っている。これまで人間界の歴史は、魔王・悪神が操る王者・支配者が声高に叫ぶ泡吹く言葉によって、民衆は慌て、踊らされ不安定な世の中となってきた。魔のものに操られた王者・支配者にとって都合良き世界とは、戦争があり貧困があり宗教があり、社会が常に不安定であることが望ましい世界である。何故なら、不安・心配が多い世界では、弱き人々が権力ある者にすがり、神仏にすがり続ける世界となって、支配者・権力者が富み栄える不平等な世界となるからである。また不安・心配な社会では、国司る政治家や権力者が民衆を相手に脚光を浴びる舞台が整い、彼らが主役となって世の中を支配できるからである。」

「あわの歌の仕組みをもっと詳しく教えてください。」

「では、ここで、「あわのうた」と日ノ本古来の文字について述べるとする。太古の昔、日ノ本に霊界が存在感を増し、星々のカミガミが日ノ本から立ち去り、星々へ帰った後のことである。当時、日ノ本の国は誕生したばかりの頃、国全体の秩序が乱れ、天候不順もあいまって、日ノ本は混乱状態となっていた。その時、この混乱を沈めようとしたのが、イザナギ、イザナミであった。イザナギ、イザナミは「日ノ本の混乱を沈めるには先ず言葉を統一することだ」と考え、アから始まりワで終わる五、七調のうた、つまり「あわのうた」を作った。そして、上の二十四声をイザナギが歌い、下の二十四声をイザナミが歌い重ねて、カダガキ（びわの原型）を打って弾き歌い、あわの歌を民に教えながら諸国を巡った。と同時に、稲作の方法や機織りの指導もしておった。その結果、秩序ある豊かな国ができて、オオヤマト（日ノ本のこと）と呼ばれるようになったのである。またその当時、国における様々なことが、占いによって執り行われており、その占いに用いられたのが、モトアケ（フトマニの図）と呼ばれるものであった。

…………………

（時ページに表しているのがフトマニの図であります。）

【フトマニ図】

…………………………

そして、このフトマニの図に表されておる意味は、次の通りであると言われておる。

この図の「ア、ウ、ワ」は、宇宙の中心を表しており、アは天、ウは人、ワは地を表し、天と地と人との繋がりを表す、と言われておる。つまり宇宙の創始者、アメミヲヤ（絶対神）を中央にして、その周囲は「ト、ホ、カ、ミ、ヱ、ヒ、タ、メ」の八神で人間の寿命を守る、と言われており、さらにその外側の「ア、イ、フ、ヘ、キ、ラ、ス、シ」の八神は言葉を守り、人の内臓や食糧を守ると言われておる。また最も外側は、「ヤマ、ハラ、キニ、チリ、ヌウ、ムク、エテ、ネセ、コケ、オレ、ヨロ、ソノ、ユン、ツル、キサ、ナク」のミソフ【三十二】の神で人間の姿、形を守る、と言われておる。そして占う時は、「ア、イ、フ、ヘ、キ、オ、ス、シ」の八字と、ミソフは対となり十六字となって組み合わせ、その中から言霊の意味を悟り、占うとされていたようである。

そして、「あわのうた」や「フトマニの図」を始めとする様々なことは、「ホツマツタエ」【古事記、日本書記の大元の文献とされており、縄文時代に編纂されたと、と言われておる。】にヲシテ文字と呼ばれる文字で書かれておった。このヲシテ文字は、四十八文字から成り、やまと言葉の基本、とされておるが、当時、象形文字のような（ヲシテ文字）を使っておったのは、神と呼ばれておった。ごく少数の人間であったと思われる。また（ヲシテ文字）は、その性質上難解すぎること、また読む人の解釈に間違いが生じやすいことなどから、広く発展しなかったようである。最も当時の多くの人々にとって、日々の暮らしには言葉だけの会話で十分あったゆえ、尚更であろう。さて、その後、大陸から日ノ本に漢字が伝わった時、時の権力者が難解な（ヲシテ文字）ではなく、漢字を国の文字として選択したため、日本古来の（ヲシテ文字）は日ノ本から消滅した、と言える。しかし当時の人々は、漢字を使いこなすことができなかったゆえ、日本古来の言葉と同じ言葉の意味を持つ言葉を、訓読みとしてつけた。これが、日ノ本に漢字の音と訓が存在する理由である。以上が、一つの史実として、日ノ本に伝えられていることである。

さて、「あわのうた」はわれらカミガミの「ひふみよいむな」を封印したものであり、ヲシテ文字は、われらカミガミの、神代文字を呪い封じたものである。また、占いに用いられておった（フトマニの図）によって、われらカミガミが司る宇宙銀河の星々のみならず、地球に誕生する人々にも呪い、封印がかけられていると言える。（フトマニの図）の中央の「ア、ウ、ワ」はア「天」とワ「地」でウ「人」を挟んでおりゆえ、（フトマニの図）が成立して以降、人間が地球に誕生する時には、われらカミガミの命の光りとともに、魔のエネルギーも埋め込まれた状態で誕生させられていたようである。

さて、「あわのうた」であるが、「あわのうた」は、以前は魔に選ばれし者しか歌えなかったが、されど２００９年4月15日に解禁されたことにより、誰でも歌えることになり、少しずつではあるが広まりをみせているようである。「あわのうた」を歌うことで体内の細胞が活性化され、元気になる、とまことしやかに言われておりこれに賛同する者が増えつつあることも確かである。
しかし、新たな世界、日ノ本再生にとって、「あわのうた」は大きな障害になりつつあると言える。つまり、人も皆居心地の良い光りの世界を広め、光りの書物を広めるには、やはり、あわの言葉や文字の封印、呪いを解く必要があると考えておる。このままでは、われらカミガミが星々からいくら光りのエネルギーを届けたところで、日ノ本全土に光りのエネルギーが十分に行き渡らぬことを意味する。われらカミガミとて、これまで数々の魔のもの退治をしてきて今になって、「あわのうた」とは少々驚きではあるが、これまでの様々な魔の仕組みが分かったゆえ、日ノ本に存在する呪い、封印を解り除くことは可能であると考える。

それから、イザナギ、イザナミが「あわのうた」を日ノ本に広めたことであるが、特に琵琶湖の西側で（あわのうた）を人々に伝えておった。そして、琵琶湖の西側には、三尾（みお）神社があり、ここにイザナギが祀られておる。「ホツマツタエ」によれば、富士山と琵琶湖は深き関連があるとされておる。以上、日ノ本の大地と日ノ本の人々が居心地良く暮らすためには「あわのうた」の封印、呪いを取り除かねばならぬことである。」

「かつて、星々のカミガミが降り立った光りの大地は、あわの呪文により魔王・悪神が君臨する魔界の聖地となっている、と言いましたが、魔王が君臨する大地には、各々の魔王が存在しているのですか？」

「われら星々の世界は、天地創造の大ガミのもとに四天界の親ガミがいて、その親ガミを中心にして、各々の銀河の星々が守り導かれている。一方、魔王が君臨する魔界でも、われらカミガミの世界を真似て、大魔王のもとで東西南北の魔王が各々の聖地に君臨して魔界を形創っている。今日の世界において魔王が君臨する大地には、西方の魔王はヨーロッパ諸国に君臨しており、東方の魔王は中東からアジア諸国に君臨しており、また南方の魔王は南米やオーストラリアに君臨しておる。そして、また北方の魔王は地球の北方の国々を支配し君臨している。つまり世界には、各々の魔王が存在しており、その頂点には大魔王が君臨している。それに加えて、日ノ本においては、天地創造の大ガミと四天界の親ガミが、地上に始めて降り立った大地であるがゆえに、大魔王は東西南北の魔王と悪神を世界中から集めて、日ノ本の大地を幾重にも呪い封印かけて支配していた。それが、この度、西暦2012年、これまで地上世界に君臨していた東西南北の魔王と大魔王は、四天界の親ガミと天地創造の大ガミが誕生させた光り人たちによって退治され、銀河の果てにあるブラックホールの中に閉じ込められた。だが、しかし東西南北の魔王と大魔王が退治されたとは言え、地上世界には、未だまだ多くの魔王と大魔王の分身が魔界に潜んで人間界を操っている。われらカミガミは、これからも地球の隅々にまで光りを注ぎ、魔王・悪神どもの棲みかを発見して、光り人と共に魔王・悪神どもを退治していかねばならないと思っている。地上世界には、未だまだ魔王・悪神の手下どもが霊界・魔界に蠢いて、人々の世界を操り、支配している、これからも注意が必要である。」

呪術者が謀った洗脳（親孝行）

「これまで、人々の世界では、遥か昔から魔王・悪神によって操られ、支配されてきた、とのことですが、魔王・悪神に操られた呪術者・儀式者が、人々の心を操る為に、最も力を注いだ洗脳とはどのような策略だったのでしょうか？」

「魔王、悪神どもが呪術者や儀式者を操り人々を洗脳してきたことは、今日まで受け継がれてきた数多くの伝統儀式の行事を見ればわかるが、その中でも、呪術者・儀式者が最も力を注いできたのが、古き昔から今日の世まで、多くの人々の心に深く根付いている親孝行を説く教えである。この親孝行すると言う教えは、誰もが異を唱えることの出来ないほどの、人々の世界にとっては最も尊い行いである。またこの親孝行することを魔に使われた儀式者たちが巧みに利用して、親孝行の教えを人々に説き、人々を洗脳してきたことである。もともと親孝行の教えとは、かつて、その昔、大陸から伝えられた儒教の教えの中にある、人は常に目上の者を敬い、親孝行することの大切さを説いた教えである。そもそも、儒教の教えとは、大陸の地に孔子なる人物が現れ出て、人の世の流れを見つめ、天地自然の巡り行く時を感じ、それを弟子たちに説き諭した教えであった。その孔子が説いた教えを、国司る支配者は孔子の心を理解せず、儀式者を使い儒教として民衆を従わせる為の宗教とした。その結果、民衆の心には目上の者を敬い、親孝行をすることが大切なこととして心に深く根付かせた。

では儀式者が人々の心に根付かせた親孝行の教えとは、どのような策略であったか？ それは、多くの人々が芝居や映画等で親孝行の物語を観て感動して涙を流すように、彼ら儀式者が果たした策略とは、世の中で貧しく生きる人々を芝居と同じように、現実の世界で裏から操ることであった。その策略とは、先ず儀式者が、領地に暮らしている貧しくとも懸命に生きている、ある家族を選び、その家族に突然不孝や災難を与える。そして、子どもが両親を助ける為に、懸命に寝る間も惜しんで働くように誘導しながら、やがて子どもが周りの大人たちから褒められるように仕組み、親孝行の美談を企ててきた。それは家族が貧しくとも仲良く暮らしていけるように、と操り仕組んだ策略であった。遥か昔から、儀式者の策略によって洗脳された人々の心は、今日の世に至っても、その心の暗示は解けず、多くの人々は常に目上の者を敬い、親に孝行することが何よりも大切なことだと信じて、語り伝えられて来た。これまで、多くの人々が正しいことだと信じている親孝行の美談とは、それを伝え聞いた人々にとっては心の支えとなり励みとなって、多くの人々は親孝行の美談に感動し涙した。

それにより、人々の心に宿った暗示は、たとえ、自らの暮らしが貧しく苦しくとも、親孝行は大切なことだと思うようになり、それはまた、目上の者を敬うことになり、そのことの結果、人々は、そのまた上の国司る支配者・権力者を敬い、従う心となった。この親孝行の策略によって、誰よりも喜んだのが民の親として君臨出来た、国司る支配者・権力者であった。古き昔から、儀式者の策略によって飼い馴らされてきた人々は、日頃から、世の中の仕組みが悪い悪いと言いながらも、儀式者が企てた策略にはまり、神仏に願いを託し、先祖供養を怠ることなく、親孝行することを善と信じて、辛い暮らしに耐え暮らしている。」

「それは、確かに、儀式者が人々の心を操った親孝行の教えであったとしても、私は目上の者を敬い、親孝行が策略によって強いられているとは思えません。ならば、目上の者を敬い、親に孝行するのは悪い教えなのでしょうか？」

「先ず、誤解なきよう告げておくが、そもそも親と子の深き関係とは、子を持つ親であるなら誰でもが、他人から強制されなくとも、親は我が子を優しく守り育て、子どもは親を慕い、親の懐に安らぎを求める。これは、天地創造の大ガミと四天界の親ガミが、生きる者全てに授けている親と子の光りの愛情の姿である。われらカミガミが望む世界とは、親孝行などしなくとも良い、親と子が仲良き世界である。本来、親孝行とは、国司る権力者が、大人や子どもに強いることではなく、また、人と人との間に上下関係を作り、下の者が目上の者を敬い従うことではない。古き昔から、人々を従わせる為の洗脳であった親孝行の教えとは、子どもは幼き頃から周囲の大人たちから親孝行の教えを聞かされ育ち、そして大人たちは、支配者・権力者から、目上の者を敬い従うように教育されて来た。これまで、支配者・権力者が儀式者を使い、民衆を手なずけてきた。その彼ら支配者たちの手口は、民衆に対しては始めから、国家に服従せよなどとは強制せずに、まずは神仏を敬うことを教え、そして目上の者を大切にする心を教え、そして親孝行の大切さを民衆に語り教えてきた。これにより、国司る支配者・権力者は、民衆の頭上に君臨して、彼らが民の親となって権力者が栄える国家が創造されてきた。

古来より、芝居等で演じられてきた親孝行の物語とは、その舞台はいつでも、貧しい人々の暮らしの中での辛く悲しい物語である。それゆえ多くの人々は、その舞台に涙を流して感動して来た。だが、もしそれが、権力持つ金持ちの物語であるならば、人々はその美談に感動することなく、同情するはずはなく、また富める者の親孝行の話等は観たくはないであろう。では、なぜ、われ北真が、親孝行の教えを語らねばならぬのか？　それは、われらカミガミが観てきた、人々の心に根付いた親孝行の洗脳は、魔王・悪神が儀式者や呪術者を操り、それと共に支配者・権力者が、その持てる力を最大限に使って企てた、人々の内なる命の光りを狂わした洗脳であるからである。我が子を愛しいく思う親ならば、例え、親が貧しい暮らしであったとしても、子どもを犠牲にしてまでも親孝行せよとは言わぬものである。また真の親心とは、貧しさゆえに一家の為に苦労している我が子の姿を見て、それを世間に、親孝行な子どもだと、自慢話として語り、喜んでいる親などいるはずはない。さらに我が子を犠牲にしなければならない親心とは、我が子にすまぬと詫びる思いとなり、せつない思いとなるものである。

昔から、支配者・権力者は、貧しくとも耐えている人々を操る為の手段として、親孝行に励む子どもたちを褒め称え、時には支配者・権力者が正義の味方のように救いの手を差し述べて、民の親を演じて来た。そして、いつの時代でも、支配者・権力者が民衆を操る方法は、魔王・悪神の手口と同じく、世の中で、貧しくとも正直で懸命に働いている、一握りの人間に救いの手を差し伸べ、その苦労を褒め讃える。それはあたかも、支配者・権力者が貧しき人々の味方であるかのように、人々に知らせ演じてきた。しかし、その実体は、彼らは大きな屋敷に住んで贅沢な暮らしをして、その一方で民衆は、貧しく辛い暮らしに耐え、厳しい暮らしを強いられて来た。

今日の世に生きる人々でさえも、時代劇等で演じられておる水戸黄門の物語を観て、悪者を退治する黄門の姿に人々は心を和ませ、貧しき人々に味方する水戸黄門の語る言葉に、世の正義を思い、心酔わしている。ならば、水戸黄門が真の正義の味方であるなら、少数の貧しき人を救うことよりも、全ての人々が、居心地良く公平に暮らせるように、持てる権力を民衆の為に注ぐべきである。今日、人々はもっと賢くなって、支配者・権力者の企てに乗らずに、また親孝行の美談に酔いしれることなく、各々が自立して、権力ある者に操られない人間になる時である。

（水戸黄門の呼び名は、魔王が呪術者に告げ、光圀に授けた呼び名である。

水戸とは、南方の親ガミの水色の光りを遮る為の魔の扉である。また南方のカミガミの光りの水が、河川や海や水脈に行き渡らなくする為の呪いの魔の戸である。黄門とは、北方の親ガミの黄色い光りを阻むための魔の門である。また北方のカミガミの光りが、大地に注ぎ満たされなくする為の呪いの魔の門である。）
古くから、魔王・悪神に操られた支配者・権力者が、民衆を操る仕組みとは、欲望持つ人々を虜にする、宝くじの仕組みと同じようなものである。宝くじの仕組みは、大勢の人々から多くの金を集めて、一握りの人間を当選させ、そして当選した人だけが大金を手にするからくりである。

だが、われらカミガミが観て来た、宝くじが当たって大金を手にした者たちの人生は、泡銭と言われるように、急に大金を持ったが為に災い多い人生を送っている。この宝くじの仕組みは、企画運営する組織が全てを取り仕切り、民衆は夢と希望を持たされ、踊らされて、大事な金を巻き上げられている。また宝くじの仕組みとは、国司る者たちが、常々、口では民が主と言いながら、自らは民の頭上に君臨している、偽りの民主主義と同じく、いつの時代でも、民衆は権力もつ者の企てに乗り、操られ、踊らされて、労力と金を差し出して、国家に奉仕して、支配者・権力者を支えている。そして、このからくりは、頂点に立っている支配者・権力者は、民衆には見向きもせず、民衆の労力と汗で稼いだ金で豪華な贅沢な暮らしをしている。また、この仕組みが、魔王と悪神が支配者・権力者を使って、民衆を騙して操っているからくりである。このからくりにより、支配者・権力者は永い、永い間、民衆に僅かな希望を持たせ、夢を持たせ、その一方では、不安心配な世の中を作り、民衆が権力ある者に従わねば、生きてはいけない世界を創ってきた。これから人々は、遥か昔から代々受け継がれてきた、古い儀式や習慣に囚われることのないように、また、間違った世論の声に騙されることのないように、一人ひとりが、何が正しく、何が悪いのか？

世の中の真実を見極め、高ぶる感情に流されることなく、心の維新を遂げる時である」

「私は、これまで、芝居やドラマなどの親孝行の物語を観て、多くの人たちと同じように同情し、感動してきました。その私の思いは、木を見て森を見ずの例えのように、世の中の真実の仕組みを見極めず、親孝行に励む子どもの姿に感動して心を高ぶらせ、狭き心で世の中を見てきたように思います。星々の親ガミが望む社会とは、子どもを犠牲にしてまでの親孝行などしなくとも良い世界であり、そしてカミガミの奇跡さえも望まずにすむ世界だと思います。ならば、その昔、儀式者が民衆に果たしてきた親孝行の洗脳の企てを、もっと詳しく身近で観て、感じたいと思います。このような私の望みは可能でしょうか？」

「昔から人々の思いとは、過ぎ去りし日々を懐かしく思うあまり、幼き頃の自分に戻りたいと、時には願うものである。だが、過ぎ行く時の流れと、過去の歴史とは、新しき世界を築く為の戒めであると学ぶことである。地上世界の時の流れとは、遅き早きの違いはあるにしても、やがて人々の世界は、人皆全てが居心地良い理想世界へと至るように、天地創造の大ガミと四天界の親ガミは日々守り導いている。

さて、そなたが観たいと望んだ儀式者の謀り事であるが、答えを言えば、それは可能である。天地創造の大ガミは星々の世界は勿論のことであるが、地球上でのこれまで起こってきた過去の、どのような出来事であろうとも、こと細かく知り尽くして、その数々の出来事を全て記憶している。それは、全人類一人ひとりの生涯とても同じである。天地創造の大ガミが記憶している出来事とは、人間界の精巧なコンピューターを全て合わせても、天地創造の大ガミの記憶力に勝るものはない。天地創造の大ガミは、全ての出来事を記録した光りの鏡を持っている。それを四天界の親ガミに与えて地球や星々の世界を共に導き守っている。」

……ここで北真は、光る鏡のようなものを差し出し、私に渡した。……

「これが、その鏡である。この鏡は、親ガミが観たいと思う出来事を、その場にいるように立体的にこと細かく映し出す鏡である。そしてまた、この鏡は人々が産まれ、生きて、死に至る迄の全ての出来事が、人各々の人生が記録されており、人間の過去を写し出す鏡でもある。またこの鏡は、人々が地上での暮らしを終えた後、親ガミから生涯を観せられて、自らの人生を省みて、心の奥さえも写し出す鏡である。この写し鏡により、人生を悔いなく親ガミの光りと共に生きた人は、光りの星の中で嬉しく楽しく暮らすことになる。また一方、生前、魔のものに魂（命）を売り渡し、人々を苦しめ、人々を傷つけた我欲強き者は、光りの星から遠く離れた薄暗い黒星の中に入り、光り目覚めるまで過ごすことになる。遥か昔、地上に現れ出た賢者は、親ガミが持つこの鏡を「天網恢恢　疎にして漏らさず」と人々に語り伝えている。この意味は、星々の親ガミが、人々の世界に張り巡らした網は、その網目が粗雑であっても、どのような細かいことでも見逃すことはなく、全てを見て知っているということである。ゆえに、この鏡に写し出される映像は、人類の誕生から今日の世界に至るまでの、全ての出来事が嘘偽りなく記録され、それはまた、人間一人ひとりのどんな些細なことでも写し現す鏡である。それでは、これより過去の時代を記録している映像を、そなたに観せるとしよう。この映像により、そなたは過去なる時代での、儀式者が果たした謀り事を、その場に居あわせたように観て、感じることができるだろう。」

過去への旅　五〇〇年前　信州・長野でのキクの物語

…………………………

映し出された、その映像は、遥か遠い昔の過ぎ去りし山や川、野原や近隣の村々を映し出していた。

そして次に風景は場所を変え、ある川辺に住む人々の集落を映し出していた。

「この映像は、まるで現実の世界のようで立体的で、私がその映像の中に存在して、体験しているかのようであった。」

…………………………

それから場面は河原辺の集落の中にある、今にも崩れ落ちそう粗末な小屋のような家を映し出していた。そして、次に場面は、その家の主人であるイサクと母親のミツが田畑を耕す姿を映し出していた。その側には、幼い乳飲み子を背負いながら懸命に父母の手伝いをしている姉のサト（12歳）の姿と、それと未だあどけない少女キク（7歳）の姿であった。

「私はその映像を観て、なぜか言いしれぬ懐かしさと親しみを感じた。それは遥か遠い昔に別れた肉親のように感じていた。」

その時、私の思いの中に声が響いた。

「そなたが、今、観ている映像は、これより、このイサクの家族の身辺に起こる様々な出来事を観ることになる。その前に告げておくことが、そなたの遠い先祖であるイサクの家族が、なぜ、この川辺に住むこととなったか？　そのことを告げておこう。このイサクたちの先祖は、かつてはサンカ人と言われ、四季折々の山河を愛し、自然と共に生きた心優しい人々であった。それが、やがて時が過ぎ行き、日ノ本が国家として形整えられた頃、時の支配者は各地域の土地を奪い領地にして、その土地を捕らえた領民たちを使って、大地を掘り起こさせ耕して田畑を造成させた。そして支配者は、その田畑を領民たちに貸し与え、年貢を取り立てるようになった。当時の領民たちは身も心も支配されていた時代であった。

また、その頃、河川の近くの集落では度重なる洪水によって、領民たちの差し出す年貢も、時には滞ることもあった。その為、時の支配者に任えた役人たちは、山々に暮らす人々を、人間狩りとして捕らえて狩り集め、そして彼ら山の人たちを河原に隔離して、河川の修復や橋の工事を命じた。その際、彼ら山の人たちは、荒れ狂う河川に身を投じて挑み、また橋を架ける時には水底に沈んで、過酷な役目を命じられていた。彼らの仲間たちの中には、身体に石を抱かされ縛られて、人柱として河底に沈められ、命を落とした者も数多くおった。この当時、河原に住む人々は、領主の役人からは、河原者と呼ばれ、非人や河童等と言われ蔑まれながら暮らしていた。さらに時代は移り過ぎて、領地の支配者は河原人たちに農民より下の農奴としての地位を授け、それから後に田畑を耕すことを認める小作人としての身分を与えた。尚、小作人とは土地の所有を禁じられ、地主から土地を借りて農業をする人たちである。そして、さらに時が過ぎて、その河原人たちの子孫がイサクの家族である。加えて伝えておくが、当時の領主は、河原人の中から、河原人を監視する者を選び、その者に河原人たちを監視させていた。

このような仲間の者を使って監視するやり方は、古今東西の支配者が行なってきた策略であるが、支配者は他国の人々を奴隷として狩り集める時には、同じ仲間を使うのと同じやり方である。つまり支配者は汚れた仕事は下の、下の者にやらせて、自らは決して手を汚さないのが、国司る権力者たちの策略である。そして、この当時、河原人を監視する役目を担ったのが渡辺という姓である。この渡辺の姓とは、河川の（渡）し（辺）りを監視する役目として、その姓を与えられた。だが、今日、渡辺の姓を持つ人々を、そなたは狭い心で捉えるものではない。なぜなら、彼ら渡辺と言われた人たちも、河原人たちの監視を怠り、その役目を果たせぬ時には、彼ら渡辺の者たちも命なき役目であったのである。では、これより、そなたは過去の時代の中に入り、イサク家族のこれから起こる出来事を観て感じて知るがよい。」

………………

場面は、イサクの家族が野良仕事に精出す姿を映し出していた。その風景は初夏の頃、そよぐ風は心地好く、稲穂は小波のように穏やかに揺れ、また青き空は眩いばかりに高く、高く澄んでいた。

次に場面は、家族一人ひとりが懸命に汗を流し働いている姿を映し出していた。その家族の姿は、それぞれに豊作を心より願い、その願いが叶えられたかのような穏やかな顔をしたイサク一家の姿であった。次に場面は、一瞬にして、イサク一家の日々の暮らしへと変わって映し出していた。その暮らしは、あまりにも酷く貧しく、それは人間として生きる為の尊厳を全て剥脱されたようなイサク家族の小作人としての暮らしであった。

次に場面は、時が過ぎて、季節は初秋の頃となっていた。そして場面は、これまで高く澄んでいた青い空が一転して日の光りを遮るように、暗く黒い雲が天を覆い尽くし、大地では大粒の雨が田畑を容赦なく撃ち砕き、風はゴォーゴォーと音を立てて、稲穂を一斉になぎ倒して泥土に押しつけていた。その強い暴風雨は、イサク一家の思いを一瞬にして打ち砕くかのように、昼夜を問わず激しい雨と強風が三日三晩荒れ狂い、河川は濁流となって氾濫して、田んぼの稲穂は刈り取る間もなく、無残な姿に変わり果てていた。やがて、時はゆっくりと流れ、強き風は弱まり、降りしきる大粒の雨も、水瓶が底をついたように降り注ぐことを止めて、空には太陽の光りが雲間より顔を出し、大地を照らし始めていた。そして、イサクたちの住む河辺には、以前のような静けさを取り戻していた。次に、場面は変わり、イサクたち河原の者たちが集合して、各々が今後のことを相談し合っている重苦しい場面へと映し出していた。その場面に映る彼らの姿は、各々に深い疲労感を漂わせ、皆それぞれが不安で苦渋に満ちた顔で、その場の空気をより一層重苦しく沈ませていた。そのような中で、彼らの話は、今度の水害の恐ろしい話、また、それ以上に、皆の心を苦しませていたのは、今後、地主に差し出す年貢をどのように工面するか、また、これからどのようにして生きていけばよいのか、その話で集会の場は、重く暗く張り詰めていた。その話の中で、ある者は、年貢を工面する為、幼き子どもを人手に渡し、自らは草木を食べて生きる決意を語り、またある者は、家族それぞれが、他家へと奉公に出て、一家離散を覚悟する者など、その場に集う人々は皆それぞれに嘆き悲しんでいた。そして、イサクと仲間たちの重苦しい集まりも、全てが辛き言葉で幕は閉じ、皆それぞれが俯きうな垂れた姿で家へ帰って行った。

そして家路に帰る皆の後ろ姿は、悲しげに、それはまるで重い荷物を力の限り背負ったように、辛さ苦しさを感じさせていた。それから場面は変わり、夜も更けてイサク夫婦が語り合う姿が映し出された。そこでの話は、これからの家族の行く末を話し合い、それから夫婦は一家の進むべき道として、最も辛く悲しい道を選ぶことに決めた。その決断は、イサクの先祖が遠い昔から、流れ出る血と溢れ出る涙でようやく築いた小作人としての田畑の耕作を辞め、夫婦で下男と下女となって働くことであった。そして、さらに娘サトには一家の望みを託し、辛い苦しい奉公へと送り出すことに決めた。次に場面は、薄暗い家の中で、イサク夫婦が溢れ出る涙を必死に堪えながら、サトに辛く悲しい話を告げていた。それまで黙って聞いていたサトは、父母の心の痛みを慰めるかのように、自らが望んで苦界へと旅立つように答えていた。その時のサトは、父母に向かい嘆き悲しむ言葉は一言も言わず、寧ろ、サトの顔には微笑みさえ浮かべて、優しく両親を励ましていた。それは気丈なサトの姿であった。次に場面は変わり、集落の辺り一面に朝靄が立ち込め、小鳥たちが忙しげにさえずり、イサクたちの住む河原辺に、夜明けの風景を映し出していた。それから場面は、朝靄の中を一人寂しげに苦界へと旅立つサトの姿を映し出していた。その時であった。後方よりサトを呼び止めようと必死で駆け走って来る、妹、キクの幼い姿があった。サトは振り返りキクに駆け寄り、姉妹は互いに相手の顔を見つめ合い立っていた。サトの目に映ったキクの幼き顔には汗が輝き、息を弾ませながらつぶらな瞳でサトを見上げていた。そのキクの瞳は、サトの身を心配するかのように不安げに見つめ、また何か励ます言葉を捜しているかのように、ただ、じっとサトを見つめていた。それからキクは、何か大切なことを思い出したように、先程より手に握り絞めていた薄い紅色の小さな石をサトに差し出し、「サト姉ちゃん、これ。」と言って手渡した。

その薄紅色の小さな石は、キクがようやく一人歩き始めた頃に河原で観つけた、それはキクにとって、ただ一つの大切な宝物であった。サトはその小石を見つめ、キクの心の思いを知り優しさを感じ、幼いキクを愛しく見つめた。サトは、今にも溢れそうな涙を堪え、「キクの大切な宝物ありがとう。姉ちゃん大事にするからね。」と話しかけ、それからサトは、これまで、サトが両親を助けてやってきた、毎日の水汲みや弟の子守などをキクに頼み、そして、サトは。「キク、今度帰って来る時には、キクの好きな土産を持って帰るからね。キク、お父、お母の手伝いを頼んだよ。」と優しく話し告げた。その時キクの心の思いは、好きな土産等何も欲しくはなく、キクはサト姉ちゃんとの悲しい別れを必死で耐えることが精一杯であった。そしてキクは、昨日から話す言葉が沢山有ったのに、今はその言葉が声にならず、キクはただ、「うん、うん、うん。」と何度もうなずくだけのキクであった。やがて、サトは朝靄の中を一人で旅立って行った。その遠く去り行く後ろ姿を、キクはなごりつきぬ思いで、ただじっと見て佇んでいた。それからキクは、遠く離れ行く姉の姿に向って、心の底より「サト姉ちゃーん、サト姉ちゃーん。」と声を限りに精一杯の思いを込めて呼び続けた。キクのサト姉ちゃんと呼ぶ声は、川辺や野原に響き渡り、朝靄の澄んだ大気に溶けこみ、それは小さなこだまとなって響いていた。

それからのキクは、夜明けの空にまだ星々が瞬いている時から、川岸で水汲みに精をだし、そして幼い弟を背負って、野山で焚き木を集める等、キクは、夜明けから夜が更けるまで休む間もなく懸命に働いていた。そのキクの働きは、サトの身代わりを十分に務め果たしている幼い姿であった。やがて、場面は移り変わり、季節は寂しげに枯れ葉を落とす秋が去り、冷たい風が肌を差す永い寒い冬が訪れていた。その冷たい冬の訪れは、キクや河原に暮らす人々にとっては、いつもの冬以上に侘びしく辛い冬の訪れであった。そして、その辛い冬は、日毎、河原の集落に凍てつく氷雨や寒風を吹き荒れさせて、それは、日毎川岸で水汲むキクの小さな手をアカギレさせ血を滲ませ、さらに寒風は吹雪となって幼いキクの身体を痛めつけていた。

そんな、ある日のこと、下男となって牛馬のごとく働いていたイサクが、過酷な労働で身体を壊して倒れ、そのまま病の床へと伏せる身となった。それからのキクは、イサクを看病する仕事も加わりはしたが、以前にも増してかいがいしく仕事に精を出していた。その姿は集落の人々も感心するほどの働きぶりであった。そのようなキクの姿は、やがて集落の人々の語る話となり、それが、また人から人へと語り伝えられて、いつしかキクの評判は、遠く離れた集落の人たちにさえにも届く話となって伝えられていた。そして、さらに、月日は巡り、空の雲間より暖かい日の光りが、大地に注ぎ始めて木の芽が息吹く頃、キクはいつものように小さな弟を背負いながら朝の水汲みを終え、野山へ焚き木を拾いに行った、その帰りの野道で、キクは一人の老婆と出会った。その老婆は、道端で身体をうずくまるようにして背を丸め、必死に痛みに耐え苦しんでいた。キクはとっさに老婆に駆け寄り、老婆の背中を優しくさすりながら、「婆ちゃん大丈夫か、大丈夫か。」と何度も老婆に話しかけ、老婆の背を懸命にさすり続けた。やがて、老婆は、キクの優しい思いが通じたかのように、老婆の顔から苦痛の表情が消え、老婆は穏やかな笑みを浮かべて、キクに感謝の言葉を述べていた。

それから、漸く落ち着いた老婆は今日の出来事を話し始め、自らの身の上をキクに話し伝えた。その老婆は、キクたちの集落から離れた所に暮らしており、今日は、愛しい孫が病気になった為、日頃から信仰している山のお寺へ参り、孫の病気が治るように祈願して来た帰りであったと伝えた。そして、また老婆はお寺に祭られている仏さまとは、とても慈悲深く多くの人々を守り助けてくれる、と幼いキクにも分かるように優しく説いて話した。その話を聞いたキクは、瞳を輝かせ「婆ちゃん、そのお寺にいる仏さまって、お山の上にある、あのでっかいお屋敷のことか、そこの仏さまは……そしたら婆ちゃん、おらの、おらの、お父のことも治してくれるかなぁー。」と、キクはお父の姿を思い浮かべながら、老婆に尋ねた。それに答えて老婆は、「キクちゃん、お寺にいる仏さまは、どんな願いでも叶えて下さる、とっても有り難い偉い仏さまなのだよ。」と話してくれた。その時、偉い仏さまと聞いたキクは、なかば諦めたように「婆ちゃん、そんな偉い仏さまなら、おら、行ってもお願いできねぇなー」と、悲しげにつぶやくように言った。その寂しげに語ったキクの心の奥底には、かつてキクが体験した、偉い方との出会った時の思いが蘇り、キクの心を暗くしていた。そのキクの思いは、以前、キクとお父が野良仕事の帰り道に出会った立派な姿のお偉い方であった。その時お父は、道端で頭をこすりつけるように土下座をして、偉い方が通り過ぎるのを、ただじっとしたまま地べたに額を押しつけていた。その時、側にいたキクは、何も分からぬままお父と同じように土下座していた。それはキクが生まれてはじめて経験した、思いもよらぬ悲しい出来事であった。そして、偉い方が通り過ぎた後に、お父はキクに何も語らずただ黙ったまま、うつむいてキクと共に家路に帰った。その時、キクの少し前を歩くお父の姿は、幼いキクの心に始めて、人としての身分の違いを強烈に感じさせて、キクは、お父に声をかけることが出来ずに話す言葉を思い止めた。

それ以来、キクは河原人たちが、日頃から差別され蔑まれていた立場を知った。そんなキクの悲しげな顔を見た老婆は、キクを励ますように、「キクちゃん、仏さまはどんな人でも優しく見守っていて下さるのだよ。とくにキクちゃんみたいな良い子は、仏さまはきっと願いを叶えて下さるよ。」と優しく話した。その老婆の優しい言葉に励まされたキクは、幼心を勇気づけるように瞳を輝かせ、「そんじゃ婆ちゃん、おらが、仏さまの所へ本当に行ってもいいんか。お父のことを頼んでも本当に良いのか、婆ちゃん。」と、キクは自らの決心を示すように老婆に尋ねた。その時、老婆はキクの真剣なまなざしに心をうたれ、「キクちゃん、キクちゃんも仏さまの所へ行ってもいいのだよ。そこで、お父のこと頼んでいいのだよ。」と、老婆はキクを見つめ優しげに告げた。その時、老婆は、幼いキクの優しい真心に胸が熱くなり、キクの輝く瞳に心打たれていた。やがて老婆と別れて帰る道々、キクは婆ちゃんの言った仏さまの事を考えながら家に帰った。そして、時が過ぎ、夜の帳が落ちる頃、空には小さな星々が小さな灯を輝かせる夜となっていた。その夜も更けて、集落の辺り一面がシーンとして、皆が寝静まった頃、キクは一人静かに寝床からそっと抜け出て外へ出た。そして、キクは大気の澄み切った夜空を見上げた。そこにはキラキラ瞬く星々と、雲間から顔をのぞかせたまん丸い月が、キクの幼い姿を照らし、足元に小さな影を映し出していた。キクは決心して、月明りを頼りに山のお寺へと急ぎ走った。そのキクの駆け走る足元からは、草踏む足音が小さくサックサックと鳴り、またキクの弾む呼吸は白い息となって、夜の肌寒い大気の中へ溶け込み消えていた。その駈け走るキクの思いは、ただひたすらお父の身体を案じ、また婆ちゃんが話してくれた仏さまを信じて、「仏さまはきっとおらの願いを叶えてくれる。」と、自らの心に何度も何度も強く言い聞かせ、自らを勇気づけながら、キクは山のお寺へと目指して駈けて行った。

やがてキクは山の麓へと辿り着き、お寺へと通ずる前に立っていた。そこは山の頂きにまでに続く長い石段があって、そのはるか向こうには大きな寺社が、その威厳を誇るかのように大きな姿で建っていた。キクはその場に立ちつくして、月明りに浮かんだ長い石段を見上げた。また、その先遠くにある寺社を見上げた。それは、まるで大きな山ごとキクを睨みつけているかのようであった。その時キクは、ここまで来て、ことの重大さに気がつき、心の底から恐怖と不安を感じていた。それでもキクは、「キクちゃん、仏さまの所へ行ってもいいのだよ。キクちゃんのお父のことお願いしてもいいのだよ。」と言ってくれた婆ちゃんの優しい顔を思い浮かべ、自らの幼い心を勇気づけていた。キクは決心して、前方に連なる長い石段を一歩一歩と思いを込めながら踏みしめるように登っていた。その幼い小さな姿は、石段を一歩もひるむことなく力強く進んでいた。そして、ようやく石段を登りつめたキクは、さらに、その先にある大きな寺社へと続く長い参道を、自らの勇気を試すかのように一歩一歩進んでいた。やがてキクの目前には、大きな寺社が巨大な存在感を示すかのように、月光りの輝きを受け堂々とそびえ建っていた。キクは、その寺社のあまりの大きさに思わず目をみはり、先ほどまでの勇気づけた思いも一瞬にして恐れと変わり、言い知れぬ恐怖を感じて、その場に立ちすくんでいた。その時キクの心には、かつて、お父と二人で偉い方と出会い道端で土下座した、あの時のあの思いが今再び蘇り、キクは目前にそびえ建つ大きな寺社にいたたまれぬ恐怖を感じて、小さな身体を震わせ立ちすくんでいた。キクを見下すその寺社は、恰も自らが山の主のようにキクの目前に大きく立ちはだかっていた。それは、幼いキクの心を一瞬に打ち砕くには十分すぎるほど、近寄りがたい大きな寺社であった。その時、キクは、「おらの来る所でないみたいだなぁー」と、強い後悔の思いと惨めな思いとなり、キクは今来た参道を悲しく寂しげに引き返していた。その時、キクの脳裏には、お父とお母の懐かしい顔が浮び、次にサト姉ちゃんの優しい顔が、キクを見つめ微笑みかけていた。

キクは、今傍らにサト姉ちゃんがいるように、「サト姉ちゃん。」と、思わずかぼそい声でそっと呼んでいた。その時、キクの愛らしい瞳からは、大粒の涙がほほを伝い溢れ流れていた。そのキクのほほを伝う涙は、キクの心に微かな光りを灯したかのように小さな勇気を与えていた。キクはすぐに後を振り返り、弱い心を打ち消すように小さな拳で涙を拭い、目前にそびえ建つ寺社に戦い挑むかのように、「婆ちゃんは、おらにここへ来て、お父のこと頼んでもいいと言った。婆ちゃんは嘘をつかねぇ。」と、キクは自らの弱い心を励まし、言い聞かせるようつぶやいた。そして、それからキクは一気に寺社の前まで駆け走り、お寺の中に向って、「仏さま、おらの、おらの、お父を元気にしてください。」と、泣き叫ぶような声で言っていた。そのあまりの大きな声にキク自身が驚いて、キクは急いで境内を見渡していた。その境内は、辺り一面に張り詰めた大気で覆われているように、重苦しくシーンと沈黙を保っていた。それからキクは、何かとんでもない悪いことをしてしまったかのように、突然恐怖が襲いきて無我夢中で今来た参道を引き返し、一目散に長い石段を駈け下りて行った。その時のキクの思いは、今にも偉い仏さまがキクを追いかけて、キクを捕らえに来るような気がして、キクは懸命に走り続けた。その走る姿は、月明かりの中を逃げるように、小さな影が野原を素早く駈け抜けて行った。

それから時は三日ほど過ぎて、キクはお寺の偉いお方が、いつキクを捕まえに来るか不安な思いで眠れぬ夜を過ごしていた。さらに、四日目の夜も何事もなく過ぎ、キクはお寺から追っ手は来ないと思い、不安な思いも消えて、いつもと変わらぬキクとなっていた。そしてキクは改めて、あの夜の出来事を思い返してみた。そこでキクは、婆ちゃんが話してくれたことを今再び思いかえして、キクは思った。「あの夜の、おらの、あの頼み方では、仏さまはお父のこと助けてはくんねぇなー」とキクはつぶやいた。そしてキクは「よし、夜になったら、またお寺の仏さまのとこへ頼みに行こう。」と、決心した。そして、また、夜となり、キクは再び、月明かりの中を走りながら、お父が元気になるようにと、山のお寺へと通い続けた。それからのキクは、田んぼのあぜ道を駆け走り、夜毎お寺の長い石段を登って、そして、参道へと進み、お寺の前で、「どうか仏さま、おらの、お父の身体が元気になるようにしてください。」と、何度も何度も仏さまに土下座し声を出して語りかけ、夜毎、祈り願う日々となっていた。やがて、キクがお寺へ通うようになってから一月程過ぎた、ある夜のこと、その夜は、月の光りが青白く輝き、小さな星の光りがひとつ夜空を横切るように静かに流れて消え、キクの草踏む足音がサックサックと野原に響いて大気が澄んだ静かな夜であった。その夜もキクは、ようやく通い馴れた畦道を駆け走り、いつもと同じように、石段を泥土で汚さぬように端を登り、お寺の参道を進んで行った。キクの、その姿は始めの頃とは違って、今では目前にそびえ建つ大きな寺社に対しても何等恐れおびえることはなかった。

またその場から逃げ帰ることもなく、キクはただ一心にお父の回復を願い、一言、一言、キクの思いを添えて、「仏さま、どうかお父の身体を一日でも早く治してください。」と、夜毎同じ願いを繰り返し、仏さまに向かって土下座して声を出して語りかけていた。その一心に祈り願うキクの小さな身体からは、あたり一帯の大気さえも張り詰めさせるほど緊張感を与えていた。また、キクの姿は、目前にそびえ建つ大きなお寺でさえも決して見劣りすることなく、むしろその小さな姿は、輝く月の光りを全身に受けて照らされ、夜の大気の中で輝き放っていた。その時であった。張りつめていた大気を一瞬にして撃ち震わせるかのように、そびえ建つお寺の薄暗い部屋の中から、厳かに響きわたる声で、キクの名を呼ぶ声がした。

「これキクよ、その方は実にお父思いの良い娘子だ。これより庭にある木の葉を摘んで、それを煎じてお父に飲ませるがよい。さすればお父はきっと元気になるであろう。これキクよ、これからもお父、お母を大切にして、良い娘でいるのだぞ。」と、その声は、キクの腹の底に響くよう声で告げていた。その時キクは、全身が熱くなり心が震え、地面に額を押し付けて、この声は、婆ちゃんが話してくれた偉い仏さまだと確信した。それからキクは、その仏さまに向かって、何度も何度も、「仏さま、ありがとうございます。おら、もっともっとお父とお母を大切にして良い子になります。」と、小さな身体で精一杯のお礼の言葉を述べていた。そして、キクの心は興奮冷めやらぬまま、境内に植えてある大切な薬草を摘み取り、懐に抱いて、お父のもとへと一目散に駈け走り帰って行った。

それからのキクの日々は、夜明けと共に仕事を精一杯こなし、夜はお寺へと駆け走り、仏さまにお礼の言葉を述べ、そしてキクは、お父に飲ます必要な量だけの薬草を摘んで持ち帰り、それを煎じて床に伏すお父に朝晩飲まし続けた。やがて季節は移ろい、肌寒く吹く風の中にも、時折キクのほほに温もりを感じさせる頃となっていた。それと共にキクのお父の身体は、初春の風の温もりに合わせるかのように、日毎、病も薄れ行き、日一日と回復の兆しをみせていた。キクは、長らく観ることのなかったお父の笑顔を久し振りに見て、心の底より嬉しく思った。それと、また、お寺の仏さまと、仏さまのことを話してくれた婆ちゃんに、いつも心の中で感謝の言葉を述べていた。

やがて、さらに時は過ぎ、長い冬の間、ひび割れ、あかぎれていたキクの小さな手は、ほほをなでる初春の温もりの風と共に、その痛みと傷は消えうせ、キクの大好きなお父は、もとの元気な身体となって働き始めた。だが、お父が元気になっても、キクの日々の仕事は変わることなく、キクは朝早くから空が暗くなるまで精一杯懸命に働いていた。そして、また、夜になればお寺の仏さまの所へ駈けて行き、そこで、お父の礼を述べ、「仏さま、今度はサト姉ちゃんが早く帰ってきて、お父もお母も皆一緒に暮らせるようにしてください。」と、キクは、夜毎仏さまに願い話しかけていた。そんなキクの日々励む姿は、近隣の集落の人々の話題となり、さらに遠く離れた村々の人たちにさえにも話し伝えられることとなっていた。そんなある日のことであった。キクのもとに領地のお館さまからの使いの者が訪れ、イサクとキク親子そろって館へ来るようにと伝えられた。お館さまからお呼びが来るなど、イサクや河原の人々にとっては始めての出来事であり、イサクはことの重大さに恐れおののき、またキクはお寺の仏さまのことで何かお叱りを受けるのではないかと不安に思い、河原の人たちも皆それぞれが驚き戸惑う出来事となっていた。そして、いよいよその日が来て、イサクとキクはお館さまへと行く時となった。その日、キクは産まれて始めて泥土の汚れない着物で身を包み、恥ずかしげにお父の手をしっかりと握りしめ歩いていた。お館さまの屋敷は、イサクとキクが目を見張り、胸が高鳴るほどの立派なお屋敷であった。やがて屋敷の中から門番が現われ、キクとイサクは中庭へと連れて行かれた。それからイサクとキクは、地面に正座して、お館さまの側人が伝える言葉を、地面に額を付けながら神妙に聞いていた。

「これイサク、そのほうの娘キクは、いまだ幼い娘ながらも、村々の間では大層評判の良い、親思いの娘と聞いている。その上、夜毎お寺へと参って家族の安泰を願っているとも聞いておる。それは誠にもって良くできた娘である。さてこの度、お館さまは、そのほうの娘キクの、日頃の行いにいたく感心され、娘キクに、お館さまより褒美として田畑の耕作地を授け与えることとなった。これキク、これからも仏さまを敬い、益々親孝行に励むように。」と語り告げられた。イサクは、その時、高鳴る胸の鼓動に身体が震え、背を丸めて小さくかしこまっていた。それと、また、傍らで土下座しているキクも、幼い姿をさらに小さく丸めてかしこまりながら、「これからも、もっともっと仏さまにお参りして、お父とお母の手伝いを沢山しよう。」と強く決心していた。河原の集落にも春がきて、淡い色の花びらが優しい風に舞い、キクは大きく背伸びして、春風を身体いっぱい吸い込んで、暖かい日の光りを浴びていた。キクは、以前より増して仕事に精を出し、お寺に詣でて、忙しい日々を過ごしていた。それから、暫くしてから、キクが長く待ち望んでいた、大好きなサト姉ちゃんが、ようやくキクのもとへと帰る日が近い日となっていた。そして時が過ぎ、初夏のそよぐ風は、樹木の青葉や梢に止まる小鳥たちにも、快い優しい風を届けていた。

そんなある日のこと、キクはしばし時を忘れ、優しく奏でるそよ風を心地良く受けながら、草繁る丘に腰掛けて、キラキラ輝く川面の流れを見つめていた。その流れ行く川面には、小船のような一枚の木の葉が、ゆらゆらと揺れながら流れるままに浮かんでいた。その時、キクは、その木の葉の小船に乗り、どこか遠くへ漂い流されて行くような思いを感じていた。そして、キクのその思いは、いつしかキクを夢の世界へと誘っていた。夢の中でキクを乗せた木の葉の小船は、揺られ流れて川を下り、渓谷の中を進み、さらに大河へと流れて、やがて小船は広い、広い大海原へと至っていた。それからキクを乗せた小船は、海風に乗り舞い上がり天に遊ぶ浮船となって、大空を高く自由に、気持ち良さそうに漂い浮かんでいた。

さらに時は過ぎて、やがてキクの意識は夢心地のまま、キクの幼い身体は、キクが気付かぬままにお父の胸に抱かれて家に帰り、それからのキクは、幾夜も時を忘れたように安らかな寝顔で眠り続けていた。そのあどけない寝顔は、キクがこの河原の地に生まれて、一人歩き始めた時から、今日のこの日まで、歩み続けてきたキクの全てを癒すかのような深い静かな眠りであった。キクは未だ、深い眠りの彼方にある、夢の世界に漂い浮かんでいた。そこでキクは、自らの命(魂)が、淡い五色の光りに包まれて輝く世界へと導かれていた。そこでは、キクの好きなサト姉ちゃんとお父とお母が、赤児の弟をあやし遊ばせながら、仲良く楽しそうに笑っていた。そして、その傍らには河原の人たちも、皆それぞれに家族同士が仲良く笑顔で楽しそうに喜びあふれていた。その光りの世界は、人も皆喜び満ちて輝いている、キクが望んだ夢の世界であった。やがて、その楽しい世界は、淡い五色の光りが一瞬にして打ち砕かれて灰色の世界となり、それまでの快い風が強風となり突風となって、そこに集う人たち皆全てを、一気に遠い彼方へと連れ去って行った。一人取り残されたキクは、誰もいない鉛色の世界に向かって、「おとう、おかあー。」と呼び続け、さらに「サト姉ちゃーん、サト姉ちゃーん。」と声を限りに叫んでいた。その時、キクの閉じた瞳から溢れ出る大粒の涙が、とめどなく頬を伝い流れていた。その溢れる涙は、寝ているキクの枕もとを濡らし、キクは悲しく閉じた夢の世界から、深い眠りの世界へと、今再び彷徨い続けた。やがて、時は三日三晩過ぎて、キクは深い眠りの中から漸く目覚めた。枕辺にはお父とお母の懐かしい顔がキクを見つめていた。そして、その傍らには、キクが夢の世界で必死に呼び続けた優しいサト姉ちゃんが、キクの目覚めた瞳を微笑み浮かべて観ていた。そのサトは、キクを優しく労わるように、「キク、永いあいだ苦労かけたね。これから姉ちゃんは、いつまでもキクの側にいるからね。キクほんとうにありがとう。」と涙を堪えて声をかけた。

キクは、去りし日のサト姉ちゃんとの別れ際の時と同じように、ただ「うん、うん。」と話す言葉もままならず、サト姉ちゃんを見上げてうなずき答えた。その見つめ合う瞳の中には、再び会えた喜びがあふれて、姉妹の思いは互いに深い絆で結ばれていた。それから、時はどれほど流れただろうか。それまで、キクの家族を穏やかに包んでいた空気は、一瞬にして家族を冷気の中へと引きずり込み、それはまるで断崖から一気に落ちたかのように皆の心を震えさせていた。その時、幼いキクの身体は脈うつ鼓動を止めていた。しかし、キクの幼い寝顔は、楽しい時を過ごしたかのように微笑み浮かべ、静かに安らかに瞳を閉じていた。そのあどけない姿は、今再び地上に蘇ることなく、肉体に宿る命は光りとなり、そして、キクは薄紅色の光りの小船に乗り、お星さまの光りの世界へと旅立って行った。やがて、キクが眠る枕辺の時は流れ、キクの身体を凍てつかせたまま、時は現実の世界を刻み始め、家族は悪夢の呪いから漸く目覚めていた。そして、お父とお母は泣き悲しみ、サトは、愛しきキクの眠る姿を強く抱きしめて、キクの名を声の限りに呼び泣き続けた。サトの嘆き悲しむ泣き声は、家中の大気を震わせ、その声は、風に乗り河原辺に響き渡り、はかなく流れて消えていた。

やがて枕辺に泣き伏す家族にも、流れる時は止まることなく、河原辺には小鳥たちがさえずり、四日目の朝の時を告げていたその朝、キクの亡骸は、キクが婆ちゃんと始めて出会った野道のほとりの原っぱに埋葬され、白き板木の墓標が道標のように建っていた。それからのサトは、朝な夕なにキクの眠る墓標へと参り、その墓標の前にひざまずき、もの言わぬキクに優しく話しかけて、日々一輪の薄紫の野菊を捧げていた。そんなある日のことであった。サトはいつものように野道を急ぎ、キクの眠る墓標へと来てみると、そこはいつもの風景と大きく変わり、キクの墓標の周りには、辺り一面花々が敷詰められたかのように、薄紫の小さな野菊の花が一斉に咲き誇り、清らかな香りを漂わしていた。その野菊の花々は、愛しいキクを思い偲ばせ、サトはしばし時を忘れて観ていた。

それは、まるで淡い薄紫の花雲の中から、キクの白き墓標だけが光りとなって浮かんでいるようで、サトはその時、どこか遠くの見しらぬ光りの世界へと導かれ「サト姉ちゃん」と呼ぶ、キクの愛しき声を感じていた。そして、さらに、時は静かに流れ冬がきて、薄紫の野菊の花に囲まれていたキクの白き墓標は、今では跡形もなく朽ち果て、小さな野菊の花も枯れていた。それでも、また季節が巡り来ると、キクの墓標があった野原には、可憐なキクを偲ばせるかのように、辺り一面に小さな薄紫の野菊の花が咲き満ちて、野辺行く人々に季節の香りを届けていた。

そして、さらに、時が流れ季節が巡り来ると、キクの墓標がある野原には、辺り一面に薄紫の花が可憐に咲き誇り、いつしか、その野原は、道行く人々から、親しみをこめて野菊の里と呼ばれるようになり、多くの人たちの心を癒す所となっていた。そして、さらに時が移り行くと共に、野菊の里は、人から人へと話し伝えられ、それがまた大人たちから幼い子どもたちへと語り継がれて、いつしか、その話は、キクの親孝行の物語として、近隣の人々の心を慰める話となって、語り告がれる美談となっていた。そんなある日のこと、イサクはお寺より呼ばれて、僧侶からキクの墓を境内に建て供養することを許された。このようなことは、これまで河原人がお寺に弔われることはなく、イサクと河原の人たちにとっては、未だかつてなかった初めての出来事であった。やがて、墓が建てられキクの供養の日となり、イサク家族はキクの墓前に頭を垂れて、僧侶の読経を神妙に聞いていた。その墓は、家畜を弔う境内の片隅に、小さな石板を一つ立てたようにひっそりと建っていた。そして、その墓の表面には、人間としての戒名はなく、ただキクの二文字が小さく刻まれていた。それと墓の裏の隅には、小さく細い字で非人、河原者と刻まれていた。

さらに、時は移り月日は過ぎ行き、季節は爽やかな初秋の頃となっていた。その爽やかな季節は河原辺にも訪れ、吹く風は心地良く、天高く澄みきった青空に白い雲がふんわりと浮かんで、天空からキラキラ輝く太陽の光りが、五色の光りとなって大地に降り注いでいた。そして、木々の梢は緑のそよ風受けて心地良く揺れていた。また、田んぼの稲穂は黄金の光りとなって小波のように揺れていた。そんな、爽やかな初秋の日に、サトは喜びの旅立つ日を迎えていた。サトの嫁ぎ行く、その姿は、愛しいキクを偲ぶように、可憐な薄紫の野菊の花束が胸に抱かれ慎ましく可憐に咲いていた。その野菊の花びらには、サトのほほを伝う涙が一滴流れ落ちて、その一滴が清らかな五色の光りに照らされ、キラキラと輝く花模様のように映していた。それはまるで、サトの嫁ぎ行く姿を、光りの世界からキクが優しく見守り祝福しているようであった。

ここで場面は終了して、次に何処からか清らかな声が聞こえてきた。それは星々の光りが奏でる優しい歌の調べであった。

風はそよぐめぐる季節をそえて　青葉はなびく、めぐる季節をうけて
小鳥は冴えずる木々の梢で、大地も、海も、山も、人たちも
流れる時の中で　全てが光りの世界へと導かれ
星々の光りと共に輝くように
人は皆星々の光りを宿し、人も皆光りと共にあるように
大地を照らす日の光りのように　時を導く月の光りのように
山も　河も　海も　星々も、輝く光りの時の中で
人も皆全てが居心地良き世界へと至り
星々の光りと共に輝くように
…………………

（注）四天界の親ガミは、大地に咲く花々に各々の光りの色を注いで、四季に咲く花々を育んでいる。その中で、天地創造の大ガミの花は薄紫の野菊である。

このことを知った魔王に仕えた儀式者は、薄紫の野菊の花を封印して、野菊の花の花弁よりも多い花弁の菊を紋章にして王者の印として崇めさせた。また、それと濃い紫の藤の花を高貴な色の花として神社や仏殿の境内に植えさせ薄紫の光りを封じさせた。

…………………

以上、北真も大ガミが観せた、過去なる時代の映像でした。

………………

ここで、東方の星に帰った、キクから届いたメッセージをお伝えします。

二〇〇四年六月、ここまでの原稿が完了した時、私の前に淡い茜の光りが現れ、その中に光り存在となったキクが現われ、メッセージを届けてくれました。

…………………

「わたしは、永い間この本が完成される時を待っていました。はやく世に出して頂いて、わたしのことを、みんなに知らせてください。この物語は、東方の親ガミがあなたに映像とメッセージを伝え、書いてもらいましたが、実際の河原辺の人たちの日々の暮らしは、もっと悲惨で辛く苦しい暮らしでした。わたしは今から五〇〇年程前、信州の大きな川のある、河原辺で育ち一〇歳の時に東方の星へ帰りました。今日は、親ガミの茜の光りに包まれて、漸くあなたにお会いすることができました。人々の世界が貧困のない、差別のない、親孝行などしなくても良い、人皆平等な安心して暮らせる世界となるように、東方の星から親ガミと共に見守っております。人も皆全てに光りあれ　光りあれ　光りあれ。」

…………………………

過去の辛きこと多い世界

過去の世界より戻った私は、キクの亡くなった姿が脳裏より離れず、キクとキクの家族の深い悲しみに心乱れされていた。その私に、優しく語りかけるように、北真が言った。

「そなたが観て知った数々の悲しき出来事は、全てが過去の世界での真実の出来事である。そなたは、心を乱さず、われが先に告げた支配者と儀式者が果たした策略を、今一度思い起こし、過去の世界を冷静に考えることである。さすれば支配者と儀式者がキク家族に果たした策略が分かるであろう。そなたが過去の時代の真実を知ることが、これから誕生する新しき世界において、支配者・権力者が二度と再び人々の心を洗脳することなきように、また支配者・権力者が強いる親孝行などいらぬ世界を目指すのが、今後、そなたや、そなたの仲間たちが心がけることである。ならば、そなたは心を静め、過去の出来事を顧みるがよい。さすれば、支配者・権力者の正体がそなたに見えて知るであろう。」

「確かに北真の言われるとおり、キクやキクの家族の暮らしていた時代は、支配者と儀式者が、何も知らぬ集落の人々を闇より操り、数多くの策略によって世の中を操作していたことを、私は観る事ができました。しかし、今、私の思いは、集落の人たちを闇より操る儀式者よりも、キクやキクの周りの人々の姿が心より離れずに、今も鮮やかに生き続けております。北真よ。なぜ、天地創造の大ガミと四天界の親ガミは地球を創り、自然界を形作り、そして人々を地上に誕生させた、その偉大な力と知恵を持ちながらも、人々が嘆き悲しみ、辛きことの多い世界を許してきたのでしょうか？　また、キクの、あの過酷な時代を知りながら、なぜ、星々のカミガミは奇跡を起こしてでも助けてくれなかったのでしょうか？」

「過去の時代を観てきたそなたが、そのような思いになるのは当然のことである。そなたがそのように思うのは、この地上世界を創造し人間を誕生させた、われらが天地創造の大ガミと四天界の親ガミの叡智と力が、未だ完全ではなく力不足であったことも事実である。なれども、われらが天地創造の大ガミと四天界の親ガミとて、世の始めから全ての叡智と力を備えておった訳ではなく、永い人類の歴史の中で、支配者・権力者となった人間たちがこんなにも我欲強き人間になるとは思いもよらなかったことである。また、どのような人間でも、人間は親ガミの光りを宿して誕生している。それゆえ、天地創造の大ガミと四天界の親ガミは、人間を善と信じて見守ってきたのである。しかし、それが天地創造の大ガミと四天界の親ガミの思い違いであり、魔と一体となった支配者・権力者をあまく見ていた為に油断していたことは事実である。現在、地上世界は魔のものどもが蔓延り、支配者・権力者が力持つ、カミガミの光り弱き地球となってしまった。

われら星々のカミガミは、これまで歴史上虐げられてきた全ての人々に詫びる思いで過ごし、永い年月すまぬ思いで過ごしてきた。なれど、これから地球に新しき世界を誕生させ、人々が嘆き悲しむことのないようにするのが、われら星々のカミガミの務めである。われら星々のカミガミは、遥か遠い昔から、地上世界の人々が皆、居心地良く暮らせるように、大地を守り、海を守り、河川を守り、山を守り、あらゆる自然災害から人々を守り支えてきた。だが、そのことが、結果的に魔王・悪神どもと一体となった支配者・権力者を支えることになり、我欲強き者が民衆を支配する世界を持続させることになってしまっていた。また、われらカミガミが人々を守り助けることが、魔のものどもと支配者・権力者が形創った世界を助長させることとなっていた。このような人間界において、天地創造の大ガミと四天界の親ガミの思いは、これまでのように、人々の世界を守る為に、全ての災害から人々を守り支えるのが良いことなのか？　それとも、魔王・悪神どもの世界を消滅させる為、また支配者・権力者の汚れた世界を打ち砕く為に、もうこれ以上人々の世界を守り支えることを止めるのか？　われらカミガミは、これまで、このことで思い悩んできた。なれど、この度、天地創造の大ガミは、魔王・悪神どもが支配者・権力者に味方する世界を正す為に、これまで、四天界の親ガミと共に守り支えてきた人間界と自然界を守り支えることを改め、大いなる決断をすることとなった。この天地創造の大ガミの決断により、今後地上世界では、世界の各地に地震や津波など多くの災害が起こることになるだろうが、これは地球を再生させる為、人々の世界を再生させる為には、避けては通れぬ天地創造の大ガミの決断である。

加えて言えば、これまでのように、われらカミガミが人間界や自然界を守り支え続けたとしても、これから地上世界では、魔界・霊界・人間界の積もり積もった汚れた欲望が一気に噴き上がり、われらカミガミが支えようにも支えきれず、地上世界は、いずれ近い内に天変地異となって破滅することとなっていくだろう。これから、地球を再生して新たな世界を誕生させるのか？ それとも、地球が破滅して人類が原始世界へと戻るのか？ それは、これから世に出る光り人たちによって決まることである。これから誕生する新しき世界では、人々はもはや二度と再び、悪神・仏魔などにすがることなく、支配者・権力者に頼ることなく、そして、これまで受け継がれてきた伝統・儀式・習慣などに洗脳されずに、人それぞれが自立して新たな価値観を持って生きることが、新たな世界を創造する光りの道である。この度、天地創造の大ガミと四天界の親ガミは、一億年の時を経て、地球再生、日ノ本を再生する為に、自らの光りを大地に降り立たせ、光り目覚める人々を導き、地上世界を人も皆居心地の良い世界となるように、光り人と共に活動することとなった。

今後、地上世界では、これまで受け継がれてきた支配者・権力者の世界を良しとする魔界・霊界・人間界の闇の勢力が、新たな世界を望む光り人たちを弾圧して、星々のカミガミの光りを遮り拒むだろう。だが、それでも、天地創造の大ガミと四天界の親ガミの光りの力は、魔王・悪神どもの力には負けることはない。なれど、この結果、地上世界では魔のものどもが一斉に噴き上がり、自然界の秩序や政治・経済・宗教などの全ての仕組みが大混乱となるであろう。これは、いわば、真っ暗闇の洞窟の中に強烈な光りが注がれて、これまで闇に潜んでいたものどもが一斉に噴き上がるのと同じことになる。このことが世に言われている、光りが闇を打ち砕く最後の審判である。だが、このようなことになったとしても、光り目覚める人々は何事も案ずることなく、日々、冷静に淡々と過ごすことである。天地創造の大ガミと四天界の親ガミは光りの人たちを必ず守り導いている。」

支配者と儀式者からの洗脳

「先ほど、キクの時代を観せて頂きましたが、場面の所どころに、悪神や仏魔から操られた儀式者の姿が現われ出ておりました。この支配者と儀式者が企てた陰謀をもっと知りたいと思います。お教えください。」

「これまで人々の世界は永き時代に渡って、操られた民衆が嘆き苦しみ、支配者・権力者が富み栄える歴史が続いてきた。だが、これまで続いてきた支配者・権力者の汚れた歴史は、もう僅かな時の流れによって人々の歴史が変わり、これから世界は、新しき価値観を持った人々が世界中から現われ出て、その人々が過去の汚れた歴史から多くを学び、辛く悲しい歴史に別れを告げて、支配者・権力者が富み栄えた時代が終わることとなる。それと共に、天地創造の大ガミと四天界の親ガミがこれからの時代の流れ行き着く先を見つめて、これまで世に埋もれていた光りの人たちを世に送り出し、その人たちに知恵と勇気を授け、新たな社会が築かれ、新しい世界が創られることになる。

ではこれより、魔に操られた儀式者が民衆を洗脳し暗示をかけた役割を告げる。かつて、王者・支配者の権力を守る為に呪術者と儀式者が謀ったことは、先ず奪い取った領地に配下の者を領主として君臨させ、そして狩り集めた多くの領民を使って、荒れた大地を耕作させ、田畑を整地させた。そして、その田畑を領民に分け与えて、農民たちの地位を授けて支配した。さらに、領地には鎮守の森を造り、その地に神々を祀る社を建て、農民たちの心と身体を支配した。この策略により農民たちは年貢を納める為に過酷な労働を強いられ、また農民たちは季節が変われども、田畑から離れることが出来ず、貧しい暮らしに耐えねばならなかった。

そしてさらに、儀式者が企てた神社には、日々農民たちが参拝して神々に手を合わせ、家内安全、五穀豊穣を祈り願うこととなった。このような農民たちの祈り願う姿を見て、誰よりも喜んだのは儀式者であり、そして領地を支配していた支配者・権力者であった。この儀式者が企てた策略により、農民たちは大陸から来た多くの神々を悪神とも知らずに信じて祈り願い、そして、農民たちの祈りは五穀豊穣の願いだけではなく、日々の暮らしの辛く苦しいことも神々に祈り願うことになった。彼ら、儀式者が企てた策略は、農民たちの日々の暮らしが、たとえどんなに辛く苦しくとも、不平不満は領主や王者・権力者には直接向かうことなく、農民たちの苦しみや嘆きは神社に祀られている神々が全て引き受ける場所となった。その結果、村の神社は農民たちの心の憂さの捨て所となり、日々の辛き悲しいことは、全て儀式者が企てた神々に向かうように仕組まれた策略であった。

そしてさらに、時代が変わり儀式者が企てた次なる策略は、農民たちをさらに操る為に、大陸から伝来した仏教を伝え広め、寺院を建て農民たちをさらに洗脳し続けた。この策略により農民たちはより一層神々に願い、仏にすがる日々の暮らしとなった。これが支配者と共に大陸から来た儀式者の果たした役目であった。そして、儀式者が仕組んだ策略が成功して、農民たちは、たとえその身が貧しく辛くても、耐え忍ぶことが神仏の御心に添うことだと洗脳され、災いが起これば、それは神仏が下したタタリやバチだと思い必死で神仏に許しを乞うた。また、少しの喜びでも神仏に感謝の言葉を捧げた。さらに、また、大きな災難に出合いたならば、それは神仏が下した天罰だと思い、必死に詫びの言葉を述べた。これにより農民たちの心は、儀式者が企てた策略によって益々洗脳されることとなって、王者・支配者の思いのままに操られ、神社・寺院に座する悪神と仏魔に願いを託す暮らしとなった。

この洗脳された人々の思いは、今日の世界においても根底の部分ではなんら変わることなく、子孫代々受け継がれ、多くの人々は日々神々を敬い、仏に手を合わせ祈っている。それとまた、いつの時代においても支配者・権力者が富み栄える世界は変わる事なく、彼らは豪華で立派な屋敷に住み、庶民には手の届かぬ贅沢な暮らしをしている。それに比べて、一庶民の暮らしは今も昔も変わることなく、謀られた洗脳から目覚めることなく、僅かな時間で余暇を楽しみ、長時間の労働に身体を酷使しながら、民衆の日々の暮らしは、遥か昔の農民たちの洗脳された思いと何ら変わりことなく暮らしている。さて、ここで、魔王・悪神に操られた儀式者が企てた、もう一方の謀り事を伝えておく。彼ら、儀式者は、かつて星々のカミガミが降り立った日ノ本の大地をつぶさに探して出して、その大地に星々のカミガミの光りを遮る為の封印・呪いをかけ、その上に大陸から来た悪神・仏魔の大社を建て、魔界の結界を張り巡らせてきた。

そして日ノ本の光りの大地を呪い封じて、穢れた大地にしてしまった。今日、各地にある名の知れた神社・寺院は、かつて星々のカミガミが降り立った大地である。この謀り事が、かれら儀式者にとっては重要な役目であった。つまり、日ノ本の光りの大地は、魔王・悪神に操られた儀式者によって封じられ、魔のものどもが蠢く穢された大地になってしまったのである。また、この謀り事により、星々から来たカミガミの大地は、魔王と悪神どもが君臨する聖地となって、昔から多くの人々が集う信仰の場所となっている。だが、その場所の地下深い魔界には、かつて儀式者の呪術によって、大地深き所に鎮められ呪いをかけられ、封じられたままの光りのカミガミが数多く閉じ込められている。そなたは、これから封じられ、閉じ込められているカミガミを光りの言葉で救い、星々へ帰すことである。それが、われらカミガミの望みである。これから人々は、新たな世界へと向かい、遥か昔から今日まで、洗脳されてきた心の鎖を自らの思いで断ち切り、自らの体内に宿る親ガミの光りに目覚めて、真実のカミガミを知ることである。

全ての人々の体内に宿る光りの命は、星々の親ガミの光りと常に繋がり守られている。それゆえ、多くの人々が真のカミガミに目覚め、真のカミガミが神社や寺院や教会に居るのではなく、偶像などに宿るものではないと知ったならば、人々の世界は偽りの神仏に祈り願うことはなく、人々の心を縛る宗教もなくなるであろう。また、多くの人々が真のカミガミに目覚めたなら、世界から戦争や貧困や飢餓や宗教がなくなり、人も皆全てが居心地の良い世界が誕生するはずである。さらに、多くの人々が真のカミに目覚めたなら、これまで穢され汚されてきた自然界においても、滅び行く生命が再び蘇り、全ての生命が輝き満ちて調和して、地球は傷付き病んだ姿を回復し、天地創造の大ガミと四天界の親ガミの光りが全てに行き渡る地球となるであろう。そして、星々のカミガミが再び降り立つ光りの星、地球となるであろう。そもそも地球とは、天地創造の大ガミと四天界の親ガミが星々のカミガミと共に誕生させた、生きとし生けるものたちが喜び楽しむ光りの星であった。なれど、遥かな時が流れると共に、その光り満たされた地球に我欲強き支配者が誕生して、その者が武力と権力でもって民衆を支配して王者となった。それから、その王者が、死後も権力を保持したいと強く望み、執念の思いで形創られたのが霊界の始まりであった。その霊界が、数々の時代を経て、欲望強き者たちが集う死後の溜まり場となってしまった。やがて、さらに時が過ぎると共に、霊界は黒き澱んだ世界となり、そして地球に魔界が誕生してしまったのである。今日、このような穢れた地球となっているのは、人間たちが住む世界と肉体なきものが生きている霊界が、重なりあって共存しているからである。

そして、その人間界と霊界を闇より支配しているのが、昔から人々が神様・仏様と呼んでいる魔界に存在する魔のものどもである。つまり、地球は、人々が生きている人間界の物質の層があり、その層と重なり覆うように霊界の層があり、そして、その人間界と霊界の闇の奥深い所に魔界の層が存在しているのである。これが現在の地球の姿である。加えて言えば、星々のカミガミの世界では、霊界なき魔界なき、天地創造の大ガミと四天界の親ガミの五色の光りが銀河の星々に行き渡っている、全てに居心地の良い光りの世界である。始め、地上世界に人間たちが誕生した頃は、星々のカミガミの光りが直接地上世界に注がれ、人々の体内にも親ガミの光りが注がれ守り導かれていた。

だが、それが、今日に至っては、星々の親ガミが地球に注いでいる光りが、霊界・魔界の澱んだ層に遮られて、直接地上世界に届かず、人間界にカミガミの光りが届かない地球になっている。今後、新たな世界が誕生する為には、地球から霊界・魔界を消滅させることである。そして、かつてカミガミの光りが地球に注がれていた頃のように、星々のカミガミの光りが世界中に行き渡り、人々の世界が全てにおいて居心地良く、光り満たされる世界になることである。」

魔王・悪神の世界

「それでは、人間界と霊界を支配し操っている、魔界の魔王・悪神どもとは、どのようにして支配者・権力者を操り、そして呪術者と儀式者に魔の力を授けているでしょうか？　また、魔王・悪神たちの世界とは、どのような世界なのでしょうか？」

「先ず、人々が知らねばならぬことは、遥か昔から王者・支配者が崇め奉っている神仏とは、庶民を守り、救う為の神仏ではなく、支配者・権力者を守る為の神仏であると言うことである。それは、また星々のカミガミの光りを封印する為の悪神と仏魔である。それでは、王者・支配者が崇め奉った神々と仏の世界とは、一体どのようになっているのか？　魔王・悪神どもの世界の成り立ちを告げよう。かつて、太古の昔、今からおよそ一億年前の地球には、四天界の星々から多くのカミガミが降臨して、光り人たちと共に全てが居心地の良い、光りの世界を形創っていた。今日、世界の各地で残されているピラミッドやマチュピチュなど、現在の科学技術でも建造が不可能な石造遺跡は、太古の昔、星々のカミガミと光り人によって建造されたものである。この建造物を後々の時代となって、王者・支配者が乗っ取り、自らの地位と権力を保持する為に利用し、民衆の頭上に君臨した。そして、やがて、遥かな悠久の時を経て、今から十五万年程前、カミガミと光人たちの、居心地の良き世界に魔の影が薄く靄のように漂い始めた。それから、さらに、地上での時が過ぎ去った後、今から十万年ほど前、地上世界に王者が誕生して、その者は多くの人々の支持を得て、人々の暮らしを守り導いていた。そこで、その王者に地球のカミガミが力を授け、人皆居心地の良い光りの世界を創らせようと導いていた。

だが、やがて時が経つと共に、その王者は絶大な権力を持つ支配者となってしまい、地球のカミガミの思いとかけ離れてしまった。それから地球のカミガミは、支配者となった王者の醜い我欲に失望して、それまで王者を支え、力を授けていたことを改めて、今度は地球のカミガミ自らが王者の頭上に君臨するカミガミとなって新たな王者を誕生させた。そして、その王者にカミガミの力を授け人々を導かせることとなった。それからさらに時が過ぎて、今から五万年程前、数多くの王者を支えてきた地球のカミガミは、王者を守り支えれば支える程、自らの光りが弱まり、カミガミとしての光りに薄い暗い影がかかるようになってしまった。やがて、さらに時が過ぎて、今から四万年程前、地球の光りのカミガミは王者と一体となって人々を支配するようになってしまい、これにより、地球のカミガミは星々の親ガミの光りを拒むようになり、魔光の神々となって、地上世界の各地に誕生した王者の頭上に君臨する神々となった。そして、さらに、この神々が、永い時が経つに連れて、益々魔の力が増大して、王者・支配者を操る大神となり、それが、やがて、地上世界の東西南北の魔王となって、各地域の王者たちを操り支配するようになった。それからの地上世界では、時代の流れと共に数多くの王者・支配者が誕生して、領土争いや覇権争いが繰り返されて、その度ごとに王者を支えた魔王の力が巨大になり、やがて東西南北の魔王の頭上には、さらに大魔王が出現して霊界・魔界・人間界を支配するようになった。

この大魔王は星々の銀河の中心である北極星を封じて、自らが魔の北極星となって天界の星々を封印して、地球と人々の世界を支配していた。現在の魔界では、大魔王が魔界の頂点に君臨しておるが、その下には、東西南北の魔王が存在しており、またその下には数多くの悪神どもや仏魔が存在しておる。そして、さらに、その下には、悪霊や妖怪やもののけが数多く存在しており、地上世界では魔界が形創られている。加えて言えば、大魔王と魔王・悪神どもは、各々に数多くの分身を創り、世界中の人々を操り支配している。このように大魔王を頂点とした魔界では、時には凄まじい権力争いがあるものの、人間界の闇の世界以上に上下関係は厳しく、下のものは、上のものの命令には絶対に服従して、地上世界を支配し、闇の世界から人間界を操っている。このような魔のものどもが、人々の体内に宿る親ガミの光りの命を奪い、それを食糧として生息しているのである。

これまで、天地創造の大ガミと四天界の親ガミは、地上世界に多くの光り人を誕生させて、魔界に潜む魔のものどもを岩星・黒星の中に閉じ込めようとしてきた。だが、魔のものどもの闇の力は思った以上に手強く、大ガミたちの光りよりも強く、地上に誕生させたイエスやシャカのような光り人たちはことごとく呪われ封じられて、魔界の奥深い闇の中に閉じ込められてきた。それでも、天地創造の大ガミと四天界の親ガミは、地球再生、日ノ本再生を諦めることなく、これまで多くの光り人を誕生させてきた。それが、この度、西暦二千年、新たな世紀に至って、漸く、光り人たちが魔の阻みを乗り越えて、世界に現われ出ることとなった。これから地上世界では、天地創造の大ガミと四天界の親ガミが誕生させた光り人によって、大魔王と悪神や魔のものどもを銀河の果てにあるブラックホールへ閉じ込めることができるようになった。これにより、これまで星々のカミガミの光りを遮っていた、霊界・魔界の魔の巣窟に風穴が開いて、星々の光りが地上世界に注がれ、人も皆居心地の良い世界となる時代となった。天地創造の大ガミと四天界の親ガミは、地球再生、日ノ本再生を諦めることなく、永い、永い間待ち続けてきた。地球再生・日ノ本再生は、これからが本番である。これから地球は、魔界・霊界の積もり積もった魔の悪しき膿が噴き上がり、日ノ本や世界中に天変地異や異常気象などが起こるだろうが、そなたや光り通じ合う人々は、何事があろうとも冷静に慌てることなく過ごしてもらいたい。われらカミガミは、光り目覚める人々を必ず守る。われらカミガミは地球再生、日ノ本再生に力を注ぐが、そなたや光り通じ合う人々には、魔の阻みを乗り越えて、光り人として成長してほしいと強く望んでいる。」

日ノ本・魔の神々の正体

「昔から日ノ本では、八百万（やおよろず）の神々と、言われているように日本中に多くの神々が祀られておりますが、日本書記などに出てくる神々について教えてください。また多くの人々が拝んでいる仏たちについても教えてください。」

「そもそも、日ノ本に祀られている神々と仏たちとは、そのもとを辿れば、大陸から支配者と呪術者と共に渡り来た神仏であった。先にも告げたが、大魔王は東西南北の魔王と共に大陸の王者を操り、呪術者を使い、多くの兵士を引き連れ、日ノ本を襲撃して、大地も人々も全て占領してきた。

それから、大陸から来た支配者と呪術者らは、日ノ本の国家の土台を創りながら、日ノ本の全土に魔のものどもの棲家として神社・寺院を建立して、王者・支配者を操り、日ノ本の人々の心と体を支配してきた。日ノ本を占領する為に重要な役割を果たしたのが、日本書紀に出てくる数多くの神々である。またイザナミ、イザナギである。それとまた、その子どもである蛭子やアマテラスやスサノオである。蛭子は、先にも告げたが、別名、恵比寿、とも言われているが、誕生した時の姿が、全身が黒くまるでヒルのような醜い姿であった為に蛭子と呼ばれた。その蛭子は、大陸から来た福禄寿によって恵比寿と名を授けられ、七福神の中に加えられ、福の神として奉られるようになった。

福禄寿が蛭子を福の神として加えたのは、蛭子が暴れると大陸の神々が総出でかかっても取り押さえることが出来ずにいた。そこで一計を案じた福禄寿が、蛭子をなだめる為に、名を恵比寿に改め福の神として神の座を授け与えたのである。その恵比寿が鯛を抱えているのは、鯛の骨が喉に刺さると命取りになることから、恵比寿が暴れた時に鯛の骨を、蛭子の喉に刺す為に、福禄寿が待たせたものである。また、恵比寿に笹の葉を捧げるのは、笹の葉は恵比寿が暴れた時に、笹の葉がカミソリとなって蛭子を切り付けるために、福禄寿が謀ったことである。つまり蛭子は、福禄寿に煽てられ、騙されて福の神として祭り上げられたのである。それから、スサノオであるが、スサノオは大陸に渡り、自ら魔王に弟子入りをして荒ぶる悪神と成って、大陸にいたヤマトタケルや猿田彦などの手下を引き連れて、日ノ本の光りのカミガミを封じて光り人を殺害してきた。これが、今から二千五百年ほど前のことである。それに加えて、今から千五百年ほど前には、大陸から僧侶らと共に数多くの仏たちが渡ってきて、日ノ本の人々を身も心も仏教の虜にした。今日、日ノ本の各地には、数多くの寺院があるが、その各々の寺院に祀られている仏像の中には、生前、仏に魂を捧げた僧侶や尼僧らが、死後、霊界に留まり修行して仏の分身となって、仏像に宿っている者たちである。また、その仏たちとは、生前、仏に帰依した僧侶や尼僧が過酷な修行を重ね、それから即身仏となって霊界に留まり、さらにまた霊界で百年・二百年と修行を重ねた後、霊界の頂点にいる大本の大日如来や弥勒菩薩から分身としての名を授かり、自らを仏の分身として、仏像に宿っている仏たちである。

このような仏たちが、各々に祀られている仏像の中に宿り、人々から拝まれ、すがられているのである。つまり、人々が拝みすがっている仏像は、かつて人間であった僧侶や尼僧である。われらカミガミから観て、この仏たちは、生前も死後も真面目で頑なな意志を持ち、仏の世界を心底信じて、強い信念を貫いた人間である。われらカミガミは、このような仏となった者を救わんとして、星々から光りを絶えず注ぎ続けているが、この仏たちの心は硬い岩石の塊のように固く、われらカミガミの光りを受け入れることなく、人間界で仏教の虜となっている僧侶らに取り憑き、仏魔の教えを説いている。世の中には、このような仏たちと同じ頑固な信念を持った者が宗教界の中に数多くいるが、われらカミガミから観て、このような者たちは、誰よりも真面目で善人であるが、物事を思考する視野が狭く、頑なな考えを持った光り受け取らぬ者たちである。これまで星々のカミガミは、このような者たちに対しても、日々、星々から光りを注ぎ続けてきたが、この度、天地創造の大ガミと四天界の親ガミは、このような者たちに光りを注ぐことを止める決心をした。なぜなら、われらカミガミが、これまでのように人々を分け隔てなく、光りを注ぎ続けてきたとしても、神仏の虜となった者たちは、死後、仏の分身になり、また神々の名を受け継ぐものが誕生することになってしまい、このようなことでは、われらカミガミが魔界・霊界を消滅させようと光りを注ぎ続けたとしても、神仏の虜となった者が、死後、仏となり神々となっては悪神・仏魔が増えることがあっても減る事はなく、いつまで経っても地上世界から宗教がなくならず、霊界・魔界が消滅することはない、と知ったからである。

新たな世界を誕生させる為には、霊界・魔界に存在する魔のものどもを退治することは重要なことではあるが、それと共に、人々の神仏に対する思いを変えることが何よりも重要なことである。われらカミガミが人々に知ってほしいのは、これまで、霊界・魔界にいるものどもの命を支えてきたのは、人々の体内に宿っている親ガミの命の光りであるということである。つまり、魔界に潜む魔王・悪神どもは、人々の命の光りを奪い食糧にしなければ生きてはゆけぬ存在である。そのような神仏に人々が祈り願っているのは、親ガミの命の光りを魔に差し出して食べてくださいと言っているようなものである。これから人々は、地球再生・日ノ本再生を目指して、頑なな我を取り除き、これまでの古い価値観を変えて、偽りの神仏などにすがることなく宗教なき世界を目指すことである。さて、霊界・魔界で仏となった者たちと、それと同様に神々となった者たちの中には、生前、悪神の虜となって神々を求め、仏魔の虜となって修行に修行を重ねた者や、また闇社会の中で悪の限りを尽くした人間が、死後、魔界に留まり、悪神や仏魔から名を授かり分身となって、人々から奉られている神々がいる。その神々の中には荒ぶる神と言われているスサノオや大黒や、また仏の中には天邪鬼や阿修羅などがいる。日ノ本の各地域には、同じ名の神々や仏たちが多く存在しているのは、このような神仏の分身どもが日ノ本の各地に奉られているから神社や寺院が多いのである。つまり各地の神社や寺院には、神々や仏の分身が実際に宿っており、人々の悩み事や願い事を聞いて、僅かな福を授けている。だが、その一方では多くの災難を与え、人々が神仏にすがらねば生きていけぬように操っている。

昔から、世に祀られている神仏の正体とは、拝み来る者に一つか二つの福を授け、その代わりに八つか九つの災難を与えている。これは言わば、頭を撫でて、命を取っているようなものである。それと、神社・寺院に奉られている神仏とは、一度でも参拝に来た人たちを決して忘れる事はなく、その人たちが何処に住もうと神仏との縁は繋がり続けているのである。もし、信心深かった人が、神仏を粗末にして捨てることがあったなら、その人には、多くの災いを与えてタタリ、バチを当てて決して許すことはなく恨み続ける。このような神仏のタタリは、時代を超越して先祖代々親から子へと子孫代々災いを与えタタリ続けている。それが、例えば、江戸時代で信仰心が篤く、神仏を大切にしていた先祖がいたとしたなら、その子孫が現在、神仏を崇めることを止めた、としたならば、それまで奉られてきた神仏はタタリの神仏となって、その人と、その人の家族を苦しめバチを当て続けている。そして、さらに家族以外でも、神仏のタタリは親類縁者も含めて災いを与え続ける。このような神仏のタタリやバチは、現在の世に迄引き継がれて、神仏の呪いは続いている。もし人々の中で、ある家族だけが異常に不幸や災難が多くあるならば、それは、かつて先祖の誰かが、神仏を粗末にして、その結果、神仏からタタられ、バチを当てられ、災いを受けて、それが現代にまで引き続いていることもある。

さらに、神社・寺院に奉られている神仏は、神仏を敬いすがる者には、頭をなでて僅かな幸せを授けるが、一方神仏を粗末にして裏切った者は決して許すことなく、容赦なく子孫代々恨み呪い続けている。これまで多くの善良な人々は、永い時代を通して神仏のタタリやバチを恐れ、神仏を敬い、助けを求めすがってきた。このことは、人々の心の奥底に、神仏に対する恐れがあり、神仏は高き座に鎮座して奉るものだ、という洗脳された結果である。つまり、これまで人々が崇めすがってきた神仏とは、さわらぬ神にタタリなしと言うように、恐れ敬う神仏であって真のカミガミではなく、魔の神仏であったということである。真のカミガミとは、人々に対して、われらカミガミを奉り崇めよ、などとは、決して言うことはない。また、真のカミガミとは、人々を苦しめ災いを与えることは、断じてない。それが真のカミであり、人間の命の親である。今日・生きる人々は、これから何があろうとも、悪神・仏魔に願いすがることなく、命の親ガミが何時でも守っていることを信じて、何事も足りることを知り、日々穏やかに気楽に過ごすことである。星々にいる命の親ガミは片時も離れる事なく、体内に宿り守り導いている。

以上、述べたように、呪いやタタリがある神仏の世界は、現代の科学では解明できない悪神・仏魔の世界である。われらカミガミは、今後、光り通じる科学者が誕生して、神仏の世界を神聖で侵すべからず聖域などとせずに、魔界・霊界を解明して、神仏のバチやタタリを科学的に解明してほしいと望んでいる。」

荒ぶる神、スサノオ

「先ほど、スサノオについて話を聞きましたが、スサノオと言えば、荒ぶる神として、名が知られております。この、スサノオの正体を教えてください。」

「では、これより、スサノオについて告げる。昔から、スサノオのミコト（命）やアマテラスのミコト（命）など、ミコトと言われている神々とは、本々は人間として誕生して、そして死後、霊界に留まり神となった者たちの呼び名である。スサノオ（須佐之男）とは、今から二千五百年程前、現在の高千穂と言われている宮崎・大分の地で、イザナギ、イザナミの王子として誕生した。そのスサノオは出生時、あまりの醜い姿で誕生した為、イザナギ、イザナミは魔に呪われた子どもとして、配下の者に命じて密かに煮えたぎる熱い温泉の中に沈めた。だが、その時、スサノオの姉であるアマテラスが、「スサノオを助けてくれ。」とイザナミ、イザナギに懇願して、スサノオの命は辛うじて救われた。なれど、その姿は、既に全身に大火傷をして、口だけは火傷をまぬがれたが、醜い火傷跡が残り、大人になったスサノオの姿は、髪の毛は縮れ、顔は火傷跡が醜く残り、それを隠す為に顔に白粉を塗り、観る者に恐怖を与える異様な姿となった。またスサノオは容姿だけでなく、心の奥底にまで魔が棲み憑き悪の限りをつくして、誰もが恐れる荒ぶる魔の王者となった。さらに、スサノオは、姉のアマテラスを逆恨みして岩戸に閉じ込めた。それと、また、両親であるイザナギ、イザナミをも渦巻く海中に投げ込み殺害した。

そのスサノオは、各地域の王者の娘を無理やり奪い妻にしていた。その中には八重垣姫とクシナダ姫と此花咲くや姫など、その他、大勢の姫を凶暴な力で従わせて、各地域に姫を留まらせて、刃向かう者がいるか、見張らせていた。その際、スサノオは自らの分身像を呪術者に造らせて崇めさせていた。それが遮光土偶である。また、日ノ本の各地に神戸や八戸など、戸のつく地名が数多くあるが、これは、スサノオが自らの力を示す証しとして、各地域に魔の戸を立て、カミガミの光りを遮る為の封印の戸である。信州長野には、このスサノオの戸の鍵を隠す所として戸隠神社が建立されている。そのスサノオは、死後、霊界においても凶暴な性格は変わらず、そして魔界で魔王に出会い自らが進んで魔王の手下となった。これにより魔王は、日ノ本の山陰地方の出雲をスサノオに司らせ、日落ちる霊界の黄泉の国を任せた。その一方で、魔王は、山陽の伊勢の地方をアマテラスに司らせ、人間界の日出る国を任せた。つまり魔王は、日ノ本の表世界をアマテラスに任せ、裏世界をスサノオに任せたのである。これが、各時代を通して人々が恐れ崇め続けてきたスサノオの正体である。これまでスサノオは、大陸から来た大黒と共に二荒（ふたら）の荒ぶる神となって、手下のヤマトタケルや猿田彦など多くの魔のものどもを従えて、光り人たちを殺害して、星々からきたカミガミも封印し、日ノ本を魔界の闇の中に閉じ込めてきた。

今日、スサノオと大黒は、手下の魔のものどもと共に、光り人の言葉によって岩星の中に閉じ込められ、銀河の果てにあるブラックホールに閉じ込められている。だが、スサノオや大黒や魔のものどもが岩星・黒星に閉じ込められたとは言え、スサノウと大黒や魔のものどもは、未だまだ、多くの分身が存在しており、今日においても人々の命の光りを奪い、多くの災難を与えている、加えて、スサノオは人々の中から好みの女性を選び、その女性を魔界より操り、女性が結婚出来ぬように呪いをかけ、結婚を邪魔して薄幸な人生を送らせている。そして、美人薄命と言うように、その女性が亡くなったら、霊界でスサノオの女房として仕えるように仕組んでいた。今日、各地の神社・仏閣には、スサノオや大黒や、その他の神々が祀られているが、その一つひとつには、スサノオや大黒などの分身が宿って存在している。つまり、スサノオや大黒は、祀られている数だけ存在している、と言うことであり、光りの大きい人々を呪い封じて、人々の暮らしを魔界より操り支配している、われらカミガミは、これからも光り人と共に魔のものどもを岩星の中に閉じ込め続け、霊界・魔界なき世界が誕生することを強く望んでいる。」

「以前、星々から来た光りのカミガミが魔の悪神となり、また魔王となったと言いましたが、それに、ついてもっと教えてください。」

「先程申したように、始めは光りのカミガミであった地球のカミガミが、人々の中から光りの人物を選び、その人間に光りを注いで、人々が居心地良く暮らせるように導いていた。そして、カミガミが導いた国創りは、始めの頃は、光りのカミガミの導く光りによって、人々が安心して暮らせる世界が誕生していた。だが一度は成功した、カミガミが導いた世界は、長く続くことはできず。やがて時が過ぎ行くと共に、王者となった者が地球のカミガミの光りを巧みに利用して、自らの我欲を満足させるようになった。そして王者は、地球のカミガミを騙しながら益々我欲が強くなり、やがて人々の頭上に君臨する王者となり、人々を操り支配するようになった。ここまでが、先に告げた、地球のカミガミが魔の神々になった話である。

この地球のカミガミが魔の悪神になった様子を、星々から観ていた天地創造の大ガミと四天界の親ガミは、我欲にとり憑かれた人間たちを光りで導くことの困難を心底より知ることとなった。それとまた、魔のものと一体となった人間たちを改心させる為に、仮に、天地創造の大ガミが人間界に現れ出て、大ガミの偉大な力を示したとしても、その時、その場にいた人間たちは、一時は大ガミの光りを受け入れ改心し、大ガミを信じるであろうが、だが、それは、人間たちの一時の感情に過ぎずに、それは、地球のカミガミが王者を光りで導くことの困難を観た、天地創造の大ガミが学んだことであった。この悪神となった地球の神々のことは、今から五千年前から三千年ほど前の間、ヨーロッパで、魔の神々同士が争い、欲望強き人間たちを巻き込み、互いに争い戦ったことがギリシャ神話となり、ヨーロッパの数々の童話の中に記されている。だが、その地球の神々も、今日では、各々が銀河の星に帰されて、光りのカミガミとなるまで、岩星の中に閉じ込められている。」

封じられたカミガミの真実

「これまで、悪神となったカミガミについて聞きましたが、呪いをかけられ、封じられた地球のカミガミについて教えてください。」

「魔王と悪神が呪術者や祈祷師を操り、地中深く封じて閉じ込めた光りのカミガミとは、どのようなカミガミであったのか、を言えば、その封印されたカミガミの中でも特に、東方の星々から日ノ本にきたカミガミは、魔王の力で太陽と月の光りを封じられ、呪術者の呪い封印により土中深き所に閉じ込められていた。それと共に、魔王の手下の神々が太陽と月を司る神々として祀り崇められた。それから魔王と悪神どもは、東方の神々を天照大神と名乗らせ、神社の高き座に置いて人々から崇められるように謀った。それとまた、地球にいた東方の月のカミガミは、魔王・悪神から呪いをかけられウサギの姿に変えられ、月の宮の天照系神社の地下深い魔界に閉じ込められてしまった。その一方で、魔王と悪神は、人間に怨念持つウサギに魔の力を授け妖怪にして、月の宮神社の神の座に据えて、ウサギを月の神として奉らせた。日ノ本では、昔からウサギは月に棲むと言われているが、これは魔王が呪術者を操り、昼の太陽を天照の神々が司り、夜の月はウサギの神々が司ることとして、東方の太陽と月のカミガミを封じる為の呪いである。

そもそもウサギの語源とは、ウとは卵のことであり、サギとは詐欺のことである。この兎がウサギと言われているのは、太古の昔から生存競争の激しい動物社会の中で、特殊な天敵を倒す能力があった訳ではないウサギが、数万年も生き延びてこられたのはなぜか？ それは、天敵を騙す能力があったからである。その能力とは、ウサギは天敵が襲ってきた時に、毒入りの卵のような丸い糞をする、その糞を、天敵は餌と間違えて食べる。その間にウサギは難を逃れてきた。つまり、ウサギは身を守る為に、糞を卵に見せかけて、天敵を騙すことから、卵の詐欺、ウサギと言われるようになった。尚、ウサギの目が赤いのは、遥か昔から、人間たちによって皮を剥がれ、食糧にされ、殺害された数多くのウサギが、人間たちを恨みに恨んだ、その結果、目が赤くなったのである。ウサギの目が赤いのは人間への恨みの怨念である。魔王と悪神は、このウサギの恨みの怨念を利用して、妖怪に育て、夜の闇を見張らせ月の神として崇めさせた。加えて言えば、妖怪のウサギが人々に取り憑くと、目の奥が激痛に襲われる。また、歯が急激な痛みに襲われることもある。昔から御伽噺や童話の世界では、ウサギはお調子ものとして語られているが、日ノ本にある月の宮の神社の中には、(調)、この一字で、つきのみや、と読ませている神社がある。

このように、これまで魔王・悪神に操られた呪術者と儀式者は、永い年月をかけて、光りのカミガミを封じる為に数々の呪いをかけてきた。そして、また人々を洗脳する為に数多くのしきたりや儀式を執り行ってきた。その伝統・儀式が受け継がれているのが、神社・寺院で行われている拍手や儀礼や行事である。古くから日ノ本にある東方の神社には、正面に鈴が垂れ下がっているが、これは神々を呼ぶ時に鈴を鳴らし、神々を呼ぶ為の鈴である。この鈴の中には梅の硬い種が入っておるが、この梅の種には毒があり、これを梅毒と言う。神社に拝みに来る人々は、この梅毒を振りかけられて、災いを受け取り、悪神どもから命の光りを奪われて来た。それに加えて、儀式者が企てた行事の中には、正月や祝い事で飾られている松竹梅があるが、この松の木の枝ぶりは龍の姿を模しており、松の皮は龍の鱗を表している。また、この松の木には龍神が宿り、城や神社を守るための御用松とも言われている。そしてまた、松の松葉は毒針として飾られ、竹は敵を突き刺す竹やりである。この松竹梅の風習は、昔から魔除けの門松として飾られておるが、真はカミガミの光りを遮る為の、魔のものどもの武器である。これが松竹梅の真実である。

それと、また、仏堂や拝殿の前に吊るされている、ガラン、ガランと鳴る大きな鈴を鰐口と言うが、この鰐の口で何を食べるかと言えば、参拝に来る人々の命の光りを食べる為の鰐の口である。この鰐口はスサノオの口である。さらに、神社にある鏡は、東方の太陽の光りを鏡に集めて反射させて、その強い光りを魔光に変えて、神々の存在感を示す為の魔鏡である。今述べたことは、ほんの一部のことではあるが、この他にも、魔に操られた呪術者と儀式者は、日ノ本に数々の伝統・儀式・行事を広め、永い時代を通して人々を洗脳して習慣づけてきた。遥か昔から、現在の世まで、地球に生きる人々は、魔王・悪神に操られた呪術者や儀式者によって、封じられ洗脳されて生かされてきたのである。世の多くの人々は、自らが封じられ洗脳されているとは思いもよらず、真面目に頑なに神仏を信じて、祈り拝みすがっている。われらカミガミが観てきた、人々が神仏にすがる姿は実に哀れで嘆かわしいことである。これまで永い歴史の中で、封じられ洗脳されてきた人々の価値観を変えるには、われらカミガミが注ぐ光りも大事なことではあるが、それと共に人々の洗脳をとき、人間の価値観を変えるのは、やはり光り目覚めた人々である。これまで、封じられていた地球のカミガミは、天地創造の大ガミと四天界の親ガミの光りによって、魔王と悪神からかけられた封印も解かれ、今日では、各々の親ガミの星に帰り、光りの星の中で傷を癒している。だが、地球では、未だまだ、多くの光りのカミガミが、呪い封印かけられて、地の底に沈められ閉じ込められている。そなたは、これからも、われらカミガミと共に閉じ込められているカミガミを救い助けることが、そなたの天命である。」

不動明王の真実

「以前、大陸からきた魔の集団による越後攻めの映像を観せて頂きましたが、その時の映像では、大陸から支配者と共に来た呪術者が、北方の土地のカミガミを不動金縛りの呪術をかけ、名を多聞と封印して石像の中に閉じ込めておりました。そして、その石像を、さらに幾重にもす巻きにした上に、荒縄と針金でがんじがらめにして縛り、石像は兵士たちに担がれて海の中へと投げ捨てられようとしていました。この映像の後、土地のカミガミはどのようになったのでしょうか？」

「先に、そなたに観せた映像は、遠浅の海の沖で石像を担いでいた兵士たちが、投げるのを戸惑っていた映像であった。その後は、夕日も沈みかけて、それまで石像を担いでいた兵士たちは、土地のカミガミを捨てきれずにいた。だが、その後、兵士たちは石像を海中に投げて沈めた。しかしそれから後日、密かに海中より運び出して、越後の地、現在の豊栄の多門町に石像を隠していた。そしてその後、石像は新潟の毘沙門町へと運ばれて奉られるようになった。それが、現在でも毘沙門町として残っている。そして、さらに多聞と呼ばれた土地のカミガミは、時代が変わっても、時々の呪術者から執拗に呪い封印をかけられ続け、その名を今度は、不動明王として名付けられ、土地から動けぬように封じられ呪いをかけられてしまった。さらに、その不動明王を、魔王とスサノオと大黒は、頭と胴体と両足を三つに分断して、三ヵ所の地域に分別して地下深き所に閉じ込めてしまった。その分断された頭の部分は、越後、新発田の菅谷の地に置かれ、頭の病を癒す不動明王として祀られている。また、胴体の部分は千葉の成田の地に置かれ、腹と腰の病を癒し、妊婦のお産を助ける不動明王として祀られている。そしてまた、腰から下の足の部分は、福岡の久留米の地に置かれ、足腰の病を癒す不動明王として祀られている。この三ヵ所の不動明王は、昔から、日本三代不動明王と呼ばれ、今日多くの人々から参拝されている。

そして、また、魔王の手下のスサノオと大黒は、三つに分断した不動明王を、さらに呪い封印をかける為に、頭、胴体、足を粉々に打ち砕き、その後、スサノオと大黒は呪術者を操り、福島のあぶくま洞の地下深い所に閉じ込め、北方のカミガミを容赦なく封じ呪いをかけていた。しかし、多聞と封じられ、不動明王として金縛りをかけられた土地のカミガミは、天地創造の大ガミと四天界の親ガミが導いた光り人によって、全ての呪い封印が解かれて、現在では北方の星へと帰り傷を癒している。なれど、日ノ本の大地には、未だまだ多くの土地のカミガミが、呪い封じられて地下深き所に閉じ込められて救いを待っている。さて、天地創造の大ガミと北方の親ガミが誕生させた、地球の大地の大ガミである土地王は、今日復活して、星々のカミガミと共に、地球再生、日ノ本再生を目指して励んでいる。そして、次に語るのは、地上でのカミガミの話である。その名を封じられ、呪いをかけられながらも辛うじて生き永らえたカミガミの中でも、そのカミガミの中には、魔王の配下のスサノオと大黒から呪い封印をかけられ、潰されていた大国主がいる。今日、大国主は出雲大社の神として奉られているが、それは表向きのことであって、実は、大黒が大国主に成り代わって祀られているのである。大国主とは、もともとは南方の親ガミの御子であったが、出雲の地が魔王に乗っ取られ、スサノオが君臨する黄泉の国になってから、それまで出雲の地を守っていた大国主は、スサノオと大黒に呪いをかけられ封じられて、地下深き魔界に閉じ込められていた。

それではここで、魔王・悪神が呪術者に憑依して、一体となって光りのカミガミを封印し、呪いをかける時、どのようなことをするのか、それについて述べておく。古来より人々の世界において、王者・支配者が反逆者を捕らえて行ってきた拷問は、肉体が滅んで死んでしまえば、それで拷問は終わりとなる。だが、魔王や悪神どもが呪術者と一体となって執り行う、光り人に対する呪い封印は、どのような拷問より残酷である。魔王・悪神どもは、光り人が死んでも決して力を弱めることはなく、封印呪いは永遠に続くことになっている。同様に封じられ、呪われたカミガミは、千年、二千年と切り刻まれ、潰されたまま、岩石の中や川底や地下の中に閉じ込められている。これが、魔王・悪神が呪術者と一体となって執り行う呪い封印である。イエスとシャカは、このような呪い封印を二千年以上もかけられていたのである。これまで永い間封じられてきた、光りのカミガミや光り人の封印・呪いを解くことができるのは、天地創造の大ガミと四天界の親ガミが導いた光り人たちである。

現在、世界中の寺院・教会・聖地と言われている所には、光りのカミガミが封印されているが、その場所には魔王率いる悪神どもが魔の結界を張り巡らして、強固な魔界を形成して、人々から命の光りを奪い、人々を神仏の虜にして操り支配している。このような場所には、星々のカミガミが届ける光りは遮られ、魔の悪神どもが参拝にくる人々を餌食にして、人々の人生を操っている。それと昔から日ノ本においては、魔王・悪神が呪術者に授ける言葉として、八千代や万代、千歳、代々など、千年も二千年も永久に続く呪いの言葉がある。遥か昔から、魔王・悪神が人間を操るには、我欲・欲望強い人間を選び、その者に魔の力を授けて操り育てる。そして、魔王・悪神に選ばれた者は、やがて権力者となって民衆の頭上に君臨する支配者となる。その結果、魔王・悪神が望む闇の世界が続き、民衆が神仏にすがらねば生きてゆけぬ世界が創られてきた。だが、魔王・悪神から選ばれた人間は、一時は天下を取るが、その地位に長く留まることができず、魔王・悪神が手を引けば、それまでの地位は一瞬にして奪われ、権力の座から引きずり落とされることになる。このようにして魔王・悪神は、遥か昔から、欲望に取り憑かれた人間を選び育て、魔界・霊界・人間界を操作してきたのである。

また、魔王・悪神が操る人間を選ぶ時には、その者が人目で悪人と分かる人間を選ぶことはなく、いかにも民衆が期待するような人間を選び、その者に魔の力を授けて人々の世界を操っている。そして、その者が役目を終えたなら、その者をゴミのように使い捨てる。これまで魔王・悪神に選ばれて、支配者・権力者になった者は数多くいたが、いずれも晩年は不自由な身体となって、惨めな日々を過ごして世を去っている。魔と一体となって権力の座を勝ち得た者の晩年は、実に哀れなものである。これが、魔王・悪神どもが我欲、欲望強い人間を操る手口である。これから、世に現われ出る指導者を見極める方法は、損得を抜きにして付き合える、恐怖心を感じない光りの人を選ぶことである。」

「これまで、私が知っている大国主とは、日本神話の中で伝えられている因幡の白兎の話ぐらいであります。また大黒は、打ち出の小槌を持ち、米俵の上に立って、人々に富を授ける福の神として崇められております。この大国主と大黒とは、どのような関係があったのでしょうか？」

「大陸からきた魔王は、大国主に呪い・封印をかけて、その上に大黒を重ね、出雲の地をスサノオと共に守らせていた。そもそも大黒とは、遥か昔、インドの地において王者・支配者から蔑まれ、虐げられた民衆が救い求めた土俗の神であった。また、その名はシバ神と呼ばれ、全てを破壊する神であった。そのシバ神が大陸の呪術者の策略によって大陸へと渡ってから、インドでは民衆に味方する神であったシバ神が、今度は王者・支配者に刃向かう民衆を破壊する神として崇められ、王者・支配者から国を守護する護国天として崇められた。そして、その護国天が、王者・支配者に従わぬ多くの民衆を殺害し続けるようになり、その結果、その姿が異様な恐ろしい大きな黒い姿となって大黒天となった。その大黒が仏教伝来と共に日ノ本へと来たのは、日ノ本の国の土台が漸く整い始めた平安時代の頃であった。始め、日ノ本へ来た頃の大黒の姿は、首にはドクロの首飾りを巻き、胴体には二体の大蛇を絡みつかせ、右手には血の滴り落ちる生首をつかみ持っていた。そして口からは鋭いキバをむき出す食肉獣のような荒々しい姿であった。また、左手には鋭利な太刀を持って、全てを破壊する魔の荒ぶる恐ろしい姿であった。その大黒がスサノオと共に大国主の光りを封印した後に、王者・支配者に仕える儀式者たちによって、庶民の福の神として崇められ、江戸時代においては、一家に大事な大黒柱となって、人々の家の中心に祀られる福の神となった。では、大国主がいかにスサノオと大黒によって封じられてきたのか？　因幡の白ウサギのお伽噺の中に書かれている白ウサギが、大国主が大黒の呪術によってウサギにされた姿である。この話の中で、ウサギがワニ（サメ）に皮を剥がされた話が出てくるが、これは、スサノオがワニ（サメ）に化身して、ウサギにされた大国主を騙して皮を剥ぎ取った話である。それからウサギは、そこに通りかかった大黒に救いを求めたが、今度は塩水で身体を洗われてしまったという話である。

これが、因幡の白ウサギの真相である。人々が知っている大黒の姿が、米俵の上で大きな袋を担いでいるが、この袋の中には、大国主がウサギにされて皮を剥がされた毛皮が入っている。昔から、言い伝えられてきた神話やお伽話は、現在の世に多く残されているが、その中でも大黒とスサノオが大国主を呪い封じたのが、因幡の白ウサギの話である。また、昔から、人々に唄われている（カゴメ、カゴメ）の唄があるが、この唄は、魔の手より逃れた人々が言い伝えてきた謎を秘めた唄である。このようなお伽話や唄のように、作り人不明のものは光りのカミガミを封じた話が多くある。世の歴史学者は、昔から伝えられているお伽話や神話等を、先入観を捨てて研究してみることである。」

カゴメの詩の真実

「私が知っているカゴメの唄は、「カゴメ、カゴメ　籠の中の鳥は　いついつ出やる　夜明けの晩に　鶴と亀が統【す】べって　後ろの正面だぁーれ……」と古くから唄われている民謡であります。この唄の真の意味を教えてください。」

「この唄の「カゴメ、カゴメ」とは、籠の網目の模様のことである。この籠の網目は、カミガミの星を封じた六亡星を示している。また、この六亡星は、かつてユダヤの王がイエスの星、木星を封印した六亡星と同じく、四天界のカミガミの星を、魔の凶星で重ね合わせて封印した印である。次の「籠の中の鳥は」とは、光りの鳥である、ヒの鳥のことである。つまり、ヒの鳥が籠目（六亡星）の中に封印されているということである。そして、このヒの鳥とは、昔から言われている不死鳥伝説のヒノ鳥のことである。また、このヒの鳥とは、東方の親ガミが地上に誕生させた光りの鳥、トキのことである。そのヒの鳥を、大陸から来た呪術者が六亡星で呪いをかけて封じて、その上で、大陸から運び入れた鳳凰（ほうおう）を、ヒの鳥の代わりとして崇めさせた。

そして、次の唄の「いついつでやる　夜明けの晩に」とは、夜更けの二時から三時頃のことである。この時間は、魔界・霊界にいるものどもが蠢く時間帯であり、昔から言われている、草木も眠る丑満つ時のことである。そして、次の唄の「鶴と亀が統べった」とは、鶴とは天を表し、亀とは地球を表している。つまり、天と地が統一されるということを意味している。そして、次の唄の、「後ろの正面だ～れ」とは、後ろの正面とは、これまで裏に閉じ込められていた光りのカミガミが表に出るということである。もともと、地球の正面は北極星のことである。この唄の真の意味は、星々のカミガミの光りによって、天と地が統一され、六亡星の中に封印されていた、ヒノ鳥が解放されて、北極星の光りが地球に注がれ、地球が光りの世界に変わるということである。このカゴメの唄とは、かつて光り人が、星々の大ガミからメッセージを受けて人々に伝えた民謡である。

それでは、ここで、次に記す文字を見て、大陸から来た呪術者や儀式者が、かつて日ノ本で企み謀った事を見破ってみてほしい。大国主には↓大黒天　日光には↓二荒　東方の親ガミ天王には↓天皇　地創（土地を創るカミガミ）には↓地蔵（土地のカミガミを蔵に閉じ込める）　国創（国を創るカミガミには）↓虚空蔵（国のカミガミを虚空にする）　南方の親ガミ、水王の玉川には↓多摩川（魔が多い川）西方の親ガミ、鷲王の羽根を封印した地名には↓羽黒、刈羽、赤羽、鳥取など。

このように、魔に仕えた呪術者と儀式者は、光りのカミガミを呪い文字で封じてきた。また、魔王・悪神は呪術者や儀式者を使って、日ノ本の各土地、土地に封印・呪いをかけて、占領した土地に神仏の名を示し、また呪い文字を記し、日ノ本の土地を支配してきた。

さらにスサノオについて加えておくが、日ノ本で残虐非道の限りを尽くしたスサノオは、日ノ本の各地に名を変えて祀られている。その名とは、牛頭天王、氷川神社、八坂神社、荒神、二荒神などがある。またワニ（王仁）や、遮光土寓・須佐之男・金毘羅等の多くの名を変えて、光りのカミガミを封印し、光りの人々の人生を狂わし、多くの人々に災いを与えている。尚、神仏を崇めると言う漢字は、崇める（あがめる）と、祟り（タタリ）は同一の文字である。以上は、ほんの一部の例であるが、日ノ本には、この他にも多くのカミガミを封印し、人々を洗脳した呼び名や地名が数多くある。さて、大黒について、さらに話し加えるが、今から千五百年ほど前、日ノ本の地において、時の支配者に仕えた呪術者は、漸く整い始めた日ノ本の国を、さらに揺るぎなき支配者の国家にする為に、古くから光り人たちから親しまれていた大国主を、大黒とスサノオが魔の力で地下深い所に閉じ込め封印した。

そして呪術者は、時代が江戸時代となって破壊の神であった大黒を、今度は、福の神として崇め奉るように謀った。古くから今日まで、言い伝えられている神話やお伽噺の物語は、空想や架空の作り話ではなく、霊界・魔界を通して見れば、現実に起きた出来事を言い伝えた話である。これまで言い伝えられてきた、神話やお伽噺や迷信など、人々はこれまでの古い価値観を変えて、新たな思考で物事を見極め、古くから伝えられてきた伝統・儀式・神話などを今一度検証してみることである。これまで日ノ本の闇の歴史は、王者・支配者が民衆を虐げ苦しめ続けた救いなき世界であった。それと共に魔に使われた呪術者や儀式者が王者・支配者を影より支えて、魔王・悪神が人々を餌食にする、霊界・魔界が形創られ歴史は築かれてきた。このような歴史の中で、呪術者・儀式者が果たした数々の策略により、光りのカミガミは、その名を汚され、封印され、注連縄（シメナワ）によって縛られてきたのである。そして、光りのカミガミを封じた後に祀られたのが、支配者・権力者にとって都合良き神々と仏たちであった。それが、大黒が大国主に成り変わり、光りのカミガミが封じられた出雲神話である。

これまで長き時代を通して、呪術者と儀式者が魔のものに力を授けられて形創った世界は、多くの民衆が各時代を通して、飼い馴らされ、洗脳され、神仏を崇め合掌してすがる世の中となってきた。それは、支配者・権力者にとっては都合の良い世の中であり、支配者・権力者が民衆の頭上に君臨して、民衆を操り支配できる世界が形作られてきたことであった。このような支配者・権力者の歴史は、時代が変わっても民衆を支配する仕組みは変わらず。根底の部分では何も変わらず現代の世まで受け継がれ、支配者・権力者が富み栄え、民衆が嘆き苦しむ世の中が続いている。」

霊界・魔界・人間界の真実

「これまで、支配者・権力者を支えてきた呪術者と儀式者の話を聞きましたが、その彼らに力を授けてきた、魔王・悪神がいる魔界とは、どのようになっているのでしょうか？　その仕組みを教えてください。」

「世の中の多くの人々は、世界の仕組みは人間界の叡智によって、政治や経済など、あらゆる物事が執り行われていると思っているが、それは大きな間違いである、なぜなら、これまで世界の動きを正確に予想し言い当てた者は誰一人おらず。また国司る者たちの計画どおりには、世の中は進んではこなかったからである。では、なぜ、人々の叡智で世の中の変動や災いを未然に防ぎ、貧困なき紛争なき世界が築かれてこなかったのか？　それは、世の指導者が魔界・霊界を否定し、人間の思考だけで、全ての物事が解決できると信じているからである。これまで、世に指導者と言われている、政治や経済や学門に携さわっている者の多くは、人間界で起こるどのような問題でも、人間の叡智で解決できると思っている。そして、カミを語り、カミに真実を求める人たちを低く見て蔑んできた。このような者たちは、神仏とは敬い奉る為のものであって、一般の人々が立ち入り解明するものではないと、昔から世間では暗黙の了解となっている。このことは、魔界に潜む悪神や仏にとっては実に都合がよく、神様・仏様は拝みすがるものであれば、ただそれだけで良いのである。また、魔界に潜む悪神どもにとっても、人間が魔界・霊界の秘めし扉を開くことは断じて許さず。これまで魔界・霊界の真実を暴かんとした人間はことごとく潰され、魔界の闇に封じられてきた。魔王・悪神どもにとっての人間とは、生きる為に必要なエネルギー源であり、彼らにとって人間とは観えぬ世界から操り支配するもので、人間は下の下の存在として観ている。つまり、魔王・悪神から観た人間は家畜と同様である。

ゆえに、これまで人類の歴史の中で、神々の正体を暴き、仏の世界を疑う人間は、断じて許すことはなく、暴かんとした人間は全て封じられ、抹殺されてきたのである。これまで、世の多くの指導者や学者たちは、神仏の世界とは立ち入る世界ではなく、ましてや政治や経済などの問題に神仏を加えることとは、次元の低い話として取り合わずにきた。そして、物事の全ての問題は科学が解明する、科学万能の世が正しいと信じている。だが、このような科学万能を信じている人々でさえも、時には神社や寺に詣で、神仏に手を合わせて祈り、墓参りに行き、亡くなった人の霊を供養している。また、このような人々の行いを、誰もが変だと思うことなく、世間では、昔から神仏の世界は別の話として、誰であろうとも立ち入ることの出来ない聖域として決められてきた。その聖域が人々の心を操り洗脳してきたのである。この人々を洗脳している大本が、人々の目には見えぬが魔界に存在している魔王・悪神どもである。ゆえに、これから世界の動きを知るには、これまでのように、宗教や神仏や霊の世界を聖域にせずに、冷静に真実を研究して、世界の動きを見極めることである。加えて言えば、どのような世界であろうともに、立ち入ることのできぬ聖域などあってはならぬことである。これまで続いてきた世の中の仕組みは、魔界の魔王・悪神どもが、霊界と人間界を操り支配して形作られてきた世界である。よって、世の真実を見極めるには、これまで秘められてきた霊界・魔界を人々の世界に重ねて、世界の動きを観察することである。

そもそも、地上世界の始めには、星々のカミガミの光りが人も皆全てに注がれて、飢えなき、貧困なき、戦なき、病なき、宗教なき、人も皆全てが居心地の良い世界であった。このようなカミガミの光り満ちた世界を、遥か昔、一人の我欲強き人間が誕生して、その者が王者となり、民衆を支配するようになってから、地球の光りのカミガミが魔の悪神となり、それから、地上世界に霊界が誕生して、やがて魔界が誕生して、今日の救いなき世界の土台が創られてしまった。もともと、天地創造の大ガミと四天界の親ガミが創造した地上世界は、天地創造の大ガミの薄紫の光りが、地球を含めた全宇宙の星々を優しく包み、その中で、東西南北の四天界の親ガミの各々の光りが注がれ満たされていた。それは、また、天も地も人々も、全てがカミガミの光りが注がれ満たされた素晴らしき世界であった。そして、その地上世界では、星々のカミガミの五色の光りが注がれて、人も皆全てが居心地の良き世界であった。

だが、地上世界に人と人とが争い、殺し合うようになってから、霊界が形創られ、魔界が形創られて、それが、やがて霊界・魔界の領域が広がり、地球の上層域には、人間の姿をした偽りの神々が存在する神界が創造されてしまい、また地上では、亡くなった人々が存在する霊界が形成されてしまった。さらに、大地の下の深き所には、魔のものどもが蠢く魔界が張り巡らされる世界となってしまった。それゆえ今日では、星々から注がれるカミガミの光りが阻まれ遮られる地球となっている。このような地球を再生する為に、これまで天地創造の大ガミと四天界の親ガミは、イエスやシャカのような光り人を、地上に誕生させカミガミの真実を伝えさせてきた。だが、いずれの光り人たちも、魔王・悪神の餌食になり、また呪術者の呪いに封じられて、霊界・魔界を消滅させることが出来ずに、魔のものどもの力によって阻まれてきた。それが、今日、漸く、そなたのような光り人が、魔の阻みを乗り越えて、カミガミの真実を伝える時代となった。これから、そなたは、われらカミガミと共に日ノ本再生・地球再生を目指して、光りの仲間たちと新たな世界を築いてほしいと望んでいる。地球は、これより、霊界なき、魔界が消滅する世界となって、魔界・霊界の魔のものどもに阻まれることなく、人々の世界に直接、星々のカミガミの光りが注がれることになり、人も皆全てが居心地の良い世界が再生される筈である。なれど、新たな世界が誕生するまでには、人々の世界には超えねばならぬ大きな困難が待ち受けている。

今日地球は、我欲強い人間たちの止まることを知らない黒き欲望によって、地球自身が回復不可能なほどに病んでいる。また、霊界・魔界・人間界の限りなき欲望が、どろどろとした黒い塊となって地上世界を覆いつくし、人間界の営みの全てをも破壊しようとしている、これまで、われらカミガミは、人々の世界を守る為に、大きな自然災害が起らぬように、日々守り支えてきた。だが、今日の地球は、霊界・魔界・人間界の黒き欲望が限界点を超えてしまい、われらカミガミの力で以てしても、地球を守り支えることが出来ないほどの大きな魔のエネルギーとなっている。これにより地球と日ノ本は、未だかつて経験したことのない天変地異に襲われるであろうが、これは魔界・霊界・人間界の黒き欲望が限界点を超えて一気に噴き上がり、地上世界を黒き渦で巻き込み、人々の世界を破滅させる天変地異である。われらカミガミは、これまで地球を救い人間界を再生させようと、各時代に光り人を誕生させてきた。だが、光り人たちの警告は見向きもされず。世の指導者は、経済発展の名の下に、地球を痛めつけ破滅させようとしている。この度の大いなる地球異変は、人類にとっては最後の試練である。つまり、今後、地球は人々の欲望によって破滅して、人類と生物が住めぬ黒き星となるか？ それとも、光り目覚めた人々によって再生されて、光りの星となるか？ 地球も人間界も、今日、大いなる分岐点を迎えている。この大いなる試練を、人々がこれまでの価値観を変えて無事乗り越えて、地球が再生され、日ノ本が再生され、新たな世界が誕生するか？ それとも人々が、これまでと同様に経済発展の名の下に欲望のまま突き進んで、地球が破滅するか？ そしてまた、この度、漸く誕生した光り人たちが、魔のものに潰され、闇の者に殺害され、日ノ本再生、地球再生が困難となるか？ それは、これから先、光り目覚める人たちによって決まることであり、今後十年、人々の生き方にかかっていることである。尚、世界の終末とは、かつて世に現われ出た預言者が伝えてきたことであるが、魔の神々が勝つか？ 光りのカミガミが勝つか？ これまで世に言われている最後の審判のことである。しかし、これから、世界や日ノ本に如何なる大変動が起ころうとも、光り目覚める人々は、何事も案ずることなく、日々淡々と過ごすことである。命の親ガミは、何があろうとも必ず守り導いている。

さて、先にそなたが尋ねた魔界の仕組みであるが、そのことを伝える前に、人々に知ってほしいのは、魔界に存在している魔のものどもの命は滅ぶことなく、千年前も百年前も現在も、変わらず生き続けていて、人々の光りの命を奪い存在しているということである。つまり、人間の寿命は長くとも百年ほどであるが、魔のものどもの寿命は、時代が変わっても永遠に生き続けているということである。それゆえに、魔王・悪神どもは、永い魔界の歴史の中で、人間をどのようにすれば操り支配できるか？　その方法の全てを熟知しており、また、人々がどのようになれば悩み苦しむか？　人間の弱点や急所を全て知り尽くしている。また、物質世界の人間からは、魔界・霊界が観えぬが、魔王・悪神どもからは、人間界の全てが観えるのである。ゆえに、魔のものどもは、人間界に対しては、絶対的な優位な立場でもって、各々の人間の誕生から死ぬまで、全ての生涯を闇より監視して操り、時には思考を操り、また時には憑依して、魔界・霊界が存続してきたのである。このような魔のものどもにとっては、人間ほど操り易いものはなく、全ての人間の弱点や急所を、永い時代を通して知り尽くしてきたのである。

人々の中で、私は魔などにやられてないという人がいたなら、それは間違いである。そのような人こそ、神社や寺院巡りをして、風水や占いや迷信にこだわって生きている。世の中の人間は、どのような人間であろうとも、大なり小なり魔のものが取り憑き、魔のものによって操られて生きているのである。その証しが、世界の大多数の人々は、何らかの宗教に入り、神仏を崇め祈っている。加えて言えば、魔のものどもに操られた人物の中には、画家で有名なゴッホやムンクやダりのような、異様な世界を絵画で表現している画家がいる。彼らは、絵画の真髄を見極め追及するあまり、魔界・霊界を垣間見てしまい、あのような異次元な世界を描くようになったのである。その彼らが描いた絵を、世界の収集家は競い合うように高額な値で買いあさり、投機の対象にしている。

では、なぜ、彼らの絵が収集家から持て囃されているのか？　それは、彼らの描く絵には、霊界・魔界の魔のものの力が加わり、それが不思議な魅力を醸し出して、霊界・魔界に通じる人々を魅了しているからである。人々の中で大人でも子どもでも、妖怪や化け物、恐ろしい絵を描く人がいるが、これは、本人が知らぬ間に、魔のものに取り憑かれている為に描いていることである。そのような絵を描き続いていると、いずれ魔のものどもに身も心も蝕まれて、幻覚や幻聴を経験するようになり、魔界・霊界に引きずり込まれることとなる。そのような不気味な絵を描く子どもや大人たちは気をつけることである。

魔界に潜む魔のものどもは、千年、二千年、それ以上、時をかけて人々を操り餌食にしてきた。その永い間、積み重ねてきた知恵や秘訣は、われらカミガミでさえも気がつかぬほどの驚くべき悪知恵である。人々が生きて行く生涯には、数多くの災いや困難があるが、その困難の元凶は、魔界にいる魔のものどもが原因である。ゆえに、人々が生きて行く上での最強の敵は、魔界に存在する魔のものどもであると心得るべきである。また、魔のものどもは、人々の前に姿を現さずとも、人々の身体を棲家にして、魔の囁きを繰り返し、闇より操り支配している。このように、人間の身も心も支配する魔のものどもこそが、人類の永遠の敵である。また、このような魔のものどもを、人々は神様として、仏様として祀り、崇めてすがっているのである。このような魔のものどもを地球から取り除かない限り、人々の世界は平和にならず。人々には幸はないと知るべきである。しかし、このような魔のものどもではあったが、これまで行なってきたわれらカミガミと光り人による魔王・悪神退治によって、魔界・霊界に風穴があいて、漸くカミガミの光りが注がれ、これまで闇に隠れていた魔のものどもの存在が明らかとなり、魔界の仕組みが判明するようになった。そして、このことより、人々の暮らしを生き辛くしてきた魔のものどもの正体が分かり、われらカミガミと光り人によって、人々に取り憑いている魔のものどもを退治することができるようになった。これから先、親ガミの光り目覚めた人々は、肉体に取り憑く魔のものどもより解放され、身も心も居心地良くなる筈である。人々の居心地の良い暮らしとは、何一つ、不安、心配なく、日々穏やかに暮らせる生活である。

さらに加えて、魔界の仕組みを述べるが、魔のものどもの世界は、それはいわば、人間界で闇社会に生きるギャングやヤクザ社会と似ていることである。魔界に生きる魔のものも、闇社会に生きるものも、権力あるものには絶対に服従するが、それが魔界では、特に上下の関係が強く、裏切りは決して許さない主従関係となっている。それから魔界では、人間界以上に権力争いが凄まじく、非常な弱肉強食な世界である。もし、魔界で裏切り者がいたとすれば、その者が魔界・霊界・人間界の何処に逃げようとも隠れる場所はなく、必ず発見され、地獄の底に引きずり込まれ容赦なく懲らしめられる。つまり、魔のものども世界では何処へ行こうとも逃げ場はないのである。ゆえに、魔のものどもは、それを恐れて一度結んだ主従関係の絆は切れることはなく続いている。」

魔のものどもの世界

「さて、魔界の仕組みについては、以前にも告げたが、魔界の頂点に君臨しているのが大魔王である。その下には大きな山裾野を広げたように数多くの魔のものどもが存在しており、魔界はピラミッド形となっている。そして、そのピラミッドの中を観れば、一つのピラミッド形の魔界が頂点に存在しており、その下には二つのピラミッドが土台となり頂点を支えている。さらに、その下にも、三つ四つ五つのピラミッド形の魔界が積み重なっており、一つの魔界が五段階の山形の層となって魔界全体が形成されている。このように魔界の仕組みは、各自が独立した仕組みとなって形成されているが、星々のカミガミが魔界に風穴を開けようと、多くの光りの槍を突き刺した時には、各々の魔界が一瞬に強固な砦のようになってカミガミの光りを跳ね返して、カミガミの光りを遮っている。そして、このような魔界が地球の各地に形成されており、地球は魔のものどもによって乗っ取られてきたのである。また、この五つに積み重なった魔界は、天地創造の大ガミの下に四天界の親ガミが存在しているように、大魔王と魔のものどもは、星々のカミガミの世界を真似て、魔界を創造したようである。さらに、魔界のピラミッド形の仕組みを言えば、先ずは一番底辺の魔界には、人間界で言えば民衆のように、数多くの魔のものどもが存在している。その底辺の魔界の中でも、特に数多く蠢いているのが猿どもの集団である。この猿の群れには、猿田彦が頭首として君臨しているが、その下には庚申の猿どもがいる。さらに、その下には手下の猿どもが屯して、多くの子どもや大人たちに悪戯している。この猿たちの悪戯によって、幼い子の中には、夜泣きやひきつけを起こし、母親に辛い思いをさせている。また、猿たちの中には、夜中に寝ている子どもの前に現われて、おどけてみせて笑わせて悪戯している猿たちもいる。子どもが夜中に天井や壁をみて、話しかけ笑っている時は猿が子どもと一緒に遊んでいる時である。

さらに、魔界の底辺には、天邪鬼や貧乏神や疫病神やもののの怪となった十二支が存在している。また、この他にも数多くの化け猫や妖怪などが存在しており、このような魔界の魔のものどもが、人々に災いを与えて、命の光りを奪い悪さをしている。加えて、天邪鬼について言えば、昔から人々の間では、何を言っても反対意見ばかり言っている人のことを、臍曲がりで天邪鬼と言っているが、この天邪鬼が、人々の感情に取り憑きイライラさせ、素直にさせず、周りの者を不愉快な思いにさせ命の光りを奪っている。また、この天邪鬼は、例えて言えば、素早く逃げ飛ぶ銀バエのように動きが素早く、同じ魔界のものからも嫌われている存在である。寺院などでは、仁王像の足元に踏み付けられている邪鬼がいるが、これが天邪鬼である。それから、魔界・霊界には沢山の猫がいるが、その猫どもの中には、金好きな招き猫や色恋好きな猫、また、人々に怨念持つ猫などが存在しており、多くの人々に取り憑いて悪戯をしている。この他にも、魔界では多種多様な魔のものどもがいるが、人々が知っている妖怪や化け物などの全てが、実際に魔界に存在していると思っても良いであろう。さらに、この魔界の中には、数多くの蛇や爬虫類の妖怪がいるが、その他にも悪霊や、また見張り番のふくろうやカラスや鳩などが存在している。このような数多くの魔のものどもが蠢いている魔界を牛耳っているのが、人々が日頃から崇めすがっている七福神や悪神どもである。その悪神どもの中には、スサノオや大黒、毘沙門や黒き金を集める弁財天やアマテラス、さらに、実は同一神である寿老人、布袋、福禄寿がいる。福禄寿とは、富と食と寿命を授ける福の神として大陸の人々から崇められているが、魔王として数多くの手下を従え、手懐けた龍神の頭上に乗って人々の世界を駆け巡り、人々の命の光りを奪っている。

そして、魔界には、恵比寿と名をかえた蛭子がいる。この蛭子は、全身がぶよぶよとして人間に張り付いて生き血吸うヒルに似ていることから、蛭子と呼ばれている。これ以外にも、魔界には唐獅子や鳳凰がいるが、世間一般に人々から神々として奉られているものが、多くの手下を従え人々に取り憑いて災いを与えている。そして、さらに、魔界の上層階の中で、独立した魔界を形作っているのが、仏と言われている仏魔の世界である。この仏魔の世界は、高くそびえた山裾野のように数多くの仏たちが階層を決められ存在している。その中では、数多くの地蔵や観音菩薩や仏像の仏たちがいる。また、仏魔の世界には七福神の中に加えられている毘沙門天もいるが、毘沙門天が手下にしているのが、犬夜叉とヤタカラスと忍者や修験者である。この他にも、不動明王が手下の不動尊や多くの地蔵たちを従えているが、仏の世界の頂点に君臨しているのが大日如来と弥勒菩薩である。大日如来は曼荼羅の絵に描かれているように、数多くの仏たちの中心に太陽の化身として君臨し、人々から崇められ奉られているが、実は東方の太陽の光りを奪って、魔界の闇の太陽となっている仏魔である。一方の弥勒菩薩は、ガネーシャと言われている象の妖怪と阿修羅を従えて、仏の頂点の座に君臨している。もともと弥勒とは、末法の世に現れ出て民衆を救うと言われているが、実は、その昔、インドで誕生した魔王の化身である。さてここで、仏教で行われている葬式について述べておく。仏教では、人が亡くなるとお経を唱えて、死者を供養しているが、多くの僧侶らは、このお経の真の意味も知らずに唱えている。亡くなった人にしてみれば、僧侶でさえ分からぬお経を、死んだからといって、直ぐにお経が理解できる訳ではなく、枕元で訳の分からぬお経を大声で唱えられても、ただ、うるさいだけである。このような儀式は、正常な思考の人であれば無駄なことだと分かる筈である。われらカミガミは、亡くなった人々を霊界に留める葬式や、墓に死者を供養する儀式などいらぬ世の中となるよう望んでいる。人間の命は、星から来て、星に帰るものである。ゆえに墓はいらず、仏壇もいらぬのである。

さて、これより、魔界・霊界に存在している龍神ついて話し加える。龍神とは、元々は天を駆けぬけ、命の水を司る南方の光りのカミであった。その姿が、天空に細長く帯状の光りで飛ぶ姿であった為に、人々から流れる神、流神として崇められていた。また一方、大陸の呪術者が、深海に泳ぐ細長い大魚と陸の鰐を重ね合わせ、それを模して描いたのが龍の姿である。元々は光りの流れるカミであった龍神が悪神となったのは、魔王の策略によって、人間の命（魂）を騙されて食べたのがきっかけである。それ以来、人間の命（魂）を食べねば生きられぬ龍神となってしまった。つまり、龍神にとって人間の命（魂）は一度手を出したら止められない麻薬のようなものであった。その龍神が、魔王の手下となって天を駆け巡り、海や河川を司る悪神となった。さらに龍神は、魔界・霊界・人間界を自由自在に駆け巡り飛来している。この龍神の中でも頂点にいるのが黄金の龍神である。その下には、白龍や黒龍や緑の龍神や青い龍神が存在している。このような龍神が、時には人前に姿を現して、これはと思う人間を操り支配している。また、龍神の中には、人々の体内に取り憑き、酒や麻薬やギャンブルなどに溺れさせ、また人間の身体と一体となって凶暴で残虐な性格となって、周りの人々を苦しめている龍神もいる。元々龍神の始祖は、南方の星から来た光りの存在であったが、地上世界に魔王が誕生してから、魔王に騙されて人間の光りの命（魂）を食べてしまった。それ以来、一度味わった人間の光りの命の味が忘れられず、麻薬の常習者のようになって、人間の命なしでは生きていけず、魔王の配下となってしまった。

尚、龍神の手に玉が握られているが、これは、数多くの人々の命（魂）を握り潰して丸めて固めた龍神の食糧である。このような龍神が、天空を自由自在に飛びまわり、地上世界を監視して人々を操っている。また、魔界・霊界では数多くの蛇どもが存在しておる。それが、野山や川や地下や人々の家に棲み付いて、多くの災いを与えて人々の命の光りを奪っている。この蛇どもの中には、八岐のオロチや死に神となった大蛇、また黄金の大蛇や白蛇や黒蛇、八幡宮に祀られている毒蛇どもが存在している。さらに、その他にも、黒い金を貪る白蛇や、取り憑かれると酒乱となる大蛇、また、男と女を色恋沙汰で人生を狂わせる大蛇がいる。そして、それらの蛇どもが人々に多くの災いを与えている。尚、子どもが床や地面に寝転がって、くねくねとダラダラしている時は、身体の中に多くの蛇が取り憑いている時である。また、昔から、蛇は執念深いと言われているように、祀られている蛇神を疎かにした家族には、子孫代々災いを与え続け、決して許すことはなく恨み続けている。さらに、昔から、家に白蛇が棲み付くと、その家は繁栄すると言われ、また、蛇皮の財布は金が入るなどと言われ、多くの人々が洗脳されているが、それは、魔に操られた霊能者や祈祷師が、黒い大蛇や白い大蛇に取り憑かれて言わされていることである。これが、魔界に潜むものどもの真実の正体である。」

魔の狐の正体

「日ノ本の各地には数多くの狐を祀る稲荷神社がありますが、祀られている狐の正体を教えてください。」

「これまで日ノ本の各地には、各家庭や会社など数多くの稲荷神社が祀られている。この狐の中には、白狐や五尾や七尾や九尾の狐が魔界に存在していて、人々の世界を操っている。その狐の中でも、頂点に君臨しているのが十三尾の狐である。この狐の姿は、十三の尾が扇のように広がり、首には太いどくろの数珠を巻いて、真っ赤な目をして人々の世界を操り支配している。さらに狐の中には、人々の脳の中に棲みついて、不安、心配な思いをさせ、魔の囁きをしている白狐がいる。この狐に取り憑かれると、外出しても家の戸締りや火の始末が気になり、思考が常に操られ、何事も確認せねばならない気持ちにさせられてしまう。また、この狐が数多く脳に棲みつくと、家中ゴミだらけの片付けられない状態となり、また、その反対に、家中にある物が常にきちんと整理整頓しなければ気がすまない潔癖症となる。この二つの症状はどちらも白狐どもの仕業である。また、白狐が思考に棲みついていると、普段の生活においても、物事がなかなか思い出せなくなり、もの忘れやボケと言われる症状となり、それが進むと痴呆症と言われる状態となる。

それとまた、魔界では、このような狐以外でも、強力な霊力で人々の世界を闇から操り、他の魔のものどもからも恐れられているタタリ神となっている金神の狐がいる。この金神は、古き昔から、狙い定めた人間に宿り、その者に魔の力を授けて宗教を広めさせ、多くの信者を操り洗脳させてきた。また、この金神の狐は、日ノ本の東西南北の各地に魔の結界を張り巡らせて、日ノ本にカミガミの光りが行き渡らぬように、人々の世界を操り支配してきた。そして、この金神は、名を艮（ウシトラ）の金神とも言われ、鬼門といわれる東北を支配していた。また一方では、羊申の金神として西南を支配する金神もおり、強き魔のエネルギーでもって、日ノ本全土を魔の結界の中に閉じ込めていた。また、金神の中には、子の金神や巳の金神も存在しておるが、日ノ本全土の方位や時間さえも狂わせ操っていた。つまり金神が、人間界の時と方位を狂わし操っていたのである。

さらに、この金神の狐どもは、自らの姿を権現や神獣や神仏などの姿に化けて、祈祷師や呪術者の前に現われて、数多くの儀式を行わせ操っていた。最近、発見された奈良のキトラ古墳には、石棺の壁画に南方を司る朱雀や北方を司る玄武、西方を司る白狐や東方を司る青龍が描かれているが、この神獣は金神の狐が東西南北の方位を守る為に化身した姿である。また、壁画の東西南北の中心に描かれている北斗七星は、金神が魔の北斗七星となって、北方の親ガミの光りを拒む為に描かせた呪い封印である。以上述べたように、このような魔のものどもが、魔界には数多く存在して霊界・人間界を操り支配しているのである。そしてさらに、魔界全体を操り支配しているのが大魔王である。その大魔王の上にも、東西南北の各々の大魔王が存在しており、その頂点に君臨しているのが、魔の北極星となっている大大魔王である。この大大魔王は、世界の東西南北の魔界の頂点に君臨しているが、その一方で自らの分身を創造して、遥か昔から、人間の体に棲みついて宿り続けておる。そして、その人間が亡くなったならば、次の人間に取り憑き宿り、そして、さらに各時代を通して、次から次へと人間の体を棲家にして生き続けてきた。この大大魔王が人間の身体を棲家にしてきたのは、もし、人間界で天地創造の大ガミと四天界の親ガミの光りの分身が誕生したならば、その時は、その分身の周りにいる人物に憑依して分身を密かに殺害し、魔界の奥底に引きずり込み、永遠に呪い封じる為であった。

これまで地上世界では、天地創造の大ガミと四天界の親ガミが、各時代に光りの分身を誕生させて、霊界・魔界を消滅させ、人々の世界が居心地良き世界となるように導いてきた。だが、いずれの光り人たちも、この大大魔王に殺害され潰されてきた。その光りの分身がイエスでありシャカである。つまり、大大魔王は魔と一体となった人間に宿り棲家にしていたのである。このことは、これまで天地創造の大ガミでさえも気がつかなかったことであった。それから、これから伝えることは、光り人の出現によって漸く分かったことであるが、これまで天地創造の大ガミでさえも知らなかった魔界の仕組みである。天地創造の大ガミと四天界の親ガミは、日ノ本再生、地球再生する為に、ここ十年ほど光り人と共に、数多くの光りを魔界に注ぎ続け、魔のものども退治を行なってきた。だが、魔界に風穴を開けて光りを注ぎ続けても、次から次へと魔のものが、地の底から滲み出るように出現してくる。これは、どのような仕組みとなっているのか、われらカミガミも、これまで合点がいかなかったことであった。それが、最近になって漸く分かったことであるが、われらカミガミが知っている魔界とは別に、どうやら魔界の奥底には、さらにまた、別の魔界が存在していることが分かった。その魔界とは、大地の底の底の奥深い闇の層に形創られており、人々の負の感情が集合した魔界であった。この負の感情は、これまでの永い歴史の中での、戦争や飢えや多くの災いで苦しんできた人々の悲しみや苦しみや嫉み、また、恐れや不安、心配などが大きな黒いどろどろとしたエネルギーの塊となって、魔界の奥底に大きな湖のようになって、黒い渦を巻いて存在しておった。そして、この負の感情は、魔王・悪神どもに黒いエネルギーとなって絶えず補充されて、魔のものどもが人々を苦しめる大きな力となっていた。

そして、この負の感情が、人々の感情の中に注がれると、多くの人々が不安、心配になり、人によってはいつも心が晴れず、鬱病や閉じこもりなど、多くの人々に心の病を与えていた。さらに、加えて言えば、この魔界も最近分かったことであるが、この負の感情が集合している湖の奥底には、細永い管のような暗いトンネルが地中深き所まで延びており、そのトンネルの先の奥まった所には、大きな岩が黒い五体の大蛇に囲まれて守られていた。そして、この大きな岩の中には、黒い魔のエネルギーが充満されており、その魔のエネルギーを取り除くと、そこには、大きな心臓の形をした塊が、ドクドクと波打つように鼓動して黒い魔光となって、負の感情を餌食にして存在しておった。これまで、われらカミガミが知らなかった、このような魔界であったが、この度の魔界にいる魔のものども退治によって、漸く判明した魔界の仕組みである。さらに、人々の負の感情について言えば、われら星々のカミガミも感情は持っているが、その感情は、嬉しい楽しい穏やかな、全てが喜びに満たされた感情である。ゆえに、人々が待っている辛い、悲しい、苦しい、そして、不安、心配、恐怖などの負の感情は、地球に生きる人々だけが持つ感情であって、星々のカミガミは一度も経験したことがない。人々の負の感情に対して、われらカミガミが、これまで十分な心得がなく、救う方法が分からなかったことであった。だが、それがこの度、光り人と共に魔のもの退治を繰り返している内に、負の感情が地下深い魔界に黒いエネルギーの塊となっていることが分かり、今漸く、われらカミガミは、人々の負の感情を取り除き、救う方法が分かったことであった。これから、われらカミガミが、多くの人々の負の感情に光りを注ぎ続けるが、それとともに黒い塊のエネルギーの溜まり場となっている魔界にも光りを注ぎ続け、人々の心から負の感情を取り除き、人も皆全てが居心地の良い世界を創造される時がきたのである。

さて、ここまで述べてきた魔界の仕組みは、西方の親ガミが観せる映像によって、われらカミガミが観ることができるようになり、漸く、判明した魔界の仕組みである。それと、次に伝える魔界は、これまで判明することがなかなか出来なかった、魔のものどもの姿形が観えなかった透明な魔界である。この透明な魔界は、地球上の天空に密かに形創られており、天地創造の大ガミと四天界の親ガミがいる星々の世界を真似て創られていた魔界であった。そもそも、この魔界が判明したのは、これまで、天地創造の大ガミと四天界の親ガミが、地球再生、日ノ本再生する為に、星々から多くの光りを注ぎ続けてきて、光り人と共に数々の魔界を破壊させ、魔のもの退治をしてきた。だが、この度、大ガミたちが星々から地球に注いでいる光りが、どうやら途中で弱まって地球に注がれていることが分かり、その原因が透明な魔界であることが分かった。この透明な魔界を形成していたのは、地球上に存在した魔のものどもが、永い永い時の中で、進化に進化を重ねて透明な姿となって、天界に透明な魔界を形創り、大ガミたちの光りを途中から奪い取っていたのである。つまり、その手口は、透明な魔のものどもが、天地創造の大ガミと四天界の親ガミが届ける光りの通り道の中に、透明な魔界を形成し、その中で透明な魔のものどもが天地創造の大ガミたちと四天界の親ガミが届ける光りを巧妙に奪い取っていたのである。この仕組みは、大ガミたちが届ける光りが百とすれば、魔のものどもが途中で二十の光りを密かに奪い取る仕組みとなっておった。この透明な魔のものどもの悪知恵には、天地創造の大ガミでさえも驚くほどの巧妙な手口であった。

さらに、その奪った光りを地球の魔のものどもに分け与えて、透明な魔のものどもは、自らが偽りの天地創造の大ガミとなり、そして、偽りの四天界の親ガミとなって魔界・霊界・人間界を操り支配していたのである。また、透明な魔のものどもは、天界と地上世界との間に、透明な階段を立てて降り立ち、魔界・霊界・人間界を操り支配していた。その際、降り立った魔のものどもは、われらカミガミから姿が見えないように、様々な岩や樹木などに擬態して身を隠して行動していた。この透明な魔界が判明して退治したことにより、これより地球は、新たな世界が築かれ、日ノ本再生、地球再生ができることになった。さて、この透明な魔のものどもの正体であるが、これは、先に告げた東西南北と、その中心にいた艮（ウシトラ）の金神の狐と、黄金の龍神、そして大大魔王が進化した魔のものであった。魔界には、これ以外にも、金神の狐や大大魔王の手下が、世界中に散らばり魔界を創造して、我欲強い人間を操り、地上世界が平和にならぬように、民衆を戦争に巻き込み、民衆を飢餓や貧困に陥れて、支配者・権力者が富み栄える国家を築いてきた。これまで人類の歴史は、時代が変わり世の中が変われば、そこで時代の流れは変わり、戦争や飢餓の痛ましい記録は歴史上から抹消されてきた。そして、歴史上に記された悲惨な出来事は過去の彼方へと葬られて、愚かな支配者・権力者の歴史が続いてきた。だが、魔界に存在する魔のものどもの闇の歴史は、千年も万年も移り変わることなく、人々の命の光りを奪い、人々を闇より操って、魔のものどもの歴史が永く続いてきたのである。つまり、人間界では歴史が変わり、時代が代われば、過去の悲惨な出来事がなかったことのように消去されているが、それは上辺だけのことであり、実は魔界・霊界に記憶され、その記憶された悲惨の出来事が、人々の世界に再び降りかかり、歴史は繰り返されているのである。

このような魔界が地球の隅々に形成されておったとは、天地創造の大ガミと四天界の親ガミでさえも分からずにいたことであった。このような地球では、イエスやシャカのような光り人が数多く誕生したとしても、地球は平和にならず。人々の救いなき世界が続いてきた筈である。さて、今日では、魔界の頂点に君臨していた大大魔王と艮の金神の狐どもと、そして数多くの悪神どもは、天地創造の大ガミと四天界の親ガミの光りによって銀河の果てにある岩星の中に閉じ込められ、ブラックホールに吸い込まれている。だが、それでも地上世界には、まだまだ、数多くの魔のものどもの分身が、人々の肉体に取り憑き、身も心も操り支配している。今後、地上世界から魔界・霊界を消滅させるには、人々が真のカミガミに目覚め、偽りの神仏などに惑わされず、真のカミは体内に宿っている命であると知ることである。昨今、科学者の間では、未だ発見されてない暗黒物質の存在が注目されているが、その未知なる物質を各国々が協力して、巨額の費用をかけて暗黒物質を捉えようとしている。だが、そのことよりも、これまで科学者たちが非科学的だと蔑んできた魔界・霊界を解明したならば、地上世界を覆っている暗黒物質の正体が判明する筈である。これまで、科学者たちが観ること、捉えることが出来なかったが、確実に存在する暗黒物質こそが、魔界・霊界・人間界を覆い尽くしている未知なる物質である。以上、ここまで述べた魔界の仕組みは、人間界においては、未だかつて誰一人として伝えた人間はなく、人々の世界では、この書物が始めてのことである。それに、加えて言えば、実際の魔界はもっと、もっと複雑に重なり合っている魑魅魍魎が蠢く世界である。」

魔に魂を売り渡し、魔と一体となった人間

「これまで魔界の話を聞いて、人々の世界がいつまで経っても、平和で居心地良くならない仕組みが良く分かりました。また、このような魔のものどもが蠢く世界では、どのような賢者や光り人が世界に現われ出ようとも、最後の最後は魔のものどもに潰されてしまい、これでは人々の

世界から戦争や貧困や飢餓がなくならない原因も良く分かりました。それにしても、人々の世界が、こんなにも魔のものどもから牛耳られ、操られていたとは思いもよらないことでした。そこで、次に教えてほしいのは、支配者・権力者の中には、魔に魂を売り渡し、魔と一体となって人々を苦しめている者がおります。そのような者を天地創造の大ガミと四天界の親ガミは、これまで罰することなく、なぜ、生かしているのでしょうか？　また、魔に操られ魔と一体となった人間は、戦争を企み、多くの人々を戦場に送り、大切な命を山河や海底に鎮めさせております。天地創造の大ガミは、このような魔と一体となった者でも、肉体を滅ぼし、命を奪うことはないのでしょうか？

以前、西方の親ガミから、（星々の大ガミは、どのような人間であろうとも、人間には、人間を誕生させる時と、人間が死ぬ時を決める決定権は与えてはいない）と聞きました。しかし、これまで人間界の歴史では、魔と一体となった人間が、多くの人々を殺害して、星々の大ガミが決める人間の生死の決定権さえも、魔のものと一体となった人間に奪われております。天地創造の大ガミは、これからも魔と一体となった悪しき者を滅ぼすことなく、命を取ることなく、生かしておくのでしょうか？　それと、死に神について教えてください。」

※これより、これまで日ノ本再生、地球再生を目指し、霊界・魔界・人間界の闇をつぶさに観て知ってきた、地球の大ガミである北方の土地王が、天地創造の大ガミに訴えた言葉を加え

ます。

「天地創造の大ガミよ。そなた自らが光り人と一体になり、世の中で苦しんでいる人たちの暮らしを良く観るが良い。われ土地王は、北方の親ガミから日ノ本を託されて、これまで日ノ本の悪神退治をしてきたが、日ノ本には、魔と一体となりし者が、何と数多きことか。その数は、大ガミが想像する数よりも、もっとはるかに超えた数であるぞ。そのような者達が、日ノ本の政治・経済・宗教を司り支配しておる。ゆえに、世の中は権力や財力が魔と一体となった者達に集中して、その者達が、益々潤っていくばかりである。その一方で貧しき人々は、貧しいままの生活を強いられておる。われが、これまで直接観てきた日ノ本は、悪しき仕組みの中にどっぷりと浸かっておるぞ。この悪しき仕組みを壊さない限り日ノ本再生は無理である。魔と一体となった者達でも、確かに最初は、魔のものが肉体に宿り、それで操られた部分はあった事であろう。だが、それに味をしめた人間が、もっと、もっと、と我欲を強め、自らの中で魔のものを育てていったことが、日ノ本を、ここまで魔の巣窟にしてしもうた、大きな原因である。魔と一体となり、一度味をしめた人間が、今の権力を、財力を捨てて、「全てに足りることを知る」暮らしなどできるはずはない。人間は何事も知ってしもうたなら、知らなかった状態には戻れないのだ。天地創造の大ガミよ、もっと、しっかと世の中を観るが良い。もっと弱き人々の痛みを知るが良い。宇宙の天辺から地球を、日ノ本を観ても上辺は観えるが、世の中の人々の苦しみやせつなき痛みはわからぬぞ。天地創造の大ガミよ、本気で地球再生・日ノ本再生を望んでいるなら、先ずは、魔と一体となり、死に神と魔の契約をした者達を、何とかせよ。決断せよ、実行せよ。われ土地王は、大ガミの言葉を待っている。」

続いて、東方の親ガミが天地創造の大ガミに訴えた言葉。

「天地創造の大ガミよ。そなたは本当に、人間の悪人には甘いぞ。今まで日ノ本に、いや日ノ本だけではないぞ。地球上に誕生した、われ東方の御子たちは、ことごとく命を奪われ潰されてきたではないか。つい先だっても、われ東方の御子が魔に阻まれ潰されてしまった。われが光りを注ぎ、大切に育ててきた御子であったのだぞ。われの東方の御子は、その役目ゆえ、皆の先陣を切って突き進んで行く。強き信念を持っている。その強き信念も、魔に取り憑かれると、強き我となり、周りに毒を撒き散らすようになる。勿論、御子本人にも全く問題がないとは言わぬ。魔が入り込む心の隙があった事は否めぬことである。これまで、過去に誕生した、われ東方の御子たちは全て、魔のものどもによる巧妙なやり方によって、本人が気付かぬ内に、魔にやられて潰されてきた。われが光りを注ぎ育ててきた、われの御子たちが、目の前で魔に命を奪われていく、われの気持ち、大ガミよ。そなたには分かるまい。魔の攻撃にヤラレて潰されている、われの御子たちを救いたくとも、メッセージを伝える事しか出来ぬ無念さ。大ガミよ。そなたに分かるか。大ガミよ。もう、ぐずぐずしておる時間はないぞ。このままでは、光りの御子など存在せぬ、地球は魔のどもの巣窟の中に飲み込まれてしまうぞ。魔のものと一体となった人間が、これまで多くの御子たちを潰してきたのなら、われらカミガミも、魔と一体となりし者の命を奪い、魔の力を弱める手段に打って出ても良いのではないか。天地創造の大ガミよ。良く考えて決断してもらいたい。」

続いて、北方の親ガミの言葉。

「天地創造の大ガミよ。相変わらず、悪人どもには甘いのう。大ガミよ。そなたはいつも、人間界を高い所から観ておるゆえ、人間の実態が分からぬのであろう。大ガミよ。そなたは本当に、日ノ本再生・地球再生を実現する意思があるのか。日ノ本に魔のものどもが存在する限り、これから誕生するであろう、光りの御子たちは、また、魔のものどもによって、命を獲られ潰されてしまうぞ。魔の巣窟になっておる日ノ本に、われらカミガミの光りを限なく行き渡らせるには、魔のものが存在できぬようにするしかない。これまで光り人と共に行ってきた魔のもの退治で、日ノ本の魔界・霊界はかなり綺麗になっておる。残されているのは、日ノ本に住む人々の心の中である。

大ガミよ。魔と一体となりし者に、今後、カミガミの光りを注ぎ続けても、更正する余地などないぞ。これからも、魔と一体となりし者を野放しにすればするほど、われらとの出会いを待っている光りの御子や、仲間となる人たちが、われらと出会う前に、魔のものに阻まれ潰されていくのだぞ。大ガミよ。もういい加減に人間界の現実を観ろ。このままでは日ノ本は、永遠に暗い闇の中である。日ノ本再生の為に、大ガミよ。腹をくくれ。そなたが誕生させた分身の、今までの苦労をなき事にするのか。われらカミガミが、天界から絶えず光りを注いで守り導いてきた光りの御子たち、そして、そなたの分身が育ててきた御子たちを、いったい何人魔に潰され、犠牲になれば気が済むのだ。

今、残っている光りの御子は何人じゃ？　こんな状態で、日ノ本再生などできると思うか？　大ガミよ。そなたの答え次第では、そなたの分身も光りの御子も、大ガミを見限り辞めてしまうぞ。

日ノ本再生・地球再生の為に、大ガミよ、そなたは日ノ本の人々の中から分身を選んだ。分身は、そなたの思いに応え、光りの世界を創る為に、全てを捨てるという、大きな決断をした。生身の人間が、世間とのしがらみを切り、働くことも出来ずに、魔のものどもの攻撃を打ち勝つには、余程の人間でなければ乗り越えることは出来ぬぞ。大ガミよ、そなたも、責任を果たさねばならぬ筈。天地創造の大ガミよ。良く考えて決断してもらいたい。」

続いて、南方の親ガミの言葉。

「天地創造の大ガミよ。われ南方も、そなたに言いたきことがある。われの南方の御子たちは、人々と人との間を調和する潤滑油のような役目を果たす、心根の優しい性格をしておる。それゆえ、沢山の魔のものや霊を引き受け易く、心や身体を悪くしてしまう例が、過去も現在も数多く後を絶たぬ。われの南方の御子たちの中には、心の病で自らの命を絶つ者もあり、重い病で寿命を全う出来ぬ、光りの御子たちの何と多き事か。大ガミよ。われ南方の御子たちの中には、生まれながらに、心や身体に障害を持っておる御子たちが、少なくないのだぞ。生まれながらに心や身体に障害持つ、われの御子たちは、母親の体内にいる時から、沢山の魔のものを引き受けておるのだぞ。心や身体に障害を持って生まれた御子が生きていく事は、本人にとっても、その家族にとっても、本当に大変なことである。大ガミよ。本人や家族の心の痛みを、大ガミよ。本当に理解しておるのか？　苦しんでいる光りの御子たちを、目の前にしても、われだけではないぞ。東方も、西方も、北方も、われらができることは、光りを注ぎ、メッセージを伝えることしか出来ぬのじゃ。大ガミよ。われらは、本当に歯痒い思いをしておるのだぞ。日ノ本再生・地球再生の為には、多少の犠牲はいた仕方ないと。われ南方は、そう思うて、今まで力つくしてきた。なれど、大ガミよ、もう待てぬ。もうこれ以上、われの御子たちが魔のものどもの攻撃に遭うのを、黙って観ておる事は出来来ぬ。われら四天界のカミガミも、決断するべき時ではないのか？　このままでは、日ノ本は取り返しのつかぬ事になるぞ。魔のものどもが、われらカミガミの光りの御子たちを潰す以上、われらカミガミも、魔と一体となりし者を潰す他あるまい。その者が、元々、光りの命を宿した存在であったとしても、魔と一体となった時点で、その者は、われらカミガミの光りが届かぬ存在である。つまり、もはやその者は、闇の存在であり、日ノ本には闇の人間は必要ないのじゃ。大ガミよ。今こそ、決断してもらいたい。」

続いて、西方の親ガミの言葉。

「天地創造の大ガミよ、われ西方は、人間に一番近き存在ゆえに、そなたよりも日ノ本に住む人々の事を理解していると言えるかもしれぬ。大ガミよ、これまでの長き間の、日ノ本の魔のもの退治によって、日ノ本は浄化され、われらカミガミの光りが行き渡り始めておる。されど、日ノ本に住む、大多数の人々の身体の中には、魔のものが宿り続け、多くの人々を操り支配しておる。今後、われらカミガミの光りが人々の身体に届けば、光りの御子となる者、あるいは、魔と一体となり、もはや、われらカミガミの光り届かぬ者など、魔の影響力は人によって様々である。日ノ本の土壌が、われらカミガミの光りで満たされても、そこに住む人々の身体の中に、魔のものが存在し続ければ、また日ノ本は、魔の巣窟となってしまうであろう。大ガミよ。われ西方の御子、イエスの事を考えてみるがよい。イエスは、魔と一体となりし時の権力者によって、はりつけされ命を奪われた。そのイエスの命が果てた後も、十字架に吊るされた姿を、人々の前にさらされておるであろう。イエスの死後、生前のイエスの思いとは全く異なる教典が造られ、（キリスト教）という、一つの大きな宗教が誕生しておるであろう。（キリスト教）誕生によって、人々の思考や行動が、時の権力者の意のままに、支配される事態となったであろう。それが、現代の世にも受け継がれて、貧しき人々は、イエスの像の前で救いを求めて祈っておる。イエスの像に祈りを捧げても、救われることはないのにも拘わらず。時々の権力者や教会は、キリスト教を利用して、人々を操り支配し、多くの富を蓄えていく。昔から、貧しき者は貧しいまま、富める者はどんどん富を蓄える。そんな悪しき仕組みが出来上がり、今も脈々と続いておるではないか。

大ガミよ。この悪しき仕組みの発端は何だったのか？　魔と一体となった時の権力者が、イエスを磔にして命を奪ったこと。つまり、魔の仕組みが世に広まるには、魔と一体となった者が必ず存在しておるのじゃ。大ガミよ。日ノ本や地球上の土壌を、浄化することも大事じゃが、人々の身体に取り憑いている魔のものどもを取り除き、人々を光りの存在にすることも大切である。大ガミよ。日ノ本再生を果たすのも、日ノ本再生果たして後、日ノ本を末永く光りの国として維持していくのも、全て日ノ本に住む人々である。その為にも、日ノ本の人々は、光りの存在でなければならぬ。それには先ず、魔と一体となりし者を消す必要がある。大ガミよ。魔と一体となりし者は、魔のものどもの手先となり、様々な手段を用いて、人々に、われらカミガミの光りが行き渡らないように、邪魔をしておる。そして、われらカミガミの光りの御子たちを、実に巧妙なやり方で潰し続けるであろう。魔と一体となりし者とて、元々は光り宿した人間であったと大ガミは申すが、日ノ本の全ての人が、魔と一体となっておる訳ではあるまい。魔と一体となりし者には、魔を受け入れる闇の器を持っておるのじゃ。われらカミガミの光りの御子が、光りを受け入れる器を持っておるとすれば、魔と一体となりし者は、魔を受け入れる器を持っている。ゆえに、もはや、闇の器が光りの器になることなどないのじゃ。大ガミよ。魔を受け入れる器を持っている者を野放しにしておくと、光り受け入れる器の人が、魔のものに飲み込まれるぞ。大ガミよ。もうこの辺りで、われらカミガミも、魔と一体となりし者を退治して逆襲するべきじゃ。このままでは日ノ本から、地球上から、光りの御子は潰されて、いなくなってしまうぞ。大ガミよ。今こそ決断してもらいたい。天地創造の大ガミよ。われ西方が観てきた、魔と一体となった者を、これより観てもらいたい。その上で是非、決断せよ。」

（西方の親ガミが届けた、魔と一体となりし者の映像を天地創造の大ガミが観る。）

その魔と一体となりし者の命の周りには、黒いコールタールのようなものが張り付いている。また、その者の命の内部にも黒いネバネバしたものが存在している。四天界から注がれた親ガミの光りは、その者の命の周りのコールタールのようなものに吸収され、命の内部の黒いネバネバしたものに送られ、魔のエネルギーに変えられて黒い玉となっている。その者の命の中にある黒い玉は、全身を駆け巡り、心も身体も、細胞の一つひとつに至るまで、魔のものに飲み込まれている。さらに、それだけではなく、その者の身体は魔に飲み込まれて、体全体が魔の黒いエネルギーに包まれている。そして、この者の体から周辺に、魔の黒いエネルギーが撒き散らされている。撒き散らされた魔のエネルギーを吸い込んだ周りにいる人は、魔の餌食になり蝕まれ始める。それは、まるで風邪の菌が四方八方飛び散るように、この者から飛び散った魔の黒いエネルギーは、人から人へと伝染して、魔に操られた人間が増えて、闇の器持つ人間が誕生していく。

これら、一連の魔の仕組みを観た、天地創造の大ガミの言葉。

「魔と一体となりし者の命は、ここまで魔のものどもに蝕まれておるのか？　われらカミガミが届けている光りが、魔のエネルギーとなり、この者から周りにおる人々に、魔のエネルギーが撒き散らされておるのか？　もはや、この者には、われらカミガミの光りは、全く存在しないのじゃな。この者のように、命の中に、われらカミガミの光りが存在しない以上、光りに目覚めることはないのじゃな。日ノ本に、地球上に、人間の命を誕生させたのが、われであるなら、日ノ本を、地球を悪しき状態にした者や、魔と一体となりし者に、責任を負うのも、われであるべき。われが誕生させた命をわれ自ら奪うというのは、いささか抵抗あるが、われも決断せねばならぬようじゃ。

四天界のカミガミよ。土地王よ。今少し時間をくれ。そなたたちの思いもよう分かったし、魔と一体となりし者の状態もよく分かった。決して悪いようにはせぬ。われは今一度、日ノ本全土を観察し、日ノ本再生に向けて、今一番、何をせねばならぬのか？　を考え、その上で、決断するつもりじゃ。四天界のカミガミよ。土地王よ。そなたたちに辛い思いをさせ続けてきたこと、またそのことに気付いていなかったこと、本当に申し訳なく思う。また、われの分身や光りの御子たちにも、大変な辛い思いをさせてきたこと、この後に及んでも、未だ決断出来ぬこと、本当に申し訳なく思うておる。今は、われとて、魔と一体となりし者を更正させようなどとは、思うてはおらぬ。ただ、日ノ本の人々の実態をこの目で観て、われ自身、踏ん切りをつけたいだけじゃ。今回が日ノ本再生、地球再生の最後の機会であること、われとて重々理解しておる。土地王よ。四天界のカミガミよ。今少し時間を貰いたい。」

魔と一体となりし者を隈なく観察した、天地創造の大ガミの言葉。

「四天界のカミガミよ。土地王よ。皆々に辛き思いをさせてきた事、本当に申し訳なく思うておる。われが、魔と一体となりし者の命を奪う事の決断が出来ぬことをよいことに、魔のものどもが、ここぞとばかり一斉に、光りの御子や分身を潰そうと、魔の力を総動員して、総攻撃しておるようじゃ。と同時に、魔のものどもは、ここが一番の勝負所と見て、あらゆる手段を使い日ノ本や地球に、魔のエネルギーを届け、われらカミガミの光りを遮断しようと画策しておるようじゃ。日ノ本に魔のエネルギーを届ける仕組みは、幾つも存在しておるようじゃ。ここ最近の日ノ本を、地球を攻撃しておる魔のエネルギーの出発点は、魔の銀河である。魔の銀河の仕組みは、アメリカや世界の国々が打ち上げる衛星の中に魔のものどもが入り込み、それが宇宙空間に漂い、魔の集合体となって魔の銀河が創られてしまったようである。つまり、魔のものどもは、地球のみならず、宇宙空間までも支配してしまっていたということである。宇宙空間に漂う魔のエネルギーが集約され、一つの魔のエネルギーの塊となって、地球上の七つの魔の拠点に届けられる。これが魔のエネルギーの経由地である。そしてその後、七つの拠点に届けられた魔のエネルギーは、また一つの魔のエネルギーの大きな塊となって、日ノ本に存在する魔の拠点に届けられる仕組みになっておる。この魔のエネルギーが地球上や日ノ本に存在する魔の拠点を経由することで、増幅され少しずつ魔力が増していくようである。

日ノ本に届けられた魔のエネルギーは、最終的には富士山に届けられ、富士山から日ノ本全土に、魔のエネルギーが広まっていく仕組みじゃ。富士山が多くの人々から崇められ、魅了されているのも、この魔のエネルギーの力である。また、魔のエネルギーは地球の周りに魔の層を創り、われらカミガミの光りが、地球に届かぬようにしておったようじゃ。そして、この魔の層より魔の黒い竜巻が発生して、その魔の竜巻が、日ノ本の天空より人々の身体と土壌に降り注いでおったようである。さらに、この魔のエネルギーは、日ノ本の地下にある岩や石の層の中に、魔のエネルギーを持つ黒い粒を沢山存在させて、われらカミガミの光りが、地中深くまで浸透しないように画策しておった。まっこと、魔のものどもの容赦なき攻撃には、われらカミガミも油断できぬことである。されど、所詮、魔のものどものやることは、われらカミガミの光りには、到底敵わぬ。これら、魔のものどもを退治することが出来たゆえ、これからは、われらカミガミの光りが強き光りとなって、日ノ本に注がれると思われる。

さて、ここまで魔のものどもに、やりたい放題させてしもうたのは、われの責任と言える。（魔と一体となりし者の命を奪う事）これまで、われにはどうしても決断出来なかった。地球上に生命を誕生させたわれが、自らの手で命を奪う事が、どうしても出来なかった。地球上に誕生した全ての命は、元々は光りの存在であり、魔と一体となりし者の中にも、われらカミガミの光りが必ず存在する筈。ならば、どのような人間でも更正する道は必ずあると、そう思うてきた。四天界のカミガミと土地王には、幾度となく諭されてきたが、われには俄かに信じ難かった。四天界のカミガミや土地王に、少し時間を貫い、日ノ本を隈なく観察した。勿論、魔と一体となりし者の命の光りも観察した。魔と一体となりし者の命の光りが、ドロドロとした黒きもので覆われておること、この黒きエネルギーで、われらカミガミの光りが蝕まれて、われらカミガミの光りが届かぬこと、魔と一体となりし者が、こうなってしもうては、もはやこの者には更正の道はないこと、われも漸く理解した。されど、一方では、魔と一体となりし者の肉体が果てれば、その命は岩星・黒星の中に閉じ込められる筈。では、なぜ命を奪う必要があるのか？　われには理解できなかった。この点に関しても、四天界のカミガミと土地王に、幾度となく諭された。東方の親ガミには、これまでになかったほどの、強き口調で諭された。また、西方の親ガミには、魔と一体となりし者の一生を映像で観せられた。その魔と一体となりし者は、魔のものどもが常に守り支えておるゆえ、その肉体が果てても、その者の命は岩星・黒星に閉じ込められず、魔界・霊界に行くことになることが分かった。そして、その者は、魔界・霊界で、新たな魔のエネルギーを授かり、人間界に復活して、新たな人間に宿り、その人間を魔界に引きずり込むこと、また、魔と一体となりし者が一人誕生することで、その者の周りの人間が不幸になっていくとともに、魔のエネルギーが撒き散らされて、光りの人々が次々に潰されていくこと、われも漸く理解した。

日ノ本に、われの分身を誕生させ、光りの御子たちを選んだのは、全ては日ノ本から、魔のエネルギーを一掃し、日ノ本再生を果たす為である。なれど、魔のものどもが、日ノ本に、われらカミガミの光りが行き渡るのを阻止せんと、魔と一体となりし者を誕生させ、光りの御子たちを、光りの仲間たちを、そしてこれから光りと繋がるであろう人々を、潰そうとしておるとしたら、見過ごす訳にはいかぬ。魔のものどもがそこまでするのであれば、われも大ガミの責任として、光りの御子たちや、光りの仲間たち、そしてこれから、われらカミガミと繋がるであろう人々を守る義務がある。その為に、魔と一体となりし者の命を奪う必要があるなら、それは、やむ得ぬこと。

今後、日ノ本に誕生する命が、いつまでも光りの存在である為に、日ノ本が未来永劫、光りの大地として存在続ける為に、今、大きな犠牲を払っても、魔のものどもを退治せねばならぬ。四天界のカミガミと土地王に、暫しの時間をもろうたお陰で、われも一つの決断を下すことが出来た。今後、われ大ガミの責任において、**『魔と一体となりし者の命を奪う』**こととする。この決断には、もはや躊躇はない。新しき日ノ本を造る為に、われも実行する所存である。今後、魔のものと一体となりし者の命を奪うと共に、日ノ本の人々の価値観を変えるべく、富士山噴火や、大地震などの天変地異が起こるかもしれぬ。また、今後日ノ本は、未曾有の危機に直面するであろう。その時は光りの御子たちの力が必ず必要になる。光りの御子や光りの仲間たちは、われらカミガミが全力で守るゆえ、全ての出来事を淡々と捉え、冷静に対処してもらいたい。光りの御子たちが、われらカミガミと共に、頑張ってくれることを、切に願うておる。光りあれ。光りあれ。」

再び北真との会話（死に神）

「確かに、四天界の親ガミと土地王の言うとおり、これまで人間界での歴史は、魔と一体となった者が、多くの人々の命を奪い殺害してきた。なれど、天地創造の大ガミは、魔と一体となった人間でも、親ガミの光りの命を宿している人間であれば、肉体に取り憑いている魔のものどもを全て取り除けば、光り通ずる人間になると信じてきた。それゆえ、天地創造の大ガミは、魔界・霊界が消滅すれば、全ての人々が親ガミの命の光りに目覚めて、人も皆全てが居心地の良い世界が創造されると思ってきた。だが、その考えは、今日、人間界の汚れた闇をつぶさに観て来た土地王と四天界の親ガミの強き訴えによって改められた。近々、天地創造の大ガミは、魔と一体となった人間の肉体を滅ぼし、命を取ることを、決断するはずである。さて、死に神についてであるが、人々の世界で、魔と一体となった多くの者は命と引き換えに、死に神と魔の契約をしておる。その際、死に神の姿を幻覚で観る者もいれば、観ない者もいる。死に神の姿は観る者によって違いはあるが、俗に伝えられている、顔がドクロで黒いマントを全体に羽織り、大きなカマを持って現われ出るのが死に神である。死に神は、死に神と契約した者には、人間としての羞恥心や良心など、人間の善の部分を全て捨てさせ、悪に成りきることを約束させる。その代わりに、その者の野望を叶え、権力や財力を与える。死に神との契約で一度権力や財力を手にした人間は、その内なる我欲に拍車がかかり、もっと、もっとと我欲が強くなる。この、もっともっとが、より強力な我欲を形成して、魔のものどもを引き寄せる黒きエネルギーとなっている。

死に神との契約で手にした権力や財力には、元々魔のエネルギーが多く潜んでいる。それゆえ、その者が権力や財力を次々に手にするということは、その者が、より多くの魔のエネルギーを蓄積させることを意味する。そして、この魔のエネルギーは、その者が出会う人々を通じて、広く世間に広まっていくことになる。つまり、死に神と契約し、魔と一体となった者は、多くの魔のものどもを撒き散らして、周りの人々を不幸にして魔のエネルギーの広告塔の役目を果たすことになる。それゆえ、魔のものどもは、自らの分身をドクロにして、その者の傍らに置き留め、その者の命を、多くの魔のものどもと共に協力して守ることになっている。つまり、死に神と契約した者は、どのようなことがあっても、死に神から命は守られるが、その代わり、その者が権力、財力が増すごとに、周りにいる人間が死に神の餌食となって命を取られる仕組みとなっているのである。

日ノ本について言えば、政財界のみならず、ありとあらゆる分野において、死に神と契約して権力や財力、地位や名声を得た者が数多く存在しておる。日ノ本が魔の巣窟となったのも、その者どもの働きによるところが大きいといえる。なれど、これまでの魔のものを退治してきた過程において、魔と一体となった者が、いかにして誕生したのか？　その仕組みを明らかにすることが出来たことは、これからの日ノ本再生において大きな前進である。さて、死に神と命と引き換えに契約をした者は、人生の生きてきた過程において、他の人よりも我欲が強く、多くの苦難を強いられてきた者が多い。ゆえに成り上がろうとする執念が異常に強い人間である。その者が死に神と出会う時は、その者の人生が窮地に陥り、八方塞がりの状態になった時である。その者が幾夜も寝ずに、壁の一点を凝視し、全神経を集中して危機から救われる策を思考する。この凄まじい執念は、常人にはできることではない。その者は答えが浮かぶまで、飲まず食わず命がけで一点を凝視し、それを実行する。そして、この者の体力が衰弱し、五感が研ぎ澄まされ、執念の思いが頂点に達した時、魔界から死に神が姿を現し、この者と魔の契約を結ぶ。魔と一体となって、権力と財力を握ったほとんどの者は、このような稀有な体験して、成り上がった者である。これが、魂を魔に売り渡し、死に神と契約して、多くの人々を操り支配している魔と一体となった人間である。加えて言えば、神仏に帰依した者が行なっている修業は、この死に神との出会いと同様なものである。なれど、この場合、魔界から現われ出るのは死に神の姿ではなく、神仏の姿となって現われ出るが、実は同一の魔のものである。」

暗黒物質

「先ほど、暗黒物質について聞きましたが、この未知なる物質と人々の世界との関係はどのようになっているのでしょうか？」

「人間界では、未だ発見されていない謎の原子や物質が、自然界では数多く存在している。その自然界の中で人々が確認できる、見える、聞こえる、触れる物質は全体の二十％ほどである。それに反して、見えぬ、触れぬ、聞こえぬ反物質は八十％ほどである。この二つの物質が自然界に存在して地球は構成されている。その中で霊界・魔界は反物質の世界に存在している。ゆえに、人間界で起こる数々の難問題を人間の思考だけで答えを出そうとしても、それは無理であり、大きな間違いである。なぜなら、人々の世界で起こる戦争や貧困や災害など、ありとあらゆる出来事が、霊界・魔界に存在しておるものが介入しておるからである。つまり、人類がいかに進歩しようが、未だ、世界から戦争や貧困や飢えがなくならずいることと、崇める神仏の正体さえも分からず、多くの人々が宗教の虜となっていることは、世の多くの人々が霊界・魔界の真実を解明せず、古くから言い伝えられてきた伝統・儀式・風習に縛られ洗脳されているからである。新たな世界に向かって、地球から霊界・魔界が消滅しない限り、人々の世界は平和にならず。そして魔界・霊界に存在する魔のものが我欲強き人間を操っている限り、地上世界は、これからも悲惨な戦争が繰り返されることとなる。これが、人々の世界から宗教がなくならず、人々の世界に悲惨な歴史が繰り返されている真実である。星々のカミガミの世界は、物質世界と反物質世界の全てを包み込んだ大きな、大きな光りの世界である。その星々の世界では、天地創造の大ガミを頂点として、その下に東西南北の四天界の親ガミが、各々の星々のカミガミを守り導いている。晴れた夜空に煌き輝く星々には、人間一人ひとりの命を守り導いている、命の親である星々のカミガミが存在している。地球に生きる全人類の一人ひとりが、一つの星を待ったとしても宇宙銀河には数多くの星々がある。その星々の中で、光りのカミガミが、全てに満たされた世界で居心地良く暮らしている。星々に存在している光りのカミガミだけが真実のカミである。そのカミガミの光りが命となって宿っているのが人間である。ゆえに人間はカミの御子である。なれど、全宇宙の星々の中でも、地球にいる人間だけが、命の親ガミの光りで生かされているにも拘らず、真実のカミを知らずに生きている。」

宇宙誕生・天地創造の大ガミ

「今日、科学者の間では、宇宙の始まりはビックバンによって形成されたと言われていますが、宇宙の始まりと天地創造の大ガミについて教えてください。」

「では、これより、宇宙銀河について告げる。そもそも始めの始めの宇宙には、時間はなく方位もなく、大気もなく星々も存在せず、何もかも全てが暗黒の闇に覆われた宇宙であった。そして、その暗黒の宇宙の中で、極々かすかな揺らぎの現象が生じたのが、宇宙銀河、星々の誕生の始まりであった。それは、まるで小さく薄くて軽い透明な木の葉一枚が舞い落ちる程度の揺らぎであった。そして、それが宇宙の中で始めて微かな歪みとなり、その歪みにより、宇宙に始めて、ごく小さな小さな変化が生じた。また、その変化が変化の素となり、それが、量子の素を生じさせ、時の元も生じさせた。さらに、その時の元は、宇宙に始めて途方もなくゆっくりと変化する時を刻み、それにより宇宙に始めて、ごく小さな中心軸が生じて、宇宙は無から有になった。

それから、ごく小さな量子の素は、宇宙空間の中で途方もない永い、永い時を経て、やがて小さな細かい粒子となり、その粒子と粒子が結合して、やがてごく小さな光りの素となった。そして、その光りの素は、宇宙空間での永い、永い時を経て、周りをかすかに照らす程度のごく小さな光りとなり、それが、やがて暗黒の宇宙の中で、ごく小さな輝きを灯す薄紫の光りとなった。さらに、その薄紫の光りは、宇宙空間の中で、より広く、より遠くへと周りを照らそうとする知を働き始めて、小さな薄紫の光りの塊となった。さらにまた、途方もない時を経て、小さな薄紫の光りはより一層輝く存在となり、それが宇宙の中で天地創造の大ガミとなる光りの根源となった。これにより、宇宙空間の中で光りと闇が隔てられ、薄紫の光りは、より一層速く、遠くへ広まろうとする叡智を働かせるようになった。一方、光りに相反する闇は、より暗く、より狭く、より小さく固まろうとする知を働かせるようになった。この暗い闇が、途方もない時を経て、宇宙空間にブラックホールとなって、光りに反する闇の魔のものを吸い込んで星々の世界は守られている。

………………………

（尚、このブラックホールは天地創造の大ガミの手の内にあり、星々のカミガミの光りを阻む魔のものどもを吸い込み、宇宙はカミガミの光りによって守り導かれている。）

………………………

そして、さらに、宇宙空間の中で、途方もない時が流れ、薄紫の光りは大きく輝く存在に成長した。それから、さらに、薄紫の光りはより一層進化を極め、全知全能の叡智を携えた薄紫の光りの存在となった。やがて、光りの存在は、宇宙空間にある全ての微粒子を集め、それを物質にして固め、大きな、大きな薄紫の光りの極星を創造した。これが天地創造の大ガミの誕生である。

天地創造の大ガミは、自ら座するところを、宇宙全てを見渡せる最も高いところに位置を決め、その場を、宇宙中心の北真と決めて、そこから全宇宙に薄紫の光りを行き渡らせて、カミガミが住む星々を創造することに決めた。そこで、天地創造の大ガミは、先ず始めに、自ら座する北真の下に、星々の中心となる北の極星を創造することに決め、その星に土地を固め大地を創造する、黄金の光りの存在を誕生させた。この光りの存在が北方の親ガミ（仮名であるが古志王）である。その次に、天地創造の大ガミは、北方の相対する宇宙に南の極星を創造することに決め、その星に、生命の素となる水を創造する、水色の光りの存在を誕生させた。この光りの存在が、南方の親ガミ（仮名であるが水王）である。

広大な宇宙空間に、北方と南方の親ガミが存在する二つの極星が創造されると、次に天地創造の大ガミは、東の宇宙にも極星を創造して、その星に火と熱と太陽の素を創造する、茜の光りの存在を誕生させた。この光りの存在が、東方の親ガミ（仮名であるが天王）である。そして、天地創造の大ガミは、東方の相対する宇宙に西の極星を創造して、その星に、樹木と風と青葉の素を創造する、薄緑の光りの存在を誕生させた。この光りの存在が西方の親ガミ（仮名であるが鷲王）である。このようにして宇宙は天地創造の大ガミの下に、四天界の親ガミが存在する四つの極星が創造されており、宇宙は天地創造の大ガミと四天界の親ガミが光り輝く、五極星の親ガミによって星々の世界が創造された。さらに、天地創造の大ガミは四天界の親ガミと共に、親ガミの下に多くの星々を創造することに決め、その星々の中に親ガミの光りの御子たちを誕生させて、嬉しい楽しい光りの世界を創造し、東西南北の四天界の銀河系を形成した。かくて、宇宙銀河は、天地創造の大ガミの下で、四天界の親ガミの四極星が輝き、その下に、各々の親ガミが誕生させた多くの御子たちが、光り存在として嬉しく楽しく営む、光りの星々が形成された。これにて、宇宙の星々の世界は、天地創造の大ガミを頂点にして、その下に、東西南北の四つの銀河系が形創られ、星々の世界は北極星を中心に廻り廻っている。」

地球創造・人類誕生

「それでは、次に、地球創造と人類誕生について教えてください。」

「宇宙銀河に天地創造の大ガミを頂点とした東西南北の銀河系が形成されてから、天地創造の大ガミは、星々に存在するカミガミの喜び満ちた暮らしを観て、「これならば、四天界のカミガミの御子たちが、共に仲良く暮らす光りの星を創造しよう。」と決めた。そこで、天地創造の大ガミは、今からおよそ五〇億年前、東方の親ガミが導いている太陽系銀河の中に、四天界の親ガミの御子たちが集う、地球という光りの星を創造することに決めた。始めに、天地創造の大ガミは、北方の星々を導く親ガミに「大地を固めよ。大陸を創れ。」と伝えた。これを受けて北方の親ガミは、地球の北天に鉱石の素を創る星、金星を創造して金星のカミを誕生させた。また、岩石の素を創る星、土星を創造して土星のカミを誕生させた。これにより、金星と土星のカミは、新たに誕生する地球に鉱石と岩石を届けて大地を固め、大陸を創造させた。次に、天地創造の大ガミは南方の星々を導いている親ガミに、「地球に水を満たせよ。」と伝えた。これを受けて南方の親ガミは、地球の南天に水の素を創る星、水星を創造して、水星のカミを誕生させた。これにより、水星のカミは、地球に水を注ぎ満たし、海を創り、河川を創造した。次に、天地創造の大ガミは東方の星々を導いている親ガミに、「地球を暖め大気を創り、時を刻めよ。」と伝えた。これを受けて東方の親ガミは、地球の東天に、自らの分身である太陽を創造して、太陽のカミを誕生させた。また、火の素を創る星、火星を創造して、火のカミを誕生させた。さらに、東方の親ガミは、地球近くに潮の満ち引きを司る月を創造して、月のカミを誕生させた。これにより、太陽のカミは、地球の核にマグマを創造して地球を暖め、大気を創り、時を刻ませた。また、火星のカミは地球に火の素となる火種を届けた。そして月のカミは、太陽のカミとともに昼夜を導いて月日を決めた。

そして、次に、天地創造の大ガミは、西方の星々を導いている親ガミに「地球に自然を形成して、森林を創り草花の種を届けよ。」と伝えた。これを受けて西方の親ガミは、地球の西天に森林の素を創る星、木星を創造して、木星のカミを誕生させた。これにより、木星のカミは、地球に数多くの樹木の種を届け、緑豊かな地球を形創った。このようにして、地球は四天界の親ガミが誕生させた、東方の日(太陽)と火星と月のカミ、そして西方の木星のカミと南方の水星のカミ、それと北方の金星と土星のカミガミによって形成され、地球は東方、太陽系銀河に創造され誕生した。天地創造の大ガミは、東方銀河に誕生した地球を観て、「これで良し」として、四天界の親ガミが誕生させた、日、月、火、水、木、金、土のカミガミに感謝の言葉を述べて、地球の時間を一週間と決めた。それから、地球の時は、さらに途方もなく過ぎて、天地創造の大ガミは、四天界の親ガミに、「四天界の親ガミよ。皆の光りと力によって、東方、太陽系銀河に地球が創造された。これより地球に各々の親ガミが協力して、地球に生きとし生きるものたちを誕生させよ。」と伝えた。これにより、四天界の親ガミは、地球に数多くの生物の素となる光りを注ぎ、大地や海や森林に動物や植物を数多く誕生させた。

そして、さらに、地球の時は進み、動植物の光りの楽園となった地球を観た、天地創造の大ガミは、再び四天界の親ガミに「四天界の親ガミよ。地球は素晴らしい光りの星となった。これより地球に、生きとし生きるものたちを守り導くカミガミを誕生させよ。」と伝えた。この言葉を受けて北方の親ガミは、大地を守り導くカミとして、土地のカミガミを誕生させ、その頂点の大ガミとして土地王を誕生させ、地球の大地を守り導かせた。また、南方の親ガミは、海や河川の水を守り導くカミとして、水のカミガミを誕生させ、地球に生命の素となる光りの水を守り導かせた。そして、東方の親ガミは、地球の昼と夜を守り導くカミとして、太陽と月のカミガミを誕生させた。それとまた、火を守り導くカミとして、火のカミガミを誕生させた。さらに、時を守り導くカミとして、ヒノ鳥トキを誕生させた。それから、西方の親ガミは、緑豊かな自然界を守り導く為に、樹木や草花を育むカミガミを誕生させた。また、西方の親ガミは、地球の各々のカミガミの光りを、全てに行き渡らせる為に風のカミガミを誕生させて、地球に四季を巡らせ、自然界を守り導かせた。これにより、地球は北方の大地のカミガミと、南方の水のカミガミと、そして、東方の太陽と月と火と時のカミガミが守り導く光りの星となった。そしてまた、西方の樹木のカミガミと、風のカミガミが守り導く光りの星となった。

このような地球を観た天地創造の大ガミは、四天界の親ガミに、「四天界の親ガミよ。地球はこれで、親ガミの光りの御子たちが降り立ち、暮らしていける美しい楽園の星となった。これから、各々の親ガミが地球に暮らす光りの御子たちを選び、地球に降り立たせよ。」と伝えた。この言葉を受けて、四天界の親ガミは、各々が導く星々の中から光りの御子たちを選び、光りの存在として地球に降臨させた。星々から始めて地球に来た光りの存在たちは、大地に美しく咲く花々に心が和み、清らかに流れる澄んだ水に清々しさを感じ、そして、観るもの聴くもの、爽やかな香りも、全てが心地良く感じて、五色の光り満たされた地球を楽しく過ごした。今から五億年ほど前、天地創造の大ガミは、東方、太陽系銀河に誕生した地球の日ノ本に薄紫の光りとなって始めて降り立った。そこで、天地創造の大ガミは、地上世界で嬉しく楽しく暮らしている光りのカミガミを観て大層喜び、カミガミに肉体を与えたいと思った。それから、天地創造の大ガミは四天界の親ガミを呼び「これより、われらカミガミが共に協力して肉体を創造して、光りの御子たちに肉体を与えよう。」と伝えた。これにより、天地創造の大ガミと四天界の親ガミは、各々の光りと力を結集して、肉体の素となる種を海の中で創造することに決めた。

人間の素となる種は海中で誕生し、始めは小さなプランクトンのような存在であった。それが、永い時が過ぎるとともに少しずつ進化して、それから透明なクラゲのような形になり、さらに小さな魚のように成長して、やがて五体の素となる形となった。そして、海中で五体の形となった後に、さらに永い、永い時をかけて成長して生物となり、それが、やがて、陸地に進出して動物となった。人間の進化の過程を知るには、母親の体内に宿った赤子の成長過程を観察すれば分かる。

人間が誕生するには、赤子は母親の体内で、種から五体へと進化して誕生することになっている。ダーウィンは進化論で述べているが、彼の思考はおおむね正しい。だが、彼の間違いは、進化の過程を偶然として決めて、カミガミの存在を進化の過程に加えなかったことである。

さて、海中から陸地に進出した人間の始祖は、永い時間をかけて五体の姿となって地上に誕生した。始めは全身体毛に覆われた姿で、膝を曲げながらの二足歩行であったが、永い、永い時間を経て体毛が抜けて、徐々に進化をしながら人間の姿になって、現在の姿となった。今日の人間の姿形は、天地創造の大ガミと四天界の親ガミが進化に進化を重ねて形創った、究極の完成した姿である。ゆえに、人間の姿形は、これ以上進化する必要はなく、親ガミの光りの命を宿した存在である。今から、三億年ほど前、天地創造の大ガミは再び地球に降り立ち、四天界の親ガミと共に創造した人間の姿を観て、「地球のカミガミよ、皆が宿る肉体の衣が完成された、サァ、人間に宿り、光り人になれ、光りあれ―光りあれ―」と伝えた。かくして、地球に、光りの存在であったカミガミと肉体持つ人間が一体となって、地球に光り人が誕生した。

これにより肉体を与えられた光りのカミガミは、光りの存在であった頃に味わった果実よりも、より一層の美味しさに喜びを感じた。また、咲き誇る花々のかぐわしい香りに、より一層の楽しき思いとなり、そして、人を愛する喜びを知り、真の愛の尊さを知った。また、カミ人となったカミガミは、観ること、話すこと、聞くこと、食すること、匂いをかぐことの人間が持つ五感の素晴らしさに喜びを知って、肉体持つ嬉しさに感謝した。人間の五体については、天地創造の大ガミと四天界の親ガミが、共に力を合わせて創ったことである。先ず顔で言えば、天地創造の大ガミが顔全体を受け持ち、東方の親ガミが、食物を食する口を創り、南方の親ガミは、音を聞く耳を創り、西方の親ガミは、映るものを観る目を創り、そして北方の親ガミは、香りをかぐ鼻を受け持ち創った。

さらに、人間の姿全体は、天地創造の大ガミが受け持ち創り、頭の部分は西方の親ガミが創り、胴体の部分は東方の親ガミが創り、両腕は南方の親ガミが創り、そして腰から下の足までは、北方の親ガミが受け持ち創った。このようにして、人間の五体は、天地創造の大ガミと四天界の親ガミが共に力を合わせて、星々の世界で始めて肉体持つ人間を地球に創造し誕生させた。かくして、地球に人間が創造されて、人間と一体となったカミガミの喜ぶ姿を観た、天地創造の大ガミは、「人間は、これで良し」として、人間を生きとし生けるものの代表として、万物の長と決めた。そして、光り人となった人間たちに、「全ての生きるものたちの良き模範となるように。」と伝えて地球を去った。これが、星々から地球に来た光りのカミガミが人間の肉体に宿り、光り人となった始まりである。

宇宙銀河には数多くの星々が存在しているが、宇宙広しといえども、生身の肉体持つ人間が存在しているのは地球だけである。天地創造の大ガミと四天界の親ガミは、地球に存在する人間たちが全てに居心地良く、貧困なく戦争なく、病なく、飢えなく、霊界・魔界なく、そして宗教なき世界となり、地球が光りの星になったなら、次に、西方の銀河系に、地球と同じく肉体持つ人間を創造することに決めていた。そして西方の星の次には、南方の銀河の中に地球と同じような肉体持つ存在を誕生させ、その次に北方の銀河の中に、地球と同じ肉体持つ人間を誕生させようとしている。なれど、もし、地球上の人々が光りに目覚めることなく、これまでのような政治・経済・宗教が改められることなく、このまま継続して行くならば、天地創造の大ガミと四天界の親ガミは、他の星々に肉体持つ人間は創造することはしないと決めている。つまり、他の惑星に人間が誕生するかしないかは、今日、地球に生きる人々が光り人になるか、ならぬかによって決まるのである。」

日ノ本の大地誕生

「今日の科学者の間では、地球が誕生したのは、およそ四十六億年前と言われておりますが、地球に大陸が創造され、日ノ本の大地が誕生した頃は、どのような状態だったのでしょうか？　また、古くから言い伝えられている、アトランティスやムー大陸とは本当にあったのでしょうか？」

「そもそも、地球の大陸の大本の原型が形作られたのは、今からおよそ六十億年前、地球の北極地点に大陸の原型が創造された。この原型が地殻大変動と共に移動して、現在の日ノ本の位置に定まった。つまり地球上で大陸が始めて形成されたのは日ノ本である。また日ノ本の国土は地球の東西南北の四つのプレートが合わさって創造されている。その頃の地球は、未だ、大地が固まりきれず変形した状態であり、天地創造の大ガミは人類を創造することは考えてなかった。さて、北極で誕生した大陸の原型は、永い永い時をかけて徐々に大陸の形を整え始めながら、今から三十億年ほど前、北極大陸の原型が、現在の日ノ本の位置に移動して、陸地となって創造された。

それから、さらに時が経った後、今から二十億年前、今日の大西洋と太平洋に大きな地殻変動が起こり、大地が隆起して、大西洋上にアトランティス大陸が出現して、その後、太平洋上にムー大陸が出現した。アトランティス大陸では、原始的な猿人や小さな動物がおったが、人間はまだ誕生してはいなかった。後に創造されたムー大陸では、多くの動植物が誕生して、人間に最も近い猿人が誕生していた。だが、この猿人は二足歩行ができたが、偏った進化した為に、天地創造の大ガミは、人間の誕生は未だ考えておらず、地球の時が過ぎるのを待っていた。今から一五億年ほど前、天地創造の大ガミは、漸く形整ってきた地球の大陸に、光り人たちが嬉しく楽しく集う楽園社会を作ろうと考えた。そこで天地創造の大ガミは、アトランティス大陸とムー大陸の進化の過程をつぶさに観察して、その結果、二つの大陸に生息するものたちが偏った進化を遂げていた為、今から十万年ほど前にアトランティス大陸を沈め、その後、七万年ほど前にムー大陸を沈めた。そして、天地創造の大ガミは、この二つの大陸の進化を教訓にして、日ノ本を世界の雛形として創造することを決断した。日ノ本が現在のような形になったのは、今から一〇億年ほど前、北方の土地王が中心になって各々のカミガミと共に創造して形創った。

日ノ本の大地を固め創る時、土地王は地球上で始めての光りの大地として、今日のカムチャッカを先ず始めに創造した。だが、その当時は岩や岩石が脆くて崩れ、大地がうまく固まらずに流れた為に、次に、土地王は北海道を北方の親ガミの聖地として形創った。地球上で始めに大陸としての原型ができたのは北海道である。そして、北海道が形創られた後に、土地王は本州、四国、九州と日ノ本の国土を形創った。さらに、日ノ本全体が形創られた後に、土地王は、天地創造の大ガミの言葉を受けて、日ノ本の雛形として、また人間の身体であれば心臓の部分として、新潟沖に佐渡の島を創造した。佐渡の島が心臓の形に似ているのは、その為である。さて、北方のカムチャッカから始まり、北海道から本州、四国、九州へと、大地を固め、地底火山を噴火かさせながら日ノ本を形創った土地王とカミガミは、日ノ本の大陸を創りながら、大ガミの言葉を受けて、日ノ本を世界の大陸の雛形にすることに決めた。そこで土地王とカミガミは、北海道をヨーロッパ大陸の雛形として形創り、本州を西インドから中国大陸の雛形として形創り、そして九州はアメリカ大陸の雛形として形創り、四国をアフリカ大陸の雛形として形創った。それから土地王とカミガミは、天地創造の大ガミと四天界の親ガミの言葉を受けて、日ノ本の雛形として新潟の越の国（古志の国）を形創り、この越の国の新発田と浅草岳と佐渡の地を、天地創造の大ガミと四天界の親ガミが始めて降り立つ大地として形創った。

地球に大陸が形創られてから、天地創造の大ガミと四天界の親ガミは、今から三億年前に佐渡の島に降り立ち、今から二億年前に新発田の地に降り立ち、そして今から一億年前に、浅草岳に降り立って、地上世界が間違った方向に進まぬように見守り導いてきた。このような土地王とカミガミが創造した日ノ本と世界の大陸であったが、今日、日ノ本の大地と世界の大地は、我欲強き人間たちの黒い欲望が積もり積もって、どす黒い雲のようになって日ノ本全体を覆い、そして地球全体を覆いつくしている。それゆえ、このまま何もせずにいたならば、地球も人間界も全てが回復不可能な破滅の道へと進むことになる。ゆえに、天地創造の大ガミと四天界の親ガミは、地球再生・日ノ本再生する為に、一億年ぶりに佐渡と新発田と浅草岳に降り立ち、光り人と共に人も皆居心地良き世界を再生することに決めた。だが、この度の地球再生・日ノ本再生が果たせなかった時には、地球も人類も破滅することになるであろう。このことは、人類にとって地球再生・日ノ本再生する為の最後のチャンスである。さて、先にも告げたが、佐渡について話し加えておく。佐渡は人の身体であれば心臓の部分である。その佐渡を創造する時、土地王とカミガミは、青森の陸奥湾の大地を心臓の形にすくい取り、そして、すくい取った大地を越の国の左側の沖に置いて佐渡の島を誕生させ、日ノ本の心臓部分として星々のカミガミが集う大地として形創った。ゆえに、陸奥湾は佐渡の島の形になっている。それとまた、今日、佐渡に生息しているトキは、地球再生・日ノ本再生の新たな時を告げる鳥として、東方の親ガミが誕生させたヒノ鳥、トキである。それゆえ、トキは時なり、と言うのである。」

日本列島の形

「私は以前から、日本列島が西方の親ガミの鳥である、鷲が翼を広げている姿に似ていると思っているのですが、これについてはどうでしょうか？」

「北方の土地王と地球のカミガミが、大陸を隆起させる為に海底火山を噴火させ、日ノ本の大地を形創ったが、その際、天地創造の大ガミは土地王に、日ノ本の形を西方の親ガミの象徴である鷲の姿に観えるように創造させた。それゆえ、日本列島を関東方向から新潟方向に観ると、石川県の能登半島が鷲の頭に観え、そして、本州全体の形が、鷲が大きく翼を広げているように見えるようになっている。四天界の親ガミの中で、北方、南方、東方の親ガミは、自らの姿を光り人に観せる時には、各々の光りを光り人に観せ、光り人を導きメッセージを与えているが、西方の親ガミは自らの光りを鷲や鳥に宿らせ、光り人たちに観せている。このことは、四天界の親ガミの中で、西方の親ガミが人間界の全てを最も良く観察できる目を持っており、地上世界の出来事全てを天地創造の大ガミに伝える役目があるからである。また西方の親ガミは、イエスやシャカを誕生させたように、人間界での多くの苦しみや悲しみや嘆きを、全てを観て知っている親ガミである。それゆえ、西方の親ガミは、他の親ガミと比べると、人間に最も身近な親ガミである。今日の西側文明は西方の親ガミが中心となって力を注いで形創ったものであるが、その証しとして、西側の諸国や米国では鷲の姿を象徴として使用している。これについて西方の親ガミは、鷲の姿を平和の象徴として使用するのは良いが、軍の旗に使用している国々を観て嘆き悲しんでいる。」

天変地異について

「次に地震についてお尋ねします。地震は、やはり大陸を形創った北方の土地王とカミガミが起こすのですか?」

「地震については、地球自身が大地の割れ目を修復する為、そして自然を回復させる為に起こる地震がある。また、魔界・霊界と人間界での黒き欲望が、黒いドロドロとした魔のエネルギーとなって大地に深く染み込んで、その黒く澱んだ魔のエネルギーが地上に噴き上がって起こる地震もある。さらに、天地創造の大ガミと四天界の親ガミが、霊界に留まっている御霊たちを星々に帰す為、魔界に屯する魔のものどもを岩星・黒星に閉じ込める為に起こす地震がある。天地創造の大ガミと四天界の親ガミは、これから先、地球上に大きな天変地異といわれるほどの地震を決断し、土地王に準備させていた。だが、この度、天地創造の大ガミが一億年ぶりに地球に降り立ち、地球が破滅するほどの天変地異の地震を起こすのを止めた。それは天地創造の大ガミが、地球再生、日ノ本再生を天変地異ではなく、他の方法で人間界を導き再生させる為である。だが、天地創造の大ガミの言葉を受けた土地王が、大地を破滅させるほどの大地震を止めることになったとしても、これまでの支配者・権力者の汚れた歴史の中で、傷付き汚れた大地は火を吹き、大地が割れるまでにはいかぬとも、縦横揺らす程度の地震は何度も起こるであろう。また、そうせねば汚れた大地と、そこに集う我欲強き人間たちの心が目覚めず、やはり地震というのは人間が改心する為には時には必要である。

遥か昔から、人々の暮らす地上世界では、これまでの永い歴史の中で、数多くの人々の命（魂）が魔王と悪神に操られた呪術者によって、封印され呪われて大地深き所に閉じ込められてきた。その命（魂）を星々へ帰す為にも、星々のカミガミと土地王が大地を割り、大地に光りを注ぎ、地震を起こすこともある。つまり地震とは、地球自身が大地を調整するために起こす地震と、魔界・霊界の黒きドロドロしたエネルギーが大地に染み込み、それを取り除く為に、土地王が大地に光りの剣を突き刺して起こす地震がある。さて、これまで地球の大地深き所では、魔のものどもが蠢く魔界が根を張り巡らせて、魔王・悪神どもが、魔に魂を売り渡し悪霊となった穢れた命（魂）を集合させて、黒い澱んだ世界を創り大地を穢してきた。その穢れた命（魂）を魔王・悪神どもは、人々の肉体の中に取り憑かせ、人々に多くの災難を与え、命の光りを奪い苦しめてきた。遥か昔から、人々の世界での不安・心配・災い事の大本の原因は、この悪霊たちが多くの人々に取り憑き、黒い塊となっているのが原因である。これまで、人々の地上世界では、魔界の魔のものどもが我欲強き人間を操り、また霊界に留まっている多くの霊たちが、人々の感情に不安や悲しみを与えてきた。

それゆえ今日の世界は、人々の世界の中に霊界があるのではなく、霊界の中に人々が暮らしていると思ってもよい世界である。人間、一人ひとりの寿命は各々に違いはあるが、およそ八十年から百年である。だが、亡くなり霊となった人たちは百年、二百年、それ以上に霊界に留まり、親ガミの星に帰るまで彷徨い続けている。その結果、地球では、人間界で生きている人々よりも、霊界に留まっている霊の数の方が圧倒的に多くなって、神社や寺院や墓などに集まり、人々に取り憑きすがっている。このような霊界に彷徨っている霊たちを魔王・悪神どもは、人々の世界に入り込ませ、人々を操り支配している。そもそも、霊界・人間界を操り支配している魔のものどもの巣窟は、今から四万年程前に形成されたことであるが、それは、カミガミの光りが入る隙間がないほど、難攻不落な強固な岩山のように形創られて、人々の世界を闇より操っていた。また、その魔界に潜む魔のものどもには人々のような寿命はなく、命果てることもなく、遥か永い歴史の中で、人間たちをどのようにしたなら、操り支配することができるか？　進化を重ね巧妙な知恵を持って操っている。

さらに、魔王・悪神どもは、人間一人ひとり、子どもから大人まで、全ての人間の生きてきた弱さや急所などを知り尽くしておる。それが例えば、金に弱い者には金で操り、義理人情に弱い者には狭い正義感を待たせて操り、祭り事の好きな者には祭りで操り、さらに権力に弱い者には地位・名誉を餌にして操っておる。魔王・悪神どもは、千年も二千年以上も前から、人間一人ひとりの弱さや急所を見抜いて、人間の一生を巧みに操り支配してきた。このような魔のものどもの魔界であるゆえ、われらカミガミが、これまで光り人たちを多く誕生させても、魔のものどもに阻まれ、殺害され、人々の世界は居心地良くならず、世界も変わらず飢餓・貧困・紛争が続き、救いなき苦しみの多い世界となっている。それが今日においても、多くの光り人が潰され、魔のものどもの天下が続いている。

この度の地球再生・日ノ本再生する為には、われらカミガミの力だけでは力及ばず。人間一人ひとりが体内に宿る命の光りに目覚め、そして、多くの光り人が誕生することによって、地球再生・日ノ本再生が可能となるのである。天地創造の大ガミと四天界の親ガミの望みは、地球が一日も早く霊界・魔界がなくなり、地球や日ノ本が再生され、全ての人々が魔に操られることなく、霊にすがられることなく、人間一人ひとりが星々の親ガミの光りに目覚めて、人も皆全てが嬉しく楽しい世界が誕生することである。世の始め、星々のカミガミが創造した地上世界では、大地には樹木が繁り草花が咲き、多くの果実が実り、そして動物たちや鳥たちの憩いの棲家が自然と調和して、全ての大地は肥沃で豊かな大地であった。また、海や河川や湖には多くの魚が生息して、人も皆全てが自然界の秩序を乱すことなく穏やかに暮らせた地上世界であった。そのような星々のカミガミが与えた地上世界を、世の権力者・支配者といわれている欲望強き者たちは、経済発展の名のもとに自然界を破壊し続け、草花を枯らして樹木繁らず、鳥や動物たちの棲家を破壊している。そして、海や河川を汚染して魚が生息できぬようにしてしまい、自然界の摂理を大きく狂わしてしまっている。

今日・世界中何処の都市へ行っても、同じような数多くのビルが立ち並び、アスファルトジャングルといわれている地上世界は、地球再生・日ノ本が再生されたならば、新しき世界では必要なき都市である。そもそも、カミガミが望む人本来の生き方とは、水清き土地に住み、土地で収穫されたものを食べ、土地にあるもので衣食住の全てが賄えるように、人々が知恵を出し合ってゆったりと楽しく、全てに足りる事を知って暮らすことである。さて、これまで、天地創造の大ガミと四天界の親ガミは光り人たちとともに、数多くの魔のもの退治を行ってきた。その結果、今日に至って漸く、魔界・霊界に風穴が開いて、星々のカミガミの光りが注がれることになってきた。それゆえ、これから先、地球が滅亡するほどの大地震はなくなったが、それでも魔界・霊界には、まだまだ数多くの魔のものどもが潜んで、人々を操り支配している。その魔のものどもが潜んでいる大地には、これから何度でも、北方の土地王とカミガミが、大地を縦横揺らして魔界・霊界の大掃除をするであろう。世に指導者といわれ、地位や権力や金を求めている者たちと、その欲望の渦に巻き込まれて集う人々は、これから先、これまでの価値観を変えて、生き方を改めて、肉体が望む欲望に操られることなく、体内に宿る命の光りを感じて暮らすことである。」

新たな時代・人々の価値観

「新しき世界においては、人々の価値観は、どのように変わるのでしょうか？」

「それについては、これまで人々は永い歴史の中で、支配者・権力者に操られ、また魔のものどもに取り憑かれて、身も心も自由なく支配されてきた。そして伝統・儀式・習慣を守り、古い価値観の中で生きてきた。なれど、新たな世界では、これまで人々を永い間洗脳してきた神仏に対する思いは変わり、伝統・儀式・風習など、心を縛る決め事からも開放されて、全ての人々が心の鎖を解き放し、そして、肉体に宿る命の光りに目覚め、人も皆全てが居心地の良い世界となるだろう。また、新たな世界では、全ての人々が二度と、偽りの神仏の前で祈り願うことがないように、また一握りの力持つ支配者・権力者が、弱き人々を蔑み支配する社会が、二度と来ぬようにすることが、天地創造の大ガミと四天界の親ガミの望みである。

また、天地創造の大ガミと四天界の親ガミは、これまで全ての人々の望みを叶えようと、光りを注ぎ続けてきたが、これからは一部の者だけが得をする望みは叶えることはなく、人々の良き望みだけを叶えるように光り注ぐことに決めた。これから誕生する新たな世界では、これまでのように、一握りの我欲強き支配者・権力者が富み栄える時代に終わりを告げ、これからは、如何なる指導者が現れ出ようとも、個人崇拝することなく、人々が両手を合わせ、神仏に祈ることなく、人も皆全てが居心地良き時代となるのである。これから、星々のカミガミと光りの人々が、永い、永い間望み続けてきた、戦なき、貧困なき、病なき、災いなき、飢えなき、そして魔界なき、霊界なき、宗教のない、人皆全てが親ガミ光りの命と共に輝く、新たな時代の世界が誕生することになる。

そして、新たに再生された地上世界では、天地創造の大ガミと東西南北の銀河の親ガミが、全ての人々に命の光りを注ぎ満たし、人も皆全てが居心地の良い世界が誕生することとなる。さらに新たな世界では、天地創造した大ガミの薄紫の光りの中で、全ての人々が体内に宿る命の親ガミの光りに目覚め、人々は星々のカミガミを身近に感じて、カミガミの真実を知ることになるであろう。これから誕生する新たな世界では、人々の神仏に対する思いも大きく変わり、そして、人々の価値観も大きく変り、これまで支配者・権力者と我欲強き者たちを守り支えてきた魔王・悪神どもは、光り人とカミガミの光りによって打ち砕かれて、岩星・黒星の中に閉じ込められ、銀河の果てにあるブラックホールへ吸い込まれることになっている。それとともに、これまで人々の心を操り、洗脳してきた神社・寺院や教会などは形を変えて、人々が嬉しく集う憩いの場所となり、人々は神社・寺院に詣でることなく、迷える人々が神仏に救い求めた巡礼の旅も、漸く終わり告げることになるだろう。」

カミガミの呼び名

「これまで日ノ本では、八百万の神々と言われるように、数多くの神々や仏たちが、各々の名称で呼ばれ崇められてきましたが、新たな世界が誕生して、天地創造の大ガミと四天界の親ガミと、そして土地王とカミガミの名は、どのような名で呼ぶのでしょうか？」

「今後、新たな世界が誕生して、人々が呼びかけるカミガミの名は、この書物の中に出ている天地創造の大ガミと四天界の親ガミ、土地王と光りのカミガミだけで良いであろう。なぜなら、ここでカミガミの名を告げると、これまでの悪神や仏たちと同じように、数多くのカミガミの名が崇められ、人々が虜となる宗教がまた広まることになるからである。ゆえに、光り人が魔のものどもを退治する時に呼ぶカミガミの名は、天地創造の大ガミと四天界の親ガミ、星々のカミガミだけで良いであろう。それから、この書物の中で四天界の親ガミを古志王・水王・天王・鷲王と書いているが、これは、新たな価値観を持った人々に伝える為の仮の名である。これまで洗脳されてきた人々にとって、カミガミの名は未だ暫くの間は必要である。それゆえ、四天界の親ガミの名を伝えた。

これから一人ひとりが内なるカミに目覚めたなら、カミガミの名は命の親ガミだけで十分である。星々のカミガミには、人々が呼び合うような名前は必要ない。名前はなくとも星々のカミガミは各々の光りを観れば、どの星のカミガミであるかが分かり、どの星の親ガミであるかも分かるようになっており、星々のカミガミには、名前は必要ないのである。つまり、星々のカミガミは光りの存在であり、各々の光りを観れば、お互いの思いの全てが理解できるようになっている。なれど、遥か昔から人々の世界では、名は地位を表わし、氏素性を表わし、階級社会が形作られてきた。それゆえ由緒ある家名は重んじられ、家名によって高貴な人間と、出自が卑しい人間が差別されてきた。

人々の中には、家柄や氏素性によって、その人間を褒め称えている者がおるが、人は産まれながらに皆平等である。家柄や氏素性によって、人それぞれの価値を決めるものではない。光り人とは、家柄や氏素性に囚われず生きる人である。それに加えて、光り人とは、自らの弱き部分を乗り越えて、自らの苦手な部分をも克服し、そして何事があっても不安心配なく、日々淡々と暮らせる人である。人間とは、数多くの経験をして、その経験の中で迷い悩み苦しんで、それを乗り越えることによって成長するのである。人間は経験することでしか成長できないようになっている。星々のカミガミが光り人を選ぶ時は、その人間の家柄や氏素性は一切関係なく、その人の心の内を観て、生き方を観て、光り人かどうか決めている。さて、カミガミの呼び名についてであるが、これまでの人間界では、魔のものに操られた支配者・権力者が、数多くの神々と仏の名を語り、多くの人々を操り支配してきた。また、魔に操られ神仏に帰依した者は、数多くの神仏の名を語り、救い求める人々から多額の金品を集め、豪勢な暮らしをしてきた。世の中にカミガミの名が多くなると、弱き人々が縋る場所が増え、我欲強い宗教家が、またいらぬ宗教を広め誕生させることになる。今後、魔に操られた者たちが、天地創造の大ガミと四天界の親ガミの名を語り、また多くのカミガミの名を告げ、世に現われ出たとしても、人々はそれらの者に騙され、惑わされることないように、内なる光りを信じて見極めることである。

遥か古代から現在の世に至るまで、支配者・権力者と共に栄えた宗教は、いつの時代でも、人々の体内に宿る命の光りを奪い、人々が真のカミに目覚めぬように、人々の心を操り支配してきた。また宗教の役割とは、いつの時代でも、民衆をてなずけ洗脳する役割は変わらず。支配者・権力者は、神仏の御加護を得て権力の座に居座り、そして民衆は支配者・権力者が崇める神仏にすがり救いを求めすがってきた。その結果、民衆の暮らしは貧しさのまま変わらず、一方、支配者・権力者と神仏に仕える者は富み栄えて、真のカミなき宗教が繁栄してきた。これから新たな時代では、これまでのように、多くの人々が神仏の前で拝みすがってきた時代に終わりを告げ、豪華絢爛な神社・寺院はその役目を果たし終えて、人々は自らの体内に宿る親ガミの命の光りに目覚め、星々のカミガミと、心通じ合う新たな関係が築かれることになるだろう。さらにまた、これから新たな世界が誕生したならば、もはや二度と、カミガミを奉る豪華な社殿や寺院、そして教会は今後一切建てるには及ばず、新たな世界では必要なきことである。また、新たな世界では、カミガミを奉り崇める祭壇を設ける必要は一切なく、そして、カミガミに差し出す供え物などは、今後一切、何ひとつ必要ないことである。われらカミガミの思いを言えば、今日世界では、数多くの国々の貧しき人々が雨露を凌ぐ家さえなく、また、餓えで苦しむ人々が数多く存在している。それにも拘らず、それを知るわれらカミガミが、人々の供えし貢ぎものものなど食することができる筈はなく、また豪華絢爛な神社・寺院に、われらカミガミが祀られ、宿ることなどできる筈はない。それは思いもよらぬことである。われらカミガミのこの思いは、新たな世界での光りの人たちにも受け継がれ、人も皆全てが居心地の良い世界となり、地球が再生され、日ノ本も再生され、そして、星々のカミガミの光りが大地一杯に注がれて、人は皆親ガミの光りと共に歩む、新たな時代を迎えることとなる。昔から、民衆から崇められ喜んでいるのは、人々の頭上に君臨したがる支配者・権力者と、それを喜ぶ仏や悪神どもである。」

大いなる破局・地球再生

「それでは、地球再生・日ノ本が再生され、新たな世界が誕生するとしても、その世界が誕生する前には、世界の大変動は、やはり避けては通れぬことなのでしょうか？」

「これから後、世界中の人々が逃げ惑うような大いなる破局が来るかどうかは、かつて西方の親ガミの御子であったイエスが、人々に世界の終末を告げたように、大いなる破局は現時点では来るとしか言いようのない、今日の世界の現状である。人々の我欲の念が悪の大魔王を育て、悪神・仏魔に望み願った結果が、永い歴史の中で、魔のエネルギーが地上世界に充満され、それが大いなる破局を引き起こす原因となったのである。この破局を回避するには、これから先、十年以内に、人々が体内に宿る親ガミの光りに目覚め、洗脳された心の暗示を解いたなら、大いなる破局は大難が小難となり、また、都市と人々を破壊しようとするエネルギーも弱まり、地上世界は大いなる破局を乗り越えて、人々は新たな世界へと至るであろう。だが、人々の我欲・物欲社会が、このまま変わることなく続いたなら、その時は、かつてイエスが世界の終末を告げたように、近き未来においては現実の出来事となるであろう。ある国では、火山が噴火して灼熱の炎が都市と人々の暮らしを襲い、またある国では、天より大粒の雨が容赦なく降り注ぎ、都市と人々の営みを一夜にして洗い流され、さらにある国では、大地が激しく揺れて、都市と人々の生活を破壊して激しい津波が襲い来るだろう。そしてその時、大いなる破局を迎えた人々は天を仰ぎ、天に向かい、心の奥底よりカミガミを呼び、叫び、救い求めるだろう。

これまで、天地創造の大ガミと四天界の親ガミは、星々のカミガミと共に、地球の大地が破壊せぬように、地上世界に大災害が起らぬように地球を支え、人々の世界を守ってきた。だが、魔王・悪神どもは、天地創造の大ガミが天変地異を好まず、星々の親ガミが地球を守り支えていることを良いことに、地球と人間界を思いのままに操り支配して、地上世界を穢し汚して、地球を魔の巣窟にしてしまった。現在の地球は、天地創造の大ガミと四天界の親ガミの力で以てしても支えきれずにいる。今日、地球は正に限界点を超えて、一気に破局へと向かって進んでいる。この度、天地創造の大ガミと四天界の親ガミが一億年の時を超えて、地球に降り立ったのは、今後、地球が、人類が破滅するか、再生するか、それを見極める為である。その答えが出るのは、これから先十年、人々の意識が変わり、価値観が変わり、人々の神仏に対する思が変わることである。今日人々の中には、火事や地震や災害が起こった時には、我が身の危険を省みずに、先ず真っ先に仏壇の位牌を持って避難する人がいるが、われらカミガミから観たなら、大切な命よりも位牌が大事とは、実に嘆かわしいことである。また、地震や災害によって先祖の墓が壊れた時にも、何はともあれ、先ずは墓の修復を優先している人々がいるが、墓より大事なのは、日々の穏やかな暮らしである。

人の命は星から来て、星へ帰るものである。ゆえに墓は必要なきものである。また、大きな災害や事件で亡くなった人たちの場所に、地蔵や観音像を設けて供養しておるが、これでは亡くなった人たちは救われることなく、亡くなった人たちをその場に留めているだけである。そして、このような場所には、他の地域から多くの霊たちが救われたいと集まってくる為に霊場となって、寂しい悲しい場となっている。それゆえ、このような場所を通ると、霊に敏感な人は、突然、悲しくなり言いようのない寂しさに襲われることになる。また、その場所では、同じような事故が繰り返し起こることもある。全ての人は亡くなったら親ガミの光りの星へ帰るのである。ゆえに、墓も仏壇も位牌も一切必要なきことである。古き昔から、洗脳された人々は先祖の墓を守り、仏壇の位牌を守ることが、何よりも大切なことだと洗脳されてきた。この人々の意識を変え、悪しき伝統・儀式・習慣を止めることが、大いなる破局を大難とするか、小難となるか決まるのである。大いなる破局が、これから後、地上世界を襲い、人々の暮らしを撃ち砕くかもしれぬ時に、われ北真が霊界・魔界・人間界の闇に隠れた真実を語り告げているが、今、世界は自然界も加えて、政治・経済・宗教など、全てのもの事が行きつく所まで行きつき、全てが行き詰まり、解決策のないいまま世界は混迷している。この混迷の時代を立て直すのは、これまでの政治・経済・宗教では世界を救うことは不可能であると、世の指導者は気付くべきだある。

今日の混迷極める世界を立て直すには、これまでの政治・経済・宗教などに期待しても救いはなく、一度全てを破壊して、その後に新たな思考を持った人々によって再生されることの方が良いではないかと、われらカミガミは思っている。だが、それを決めるのは、天地創造の大ガミである。今、世界は、大いなる破局を越すか越さぬかの人間界始まって以来の重大な節目の時である。これまで、天地創造の大ガミと四天界の親ガミは、星々のカミガミと共に地球を救い、人々の世界を立て直そうと、永い、永い時をかけて、人々の体内に親ガミの光りを注ぎ続けてきた。それが、今漸く光り目覚める人々に注がれ、これから多くの光り人が、世界に現われ出ようとしている。これによって、人々の神仏に対する価値観が大きく変わり、人々の暮らしも大きく変わることになるであろう。

そして、人々の世界は新たな価値観を持った、新たな指導者が現われて、これまでの悪しき弊害が改められて、人も皆全てが居心地良く暮らせる世界が誕生することになる。また、新たな世界では、親ガミの光り目覚めた人たちが、日々の暮らしは、なんら不安心配なく、嬉しく楽しく穏やかに過ごせるようになるであろう。だが、その一方で、我さえ良しの我欲強き人間たちは、これからの日々を、より一層我欲の虜となって金や地位や権力を追い求めるであろう。だが、その者たちの全ての欲望は叶わず、失意のどん底でのた打ち回り、その者たちの我欲は、カミガミの光りによって撃ち砕かれることになるだろう。

さらに、これから人々の世界では、これまで隠し通されてきた政界・財界・宗教界の秘められた悪事が、全てが隠す事なくあぶり出されて、多くの人々は闇に隠れていた悪しき人間界の真実を知ることになるだろう。このことは、国も会社も組織も、全てのものが隠し通してきた闇の秘密に、カミガミの光りが注がれて、悪しき秘密を隠すことのできぬ時代となるからである。人間界で最も強き人間とは、地位も名誉も権力もいらず、心の内に隠し事のない人間である。さて、ここまで、われとそなたが語り合ってきた、霊界・魔界・人間界の真実と、そしてカミガミの真実の話は、このあたりで一応終了とする。そなたは、これより浅草岳へと帰り、われ北真が天地創造の大ガミに成り代わって語り告げたカミガミの真実を、多くの人々に伝え知らせることである。そして、そなたとわれは、近い日には、また語り合う時が来るだろうが、それまで何事も恐れ案ずることなく、新たな世界を目指して進み行き、われらカミガミの思いを、多くの人々に語り伝えることである。それが、そなたの生まれながらの天命である。これより後、そなたが辿り行く所は、古き昔から、われら星々のカミガミが降り立った所であるが、そなたは、その地に天地創造の大ガミに導かれて行くことになる。その地において、そなたは、新たな世界の新たな社会の雛形を創り、われらカミガミと共に輝く未来の扉を大きく開けて、光りの道を歩むことになるであろう。」

新しい時代を目指して

「私が、これから辿り行く地は、どのような所でしょうか?」

「かつて、支配者に仕えた儀式者が記した古事記には、越の国とは、まつろわぬ民のいる所と記されているが、遥か古代の日ノ本では、星々のカミガミが降り立った大地といわれ、四天界の親ガミである水王・天王・鷲王・古志王が選んだ光りの大地であった。そのような大地であったが為に、大陸の支配者が数十万人という兵士を引き連れて奪い取り、魔に操られた呪術者が、各時代を通して幾重にも最強の呪い封印をかけた場所であった。この呪い封印により、天地創造の大ガミと四天界の親ガミと、そして、われらカミガミも光りを封じられ、永き、永き間、星々の光りが遮られてきた大地であった。かつて、越（古志）の国といわれた新潟のこの地は、新たな世界を目指す光り人たちによって、世界の良き雛形として形創られ、新たな未来社会を世界に発信する場所となるであろう。なれども、そなたが、これより人々の世界へ帰ったとしても、この新潟の地にそなたが辿り行く前には、魔のものどもが数多く集合して一斉にそなたを襲い、そなたの行く手を阻み、そなたの生活を苦しめるであろう。そして、そなたは、これまで経験したことのない、魔のものどもの強力な攻撃に襲われ、五体に激しい痛みを与えられ、心に魔の毒を注がれ、そなたは身も心も打ち砕かれて、魔のものどもの餌食になるであろう。

さらに、そのような暮らしの中で、そなたは、生活する為の手段の全てを奪われ、魔のものどもの本当の恐ろしさを、身を持って知ることになるであろう。なれど、そなたは、いかなる事態に遭遇しようとも、一時の感情で迷い案ずることはなく、魔のものどもの襲撃を乗り越え、天地創造の大ガミと四天界の親ガミの使い人として、新たな未来に向かい、恐れずに進み行くことである。

生身の人間が光り人になるには、人生の多くを魔に阻まれ、数々の試練を乗り越え、魔に打ち勝つ人間でなければ、真の光り人にはなれぬのである。そなたが、古志王の地に行き着くのは、魔の阻みを乗り越えた後である。われが、語り告げねばならぬことはまだまだ多くあるが、そなたとわれとの、この度の対話は、この辺りで別れを告げるとする。だが今後、そなたに何があろうとも、われらカミガミが必ず守り導く。われらカミガミを信じて進んでほしい。そなたは、これより多くの人々に、カミガミの真実を伝えて、人々を正しき方向に導いてくれることを、われらカミガミは心より望んでいる。」

新たな時代の到来

「そなたが、地球に帰る前に告げるべきわが思いを語るが、今日、人々の体内に宿る親ガミの命の光りは、傷つき目覚めることないまま、強き我欲の念によって親ガミの光りは閉ざされ、多くの人々は魔界の観えぬ鎖で心を縛られている。そのような人々の世界では、物欲と黒き金とが人々の心を支配して、我さえ良しの汚れた想念が地上世界を覆っている。その汚れた想念が今日の世に至って、魔のものどもの呪いと一体となり、黒くドロドロとした我欲の念となって、天と地を覆い尽くしておる。また、それが巨大な黒き渦巻きとなり、富み栄えた都市国家を一瞬にして破壊し跡形もなく消滅させようとしている。そして、その巨大な渦となった我欲の念は、魔の黒きエネルギーとなって、人それぞれの内なる命の光りを攻撃して、魔に操られた人々の我欲世界が、カミガミの光なき世界となっている。このような人々の世界を、天地創造の大ガミと四天界の親ガミと、われらカミガミが共に力を合わせ、光りで支えていても、人々の社会は、今日のこの日をもって明日はなき、我さえ良しの我欲世界となっている。今日、先進国といわれている国々の指導者の中には、平和を声高に叫びながら、その一方で正義の名の下で民衆を殺害する戦争を企てる指導者がおる。そのような国は今後、大いなる破局は小難に変えることができず、破局の時を迎えることだろう。その破局とは、本来、国家を守るべく軍隊がその役目を果たす間もなく、蓄えた武器弾薬は破壊され、またその国々では、大いなる破局が人々の暮らしを突然襲い、何もかも木っ端微塵に撃ち砕いて、天変地異が起ころうとしている。

さらに、大いなる破局については、これまで過去の時代の歴史が証明しておるように、かつて、南方文明が栄え、それと東方文明が栄えて、そして、その両文明が大いに繁栄し、やがて脆くも滅び去った過去の時代と同じように、これまで二千年ほど栄え続けた西洋（西方）文明が、その繁栄の歴史に終止符を打とうとしている、今日の世界である。なれど今日、多くの人々の内なる親ガミの命の光りが、西洋文明崩壊の荒渦の中でもがき苦しみながら、必死で命の親ガミを呼び求める人々には、星々のカミガミから光りを注がれて、永き間の眠りから目覚めようとしている時代である。ならば、今日の時代の流れを言えば、過去の南方・東方文明が崩壊した時と同じように、繁栄極めた西洋文明は、金経済の崩壊と共に、過去の文明として歴史の中に記されることとなり、支配者・権力者の為の西方文明に幕を降ろす時となっている。この大いなる破局が現実の世界を襲い、人々の世界が大混乱に陥ったとしても、カミガミの真実に気づき、体内に宿した親ガミの命の光りに目覚めた人ならば、何事も不安、心配、恐れることなく、日々淡々と過ごすことである。また、真の自由平等世界を望む人たちであるなら、この大いなる破局は、これまで封じられてきた人々の命の光りが死の淵から救い出されるように、星々の親ガミの光りが満たされ、人々は親ガミの光りの御子として復活するであろう。そして、多くの人々は内なる親ガミの光りに目覚め、星々のカミガミを身近に感じて、人も皆全てが居心地の良い、嬉しい楽しい世界が誕生することになる。また、その時は、天地創造の大ガミと四天界の親ガミ、そして星々のカミガミが、地上世界に五色の光りを満たし、多くの人々は生きることの喜びを感じて、カミガミの真実を知り、真の愛を知るであろう。そして、その時、星々のカミガミの光りに目覚めた人々は、その光りが、どこか懐かしき故郷の星の光りに感じて、人々は命の親ガミに目覚め、人も皆全てが、新たな時代へと導かれることとなる。

では、そなたは、これより地上世界へと戻り、これまで知ったカミガミの真実を多くの人々に語り伝え、また魔界・霊界・人間界の隠された真実を、心ある人々に語り知らせることである。ならば、わが友よ、いずれまた、時が来たならば、共に語り合い、新たな世界の新たな時代を共に喜び合う時がくると信じて、暫しの間、別れ告げるとしよう。そなたが、地上世界に帰っても、われ北真を呼び求めたならば、その時そなたは、わが北真の光りが命に注がれて、四天界の親ガミと天地創造の大ガミの光りを感じて、カミガミの言葉を聞くであろう。

ならば、これにて、再び会える日まで、そなたとの会話を、ここで一先ず終わりとする。光りあれ。光りあれ。光りあれ。」

※「御霊上げの言葉」や「光りの水の作り方」は、ユーチューブの動画で配信されております。
『カミ真実』で検索してください。

新思考革命・新たな時代へ

2023年8月31日発行

著　者　わしおすえよし
発行者　向田翔一

発行所　株式会社 22 世紀アート
〒103-0007
東京都中央区日本橋浜町 3-23-1-5F
電話　03-5941-9774
Email: info@22art.net　ホームページ：www.22art.net

発売元　株式会社日興企画
〒104-0032
東京都中央区八丁堀 4-11-10 第 2SS ビル 6F
電話　03-6262-8127
Email: support@nikko-kikaku.com
ホームページ：https://nikko-kikaku.com/

印刷 製本　株式会社 PUBFUN

ISBN：978-4-88877-243-3